Inhaltsverzeichnis

Vorwort

Ein Word-Buch, das all jenen die Arbeit erleichtert, die Dokumentvorlagen und Formulare erstellen und nutzen!

Zeitverschwendung? Wenn es so etwas gibt, dann scheint Word offenbar einer der Schuldigen zu sein. Denn oft ist zu beobachten, dass beim Schreiben eines Briefes zunächst der zuletzt bearbeitete Brief gesucht, dann überflüssige Inhalte gelöscht, die Anschrift überschrieben, das Datum korrigiert, neue Inhalte eingetippt und eventuell noch die Signatur am Ende des Briefes angepasst werden. Kommt Ihnen das irgendwie bekannt vor?

Doch damit nicht genug: Liegt der gedruckte Brief dann endlich vor, zeigt eine letzte Kontrolle, dass sich irgendwie doch noch Reste des alten Briefes eingeschlichen haben. Ein weiterer Ausdruck ist notwendig.

Der hier genannte Brief lässt sich leicht durch andere Arten von Dokumenten ersetzen – Berichte, Protokolle etc. Wichtig ist dabei eine Erkenntnis: Die beschriebene Arbeitsweise der »Wiederverwertung« ist nicht wirklich praktikabel. Sie ist zeitraubend, fehleranfällig und führt durch das ständige Verwenden des letzten Dokuments garantiert zu sich einschleichenden Fehlern und defekten Dokumenten. Nicht selten stammen die Originale von uralten Word-Versionen. Dass Word bei einer solchen Vorgehensweise keine Chance hat, Sie beim Arbeiten vernünftig zu unterstützen, ist offensichtlich.

Die Alternative? Mit Vorlagen arbeiten – ganz bewusst und ganz konsequent. Zugegeben, dies ist zunächst mit etwas Aufwand verbunden. Zuerst muss festgelegt werden, welches Einsatzgebiet eine Vorlage abdecken soll. Dann muss die Vorlage Schritt für Schritt aufgebaut werden: vom äußeren Rahmen, den Textpositionen, der Platzierung der grafischen Elemente bis hin zu den passenden Formatierungen in Form von Formatvorlagen.

Das Risiko, sich dabei zu verlaufen und die benötigte Funktion bei den zighundert Word-Befehlen zu übersehen, ist real. Das haben wir selbst in den vergangenen Jahren bei vielen Hundert Dokumentvorlagen und Formularen schmerzlich erfahren müssen – gleichgültig, ob es sich um einfache Formulare oder um komplexe Briefvorlagen mit Datenbankanbindung und unzähligen Automatismen handelt. Da viele Funktionen in Word aufeinander aufbauen, müssen sie in einer fest definierten Reihenfolge abgearbeitet werden. Überspringen geht schlicht nicht und wird unweigerlich mit einem »Noch einmal von vorn« bestraft.

Die Lösung! Damit Sie auf möglichst geradem Weg ans Ziel kommen und Ihnen lästige Fehler erspart bleiben, haben wir für Sie zahlreiche »Kochrezepte« in diesem Buch zusammengestellt. Sie bieten Ihnen Unterstützung beim Erstellen Ihrer eigenen Vorlagen. Jedes der »Kochrezepte« ist garniert mit Tipps und Know-how, das direkt aus der Praxis kommt, aus der Erfahrung von Dutzenden erfolgreich umgesetzter Vorlagenprojekte. Suchen Sie sich einfach die gewünschte Lösung aus und gehen Sie dann nach dem Motto »Man nehme ...« Schritt für Schritt vor. Wenn die Zeit drängt, nutzen Sie erst einmal die fertigen Lösungen, die Sie kostenlos im Web herunterladen können, und passen dort die Texte an.

Für wen ist dieses Buch geschrieben?

An einem »gedruckten Dokument« – sei es ein Brief, ein Protokoll, ein Zertifikat, ein Arbeitszeugnis, ein Memo oder ein Fragebogen – kommt niemand vorbei. Weder am Arbeitsplatz noch im Verein oder zu Hause. Damit das problemlos klappt und keine Zeit mit sich ständig wiederholenden Arbeiten verloren geht,

- erstellen IT-Mitarbeiter/-innen Dokumentvorlagen und Formulare, die anschließend von den Beschäftigten im Unternehmen dankbar genutzt werden;
- optimieren Assistenten/-innen mithilfe von Dokumentvorlagen ihre Abläufe, da für alle wichtigen Aufgaben passende Formulare verfügbar sind, die nur noch ausgefüllt werden müssen;
- definiert die Marketingabteilung das Corporate Design, damit alle Dokumente wie aus einem Guss erscheinen und so für einen einheitlichen Auftritt des Unternehmens sorgen;
- nutzen die Mitglieder des Vereinsvorstands einheitliche Dokumentvorlagen für ihre Briefe und Protokolle, und auch für Mitgliedsanträge und Urkunden werden passende Dokumentvorlagen und Formulare angelegt;
- gestalten Sie für zu Hause Ihre persönliche Briefdokumentvorlage, die für alle Schreiben an Behörden, Versicherungen & Co. zum Einsatz kommt und so garantiert immer alle wichtigen Daten wie Anschrift, Bankverbindung, Versicherungsnummer etc. enthält;
- werden die Dokumentvorlagen und Formulare so aufgebaut, dass sie sofort jeder nutzen kann – ohne über spezielle Word-Kenntnisse zu verfügen; Reibungsverluste gehören damit der Vergangenheit an;
- werden bestimmte Dokumentvorlagen durch ein paar VBA-Routinen so automatisiert, dass das Ausfüllen im Handumdrehen erledigt ist; das spart Zeit und der Einsatz der Dokumentvorlagen und Formulare macht auch noch Spaß.

Wie ist das Buch aufgebaut?

Damit Sie schnell und ohne Umweg Ihre eigenen Dokumentvorlagen und Formulare erstellen können, haben die Kapitel 1 bis 6 jeweils einen eigenen Schwerpunkt, Kapitel 7 kümmert sich um die Technik und der Anhang um wiederkehrende Funktionen:

Kapitel 1 behandelt flexible und wiederverwendbare Vorlagen auf Basis von Zertifikaten und Urkunden: Der fixe äußere Zertifikat-/Urkundenrahmen lässt sich dank entsprechender Inhaltssteuerelemente und Tabellenzellen als Platzhalter schnell mit individuellem Text füllen, sodass das gewünschte Dokument im Handumdrehen erstellt ist.

In Kapitel 2 geht es um das einfache Wiederverwenden von sich wiederholenden Texten auf Basis eines Arbeitszeugnisses. Werden die Bewertungstexte als Schnellbausteine abgelegt, stehen sie später mitten im Text dank der Bausteinkatalog-Inhaltssteuerelemente als aufklappbare Kataloge zur Auswahl.

Intelligente Memos/Aktennotizen sind Thema des dritten Kapitels: von sich automatisch wiederholenden Nummern dank verknüpfter Inhaltssteuerelemente über das

komfortable Ausfüllen des Memokopfs bis hin zum flexiblen Gestalten des Memotextes ist hier alles zu finden, was Ihnen das Ausfüllen des Memos vereinfacht.

Die Agenda und das Protokoll sind untrennbare Bestandteile jeder Besprechung. Damit sowohl die Vorbereitung als auch die Nachbearbeitung in einem Rutsch möglich sind, nutzen Sie die im vierten Kapitel vorgestellte Dokumentvorlage. Die in die Vorlage integrierte Ampeltechnik zeigt unübersehbar den aktuellen Status der jeweiligen Besprechungspunkte an.

Der »klassische« Briefbogen ist Ihnen zu langweilig? Dann finden Sie in Kapitel 5 die Lösung: Erfahren Sie hier, wie Sie sich mit einer ansprechenden Briefvorlage seriös präsentieren, welche Tricks Sie anwenden müssen, um die Kontaktdaten auf der ersten Seite am rechten Rand anstelle in der Fußzeile zu platzieren, oder wie Sie die Daten in der Fußzeile hochkant einfügen.

Wie wird ein Fragebogen optimal aufgebaut, sodass jeder der Aufforderung zum Ausfüllen freiwillig und ohne Widerwillen nachkommt? Wie vermeiden Sie »Einbahnstraßen«, bei denen Sie die ausgefüllten Daten später mühsam von Hand erfassen müssen? Die Lösungen finden Sie in Kapitel 6, das Ihnen auch dabei hilft, für die Auswertung der Fragebogen die gute Zusammenarbeit von Word und Excel zu nutzen.

Im letzten Kapitel 7 geht es schließlich um Technikwissen für Profis. Nutzen Sie die unzähligen VBA-Lösungen, um beispielsweise Benutzerdaten gleich beim Anlegen eines neuen Dokuments auf Basis Ihrer Dokumentvorlage an den passenden Stellen einzutragen oder um Formularfelder automatisch ausfüllen zu lassen und so Tipparbeit und Tippfehler zu vermeiden.

Und zu guter Letzt bietet Ihnen der Anhang umfangreiches Hintergrundwissen, wenn Sie mal ein Thema nachschlagen möchten.

Jedes Ideenkapitel enthält Beispiele und ausführliche Anleitungen zum Nachbauen. Hervorhebungen im Layout des Buches machen Sie auf Tipps, Hinweise und Beispieldateien aufmerksam.

Mit diesen beiden Symbolen sind konkrete Aufgaben und deren schrittweise Lösung gekennzeichnet.

Mit diesem Symbol sind Tipps markiert, die Ihnen Zeit sparen oder den Umgang mit Word erleichtern.

Hier erhalten Sie Zusatzinformationen zum gerade besprochenen Thema.

Dieses Symbol warnt Sie vor einer potenziellen Gefahr oder vor Problemen, die im Zusammenhang mit der Ausführung einer Aufgabe entstehen können.

Anhand zahlreicher Übungsdateien können Sie den Aufbau der einzelnen Lösungen selbst nachvollziehen. Natürlich gibt es zu jedem Kapitel auch Lösungsdateien.

Wir haben darauf verzichtet, diesem Buch eine CD mitzugeben. Sämtliche Beispieldateien stehen Ihnen unter *www.microsoft-press.de/support/783866458284* oder *msp.oreilly.de/support/2295/749* zum Download zur Verfügung.

Von der ersten bis zur letzten Seite alles durchlesen? Das ist bei diesem Buch zum Glück nicht notwendig! Springen Sie direkt zu dem Kapitel, in dem Sie die benötigte Lösung finden, und legen Sie sofort los. Denn wichtige Informationen, die in allen Kapiteln gleichermaßen zum Einsatz kommen, finden Sie in Anhang A »Hintergrundwissen«.

So gelangen Sie schnell und ohne Umweg an Ihr Ziel: Sie werden Dokumentvorlagen erstellen, die über *Datei/Neu* abrufbereit sind, die Sie als universelle Kopiervorlage beliebig oft aufrufen, ohne dass sie Schaden nehmen, die dank Platzhaltertexten, Inhaltssteuerelementen oder Formularfeldern für eine klare Benutzerführung sorgen und bei denen das Ergänzen des Textes ein Kinderspiel ist.

Gute Ideen entstehen im Team – oder: Wer hat an diesem Buch mitgewirkt?

Markus Hahner, Dipl.-Ing. (FH), ist Microsoft Office Specialist Master und Microsoft Certified Trainer. Seit über 20 Jahren ist er als IT-Consultant mit den Schwerpunkten Microsoft Word sowie Office-VBA/.NET-Entwicklung tätig. Er begleitet Unternehmen und Einrichtungen beim Office-Rollout und beim Office-Customizing und schafft perfekte Arbeitsumgebungen für die Anwender – sowohl in mittelständischen Firmen als auch in weltweit agierenden Konzernen. Seine Spezialgebiete sind automatisierte Dokumentvorlagen, leistungsfähige Add-Ins, XML-Integration, flexible Menüband- und Backstage-Anpassungen sowie Datenbankanbindungen in Word.

Als Autor und Koautor hat er seit 1987 weltweit über 45 Bücher geschrieben sowie diverse Trainingsvideos erstellt. Seit 14 Jahren ist er Chefredakteur der Publikation »Word Tipps & Tricks von A bis Z«. Er gibt sein Know-how im Office 2010-Blog weiter (*www.office2010-blog.de*) und ist unter *www.word-user.de* Initiator des Word-Blogs.

Elisabeth Wilke-Thissen trägt seit 2003 ununterbrochen den Titel MVP (Most Valuable Professional), eine von Microsoft jährlich neu vergebene Auszeichnung für unermüdliches Engagement in Newsgroups und Foren und ausgewiesene technische Expertise. Sie arbeitet seit 1992 als Trainerin, Beraterin und Autorin. Sie ist zertifiziert als Microsoft Certified Trainer, Microsoft Certified Application Specialist und Microsoft Office Specialist Master.

Was wären die Autoren ohne das tolle Team der Ideenbuchreihe im Hintergrund, das uns bei der Umsetzung unterstützt hat? Besonderer Dank geht an *Dieter Schiecke,* Initiator und Kopf der *anwendertage.de*, der den Stein ins Rollen gebracht und uns »genötigt« hat, unsere Erfahrungen aus unzähligen Seminaren und Kundenprojekten zu Papier zu bringen. Danke!

Herzlichen Dank auch an unsere Autoren- und Trainerkollegen/-innen Hildegard Hügemann, Maria Hoeren, Ute Simon, Dietmar Gieringer und Kai Schneider, die immer ein offenes Ohr hatten und uns als Leidensgenossen zur Seite standen.

Bei der Entstehung eines neuen Buches haben neben den Autoren die Lektoren am meisten zu leiden. Schließlich haben sie die fast unlösbare Aufgabe, sowohl die Autoren bei guter Laune zu halten als auch für pünktliche Abgabetermine zu sorgen. Deshalb vielen Dank an Sylvia Hasselbach von Microsoft Press, die diesen Job übernommen und uns tatkräftig unterstützt hat!

Bereits bei unserem Buch »Wissenschaftliche[s] Arbeiten mit Word 2010« und dessen 2007er-Vorgänger war uns Frauke Wilkens als Korrektorin eine tolle Unterstützung. Deshalb freuen wir uns, dass Frauke dieses Mal auch als Fachlektorin dabei war, und bedanken uns für ihren unermüdlichen Einsatz!

Zu guter Letzt noch ein großes Danke an alle von Ihnen, für die wir in den letzten Jahren Dokumentvorlagen und Formulare erstellen durften. Es war nicht immer leicht; Ihre Anforderungen haben uns manch schlaflose Nacht bereitet. Umso stolzer sind wir, dass wir nach intensivem Tüfteln und vielen Tests letztlich fast alle Wünsche umsetzen konnten, dass unsere Vorlagen jetzt tagtäglich von Zigtausend Anwendern genutzt werden und wir mit diesem Buch auch anderen weiterhelfen können. Damit das Arbeiten mit Word eben **nicht** »Zeitverschwendung« ist. Vielen Dank für das Vertrauen – wir freuen uns schon auf die nächsten Herausforderungen!

Ihnen, liebe Leserin und lieber Leser, wünschen wir nun viel Erfolg beim Erstellen Ihrer intelligenten Dokumentvorlagen und Formulare. Übrigens: Wir freuen uns jederzeit über inhaltliches Feedback zum Buch »Microsoft Word 2010 – Das Ideenbuch für schlaue Vorlagen und Formulare«. Sie erreichen uns über die E-Mail-Adresse *vorlagen@word-user.de.*

1

Schnelleinstieg: Das flexibel wiederverwendbare Dokument

Das Zertifikat für die erfolgreiche Teilnahme an einer Schulungsmaßnahme als stolzer Beweis zum Aufhängen im Büro oder als Kopie für die Personalakte, die Dankesurkunde an den Mitarbeiter für das 10-jährige Betriebsjubiläum, die Ehrenurkunde für die langjährige Mitgliedschaft im Verein, die Siegerurkunde für die Sportveranstaltung – Zertifikate und Urkunden sind überall und ständig im Einsatz (siehe Abbildung 1.1).

Abbildung 1.1 Wiederverwendbare, leicht auszufüllende Zertifikate und Urkunden sparen Zeit und Nerven

Schade, wenn man dem Zertifikat oder der Urkunde vor lauter WordArt-Effekten und dem vielfältigen Einsatz verschiedenster Schriftarten und Schriftgrößen ansieht, dass es in Hektik erstellt wurde und das Ergebnis dem Anlass so gar nicht gerecht wird. Zum

Glück gibt es eine Lösung: Legen Sie eine »wiederverwendbare Dokumentvorlage« an, in der Sie dann nur noch die entsprechenden Textelemente eingeben und Logos bzw. Bilder austauschen müssen. Die Dokumentvorlage können Sie dann sowohl für einzelne Zertifikate und Urkunden als auch als Basis für einen Serienbrief nutzen, wenn Sie vielen Teilnehmern ein entsprechendes Dokument überreichen möchten.

Von außen nach innen: So klappt der Aufbau der Dokumentvorlage

In einer neuen, leeren Dokumentvorlage legen Sie alle Ränder und die Seitenrahmen fest. Die Dokumentvorlagentechnik hat im Gegensatz zu einem »normalen« Dokument den großen Vorteil, dass Sie jederzeit über *Datei/Neu/Meine Vorlagen* ein neues Dokument auf Grundlage der Dokumentvorlage erstellen können (siehe Anhang A »Hintergrundwissen«, Abschnitte »Dokumentvorlage« und »Dokumentvorlagenpfade«).

Die Aufgaben sind in wenigen Schritten erledigt. Beginnen Sie mit dem Anlegen der Dokumentvorlage:

1. Drücken Sie die Tastenkombination Strg+N, um ein neues, leeres Dokument zu erstellen.
2. Speichern Sie das leere Dokument jetzt gleich als Dokumentvorlage ab, wie in Abbildung 1.2 dargestellt. Hierzu steht Ihnen auf der Registerkarte *Datei* (1) bei *Speichern und Senden* (2) beim Klick auf *Dateityp ändern* (3) in der rechten Spalte gleich der Befehl *Vorlage (*.dotx)* (4) zur Verfügung.

Abbildung 1.2 Ein Dokument als Dokumentvorlage abspeichern

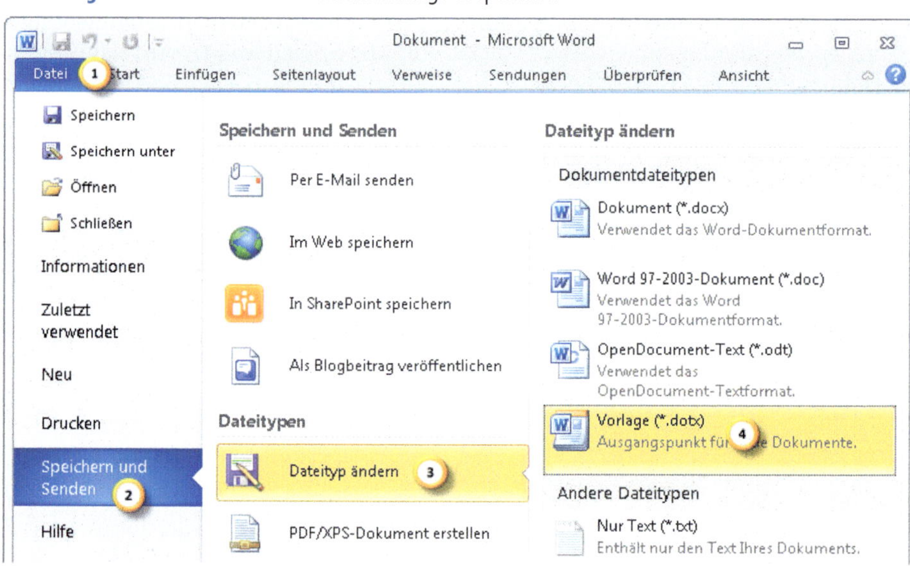

3. Damit die neue Dokumentvorlage sofort im richtigen Ordner bei Ihren anderen Dokumentvorlagen abgelegt wird, wechseln Sie jetzt zu dem Ordner mit den Dokumentvorlagen.

   Bei Windows 7/Vista blättern Sie hierzu im Dialogfeld *Speichern unter* im linken Bereich mit der Bildlaufleiste (1) ganz nach oben. Dort ist unter *Microsoft Word* der Ordner *Templates* (2) zu finden, den Sie anklicken. Beim Einsatz von Windows XP müssen Sie sich leider Ordner für Ordner in den Dokumentvorlagenordner klicken (siehe Anhang A »Hintergrundwissen«, Abschnitt »Dokumentvorlagenpfade«).

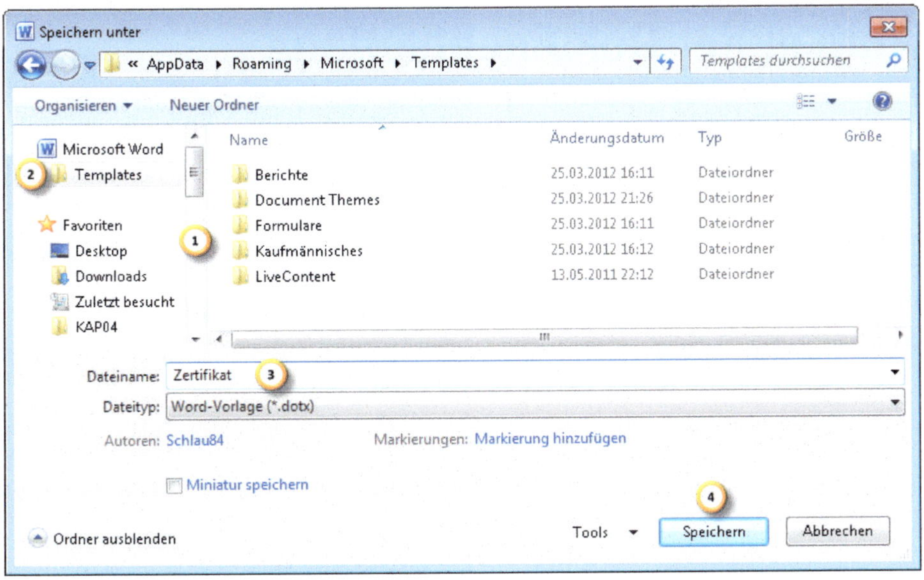

4. Es fehlt noch im Textfeld *Dateiname* (3) der Name der neuen Dokumentvorlage, tragen Sie hier beispielsweise `Zertifikat` ein. Mit *Speichern* (4) wird dann die neue Dokumentvorlage gespeichert.

Ab sofort genügt es, nach jeder Änderung die Tastenkombination [Strg]+[S] zu drücken, um den aktuellen Stand Ihrer Dokumentvorlage zu speichern.

> Verlassen Sie sich beim Speichern nicht auf die Word-eigenen automatischen Speicherfunktionen wie *AutoWiederherstellen* oder auf die *Versionen* – sie sind im Fehlerfall nützlich, ersetzen aber niemals das manuelle Speichern.

Seitenränder einstellen

Der Inhalt der Zertifikate und Urkunden wird mittig platziert, weshalb Sie nun alle Seitenränder Ihrer Dokumentvorlage festlegen:

1. Wechseln Sie zur Registerkarte *Seitenlayout* und klicken Sie in der Gruppe *Seite einrichten* auf das »Startprogramm für ein Dialogfeld« ( ).

2. Es öffnet sich das Dialogfeld *Seite einrichten* (siehe Abbildung 1.3), in dem Sie gleich auf der passenden Registerkarte *Seitenränder* landen.

3. Tragen Sie bei *Oben*, *Links* und *Rechts* jeweils `2,5 cm` ein. Für den unteren Seitenrand wählen Sie `1 cm` – der geringere Abstand wird später zur Platzierung Ihrer Firmen-/Vereinsdaten nahe am unteren Seitenrahmen benötigt.

Bei der Eingabe von Zentimeterangaben können Sie bei den Seitenrändern auf den Zusatz »cm« verzichten. Es genügt demnach, wenn Sie in das Textfeld einfach die Ziffern mit dem gewünschten Wert eintragen, beispielsweise `2,5` oder `1`. Leider hält Word den Verzicht auf die Maßeinheit nicht konsequent durch. Es gibt Dialogfelder, bei denen die Maßeinheit zwingend mit angegeben werden muss, da Word sonst von falschen Positionen ausgeht. Gewöhnen Sie sich deshalb an, die Maßeinheit wie `cm` durch ein Leerzeichen getrennt mit anzugeben. So sind Sie immer auf der sicheren Seite und ersparen sich unliebsame Überraschungen.

4. Übernehmen Sie die Einstellungen mit *OK*.

Abbildung 1.3 Die Seitenränder für eine Dokumentvorlage festlegen

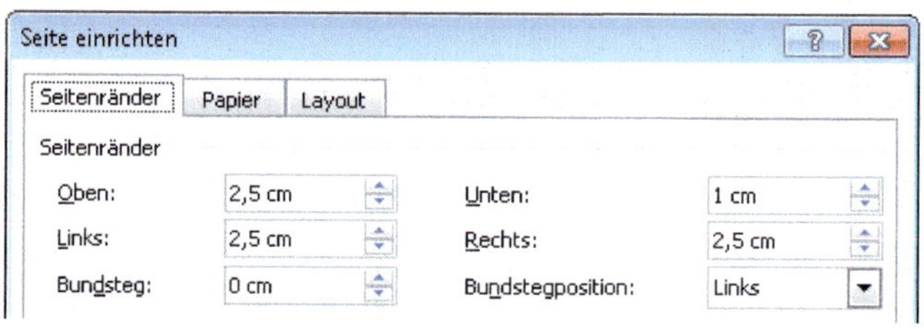

Seitenrahmen festlegen

Damit das Zertifikat oder die Urkunde auch richtig zur Geltung kommt, fügen Sie im nächsten Schritt einen Seitenrahmen hinzu. Dabei können Sie zwischen einfachen Linien (schlichte, edle Optik für Zertifikate) und ausgefallenen Zierrahmen (Zielgruppe: Jugend im Sportverein) wählen:

1. Öffnen Sie mit *Seitenlayout/Seitenhintergrund/Seitenränder* das Dialogfeld *Rahmen und Schattierungen* (siehe Abbildung 1.4). Hier landen Sie automatisch auf der Registerkarte *Seitenrand* (1).

2. Für einen einfachen, schlichten Rahmen klicken Sie links bei *Einstellung* auf *Kontur* (2). Sofern Sie mit einem Farbdrucker arbeiten (was bei Zertifikaten und Urkunden unbedingt zu empfehlen ist), wählen Sie bei *Farbe* (3) einen etwas dunkleren Grauton (4). Die Linienbreite im darunterliegenden Dropdown-Listenfeld können Sie bei *½ Pt.* belassen.

Abbildung 1.4 Den Seitenrand mit einer Rahmenlinie versehen

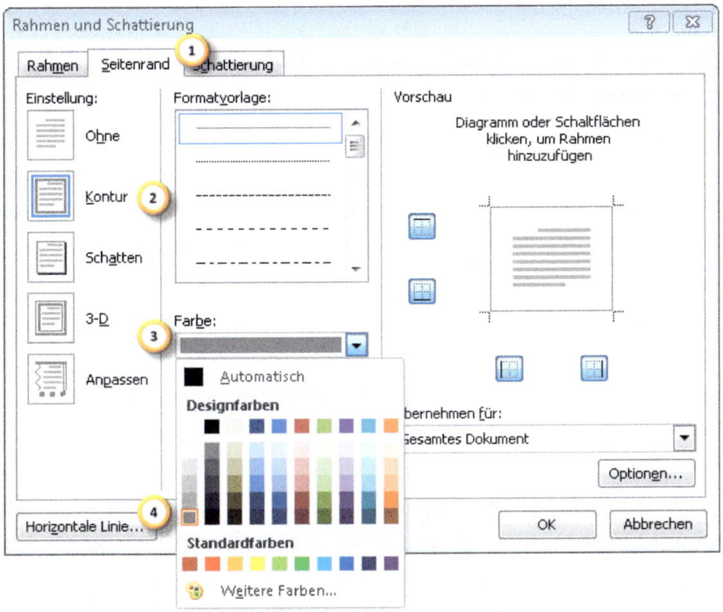

3. Falls Sie eine Urkunde mit einem Zierrahmen umgeben möchten, klappen Sie auf der Registerkarte *Seitenrand* das Dropdown-Listenfeld *Effekte* (1) auf (siehe Abbildung 1.5). Hier stehen über 150 verschiedene Zierrahmen in Form von kleinen Symbolen – wie Sterne, Noten und Schmetterlinge – oder grafischen Elementen zur Auswahl. Wie sich der gewählte Zierrahmen auf Ihre Dokumentvorlage auswirkt, zeigt Word in der *Vorschau* (2) an. Die Breite des Zierrahmens legen Sie im Textfeld *Breite* (3) fest.

Abbildung 1.5 Einen Zierrahmen für die Dokumentseiten auswählen

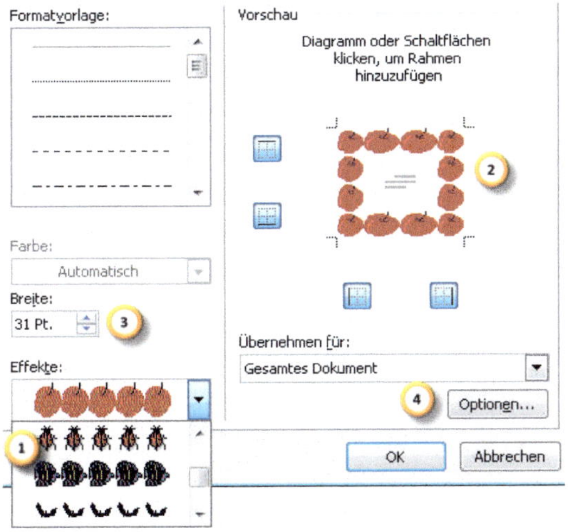

4. Sowohl für die einfache Rahmenlinie als auch für den Zierrahmen können Sie über die Schaltfläche *Optionen* (4) in der rechten unteren Ecke des Dialogfeldes den Abstand des Rahmens vom *Seitenrand* im Bereich von *0* bis *31 Pt.* festlegen. (Nicht zu verwechseln mit den Seitenrändern, die Sie zuvor festgelegt haben und die den Abstand des Textes zum Papierrand definieren!)

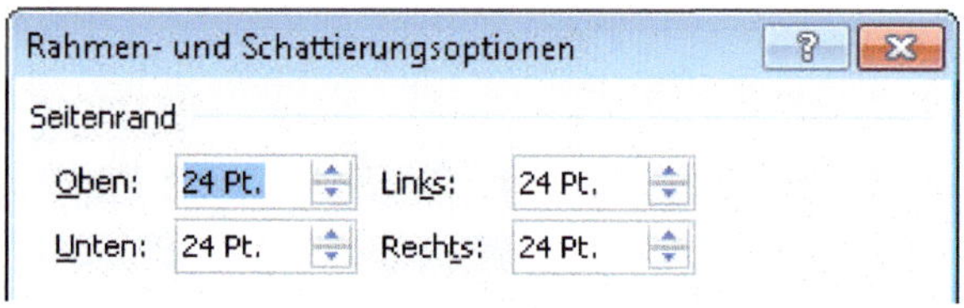

Wählen Sie für die Rahmen keinen zu geringen Seitenrand, da der Rahmen sonst in den von Ihrem Drucker nicht bedruckbaren Bereich rutscht (je nach Druckermodell zwischen 0,4 cm bzw. 11,35 Pt. und 0,7 cm bzw. 19,95 Pt.) und beim Drucken dann abgeschnitten wird oder komplett fehlt.

5. Bestätigen Sie die Angaben im Dialogfeld mit *OK*, worauf Ihr Zertifikat bzw. Ihre Urkunde entsprechend eingerahmt wird.

Immer am richtigen Platz: Tabellen als Positionierungshilfe

Damit Sie die Dokumentvorlage für das Zertifikat oder die Urkunde universell einsetzen können, müssen die verschiedenen Bereiche der Dokumentvorlage (wie Titel, Inhalt, Unterschriftenbereich und Firmen-/Vereinsdaten) eindeutig sein und sich schnell ausfüllen und gestalten lassen.

Nutzen Sie zur Platzierung und exakten Ausrichtung des Zertifikat-/Urkundeninhalts eine »rahmenlose« Tabelle als Grundgerüst. Legen Sie dabei für jeden Bereich eine eigene Tabellenzelle an. Wenn Sie den Tabellenzellen eine exakte Breite und Höhe zuweisen, können Sie in den Zellen später flexibel Text einfügen und unter Zuhilfenahme von Formatvorlagen formatieren – ohne Gefahr zu laufen, dass sich bei unterschiedlichen Textmengen das Layout des Zertifikats bzw. der Urkunde verschiebt.

Leere Tabellenzeilen und -zellen eignen sich so nebenbei hervorragend als Abstandshalter zwischen den verschiedenen Bereichen. So sparen Sie sich das Jonglieren mit Absatz- und Zeilenabständen und können auch auf leere »Abstandsabsätze« – die in professionellen Dokumentvorlagen und Formularen absolut nichts zu suchen haben – verzichten.

Das Zertifikat bzw. die Urkunde ist im Beispiel wie folgt aufgebaut (siehe Abbildung 1.6):

- *Titelzeile:* Hier befindet sich der Text wie »Zertifikat«, »Teilnahmebescheinigung« oder »Siegerurkunde«, eingerahmt von ein oder zwei Grafiken.

- *Inhalt:* Im Inhaltsbereich ist der Zweck des Dokuments zu finden. Je nach Dokumentvorlagentyp können Sie eine oder mehrere Tabellenzellen für das vereinfachte Platzieren des Textes vorsehen.
- *Unterschriftenbereich:* Jedes Zertifikat und jede Urkunde wird vom Auszustellenden unterschrieben, fügen Sie in diesem Bereich den Namen, Titel und die Funktion des Ausstellers hinzu.
- *Firmen-/Vereinsdaten:* Die Firmen-/Vereinsdaten befinden sich am unteren Rand des Zertifikats bzw. der Urkunde. Hier tragen Sie den Namen der Firma bzw. des Vereins einschließlich der Anschrift, Telefonnummern, Vorstände und Internetadresse ein.

Abbildung 1.6 Die rahmenlose Tabelle sorgt für die einfache, exakte Platzierung der verschiedenen Bereiche

Legen Sie jetzt die Tabelle an und weisen Sie ihr alle Eigenschaften wie Zeilenhöhe, feste Spaltenbreiten etc. zu:

1. Fügen Sie über *Einfügen/Tabellen/Tabelle* eine einzeilige, dreispaltige Tabelle ein. Markieren Sie die komplette Tabelle über einen Klick auf den Tabellenverschiebepunkt, der an der linken, oberen Ecke der Tabelle angezeigt wird.
2. Wählen Sie auf der kontextbezogenen Registerkarte *Tabellentools/Entwurf* (1) in der Gruppe *Tabellenformatvorlagen* über einen Klick auf den Dropdownpfeil der Schaltfläche *Rahmen* (2) die Option *Kein Rahmen* (3) (siehe Abbildung 1.7).

Abbildung 1.7 Die Rahmenlinien einer Tabelle entfernen

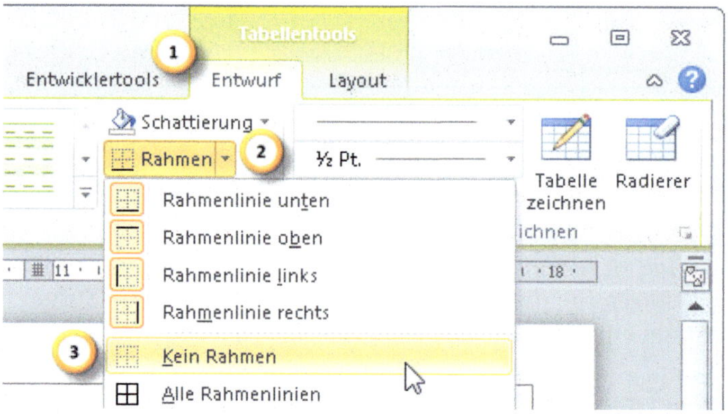

3. Damit Sie bei ausgeschalteten Rahmenlinien dennoch die Zellumrandungen erkennen können, schalten Sie unter *Tabellentools/Layout/Tabelle* über die Option *Rasterlinien anzeigen* die Tabellenrasterlinien ein. Jetzt sind die Zellumrandungen in Form blauer gestrichelter Linien sichtbar. Die Rasterlinien verschwinden bei der Kontrolle der Dokumentvorlage in der Druckvorschau (Strg+P) und selbstverständlich auch beim Drucken.
4. Lassen Sie die Tabelle markiert und klicken Sie unter *Tabellentools/Layout/Zellengröße* auf *AutoAnpassen*. Wählen Sie hier *Feste Spaltenbreite*, sodass sich die Breite der Tabellenzellen beim Füllen mit Text nicht dem Inhalt anpasst, sondern immer in der nachfolgend definierten Größe verbleibt.
5. In der Titelzeile (= erste Zeile der Tabelle) sollen später links und rechts Platzhalter für Grafiken eingefügt werden. Markieren Sie die erste Spalte der einzeiligen Tabelle und tragen Sie unter *Tabellentools/Layout/Zellengröße* im Textfeld *Tabellenspaltenbreite* den Wert `2,5 cm` ein. Wiederholen Sie den Schritt auch für die dritte Spalte.

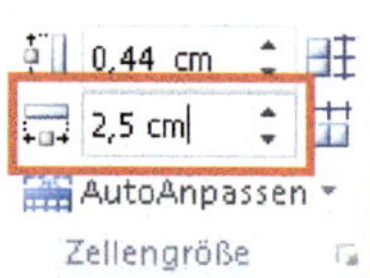

6. Der mittleren Spalte weisen Sie eine Breite von 11,25 cm zu, sodass die Breite aller Spalten exakt dem zur Verfügung stehenden Platz zwischen linkem und rechtem Seitenrand entspricht.
7. Die Höhe der ersten Zeile passen Sie über *Tabellentools/Layout/Zellengröße/Tabellenzeilenhöhe* auf `2,5 cm` an. Damit Word die Zeilenhöhe unabhängig vom späteren Textinhalt einhält, klicken Sie bei *Tabellentools/Layout/Tabelle* auf *Eigenschaften* und ändern auf der Registerkarte *Zeile* bei *Zeilenhöhe* die Auswahl von *Mindestens* in *Genau*.

8. Platzieren Sie den Cursor in der dritten Zelle der einzeiligen Tabelle und drücken Sie [⭾]. Word erweitert die Tabelle um eine weitere Zeile, die exakt über die gleichen Maße wie die erste Zeile verfügt. Die Zeile dient als Platzhalter zwischen Titelzeile und Inhalt. Passen Sie hier die Zeilenhöhe auf `2,1 cm` an.

9. Die drei Spalten werden in der Platzhalterzeile nicht benötigt. Markieren Sie die komplette Zeile und führen Sie die Zellen über *Tabellentools/Layout/Zusammenführen/Zellen verbinden* zu einer Zelle zusammen.

10. Für den Inhalt fügen Sie mit [⭾] (der Cursor muss sich hierzu in der zweiten Zeile befinden) eine weitere Zeile hinzu. Im Zertifikatbeispiel kommen zwei Inhaltszeilen mit jeweils 6,1 und 6,7 cm Höhe zum Einsatz, bei der Urkunde ist eine Inhaltszeile mit 12,8 cm vorhanden.

11. Beim Zertifikat ist die zweite Inhaltszeile in zwei Zellen geteilt, sodass Sie in der rechten Zelle später noch Logos einfügen können. Zum Teilen der zweiten Inhaltszeile platzieren Sie den Cursor in der Zeile und klicken auf der Registerkarte *Tabellentools/Layout* (1) in der Gruppe *Zusammenführen* auf *Zellen teilen* (2). Im jetzt angezeigten Dialogfeld lassen Sie die Vorgaben bei *Spaltenanzahl* und *Zeilenanzahl* (3) unverändert und bestätigen mit *OK* (4) (siehe Abbildung 1.8).

Abbildung 1.8 Eine Tabellenzelle in mehrere Zellen teilen

12. Die Zeile wird nun hälftig in zwei Zellen getrennt. Da die linke Spalte breiter und die rechte Spalte schmaler sein soll, passen Sie die Spaltenbreiten an. Damit die restliche Tabelle nicht von den Änderungen beeinflusst wird, nutzen Sie diesmal *nicht* das Textfeld unter *Tabellentools/Layout/Zellengröße/Tabellenspaltenbreite*. Drücken Sie stattdessen die Taste [Alt] und klicken Sie auf die Rasterlinie zwischen den zwei Zellen. Wenn Sie jetzt bei gedrückter Taste [Alt] die Rasterlinie nach rechts ziehen, zeigt Ihnen Word im Lineal die Maße der Spalten in »cm« an. Wenn die rechte Spalte etwa 3 cm breit ist lassen Sie die Maustaste und die Taste [Alt] los; Word übernimmt dann die neuen Spaltenbreiten.

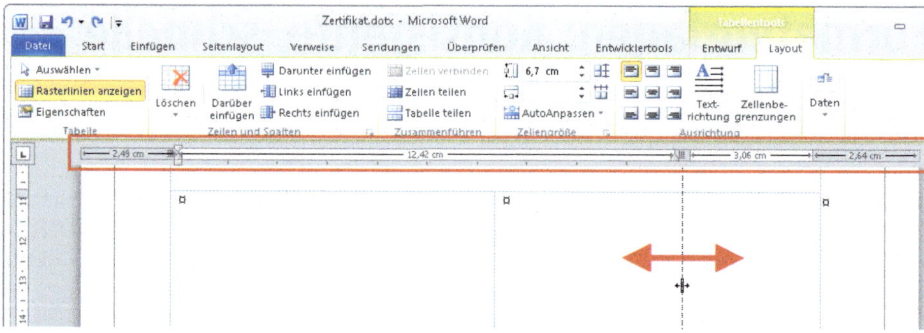

Das Lineal zur Anzeige der Spaltenbreiten ist standardmäßig in Word nicht aktiv. Wenn Sie auf der Registerkarte *Ansicht* in der Gruppe *Anzeigen* das Kontrollkästchen *Lineal* einmalig einschalten, wird das Lineal sichtbar. Word merkt sich den Status und das Lineal verschwindet erst wieder, wenn Sie es über das Kontrollkästchen *Lineal* gezielt ausschalten.

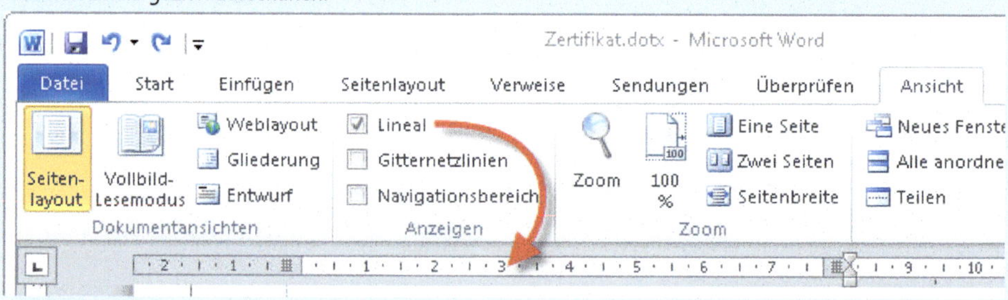

13. Der Tabelle fehlen zwei weitere, einzellige Zeilen für den Unterschriftsbereich (5,4 cm Höhe) und die Firmen-/Vereinsdaten (2,8 cm Höhe).

Für die erste Tabellenzeile haben Sie in Schritt 7 festgelegt, dass die gewählte Zeilenhöhe immer genau einzuhalten ist. Die folgenden Zeilen haben Sie durch Drücken der Taste ⇥ erzeugt. Das hat zur Folge, dass alle Folgezeilen ab der zweiten die *Genau*-Eigenschaft geerbt haben und Sie dort lediglich die Zeilenhöhe anpassen mussten. Die gewählte Vorgehensweise, die Tabelle Zeile für Zeile aufzubauen, hat den Vorteil, dass sich Änderungen an den Zeilen – wie das Teilen oder Zusammenführen von Zellen – immer nur auf die gewählte Zeile auswirkt und nicht die Struktur der gesamten Tabelle versehentlich zerstört.

Die Vorarbeiten für Ihr Zertifikat bzw. Ihre Urkunde sind erfolgreich abgeschlossen und Sie können sich jetzt um die Formatierung und den Inhalt kümmern.

Formatvorlagen: Konsistente, schnelle Formatierungen

Das Formatieren der Texte in den verschiedenen Zertifikat-/Urkundenbereichen soll jederzeit schnell und konsistent möglich sein. Umständliche manuelle Formatierungen, bestehend aus zig verschiedenen Einzelformatierungen wie Schriftart, Schriftgröße, Schriftfarbe, Schriftschnitt (Fettschrift, Kursiv etc.), Absatzabstände, Aufzählungen usw., sind zu vermeiden.

Erstellen Sie zur Formatierung eigene Formatvorlagen (siehe Anhang A »Hintergrundwissen«, Abschnitte »Formatvorlagen« und »Formatvorlagen-Aufgabenbereich«). Wenn Sie zur Gestaltung Ihres Textes dann Ihre eigenen Formatvorlagen nutzen, verfügen alle Zertifikate und Urkunden automatisch über das gleiche Aussehen und Formatierungsfehler gehören der Vergangenheit an.

Abbildung 1.9 Einsatz der Formatvorlagen in der Zertifikat-/Urkundendokumentvorlage

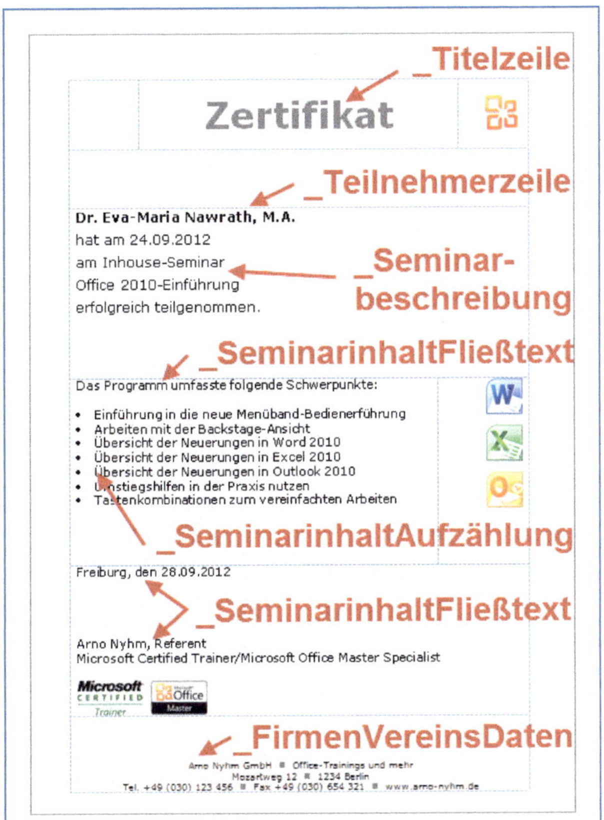

Folgende zum jeweiligen Zertifikat-/Urkundenbereich passende Formatvorlagen sind für den Einsatz in der Zertifikat-/Urkundendokumentvorlage hilfreich: *_Titelzeile*,

_Teilnehmerzeile, *_Seminarbeschreibung*, *_SeminarinhaltFließtext*, *_Seminarinhalt-Aufzählung* und *_FirmenVereinsDaten* (siehe Abbildung 1.9).

Die Namen der Formatvorlagen orientieren sich am Zertifikat, bei der Urkunde können Sie auf die Formatvorlage *_SeminarinhaltAufzählung* verzichten. Der Unterstrich beim Formatvorlagennamen sorgt dafür, dass die Formatvorlage im *Formatvorlagen*-Aufgabenbereich immer am Anfang steht und sich deutlich von den von Word vorgegebenen Formatvorlagen absetzt.

Zum Anlegen der jeweiligen Formatvorlage gehen Sie wie folgt vor:

1. Geben Sie im entsprechenden Bereich Ihrer Zertifikat-/Urkundendokumentvorlage etwas Text ein und formatieren Sie ihn exakt so, wie er später erscheinen soll.

> Die vertikale Ausrichtung des Textes innerhalb der jeweiligen Tabellenzelle wird über die Tabellenformatierung in den beiden folgenden Abschnitten dieses Kapitels geregelt; sie ist somit nicht Bestandteil der Formatvorlage – im Gegensatz zur horizontalen Ausrichtung, die Sie über die jeweiligen Absatzformatierungen zuweisen.

2. Lassen Sie den Cursor in dem formatierten Absatz stehen und blenden Sie über *Start/Formatvorlagen* mit einem Klick auf das »Startprogramm für ein Dialogfeld« ( ) den *Formatvorlagen*-Aufgabenbereich ein. Um die neue Formatvorlage anzulegen, klicken Sie im *Formatvorlagen*-Aufgabenbereich auf die Schaltfläche *Neue Formatvorlage* .
3. Es erscheint das Dialogfeld *Neue Formatvorlage von Formatierung erstellen* (siehe Abbildung 1.10), in dem Sie im Textfeld *Name* (1) den Namen der neuen Formatvorlage eintragen. Alle weiteren Einstellungen lassen Sie unverändert, da der Text ja bereits über alle gewünschten Formatierungen verfügt.
4. Wenn Sie das Dialogfeld mit *OK* (2) schließen, legt Word die neue Formatvorlage an und führt sie im *Formatvorlagen*-Aufgabenbereich auf.

Abbildung 1.10 Das Dialogfeld *Neue Formatvorlage von Formatierung erstellen*

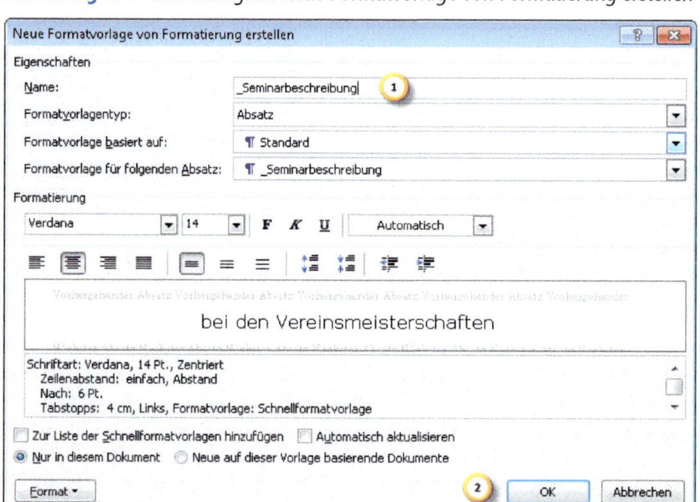

Wiederholen Sie die Schritte für alle weiteren Formatvorlagen. Wenn Sie nachträglich die in einer Formatvorlage hinterlegten Formatierungen ändern möchten, klicken Sie im *Formatvorlagen*-Aufgabenbereich die zu ändernde Formatvorlage mit der rechten Maustaste an und wählen im Kontextmenü den Befehl *Ändern*. Daraufhin öffnet sich das Dialogfeld *Formatvorlage ändern*, hier lassen sich jetzt die Formatierungen beliebig anpassen und mit *OK* übernehmen.

Um auf die zuvor angelegten Formatvorlagen schneller zuzugreifen, räumen Sie sowohl im Schnellformatvorlagen-Katalog als auch im *Formatvorlagen*-Aufgabenbereich auf:

- *Schnellformatvorlagen-Katalog:* Klicken Sie auf der Registerkarte *Start* in der Gruppe *Formatvorlagen* im Formatvorlagenkatalog nacheinander die Formatvorlagen mit der rechten Maustaste an, die Sie aus dem Katalog entfernen möchten. Wählen Sie dann im Kontextmenü den Befehl *Aus Schnellformatvorlagen-Katalog entfernen.*

  Um Ihre eigene Formatvorlage zum Schnellformatvorlagen-Katalog hinzuzufügen, klicken Sie sie im *Formatvorlagen*-Aufgabenbereich mit der rechten Maustaste an und wählen im Kontextmenü den Befehl *Zu Schnellformatvorlagen-Katalog hinzufügen.*
- *Formatvorlagen-Aufgabenbereich:* Zum Ausblenden von Formatvorlagen aus dem *Formatvorlagen*-Aufgabenbereich klicken Sie unten im Aufgabenbereich auf die Schaltfläche *Formatvorlagen verwalten* . Im jetzt angezeigten Dialogfeld (siehe Abbildung 1.11) wechseln Sie zur Registerkarte *Empfehlen* (1). Markieren Sie in dem Listenfeld nacheinander die Formatvorlagen (2), die Sie *nicht* anzeigen möchten. Klicken Sie dann auf die Schaltfläche *Ausblenden* (3).

Abbildung 1.11 Das Dialogfeld *Formatvorlagen verwalten* dient auch dem Ein-/Ausblenden von Formatvorlagen

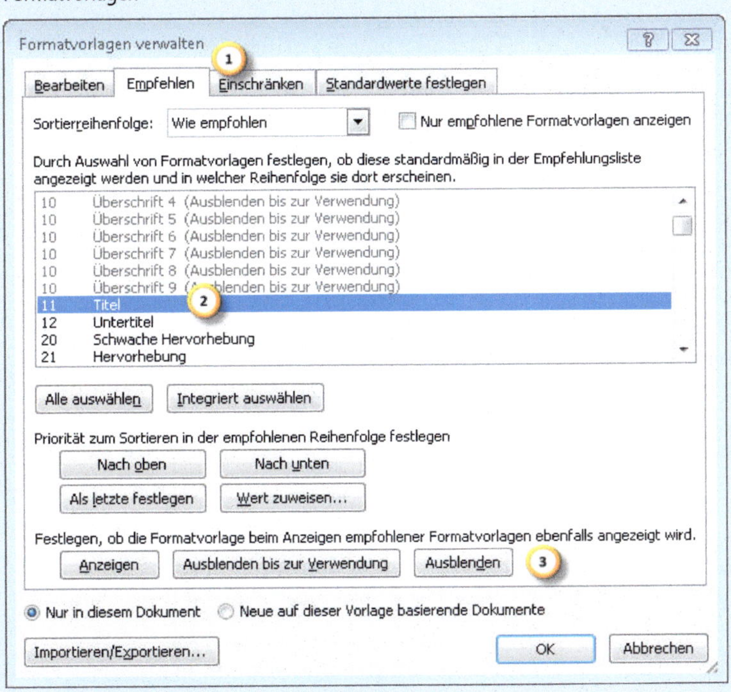

Um Ihre Formatvorlage künftig neu eingegebenem Text zuzuweisen, markieren Sie den Text und klicken – wie in Abbildung 1.12 dargestellt – im Schnellformatvorlagen-Katalog oder im *Formatvorlagen*-Aufgabenbereich auf die gewünschte Formatvorlage. Alternativ können Sie per Strg+⇧+S den Aufgabenbereich *Formatvorlage übernehmen* einblenden und darin die jeweils benötigte Formatvorlage auswählen.

Abbildung 1.12 Formatvorlagen können über verschiedene Wege zugewiesen werden

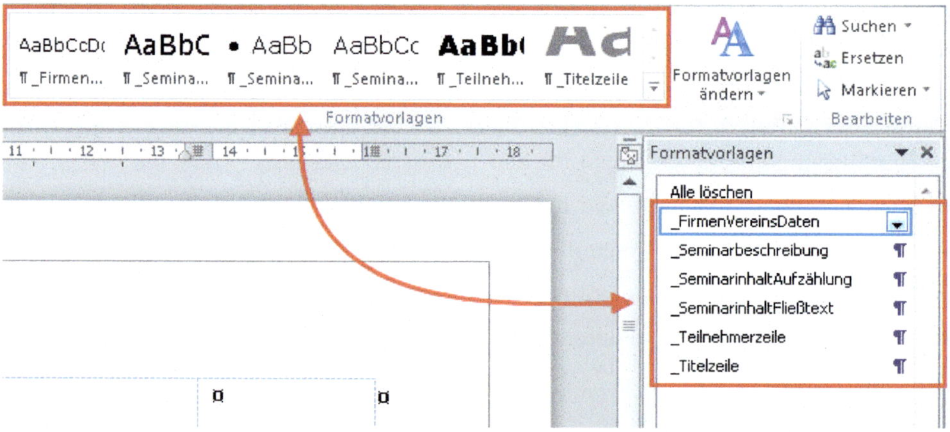

Daraufhin wird der Text sofort mit allen in der Formatvorlage hinterlegten Formatierungen gestaltet. Wenn Sie eine andere Formatvorlage wählen, werden die Formatierungen sofort gewechselt. Möchten Sie zur Standarddarstellung des Textes zurückkehren, wählen Sie entweder die Formatvorlage *Standard* oder drücken die Tastenkombination Strg+⇧+N.

Wechseltexte: Inhaltssteuerelemente oder Formularfelder?

Vorbereitete Texte und Eingabefelder für die variablen Textbestandteile sollen das Ausstellen der Zertifikate/Urkunden so einfach wie möglich machen. So vermeiden Sie, dass sich in der Alltagshektik Fehler einschleichen.

Die weitgehend »unveränderlichen« Textbestandteile wie beispielsweise Seminarbezeichnungen oder Seminarinhalte bei Zertifikaten und Teilnahmebescheinigungen oder Wettkampfinformationen bei Urkunden können Sie direkt in die verschiedenen Bereiche der Tabelle eintragen und mit den im vorherigen Abschnitt definierten Formatvorlagen gestalten.

Für die variablen Textbestandteile stehen Ihnen in Word 2010 (um genau zu sein: ab Word 2007) zwei verschiedene Möglichkeiten zur Auswahl: *Formularfelder* (siehe Anhang A »Hintergrundwissen«, Abschnitt »Formularfelder«) und *Inhaltssteuerelemente* (siehe Anhang A »Hintergrundwissen«, Abschnitt »Inhaltssteuerelemente«,

sowie Kapitel 2 »Das Baukastenprinzip: Anfragen, Angebote, Zeugnisse und mehr zeitsparend abarbeiten«, Abschnitt »Inhaltssteuerelemente – funktionelle Platzhalter«).

Bei Zertifikaten/Urkunden ist der Einsatz von Inhaltssteuerelementen die bessere Lösung, da Sie die Dokumentvorlage nicht wie beim Einsatz von Formularfeldern global schützen und für jede Änderung an den »unveränderlichen« Textbestandteilen den Formularschutz aufheben und anschließend wieder setzen müssen. Inhaltssteuerelemente können Sie entweder einzeln vor dem versehentlichen Löschen schützen, oder Sie gruppieren die Inhaltssteuerelemente zusammen mit dem Text (siehe Abschnitt »Schutz vor versehentlichen Änderungen: Inhalte gruppieren« in diesem Kapitel).

In den Beispieldokumentvorlagen kommen folgende Inhaltssteuerelemente zum Einsatz (siehe Abbildung 1.13):

- Nur-Text-Inhaltssteuerelement für den Text in der Titelzeile
- Nur-Text-Inhaltssteuerelement für den Teilnehmernamen
- Datumsauswahl-Inhaltssteuerelement für das Seminardatum/Wettkampfdatum
- Nur-Text-Inhaltssteuerelemente für die Punkte und die Platzierung
- Datumsauswahl-Inhaltssteuerelement für das Ausstellungsdatum des Zertifikats bzw. der Urkunde

Abbildung 1.13 Die Inhaltssteuerelemente vereinfachen das schnelle Ausfüllen

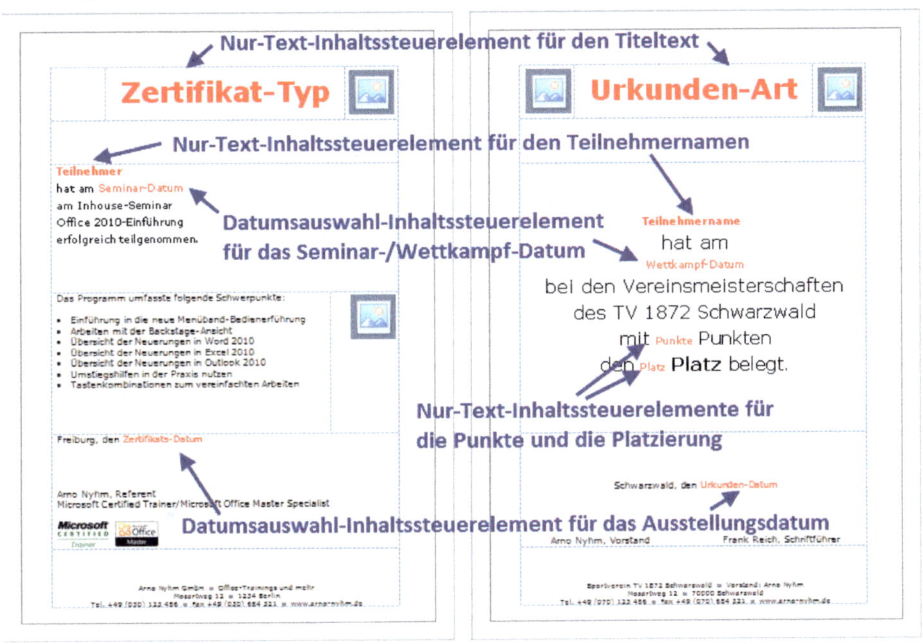

Nachdem Sie die »unveränderlichen« Textbestandteile im Zertifikat bzw. der Urkunde eingegeben haben, den Text mit den im vorhergehenden Abschnitt definierten Formatvorlagen formatiert und die vertikale Ausrichtung des Textes in der jeweiligen Tabel-

lenzelle über *Tabellentools/Layout/Ausrichtung* festgelegt haben, geht es mit dem Einfügen der Inhaltssteuerelemente weiter:

1. Blenden Sie in Word die Registerkarte *Entwicklertools* ein (siehe Anhang A »Hintergrundwissen«, Abschnitt »Entwicklertools-Registerkarte«).
2. Platzieren Sie den Cursor an der Stelle, an der Sie ein Inhaltssteuerelement einfügen möchten. Wechseln Sie dann zur Registerkarte *Entwicklertools* und klicken Sie in der Gruppe *Steuerelemente* auf das gewünschte Inhaltssteuerelement (siehe Abbildung 1.14).

Abbildung 1.14 Ein Inhaltssteuerelement in das Dokument einfügen

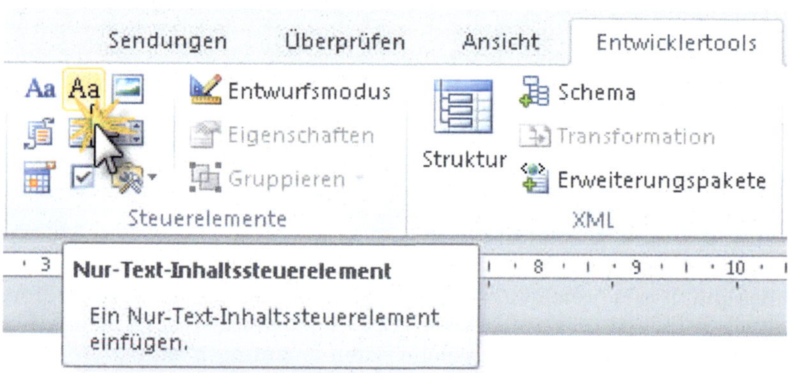

3. Das eingefügte Inhaltssteuerelement enthält den Standardplatzhaltertext »Klicken Sie hier, um Text einzugeben.«, der in einem schwachen Grau formatiert ist – unabhängig davon, welches Format Sie der Tabellenzelle zugewiesen haben. Um den Text in »Zertifikat« bzw. »Urkunden-Art« zu ändern, klicken Sie auf *Entwicklertools/Steuerelemente/Entwurfsmodus*. Rechts und links des Platzhaltertextes erscheinen jetzt die Tags des Inhaltssteuerelements.

4. Klicken Sie nun mitten in den Platzhaltertext, geben Sie den neuen Text ein und löschen Sie anschließend den Text vor und den Text nach Ihrem eigenen Platzhaltertext. Dieser Schritt ist notwendig, damit Ihr Text nicht die dem Platzhaltertext zugewiesene, gleichnamige Formatvorlage verliert. Schalten Sie mit einem erneuten Klick auf *Entwurfsmodus* die Anzeige der Inhaltssteuerelemente-Tags wieder aus.

Damit der Platzhaltertext besser sichtbar ist, weisen Sie ihm, wie in Anhang A »Hintergrundwissen«, Abschnitt »Platzhaltertext-Formatvorlage« beschrieben, eine andere Farbe zu, beispielsweise ein leuchtendes Rot. Da der Platzhaltertext und somit auch die Farbe beim späteren Ausfüllen des Inhaltssteuerelements sofort verschwinden, können Sie problemlos eine auffällige Farbe einsetzen.

5. Lassen Sie das Inhaltssteuerelement markiert und klicken Sie auf *Entwicklertools/Steuerelemente/Eigenschaften*. Im Dialogfeld *Eigenschaften von Inhaltssteuerelementen* geben Sie im Textfeld *Titel* den gleichen Text wie beim Platzhaltertext ein. Falls es sich bei dem Inhaltssteuerelement um ein Datumsauswahl-Inhaltssteuerelement handelt, legen Sie zusätzlich in den Eigenschaften bei *Datumsauswahleigenschaften* im großen Listenfeld das Datumsformat fest (siehe Abbildung 1.15).

Abbildung 1.15 Das Datumsformat für ein Datumsauswahl-Inhaltssteuerelement vorgeben

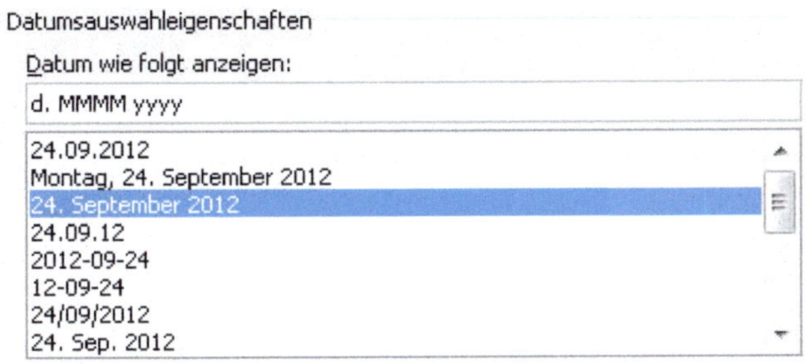

6. Wenn Sie mit *OK* zurück zur Dokumentvorlage wechseln, zeigt Word bei ausgewähltem Inhaltssteuerelement den Titeltext nun in Form einer kleinen »Titelleiste« oberhalb des Inhaltssteuerelements an. Das Verhalten ist bei ausgefüllten Inhaltssteuerelementen äußerst praktisch, da dort der Platzhaltertext nicht mehr zu lesen und somit manchmal nicht klar ist, welche Daten einzutragen sind.

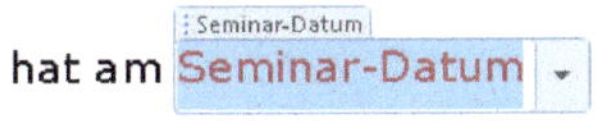

Wiederholen Sie die zuvor genannten Schritte für alle Inhaltssteuerelemente, die Ihnen das Ausfüllen des Zertifikats bzw. der Urkunde vereinfachen sollen.

Logos und Bilder: Einfacher mit Platzhaltern

Im Titelbereich soll je nach Dokumentvorlage links und rechts bzw. nur rechts ein Logo oder Vereinswappen platziert werden. Bei Zertifikaten soll zusätzlich rechts neben den Seminarpunkten die Möglichkeit bestehen, ein Logo einzufügen. Das Einfügen des Logos muss maximal komfortabel sein und darf nicht durch zu große Logos das Layout des Zertifikats bzw. der Urkunde zerstören.

Nutzen Sie zum zielgenauen Einfügen beliebiger Grafiken – gleichgültig, ob es sich um Logos oder um Bilder handelt – das Inhaltssteuerelement vom Typ *Bild*. Die Kombination aus Bildinhaltssteuerelement und Tabellenzelle hat viele Vorteile:

- Das Bildinhaltssteuerelement dient als Platzhalter für die Grafik. Ein Klick darauf genügt, und schon öffnet sich das Dialogfeld *Grafik einfügen*, in dem Sie die gewünschte Grafik auswählen.

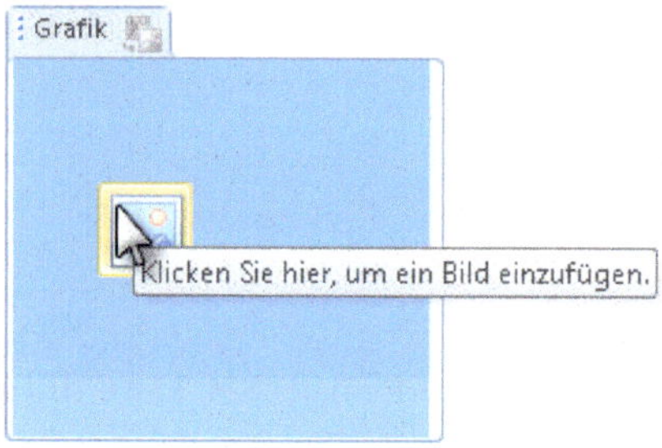

- Möchten Sie die Grafik nachträglich ändern, klicken Sie in der Titelleiste des Bildinhaltssteuerelements auf das Symbol *Bild ändern*. Jetzt öffnet sich das Dialogfeld *Grafik einfügen*, in dem Sie die Grafik austauschen können.

- Dem Bildinhaltssteuerelement können Sie bei Bedarf auf der kontextbezogenen Registerkarte *Bildtools/Format* eine beliebige Bildformatvorlage zuweisen (siehe Abbildung 1.16). Die später eingefügte Grafik übernimmt sofort die »vorbelegte« Bildformatvorlage.

Abbildung 1.16 Einem Bildinhaltssteuerelement kann eine Bildformatvorlage zugewiesen werden

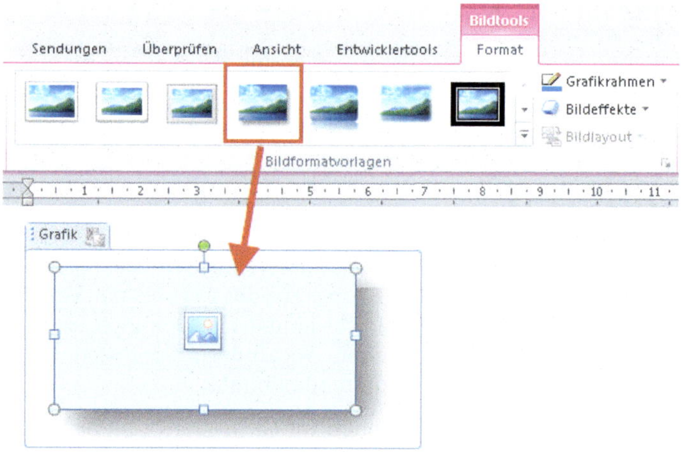

- Die Ausrichtung der Grafik innerhalb der Tabellenzelle legen Sie über *Tabellentools/Layout/Ausrichtung* mit einem Klick auf eine der Ausrichtungsoptionen fest. So wird das Bildinhaltssteuerelement respektive die Grafik immer korrekt platziert.

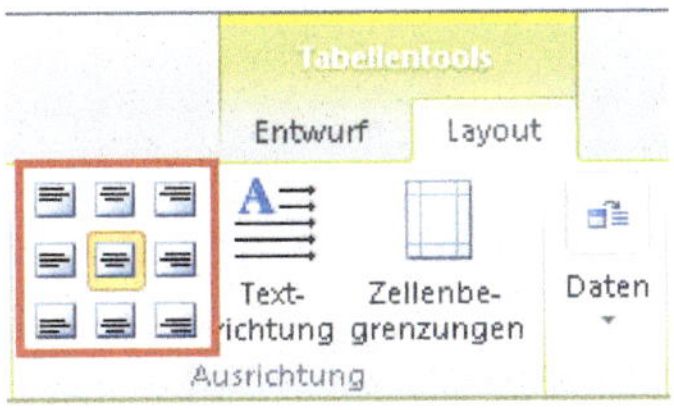

- Da sich das Bildinhaltssteuerelement in einer Tabellenzelle befindet, kann die später eingefügte Grafik maximal den von der Tabellenzelle vorgegebenen Raum einnehmen. Schließlich haben Sie der Tabellenzelle weiter vorn in diesem Kapitel im Abschnitt »Immer am richtigen Platz: Tabellen als Positionierungshilfe« eine feste Breite und eine »genaue« Höhe zugewiesen. So vermeiden Sie, dass beim Einfügen einer zu großen Grafik das Layout Ihres Zertifikats bzw. Ihrer Urkunde zerstört wird. Ist die eingefügte Grafik kleiner als die Tabellenzelle, bleibt die Originalgröße der Grafik erhalten; Sie können die Grafik aber beliebig über einen der Ziehpunkte vergrößern.

Das Einfügen von Bildinhaltssteuerelementen entspricht dem Einfügen der Nur-Text- oder Datumsauswahl-Inhaltssteuerelemente und ist in zwei Schritten erledigt:

1. Platzieren Sie den Cursor in der Zelle, in der später ein Logo, ein Wappen oder eine sonstige Grafik eingefügt werden soll.
2. Fügen Sie über *Entwicklertools/Steuerelemente* ein Bildinhaltssteuerelement ein.

Da in der Titelleiste des Bildinhaltssteuerelements bereits der Text *Grafik* vorgegeben ist, müssen Sie in den Eigenschaften des Inhaltssteuerelements im Textfeld *Titel* nicht zwingend einen Text vorgeben.

Schutz vor versehentlichen Änderungen: Inhalte gruppieren

In der fertigen Zertifikat-/Urkundendokumentvorlage stehen die Inhaltssteuerelemente zur Eingabe des Namens, der Punktzahl oder zur Auswahl des Datums zur Verfügung; die Platzhaltertexte sind zudem zur Orientierung rot eingefärbt. Dennoch lassen sich bislang alle Texte beliebig ändern und auch löschen. Verhindern Sie deshalb das versehentliche Überschreiben durch geeignete Schutzmaßnahmen.

Zum Schutz des Zertifikats bzw. der Urkunde stehen Ihnen in Word unterschiedliche Mechanismen zur Verfügung, die Sie je nach Einsatzgebiet wählen.

Nur Inhaltssteuerelemente lassen sich noch ausfüllen

Der komplette Text soll geschützt sein, es sollen sich nur noch die Eingabefelder in Form der Inhaltssteuerelemente mit Text, Datum und Grafiken füllen lassen? Dann aktivieren Sie wie folgt den Dokumentschutz:

1. Wechseln Sie zur Registerkarte *Entwicklertools* und klicken Sie in der Gruppe *Schützen* auf die Schaltfläche *Bearbeitung einschr.*
2. Es öffnet sich der Aufgabenbereich *Formatierung und Bearbeitung*. Schalten Sie bei *2. Bearbeitungseinschränkungen* das Kontrollkästchen *Nur diese Bearbeitungen im Dokument zulassen* ein. Wählen Sie im Dropdown-Listenfeld die Option *Ausfüllen von Formularen* aus.

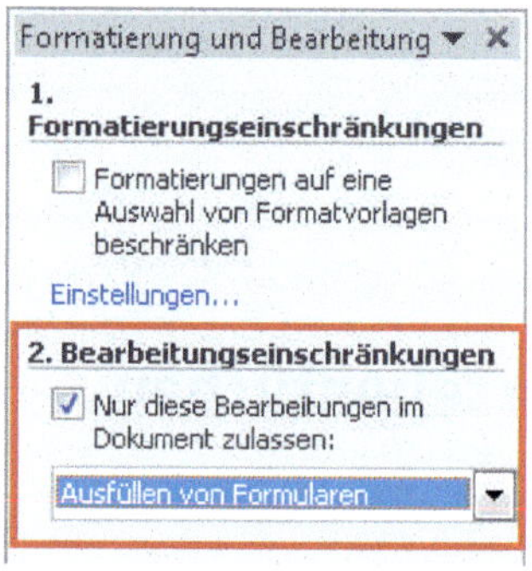

3. Schalten Sie den Schutz mit einem Klick auf *Ja, Schutz jetzt anwenden* ein. Im daraufhin angezeigten Dialogfeld können Sie ein Kennwort hinterlegen, die Textfelder können auch leer bleiben. Bestätigen Sie mit *OK*.

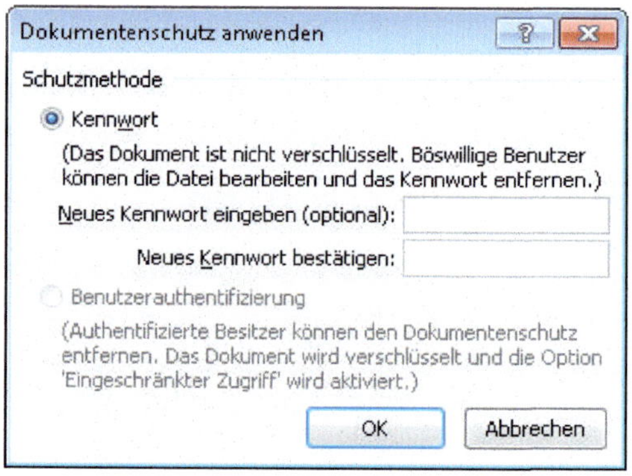

4. Ab sofort sind die Dokumentvorlage sowie alle auf Basis der Dokumentvorlage erzeugten Dokumente geschützt. Möchten Sie Änderungen am Inhalt vornehmen, müssen Sie den Schutz erst wieder ausschalten. Klicken Sie hierzu im Aufgabenbereich *Formatierung und Bearbeitung* auf die Schaltfläche *Schutz aufheben*.

Formatierungsänderungen unterbinden

Sie möchten sicherstellen, dass in der Zertifikat-/Urkundendokumentvorlage nur die Formatierungen aus den Formatvorlagen zum Einsatz kommen, sämtliche manuellen Formatierungen sollen unterbunden werden?

In diesem Fall gehen Sie vor, wie oben bei »Nur Inhaltssteuerelemente lassen sich noch ausfüllen« beschrieben. In Schritt 2 der Anleitung aktivieren Sie jedoch das Kontrollkästchen *Formatierungen auf eine Auswahl von Formatvorlagen beschränken* unter *1. Formatierungseinschränkungen*. Sobald Sie den Schutz aktivieren, sind alle Formatierungsfunktionen auf der Registerkarte *Start* oder in den Kontextmenüs inaktiv; lediglich die Formatvorlagen lassen sich wie gewohnt über den Schnellformatvorlagen-Katalog oder den *Formatvorlagen*-Aufgabenbereich abrufen.

Das Unterbinden von Formatierungsänderungen können Sie auch zusammen mit der Bearbeitungseinschränkung nutzen. Aktivieren Sie in diesem Fall sowohl das Kontrollkästchen bei *1. Formatierungseinschränkungen* als auch bei *2. Bearbeitungseinschränkungen*.

Inhaltssteuerelemente vor dem versehentlichen Löschen schützen

Sie möchten verhindern, dass ein einzelnes Inhaltssteuerelement versehentlich gelöscht wird, weil Sie beispielsweise dessen Inhalt überschreiben? Dann klicken Sie das Inhaltssteuerelement an und öffnen über *Entwicklertools/Steuerelemente/Eigenschaften* das Dialogfeld *Eigenschaften*. Schalten Sie hier das Kontrollkästchen *Das Inhaltssteuerelement kann nicht gelöscht werden* ein. Wenn Sie mit *OK* bestätigen, lässt sich zwar der Inhalt des Inhaltssteuerelements löschen, das Steuerelement selbst mit seinem Platzhaltertext lässt sich jedoch nicht mehr entfernen.

Einzelne Absätze vor Änderungen schützen

Sie möchten nur einen Bereich, beispielsweise die Firmen-/Vereinsdaten vor Änderungen und dem Löschen schützen? In zwei Schritten sind Sie am Ziel:

1. Markieren Sie den zu schützenden Bereich. Klicken Sie unter *Entwicklertools/Steuerelemente/Gruppieren* auf *Gruppieren*. Ab sofort kann der gruppierte Text nicht mehr geändert, sondern nur noch gelöscht werden.

2. Klicken Sie auf die Schaltfläche *Eigenschaften*. Im Dialogfeld *Gruppeneigenschaften* schalten Sie das Kontrollkästchen *Das Inhaltssteuerelement kann nicht gelöscht werden* ein und bestätigen mit *OK*. Jetzt lässt sich die Gruppe auch nicht mehr löschen.

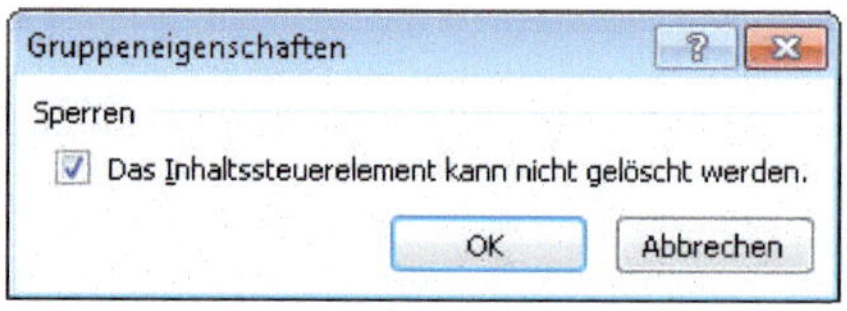

Möchten Sie an der Gruppe Änderungen vornehmen, müssen Sie zuerst über die Eigenschaften den Löschschutz und anschließend die Gruppierung aufheben.

Die fertigen Dokumentvorlagen sowie Beispieldokumente für die in diesem Kapitel beschriebenen Zertifikate und Urkunden finden Sie bei den Downloaddateien im Ordner *Kapitel01*.

2

Das Baukastenprinzip: Anfragen, Angebote, Zeugnisse und mehr zeitsparend abarbeiten

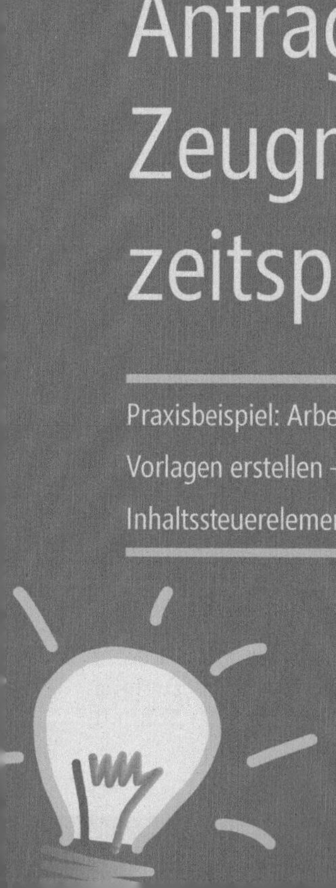

Kommt Ihnen die folgende Art und Weise, Dokumente *wiederzuverwerten*, eventuell bekannt vor? Man kopiere für einen neuen Kunden das Angebot oder die Auftragsbestätigung eines anderen Kunden. Man kopiere die Arbeitsbescheinigung für einen früheren Mitarbeiter und verwende sie für den aktuellen Fall. Man entferne jeweils Überflüssiges und tausche alte Daten gegen aktuelle aus. Man ergänze vorhandene Inhalte bei Bedarf durch Eintippen oder gar durch das Kopieren und Zusammenstellen aus verschiedenen anderen Dokumenten.

Dass diese Vorgehensweise einerseits zeitaufwendig, andererseits auch fehlerträchtig sein kann, leuchtet ein: Denn nicht selten kommt es vor, dass im Dokument schließlich doch noch ein Name aus der Vorversion, eine falsche Kundennummer, der alte Betreff, das alte Datum vorhanden sind oder die Kopfzeile weiterhin frühere Inhalte anzeigt - sei es, weil man eine Überarbeitung schlicht vergessen hat, sei es, weil man hier oder da durch ein [Strg]+[Z] (= *Rückgängig machen*) zu viel den alten Zustand wiederhergestellt hat.

Nicht nur arbeits- und zeitsparend, sondern auch weniger fehleranfällig ist dagegen die Verwendung von Dokumentvorlagen, wie Sie (nicht nur) dem vorhergehenden Kapitel 1 »Schnelleinstieg: Das flexibel wiederverwendbare Dokument« entnehmen können. Auch das vorliegende sowie alle weiteren Kapitel basieren auf der Arbeit mit Dokumentvorlagen, allerdings mit unterschiedlichen Schwerpunkten.

Abbildung 2.1 Die Zeugnisvorlage entsteht aus der rechts daneben dargestellten Briefvorlage

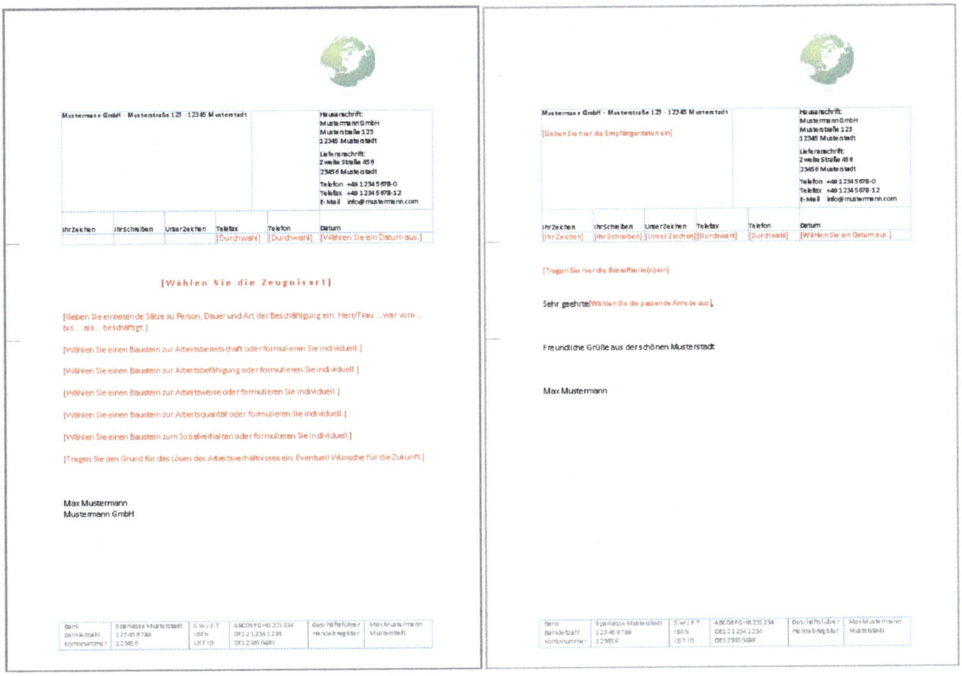

In diesem Kapitel nun geht es hauptsächlich um den Einsatz von »Inhaltssteuerelementen«, die die Formularfelder aus früheren Word-Versionen ablösen und zugleich erweiterte Funktionalität bieten. Es geht aber auch um die Verwendung von »Schnell-

bausteinen«, die die früheren AutoTexte ersetzen und für konsistente Formulierungen/ Inhalte sowie weniger Tipparbeit sorgen. Und schließlich sind »Formatvorlagen« ein Thema: was dahintersteckt, wozu sie dienen oder warum sie geradezu unverzichtbar sind. Alle drei Schwerpunkte werden anhand der in Abbildung 2.1 links dargestellten Vorlage für Arbeitszeugnisse behandelt, die aus der rechts daneben dargestellten Briefvorlage weiterentwickelt wurde.

Praxisbeispiel: Arbeitszeugnis

Arbeitsbescheinigungen, Arbeits-, Ausbildungs- oder Zwischenzeugnisse müssen bestimmten Anforderungen genügen. Dazu gehört unter anderem, dass

- ein Firmenbriefbogen verwendet wird,
- Name, Geburtsdatum, Beschäftigungsart und -dauer enthalten sind,
- ein qualifiziertes Arbeitszeugnis zudem eine Beurteilung in Bezug auf Leistungsbereitschaft, Leistungsfähigkeit und (Sozial-)Verhalten des Arbeitnehmers beinhaltet.

Sie benötigen für Ihre Zeugnisvorlage demnach zunächst eine Briefvorlage. Falls eine solche bereits existiert, können Sie den folgenden Abschnitt »Eine Briefvorlage als Basis« überspringen und stattdessen, wie im Abschnitt »Die Vorlage für Arbeitszeugnisse einrichten« beschrieben, eine Kopie Ihrer vorhandenen Briefvorlage anpassen.

Hilfreiche Hinweise, was allgemein oder speziell in Word beim Erstellen von Dokumentvorlagen zu beachten ist, finden Sie in diesem Kapitel weiter hinten im Abschnitt »Vorlagen erstellen – allgemeine Vorgehensweise«.

Die fertige Zeugnisvorlage sowie die Word-Datei mit der Bewertungsmatrix finden Sie bei den Downloaddateien im Ordner *Kapitel02*.

Eine Briefvorlage als Basis

Entwerfen Sie eine Dokumentvorlage, die Folgendes festlegt bzw. beinhaltet:

- erforderliche Seitenränder,
- Kopf- und Fußzeilen,
- statische – nicht je Dokument variierende – Inhalte wie Absenderadresse, Firmenlogo etc.,
- Formatvorlagen für eine ansprechende Absatz- und Zeichenformatierung,
- eine Auswahl an Textpassagen oder Bildern, die sich nach Bedarf schnell und flexibel einsetzen lassen.

Verschaffen Sie sich Klarheit über den zukünftigen Einsatz Ihrer Vorlage:

- Wird die Vorlage voraussichtlich nur von Ihnen allein verwendet oder soll sie auch für andere Benutzer zur Verfügung stehen?
- Soll die Bearbeitung der Dateien hinsichtlich der Inhalte und eventuell Formatierung eingeschränkt werden oder hat der jeweilige Benutzer freie Hand?
- Werden die fertiggestellten Dokumente ausgedruckt und per Post versandt oder sollen sie als PDF-Anlage zu einer E-Mail verschickt werden?
- Werden Bausteine gegebenenfalls nur in diesem einen Dokumenttyp benötigt oder sollen sie auch in anderen Dokumenten eingesetzt werden?
- Müssen die Dokumente nur gelegentlich bzw. einzeln erstellt werden oder bietet sich die Verwendung des Seriendrucks an?

Die Antworten auf diese Fragen sind unter anderem ausschlaggebend für den jeweiligen Speicherort von Dokumentvorlagen und Bausteinen, für die Art eines möglicherweise anzuwendenden Dokumentschutzes und für das eventuelle Einrichten als Seriendruck-Hauptdokument.

Die Seiteneinrichtung

1. Erstellen Sie eine neue, leere Datei mithilfe der Tastenkombination Strg+N.
2. Wählen Sie über *Datei/Speichern unter* als Speicherort Ihren Vorlagenordner und im Listenfeld *Dateityp* den Eintrag *Word-Vorlage (*.dotx)* aus.

   Nur wenn Ihre Vorlage Makros aufnehmen soll, wählen Sie als Dateityp *Word-Vorlage mit Makros (*.dotm)* (siehe auch Kapitel 7, Abschnitt »Achtung Dateiformat: docx/dotx kontra docm/dotm«).

   Vergeben Sie den Dateinamen `Briefvorlage` und klicken Sie auf *Speichern*.

Der neuen Datei liegt die globale Dokumentvorlage *Normal.dotm* zugrunde. Falls Sie befürchten, diese könne durch vorangegangene Veränderungen belastet oder gar beschädigt sein, beenden Sie Word. Benennen Sie im Windows-Explorer die *Normal.dotm* um, beispielsweise in *AlteNormal.dotm*. Wenn Sie anschließend Word wieder starten, ist eine neue, saubere *Normal.dotm* verfügbar. Erstellen Sie erst dann per Strg+N Ihre neue Datei.

3. Öffnen Sie das Dialogfeld *Seite einrichten*: Registerkarte *Seitenlayout*, Gruppe *Seite einrichten*, »Startprogramm für ein Dialogfeld« (rechts unten in der Gruppe *Seite einrichten*).

   Legen Sie darin auf der Registerkarte *Seitenränder* die Maße für *Oben* (3,0 cm), *Unten* (2,5 cm), *Links* (2,5 cm) und *Rechts* (2,0 cm) fest.

   Wechseln Sie anschließend zur Registerkarte *Layout* und aktivieren Sie im Bereich *Kopf- und Fußzeilen* die Option *Erste Seite anders*. Legen Sie als Abstand vom Seitenrand für die Kopfzeile 1,25 cm, für die Fußzeile 0,5 cm fest. Klicken Sie auf *OK*, speichern Sie Ihre Vorlage.

   Die genannten Einstellungen sind in Abbildung 2.19 zu sehen.

Bewegen Sie die Markierung innerhalb des Dialogfeldes per Tabulatortaste ([⭾]) zu den verschiedenen Eingabefeldern. Tippen Sie dann jeweils nur die Zahl ein und drücken Sie erneut [⭾]. Inhalte eines markierten Feldes werden durch die neuen Inhalte direkt überschrieben und die Eingabe der Maßeinheit entfällt, da hier standardmäßig von »cm« ausgegangen wird.

Abbildung 2.2 Seitenränder und Layout für die Briefvorlage festlegen

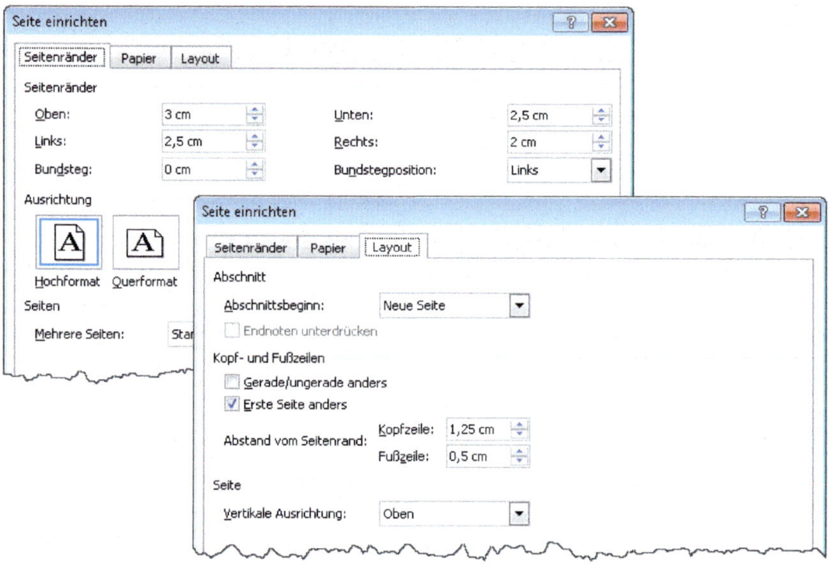

Vorhandene Formatvorlagen ändern

1. Öffnen Sie mithilfe der Tastenkombination [Alt]+[Strg]+[⇧]+[S] (alternativ über das »Startprogramm für ein Dialogfeld« ( ) in der Gruppe *Formatvorlagen* auf der Registerkarte *Start*) den Aufgabenbereich *Formatvorlagen*, der dem in Abbildung 2.6 dargestellten ähnelt (siehe auch Anhang A »Hintergrundwissen«, Abschnitt »Formatvorlagen-Aufgabenbereich«).

2. Klicken Sie auf den Link *Optionen* am Ende des Formatvorlagenbereichs. Im Dialogfeld *Optionen für Formatvorlagenbereich* wählen Sie im Listenfeld *Anzuzeigende Formatvorlagen auswählen* den Eintrag *Alle Formatvorlagen* und schließen das Dialogfeld mit *OK*.

Abbildung 2.3 Im Formatvorlagenbereich alle Formatvorlagen anzeigen lassen

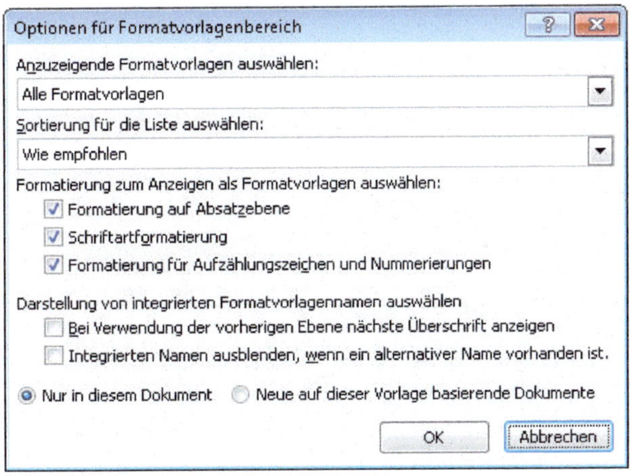

Falls Sie bisher noch nicht mit Formatvorlagen gearbeitet haben, finden Sie grundlegende Informationen hierzu in Anhang A »Hintergrundwissen«, Abschnitt »Formatvorlagen«.

Die Formatvorlage »Standard«

Die Formatvorlage *Standard* (vom Typ *Absatz*) ist bereits im Dokument vorhanden und muss lediglich modifiziert werden. Sie dient als Basis aller weiteren Formatvorlagen.

1. Klicken Sie im Formatvorlagenbereich (siehe Abbildung 2.6) mit der rechten Maustaste auf den Eintrag *Standard* und wählen Sie im Kontextmenü den Befehl *Ändern*.
2. Im Eingabefeld *Name* (siehe Abbildung 2.4) tragen Sie als neuen Namen `Bf_Standard` ein.

Bei *Standard* handelt es sich um eine der integrierten Formatvorlagen, deren Namen grundsätzlich nicht geändert werden können. Daher wird durch Semikolon getrennt der benutzerdefinierte Name dem alten nur hinzugefügt, sobald Sie das Dialogfeld *Formatvorlage ändern* geschlossen haben.

Mithilfe benutzerdefinierter Namen nehmen Sie Einfluss auf die Sortierung und behalten den Überblick über die im Dokument zu verwendenden Formatvorlagen.

3. Klicken Sie auf die Schaltfläche *Format* und ändern Sie über die Befehle *Schriftart* und *Absatz* jeweils Schriftart (*Calibri*), Schriftgrad (*14 Pt.*), Zeilenabstand (*Genau 14 Pt.*), Absatzabstand (*Nach: 14 Pt.*) sowie bei Bedarf weitere Formate. Die hier in Klammern gesetzten Angaben entstammen der Beispieldatei *Briefvorlage.dotx*.

   Bestätigen Sie die Einstellungen mit *OK*.

Abbildung 2.4 Die Formatvorlage *Standard* ändern

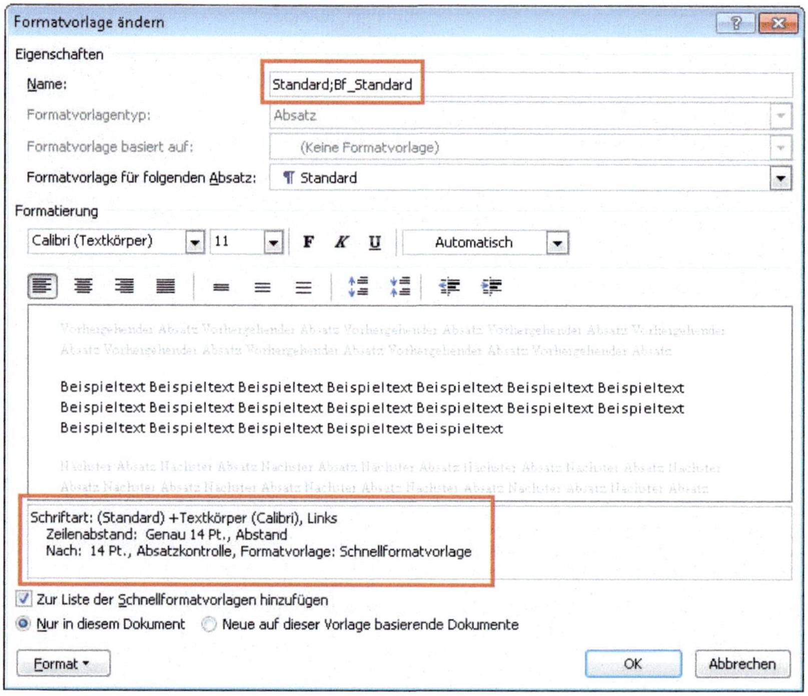

Die Formatvorlagen »Fußzeile« und »Kopfzeile«

Auch die Formatvorlagen *Fußzeile* und *Kopfzeile* (jeweils vom Typ *Verknüpft*) sind bereits vorhanden. Nehmen Sie darin folgende Anpassungen vor:

- *Fußzeile*: Name: *Bf_Fußzeile*; Schriftgröße: *9 Pt.*; Abstand *Nach: 0 Pt.*; Zeilenabstand: *Genau 11 Pt.*; *Rechtschreibung und Grammatik nicht prüfen*
- *Kopfzeile*: Name: *Bf_Kopfzeile*; Schriftgröße: *10 Pt.*; Abstand *Nach: 0 Pt.*; Zeilenabstand: *Einfach*; Tabstopps: *8,25 cm zentriert, 16,5 cm rechtsbündig*; Rahmen: *Unten (einfache einfarbige Linie, 0,5 Pt.)*

Sonstige eventuell benötigte Formatvorlagen

Falls später im Dokument weitere integrierte Formatvorlagen wie *Fett*, *Hervorhebung* (jeweils vom Typ *Zeichen*) oder *Aufzählungszeichen* (vom Typ *Absatz*) verwendet werden sollen, können Sie diese ebenfalls umbenennen bzw. anpassen.

Neue Formatvorlagen erstellen

Um den Formatvorlagenbereich übersichtlich zu halten, klicken Sie an dessen Ende erneut auf den Link *Optionen*. Im Dialogfeld *Optionen für Formatvorlagenbereich* wählen Sie im Listenfeld *Anzuzeigende Formatvorlagen auswählen* den Eintrag *Verwendet* (siehe Abbildung 2.5) und bestätigen mit *OK*.

Abbildung 2.5 Nur die im Dokument verwendeten Formatvorlagen einblenden

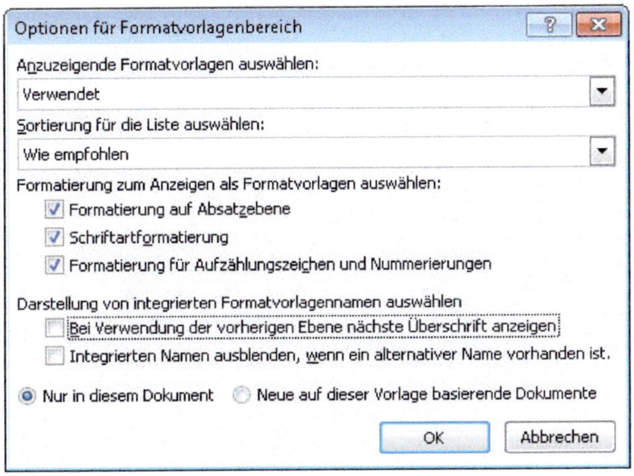

Abbildung 2.6 Der Formatvorlagenbereich zeigt die in der Briefvorlage verwendeten Formatvorlagen an

Erstellen Sie für Ihre Briefvorlage nun die neuen, in Abbildung 2.6 bereits aufgelisteten Formatvorlagen in folgenden Schritten:

1. Klicken Sie jeweils am Ende des Formatvorlagenbereichs auf die Schaltfläche *Neue Formatvorlage*.
2. Vergeben Sie dann im Dialogfeld *Neue Formatvorlage von Formatierung erstellen* einen Namen und nehmen Sie über die Schaltfläche *Format* die erforderlichen Einstellungen vor. Die für die Beispielvorlage *Briefvorlage.dotx* geltenden Formatierungen entnehmen Sie der Aufstellung in Tabelle 2.1.

Nur Formatvorlagen, die später im Dokument häufig benötigt werden (*Bf_Standard, Hervorhebung* (= kursiv), *Fett, Aufzählungszeichen*) sollten Sie *zur Liste der Schnellformatvorlagen hinzufügen*. So bleibt die Gruppe *Formatvorlagen* auf der Registerkarte *Start* übersichtlich.

Andere Formatvorlagen wie *Bf_Fußzeile, Bf_Kopfzeile* etc. werden bestimmten Bereichen der Vorlage dauerhaft zugewiesen und müssen später im Fließtext nicht mehr schnell verfügbar sein.

Tabelle 2.1 Einstellungen für die neuen Formatvorlagen

	Bf_ErsteKopfzeile	Bf_Empfänger	Bf_Fensterzeile
Formatvorlagentyp	Absatz	Absatz	Absatz
Formatvorlage basiert auf	Standard	Standard	Standard
Formatvorlage für folgenden Absatz	Standard	Bf_Empfänger	Bf_Empfänger
Zeichenformat/Sprache	Sprache: Rechtschreibung und Grammatik nicht prüfen		Schriftgröße: 8 Pt.; Abstand: Erweitert um 0,7 Pt.
Absatzformat	Abstand Nach: 0 Pt.; Zeilenabstand: Genau 93,55 Pt. (= 3,3 cm)	Abstand Nach: 0 Pt.	Zeilenabstand: Genau 10 Pt.
Zur Liste der Schnellformatvorlagen hinzufügen	Nein	Nein	Nein

	Bf_Absender	Bf_Bezugszeile1	Bf_Bezugszeile2
Formatvorlagentyp	Absatz	Absatz	Verknüpft
Formatvorlage basiert auf	Standard	Standard	Standard
Formatvorlage für folgenden Absatz	Bf_Absender	Bf_Bezugszeile1	Bf_Bezugszeile2
Zeichenformat/Sprache	Schriftgröße: 9 Pt.	Schriftgröße: 9 Pt.	
Absatzformat	Abstand Nach: 6 Pt., Zeilenabstand: Genau 11 Pt.; Tabstopps: 1,2 cm linksbündig	Abstand Nach: 0 Pt.	Abstand Nach: 0 Pt.
Zur Liste der Schnellformatvorlagen hinzufügen	Nein	Nein	Nein

	Bf_Datum	Bf_Betreff	Bf_Unterschrift
Formatvorlagentyp	Verknüpft	Verknüpft	Absatz
Formatvorlage basiert auf	Bf_Bezugszeile2	Standard	Standard
Formatvorlage für folgenden Absatz	Bf_Bezugszeile2	Bf_Betreff	Standard
Zeichenformat/Sprache		Schriftschnitt: Fett	
Absatzformat		Abstand Vor: 28 Pt., Abstand Nach: 28 Pt.; Keinen Abstand zwischen Absätzen gleicher Formatierung einfügen	Abstand Vor: 42 Pt.
Zur Liste der Schnellformatvorlagen hinzufügen	Nein	Nein	Nein

Inhalte festlegen und formatieren

Nachdem die Liste aller für Ihre Briefvorlage und zukünftigen Briefe benötigten Formatvorlagen festgelegt ist, geht es nun ans Positionieren und Formatieren der unveränderlichen Inhalte, beispielsweise Absenderangaben, sowie der Platzhalter (»Inhaltssteuerelemente«) für die je Brief wechselnden Eingaben.

Tabelle für Absenderangaben, Anschrift und Bezugszeilen erstellen

Für die nachfolgenden Schritte sind meist die Befehlsfolgen über das Menüband genannt. Viele Befehle sind aber auch schnell über das Kontextmenü (rechter Mausklick) erreichbar.

1. Fügen Sie in Ihrer Briefvorlage eine Tabelle mit sechs Spalten und drei Zeilen ein (*Einfügen/Tabellen/Tabelle*) und markieren Sie die Tabelle.
2. Entfernen Sie die Rahmenlinien (*Tabellentools/Entwurf/Tabellenformatvorlagen/Rahmen/Kein Rahmen*).
3. Blenden Sie die *Rasterlinien* ein (*Tabellentools/Layout/Tabelle*).
4. Aktivieren Sie die Option *Feste Spaltenbreite* (*Tabellentools/Layout/Zellengröße/AutoAnpassen*).
5. Setzen Sie alle *Standardzellenbegrenzungen* auf 0 cm (*Tabellentools/Layout/Ausrichtung/Zellenbegrenzungen*).
6. Legen Sie die Breite für die ersten fünf Spalten mit 2,3 cm, für die letzte Spalte mit 5,0 cm fest (*Tabellentools/Layout/Tabelle/Eigenschaften/Spalte*).
7. Markieren Sie die ersten vier Zellen der ersten Tabellenzeile und verbinden Sie sie zu einer Zelle (*Tabellentools/Layout/Zusammenführen/Zellen verbinden*).
   - Die neu entstandene Zelle ist markiert – legen Sie ihre Breite mit 8,5 cm fest.
   - Markieren Sie die Nachbarzelle und legen Sie deren Breite mit 3 cm fest.
   - Die dritte und damit letzte Zelle weist weiterhin eine Breite von 5 cm auf.

8. Für die erste Zeile definieren Sie eine Höhe von *Genau* 4,5 cm (siehe Abbildung 2.7), für die zweite Zeile von *Genau* 1 cm (*Tabellentools/Layout/Tabelle/Eigenschaften/Zeile*).

   Die Höhe der dritten Zeile wird später – nach Einfügen der Inhaltssteuerelemente – mit *Genau* 0,5 cm festgelegt.

9. Aktivieren Sie außerdem für Zeile 2 im Dialogfeld *Tabelleneigenschaften* (siehe Abbildung 2.7) auf der Registerkarte *Zelle* als vertikale Ausrichtung *Unten*.

Abbildung 2.7 Genaue Zeilenhöhen in den Tabelleneigenschaften festlegen

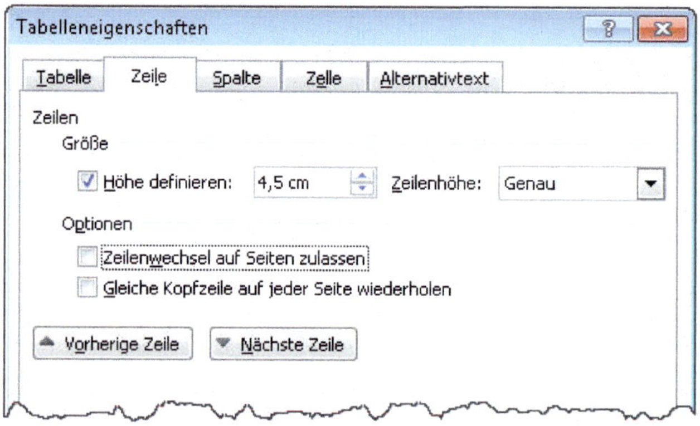

Das Adressfeld fertigstellen

1. Klicken Sie in die erste Zelle der oben erstellten Tabelle.

   Tragen Sie die Absenderangaben für die Fensterzeile ein und weisen Sie die Formatvorlage *Bf_Fensterzeile* zu: entweder über den Formatvorlagenbereich (siehe Abbildung 2.6) oder mithilfe des Aufgabenbereichs *Formatvorlage übernehmen* (Strg+⇧+S). Abhängig von der Textmenge muss eventuell der in der Formatvorlage definierte Zeichenabstand verringert werden.

2. Drücken Sie ↵, um einen neuen Absatz zu erstellen. Dieser erhält automatisch die Formatvorlage *Bf_Empfänger*.

3. Fügen Sie ein Nur-Text-Inhaltssteuerelement ein (*Entwicklertools/Steuerelemente*), siehe dazu auch Abbildung 2.19 sowie Abschnitt »Die Inhaltssteuerelemente im Einzelnen«, »Nur Text«.

   Tragen Sie in den *Eigenschaften* (*Entwicklertools/Steuerelemente*) als *Titel* und *Tag* jeweils `Briefanschrift` ein und aktivieren Sie die Option *Wagenrückläufe zulassen (mehrere Absätze)*, wie in Abbildung 2.8 dargestellt. Schließen Sie das Dialogfeld mit *OK*.

Tatsächlich sind hier nicht mehrere *Absätze*, sondern mehrere *Zeilenumbrüche* gemeint. Innerhalb des Steuerelements reicht jedoch das Drücken der ↵-Taste, die Tastenkombination ⇧+↵ ist nicht erforderlich.

Abbildung 2.8 Eigenschaften des Inhaltssteuerelements für die Briefanschrift

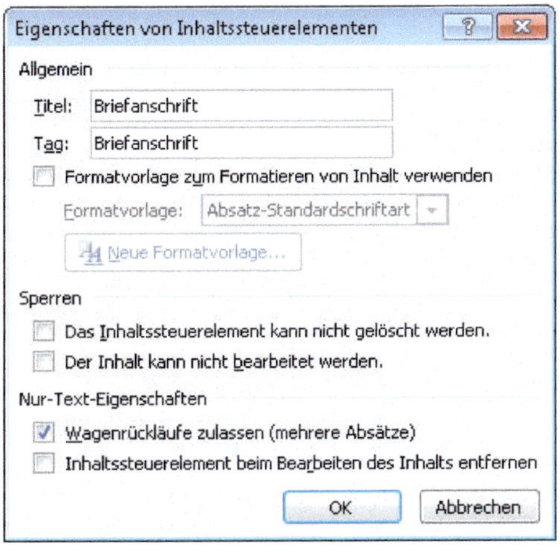

4. Aktivieren Sie den *Entwurfsmodus* (*Entwicklertools/Steuerelemente*). Heben Sie die Markierung auf und klicken Sie in den Platzhaltertext (*Klicken Sie hier, um Text einzugeben.*) hinein.

   - Blenden Sie per [Strg]+[⇧]+[S] den Aufgabenbereich *Formatvorlage übernehmen* ein. Es ist die Zeichenformatvorlage *Platzhaltertext* aktiviert. Legen Sie über die Schaltfläche *Ändern* eine rote Schriftfarbe fest, damit der Platzhaltertext zukünftig besser erkennbar ist.
   - Markieren Sie den Platzhaltertext und überschreiben Sie ihn mit eigenem Text (`[Geben Sie hier die Empfängerdaten ein]`) wie auch weiter hinten in diesem Kapitel im Abschnitt »Platzhaltertext austauschen« beschrieben. Achten Sie darauf, dass weiterhin die Formatvorlage *Platzhaltertext* aktiviert ist.
   - Deaktivieren Sie den *Entwurfsmodus* wieder.

Den Absenderblock fertigstellen

Klicken Sie in Ihrer Tabelle in die dritte (letzte) Zelle der ersten Zeile.

1. Tragen Sie Ihre Absenderangaben ein und formatieren Sie sie mit der Formatvorlage *Bf_Absender* und eventuell mit *Fett*.
2. Erstellen Sie neue Zeilen per [⇧]+[↵], neue Absätze per [↵], wie in Abbildung 2.9 zu erkennen.
3. Ändern Sie bei Bedarf die in der Formatvorlage definierten Zeilen- und Absatzabstände sowie Tabstopppositionen.

Abbildung 2.9 Die Formatierung der Absenderangaben

Hausanschrift:
Mustermann GmbH
Musterstraße 123
12345 Musterstadt

Lieferanschrift:
Zweite Straße 456
23456 Musterstadt

Telefon +49 1234 5678-0
Telefax +49 1234 5678-12
E-Mail info@mustermann.com

Die Bezugszeichenzeilen fertigstellen

1. Markieren Sie die zweite Zeile der Tabelle und weisen Sie ihr die Formatvorlage *Bf_Bezugszeile1* zu.

   In die einzelnen Zellen tragen Sie von links nach rechts folgende Texte ein: `Ihr Zeichen`, `Ihr Schreiben`, `Unser Zeichen`, `Telefax`, `Telefon`, `Datum`.

2. Markieren Sie in der letzten Tabellenzeile die ersten vier Zellen und weisen Sie ihnen die Formatvorlage *Bf_Bezugszeile2* zu.

   Der fünften Zelle – für das Datum – weisen Sie die Formatvorlage *Bf_Datum* zu.

3. Klicken Sie dann in die Zelle, die sich unterhalb der Zelle *Ihr Zeichen* befindet. Fügen Sie ein Nur-Text-Inhaltssteuerelement ein (*Entwicklertools/Steuerelemente*).
   - In den *Eigenschaften* (*Entwicklertools/Steuerelemente*) tragen Sie als *Titel* und *Tag* jeweils `Ihr Zeichen` bzw. `IhrZeichen` ein und aktivieren die Option *Wagenrückläufe zulassen (mehrere Absätze).*
   - Wechseln Sie in den *Entwurfsmodus* (*Entwicklertools/Steuerelemente*) und tauschen Sie den Platzhaltertext gegen Ihren eigenen (`[Ihr Zeichen]`) aus. Achten Sie darauf, dass die Formatvorlage *Platzhaltertext* zugewiesen bleibt. Deaktivieren Sie den *Entwurfsmodus* anschließend wieder.

4. Gehen Sie in den weiteren Zellen genauso vor, wie unter Punkt 2 beschrieben:
   - Erstellen Sie in den einzelnen Zellen unter *Ihr Schreiben*, *Unser Zeichen*, *Telefax* und *Telefon* ein Nur-Text-Inhaltssteuerelement.
   - Benennen Sie in den *Eigenschaften* jeweils *Titel* und *Tag* mit `Ihr Schreiben` / `IhrSchreiben`, `Unser Zeichen` / `UnserZeichen`, `Fax Durchwahl` / `FaxDirekt`, `Tel Durchwahl` / `TelDirekt`. Lassen Sie *Wagenrückläufe* zu.
   - Wechseln Sie in den *Entwurfsmodus*. Ändern Sie die Platzhaltertexte in `[Ihr Schreiben]`, `[Unser Zeichen]`, `[Durchwahl]`, `[Durchwahl]`. Deaktivieren Sie den *Entwurfsmodus* wieder.

5. Klicken Sie in die Zelle, die später das Datum aufnehmen soll.
   - Fügen Sie ein Inhaltssteuerelement vom Typ *Datumsauswahl* ein und nehmen Sie die Einstellungen gemäß Abbildung 2.10 vor:
   - Tragen Sie in den *Eigenschaften* als *Titel* und *Tag* `Briefdatum` ein. Aktivieren Sie auch die Option *Formatvorlage zum Formatieren von Inhalt verwenden* und weisen Sie die Formatvorlage *Bf_Datum* zu.
   - **Wichtig:** Aktivieren Sie außerdem die Option *Das Inhaltssteuerelement kann nicht gelöscht werden.* Da später in der Kopfzeile das hier eingetragene Datum eingelesen wird, würde nach Löschen des Steuerelements eine Fehlermeldung in der Kopfzeile erscheinen.
   - Wählen Sie als Datumsformat den Eintrag *d. MMMM yyyy.*

Abbildung 2.10 Die Eigenschaften für das Datumsauswahl-Inhaltssteuerelement

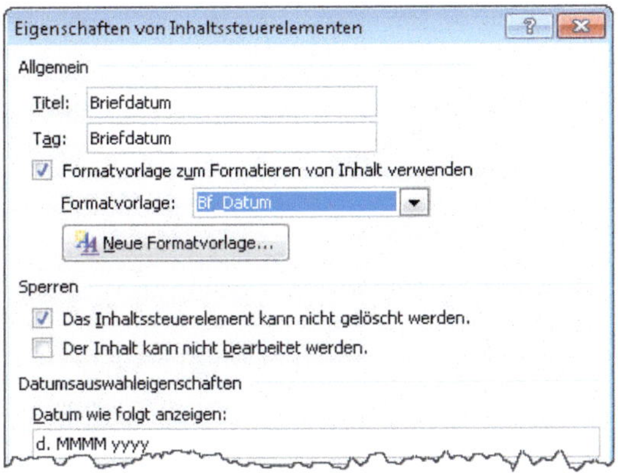

   - Wechseln Sie in den *Entwurfsmodus* und ändern Sie den Platzhaltertext in `[Wählen Sie ein Datum aus]`. Deaktivieren Sie den *Entwurfsmodus* anschließend wieder.
6. Markieren Sie nun die gesamte dritte Tabellenzeile und legen Sie eine Zeilenhöhe von *Genau* 0,5 cm fest.

Der Brieftext

1. Sorgen Sie unterhalb der Tabelle für etwa fünf leere Absätze.
2. Weisen Sie der ersten leeren Absatzmarke die Formatvorlage *Bf_Betreff* zu, sodass ein größerer Abstand sowohl nach oben zur Tabelle als auch nach unten zum Brieftext entsteht.
   - Fügen Sie ein Nur-Text-Inhaltssteuerelement ein. Als *Titel* und *Tag* geben Sie `Betreffzeilen` an. Aktivieren Sie die Option *Wagenrückläufe zulassen.*
   - Im *Entwurfsmodus* ändern Sie den Platzhaltertext zu `[Tragen Sie hier die Betreffzeile(n) ein]`.
3. Bewegen Sie den Cursor per [Tab] aus dem Inhaltssteuerelement heraus zur zweiten leeren Absatzmarke. Diese sollte mit der Formatvorlage *Bf_Standard* formatiert sein.
   - Tippen Sie den Text `Sehr geehrte` ein.

- Fügen Sie direkt dahinter ein Dropdownlisten-Inhaltssteuerelement ein.
- Tragen Sie als *Titel* und *Tag* `Briefanrede` bzw. `BfAnrede` ein.
- Erstellen Sie über die Schaltfläche *Hinzufügen* Einträge, die später für einen Brief zur Auswahl stehen sollen – beispielsweise » Damen und Herren«, » Frau«, »r Herr«, wie in Abbildung 2.11 gezeigt.
- Ändern Sie im *Entwurfsmodus* den Platzhaltertext in `[Wählen Sie eine passende Anrede aus]`.

Abbildung 2.11 Die Eigenschaften des Steuerelements für die Briefanrede

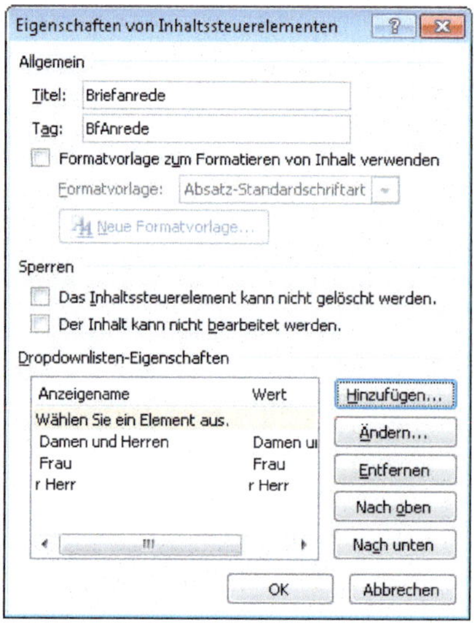

4. Die nächste (leere) Absatzmarke steht für den eigentlichen Briefinhalt zur Verfügung. Hier ließe sich auch ein Rich-Text-Inhaltssteuerelement einfügen, worauf in der Beispielvorlage jedoch verzichtet wurde.
5. In der nächsten Absatzmarke kann bereits eine Grußformel untergebracht werden.
6. Die letzte Absatzmarke dient der Unterschriftenwiederholung und erhält die Formatvorlage *Bf_Unterschrift*, damit ein größerer Abstand zur Grußformel entsteht.

Kopf- und Fußzeilen erstellen und formatieren

Zu Beginn dieses Kapitels wurde im Abschnitt »Die Seiteneinrichtung« unter *Seitenlayout/Seite einrichten/Layout* für Kopf- und Fußzeilen bereits die Option *Erste Seite anders* aktiviert. In den folgenden Schritten geht es nun darum, für Ihre Briefvorlage diese Kopf- und Fußzeilen der ersten Seite sowie der Folgeseiten mit Inhalten und passenden Formatierungen zu versehen.

1. Fügen Sie zunächst am Ende der ersten Seite per Strg+↵ einen manuellen Seitenumbruch ein, um auf die ab Seite 2 gültige Kopf- bzw. Fußzeile zugreifen zu können.
2. Navigieren Sie per Strg+Pos1 zurück zum Anfang des Dokuments und doppelklicken Sie in den Kopfzeilenbereich. Es öffnet sich die *Erste Kopfzeile*.
   - Weisen Sie hier die Formatvorlage *Bf_ErsteKopfzeile* zu, um den erforderlichen Abstand bis zum Adressfeld herzustellen.
   - Fügen Sie, sofern vorhanden, eine Grafik mit Ihrem Firmenlogo ein.
3. Erstellen Sie eine Falzmarke.
   - Wählen Sie dazu *Einfügen/Illustrationen/Formen/Linie* und zeichnen Sie mit gedrückter linker Maustaste und gleichzeitig gedrückter ⇧-Taste eine kurze waagerechte Linie.
   - Klicken Sie die Linie mit der rechten Maustaste an und wählen Sie den Befehl *Weitere Layoutoptionen*.
   - Legen Sie auf der Registerkarte *Position* eine horizontale *Absolute Position* von `0 cm` rechts von *Seite* und eine vertikale *Absolute Position* von `10,5 cm` unterhalb von *Seite* fest (siehe Abbildung 2.12). Aktivieren Sie außerdem die Option *Verankern*.

Abbildung 2.12 Die Layoutoptionen für die Falzmarke

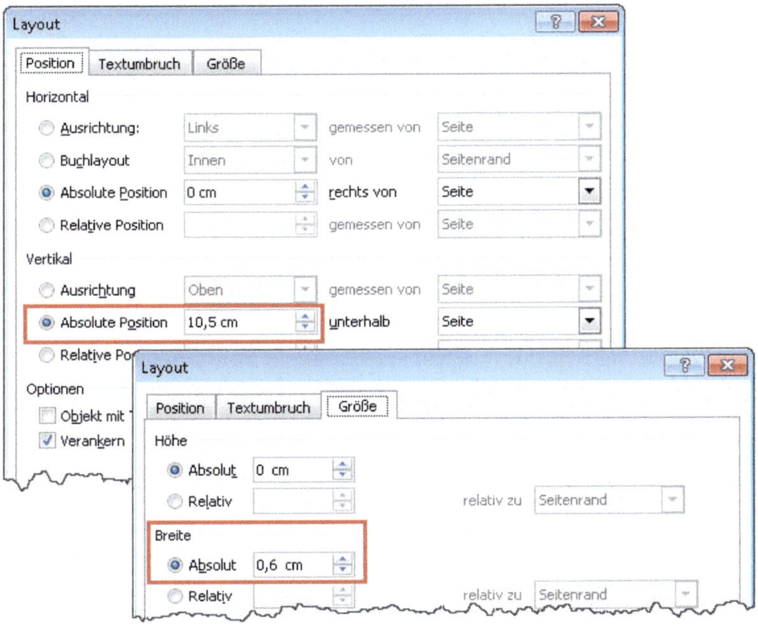

   - Auf der Registerkarte *Textumbruch* aktivieren Sie *Hinter den Text*.
   - Auf der Registerkarte *Größe* legen Sie die *Breite* mit *Absolut* `0,6 cm` fest.

Falls Sie eine weitere Falzmarke in der Mitte des Briefbogens benötigen, erstellen Sie eine Kopie der vorhandenen Falzmarke, legen jedoch *vertikal* als *Absolute Position* `14,85 cm` fest.

4. Wechseln Sie zur nächsten Kopfzeile (*Kopf- und Fußzeilentools/Entwurf/Navigation/Nächste*). Hier ist bereits die Formatvorlage *Kopfzeile;Bf_Kopfzeile* zugewiesen.

   - Geben Sie links Ihren Firmennamen und – nach Drücken der Tabulatortaste (⭾) – mittig den Text `Schreiben vom` ein (vergessen Sie nicht das Leerzeichen hinter »vom « einzufügen).
   - Fügen Sie daneben ein *StyleRef*-Feld ein, das die Datumsangaben der ersten Seite übernimmt: *Einfügen/Text/Schnellbausteine/Feld/StyleRef/Formatvorlagenname: Bf_Datum/OK.*
   - Drücken Sie nochmals die ⭾-Taste und fügen Sie nun im rechten Bereich der Kopfzeile den Baustein *Seite X von Y* ein: *Kopf- und Fußzeilentools/Entwurf/Kopf- und Fußzeile/Seitenzahlen/Fett formatierte Zahlen.*
   - Markieren Sie anschließend diesen eingefügten Baustein und drücken Sie Strg+Leertaste, damit die Formatierung auf die Zeichenformatierung von *Bf_Kopfzeile* zurückgesetzt wird, die Zahlen also nicht mehr fett dargestellt werden.
   - Blenden Sie anschließend die Feldfunktionen ein (Alt+F9). Entfernen Sie aus den Feldern *PAGE* und *NUMPAGES* jeweils die Schalter * *Arabic* * *MERGEFORMAT*, sodass die Feldfunktionen aussehen wie in Abbildung 2.13 dargestellt. Blenden Sie wieder die Feldergebnisse ein (Alt+F9).

Abbildung 2.13 Die Inhalte der Kopfzeile - oben mit eingeblendeten Feldfunktionen

```
Mustermann·GmbH → Schreiben·vom·{·STYLEREF··Bf_Datum·} → Seite·{·PAGE·}·von·{·NUMPAGES·}¶
Mustermann·GmbH → Schreiben·vom·[Wählen·Sie·ein·Datum·aus.] → Seite·2·von·2¶
```

5. Wechseln Sie über *Vorherige* zurück zur ersten Kopfzeile und von dort zur ersten Fußzeile. Nur diese wird mit Inhalt versehen, die Fußzeile der Folgeseiten bleibt leer.

   - Dem vorhandenen leeren Absatz ist bereits die Formatvorlage *Fußzeile;Bf_Fußzeile* zugewiesen. Drücken Sie ↵, um einen weiteren Absatz zu erstellen.
   - Fügen Sie hier eine einzeilige Tabelle mit sechs Spalten ein und entfernen Sie nicht benötigte Rahmenlinien. In der Brief-Mustervorlage sind nur zwei als senkrechte Trennlinien erhalten.
   - Aktivieren Sie unter *AutoAnpassen* die Option *Feste Spaltenbreite*. Für die Spalten in der Mustervorlage wurden anschließend folgende Breiten festgelegt: *2,3 cm, 3,5 cm, 1,8 cm, 3,5 cm, 2,5 cm* und *3,0 cm.*
   - Die Zeilenhöhe beträgt *Genau 1,3 cm.*

- Füllen Sie die Zellen mit Bankdaten, Umsatzsteuer-ID und weiteren erforderlichen Angaben.

6. Schließen Sie den Kopf-/Fußzeilenbereich und entfernen Sie den nicht mehr benötigten manuellen Seitenumbruch.

Speichern und schließen Sie die Vorlage. Zukünftig können Sie neue Briefe erstellen, indem Sie über *Datei/Neu/Meine Vorlagen* Ihre Briefvorlage auswählen.

WWW Die fertige Briefvorlage finden Sie bei den Downloaddateien im Ordner *Kapitel02*.

Die Vorlage für Arbeitszeugnisse einrichten

Aufbauend auf Ihrer neuen oder einer anderen bereits vorhandenen Briefvorlage erstellen Sie nun die Vorlage für Arbeitszeugnisse.

1. Öffnen Sie die Briefvorlage und speichern Sie sie unter einem anderen Namen ab.
   - Wählen Sie dazu über *Datei/Speichern unter* als Speicherort Ihren Vorlagenordner und im Listenfeld *Dateityp* den Eintrag *Word-Vorlage (*.dotx)* aus. Nur wenn Ihre Vorlage auch Makros aufnehmen soll, wählen Sie als Dateityp *Word-Vorlage mit Makros (*.dotm)* (siehe Kapitel 7, Abschnitt »Achtung Dateiformat: docx/dotx kontra docm/dotm«).
   - Vergeben Sie den Dateinamen `Zeugnisvorlage` und klicken Sie auf *Speichern*.
2. Entfernen Sie die für ein Zeugnis nicht benötigten Inhalte: das Steuerelement im Anschriftenfeld, die Steuerelemente für *Ihr Zeichen*, *Ihr Schreiben*, *Unser Zeichen*, das Steuerelement für die Betreffzeile sowie die Briefanrede und die Grußformel.

   Fügen Sie im Dokument vorsorglich mehrere leere Absätze ein, die mit den für die Zeugnisvorlage benötigten Elementen gefüllt werden können.
3. Erstellen Sie eine neue Formatvorlage *Zeugnis_Überschrift* basierend auf *Bf_Betreff* oder ändern Sie den Namen und die Eigenschaften von *Bf_Betreff*:
   - Schriftgröße *12*, Zeichenabstand *Erweitert* um *3 Pt.*
   - Absatzausrichtung *Zentriert*, Abstand *Vor 42 Pt.*
   - Weisen Sie diese Formatvorlage dem ersten Absatz unterhalb der Tabelle zu.
4. Fügen Sie in diesen Absatz ein Inhaltssteuerelement vom Typ *Kombinationsfeld* ein.
   - Geben Sie in den *Eigenschaften* als *Titel* und *Tag* `Zeugnisart` ein.
   - Wählen Sie als zu verwendende Formatvorlage *Zeugnis_Überschrift* aus.
   - Erstellen Sie mithilfe der Schaltfläche *Hinzufügen* eine Liste von Einträgen, die für später zu erstellende Zeugnisse verfügbar sein sollen, beispielsweise *Zwischenzeugnis*, *Ausbildungszeugnis* etc. (siehe Abbildung 2.20).

- Wechseln Sie in den *Entwurfsmodus* und ändern Sie den Platzhaltertext zu `[Wählen Sie die Zeugnisart]`.

Abbildung 2.14 Das Kombinationsfeld-Inhaltssteuerelement für die Zeugnisüberschrift

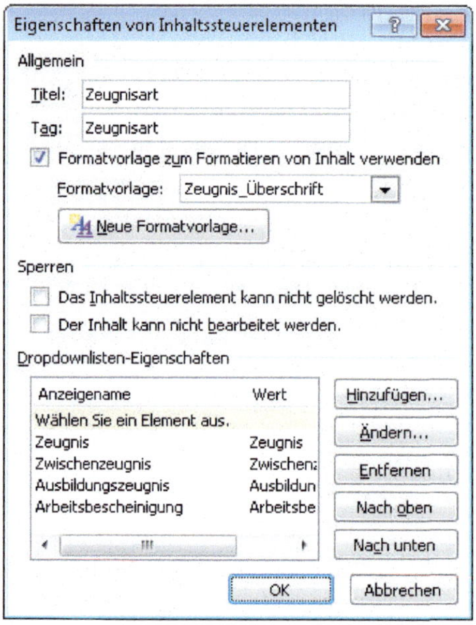

5. Fügen Sie im nächsten, mit der Formatvorlage *Bf_Standard* formatierten Absatz ein Rich-Text-Inhaltssteuerelement ein, das später individuelle Daten aufnehmen soll.

   - In den Eigenschaften des Steuerelements tragen Sie als *Titel* folgenden Text ein: `Daten zur Person, zu Art und Dauer der Beschäftigung`. Als *Tag* vergeben Sie `PersDaten`.
   - Wechseln Sie in den *Entwurfsmodus* und ändern Sie den Platzhaltertext zu `[Geben Sie einleitende Sätze zu Person, Dauer und Art der Beschäftigung ein: Herr/Frau … war vom … bis … als … beschäftigt.]`. Beenden Sie anschließend den *Entwurfsmodus* wieder. Das aktivierte Steuerelement ähnelt nun dem in Abbildung 2.15 gezeigten.

Abbildung 2.15 Ein Rich-Text-Inhaltssteuerelement nimmt individuelle Daten des Arbeitnehmers auf

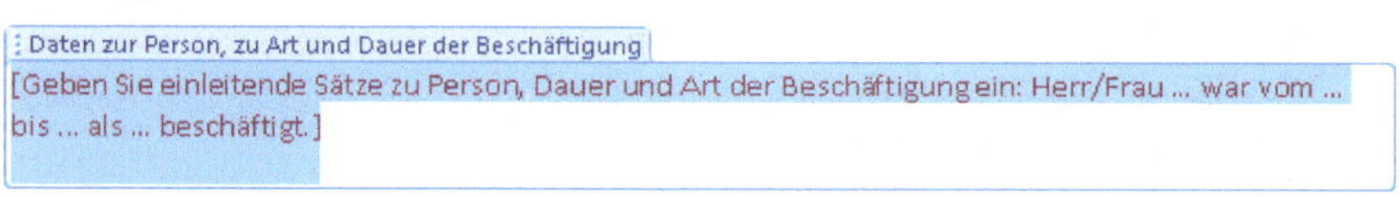

6. Fügen Sie am Ende (oberhalb der Unterschriftswiederholung) der Datei ein weiteres Rich-Text-Inhaltssteuerelement ein, das abschließende Bemerkungen etwa zum Kündigungsgrund und Wünsche für die Zukunft aufnimmt.

   - Tragen Sie in den Eigenschaften als *Titel* und *Tag* beispielsweise `Aufhebungsgrund` ein.

- Ändern Sie im *Entwurfsmodus* den Platzhaltertext so ab, dass Benutzer später wissen, was an dieser Stelle zu formulieren ist: `[Tragen Sie den Grund für das Lösen des Arbeitsverhältnisses ein. Eventuell Wünsche für die Zukunft.]`.

Bausteine für die Beurteilung erstellen

Sammeln Sie zunächst in einem separaten Dokument geeignete Texte aus früheren Beurteilungen oder aus Quellen bei der IHK, Handwerkskammer, im Internet etc.

1. Erstellen Sie eine Matrix, in der die Texte nach Kategorie (*Arbeitsweise*, *Arbeitsqualität* etc.) und Bewertung (*sehr gut*, *gut* etc.) gruppiert sind, ähnlich wie in Abbildung 2.22 dargestellt.

Abbildung 2.16 Bewertungsmatrix als Grundlage für die Zeugnis-Bausteine

Bewertungsmatrix

	sehr gut	gut	befriedigend	ausreichend	mangelhaft
Arbeitsbereitschaft	Herr/Frau ... war stets äußerst motiviert.	Herr/Frau ... war stets motiviert.	Herr/Frau ... war motiviert.	Herr/Frau ... arbeitete mit uns genügender Arbeitsmotivation.	Herr/Frau ... zeigte für seine Arbeit Verständnis.
Arbeitsbefähigung/ Fachkenntnis	Herr/Frau ... war jederzeit sicher in der Lage, neue und schwierige Aufgaben zu lösen.	Herr/Frau ... war fähig, neue und schwierige Aufgaben zu lösen.	Herr/Frau ... stellte sich auf neue Situationen erfolgreich ein.	Herr/Frau ... wurde den fachlichen Anforderungen seiner Position gerecht.	Herr/Frau ... kannte die Anforderungen des Arbeitsplatzes.
Arbeitsweise	Herr/Frau ... arbeitete stets sehr zielstrebig, sorgfältig und rationell.	Herr/Frau ... arbeitete sehr sorgfältig und rationell.	Herr/Frau ... arbeitete sorgfältig und rationell.	Herr/Frau ... arbeitete ausreichend sorgfältig und rationell.	Herr/Frau ... war stets um eine zufriedenstellende Arbeitsweise bemüht.
Arbeitsqualität/ Arbeitserfolg	Herr/Frau ... arbeitete nach klarer, durchdachter eigener Planung und erzielte stets optimale Lösungen.	Herr/Frau ... arbeitete nach klarer, eigener Planung und erzielte stets gute Lösungen.	Herr/Frau ... erzielte dem Durchschnitt entsprechende Arbeitsergebnisse.	Herr/Frau ... arbeitete nach Plan und erreichte auch praktikable Lösungen.	Herr/Frau ... strebte gute Lösungen an.
Sozialverhalten	Sein/Ihr Verhalten gegenüber Vorgesetzten, Kollegen und Mitarbeitern war stets vorbildlich.	Sein/Ihr Verhalten gegenüber Vorgesetzten und Kollegen sowie Auftraggebern und Kunden war vorbildlich.	Sein/Ihr Verhalten gegenüber Kollegen und Vorgesetzten war einwandfrei.	Sein/Ihr Verhalten gegenüber Kollegen war einwandfrei.	Sein/Ihr Verhalten gegenüber Vorgesetzten und Kollegen war insgesamt einwandfrei.

2. Kopieren Sie die Bewertungsmatrix in Ihre Zeugnisvorlage und speichern Sie die einzelnen Zellinhalte als Bausteine wie folgt:
   - Markieren Sie den gesamten Inhalt einer Zelle, aber *ohne* die Zellenendemarke.
   - Wählen Sie *Einfügen/Text/Schnellbausteine/Auswahl im Schnellbaustein-Katalog speichern*.

Fügen Sie den Befehl *Auswahl im Schnellbaustein-Katalog speichern* der Symbolleiste für den Schnellzugriff hinzu. Das erspart Ihnen beim Anlegen weiterer Schnellbausteine viele Mausklicks.

   - Vergeben Sie einen aussagekräftigen Namen, der die Bewertung verdeutlicht und die Auswahl erleichtert, beispielsweise *1_SehrGut*, *2_Gut* etc.
   - Fügen Sie den Baustein einem benutzerdefinierten Katalog hinzu, beispielsweise *Benutzerdefinierte Schnellbausteine*. Der Vorteil liegt darin, dass Bausteine aus diesen Katalogen nicht auf Kosten der Übersichtlichkeit zusammen mit den allgemein verfügbaren Schnellbausteinen (*Einfügen/Text/Schnellbau-*

steine) angeboten werden. Stattdessen stehen sie später exklusiv über entsprechende Inhaltssteuerelemente zur Verfügung.

Abbildung 2.17 Eigenschaften eines Schnellbausteins der Kategorie *Arbeitsbereitschaft*

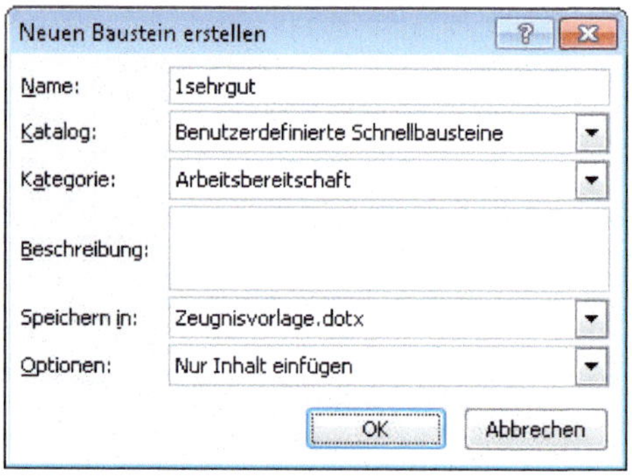

- Erstellen Sie eine passende Kategorie (beispielsweise *Arbeitsbereitschaft*) und weisen Sie sie dem Baustein zu. Diese Kategorie ist dann natürlich auch für weitere Bausteine verfügbar.
- Achten Sie darauf, dass im Listenfeld *Speichern in* tatsächlich die Datei *Zeugnisvorlage.dotx* ausgewählt ist. (Standardmäßig werden Schnellbausteine in der Datei *Building Blocks.dotx* gespeichert.) Schließen Sie das Dialogfeld mit *OK*.

Drücken Sie die Tabulatortaste (⇆), um den Inhalt der nächsten Zelle zu markieren. Auf diese Weise bleibt die Zellenendemarke automatisch unberücksichtigt, Sie können direkt den Befehl *Auswahl im Schnellbaustein-Katalog speichern* aufrufen.

Falls Sie die Eigenschaften (Name, Katalog, Kategorie, Speicherort) eines Bausteins nachträglich ändern möchten, geht dies über *Einfügen/Text/Schnellbausteine/Organizer für Bausteine*.

Bausteine für die Beurteilung verfügbar machen

Nachdem sämtliche Bausteine in der Zeugnisvorlage hinterlegt sind, werden sie im Dokument mithilfe von Inhaltssteuerelementen zur Verfügung gestellt. Löschen Sie vorher die Tabelle mit der Bewertungsmatrix, da sie nicht mehr benötigt wird.

1. Fügen Sie in die leeren Absatzmarken zwischen den beiden Rich-Text-Inhaltssteuerelementen (*Persönliche Daten*, *Aufhebungsgrund*) jeweils ein Bausteinkatalog-Inhaltssteuerelement ein.
   - Tragen Sie in den Eigenschaften eines Steuerelements als *Titel* und *Tag* jeweils die Kategorie ein – in Abbildung 2.18 ist dies *Arbeitsbereitschaft*.
   - Wählen Sie im Listenfeld *Katalog* den von Ihnen verwendeten Katalog aus, im Beispiel *Benutzerdefinierte Schnellbausteine*.

- Im Listenfeld *Kategorie* wählen Sie die Kategorie der Bausteine, die über dieses Steuerelement zur Verfügung stehen sollen, im Beispiel aus Abbildung 2.18 ist dies entsprechend *Arbeitsbereitschaft*.
- Schließen Sie das Dialogfeld mit *OK*.

Abbildung 2.18 Eigenschaften des Bausteinkatalog-Inhaltssteuerelements der Kategorie *Arbeitsbereitschaft*

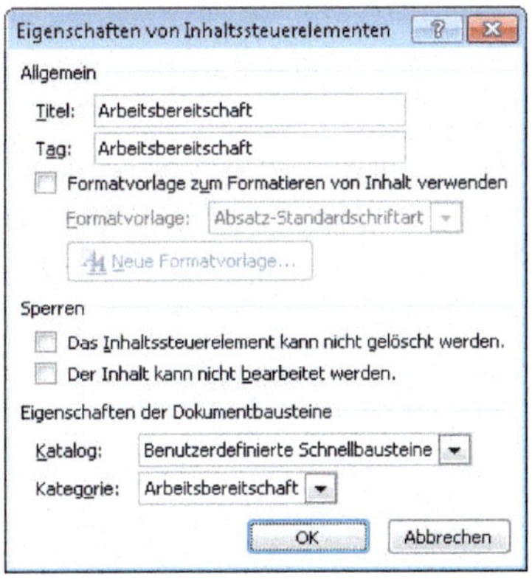

2. Wechseln Sie in den *Entwurfsmodus* und ändern Sie die Platzhaltertexte der Inhaltssteuerelemente, beispielsweise: `[Wählen Sie einen Baustein zur Arbeitsbereitschaft oder formulieren Sie individuell.]`.

Beim späteren Erstellen eines Zeugnisses kann ein Inhaltssteuerelement gelöscht bzw. mit eigenem Inhalt überschrieben werden, wenn die vorhandenen Bausteine nicht geeignet sind.

Die fertige Zeugnisvorlage sowie die Word-Datei mit der Bewertungsmatrix finden Sie bei den Downloaddateien im Ordner *Kapitel02*.

Vorlagen erstellen – allgemeine Vorgehensweise

Für alle zu erstellenden Dokumentvorlagen erfolgt die Umsetzung in der Regel in ähnlichen Schritten:

1. Erstellen Sie einen (handschriftlichen) Entwurf oder nutzen Sie ein bereits vorhandenes Dokument, um die Maße für Seitenränder, Text- und Bildpositionen, Schriftart, Schriftgröße etc. zu bestimmen.
2. Sammeln Sie Textpassagen und gegebenenfalls Illustrationen, die Sie als Bausteine in Ihrer Vorlage benötigen.

3. Ermitteln Sie den aktuellen Speicherort für Ihre Dokumentvorlagen und ändern Sie ihn bei Bedarf: Aktivieren Sie hierzu die Registerkarte *Datei* und wählen Sie dann *Optionen/Erweitert/Allgemein/Dateispeicherorte*. Dort ist der aktuelle Speicherpfad zu *Benutzervorlagen* eingetragen.

   Sollen die Vorlagen auch für andere Benutzer zur Verfügung stehen, finden Sie entsprechende Informationen in Kapitel 7 »Technikwissen für Profis: Vorlagen erstellen, verteilen und automatisieren«.

4. Erstellen Sie ein neues Dokument und speichern Sie es in Ihrem Vorlagenordner als *Word-Vorlage (*.dotx)* oder - für den Fall, dass auch Makros darin gespeichert werden sollen - als *Word-Vorlage mit Makros (*.dotm)*. Vergeben Sie einen aussagekräftigen Namen.
5. Richten Sie Seitenränder, Kopf- und Fußzeilen sowie Formatvorlagen wunschgemäß ein.
6. Positionieren Sie gleichbleibende Texte und Bilder, und zwar vorzugsweise mithilfe von Tabellen und/oder passenden Absatzformaten.
7. Berücksichtigen Sie auch jene Bereiche, deren Inhalte später je Dokument variieren können. Füllen Sie sie vorübergehend mit etwas Blindtext.
8. Übernehmen Sie die Bausteine in Ihre Vorlage.
9. Ersetzen Sie vorhandene Blindtexte durch passende Inhaltssteuerelemente.
10. Speichern und schließen Sie die Vorlage. Über *Datei/Neu/Meine Vorlagen* können Sie zukünftig neue, auf Ihrer Vorlage basierende Dokumente erstellen.

Vergessen Sie nicht, Ihre Vorlage nach jedem wichtigen Schritt zu speichern. Erstellen Sie Sicherungskopien!

Inhaltssteuerelemente – funktionelle Platzhalter

Eine Dokumentvorlage enthält unter anderem Elemente, die für jedes zu erstellende Dokument identisch an gleicher Position benötigt werden. Dies können beispielsweise in einer Briefvorlage der Text für die Absenderangaben und eine Grafik für das Firmenlogo sein.

Für die meisten Dokumente aber gilt, dass sich ihre Inhalte an bestimmten Stellen voneinander unterscheiden, dass ihre Inhalte auf den Einzelfall abgestimmt sind. Dabei kann es sich jeweils um individuelle Textformulierungen, um Phrasen aus einer Textbausteinsammlung, um ein spezielles Bild oder um ein Datum handeln.

Um Anwendern nun einerseits das Platzieren und andererseits die Eingabe solcher variablen Inhalte zu erleichtern, wurden mit Word 2007 die »Inhaltssteuerelemente« eingeführt: Platzhalter, die entweder zur direkten Eingabe von Daten auffordern oder eine Auswahlmöglichkeit bieten.

Hinzu kommt ein Aspekt des Dokumentschutzes. Denn für Inhaltssteuerelemente lässt sich unter anderem festlegen, dass sie nicht gelöscht werden können.

Die in Inhaltssteuerelemente eingetragenen Daten können außerdem datenbankmäßig »gesammelt« und ausgewertet werden. Umgekehrt können Inhaltssteuerelemente auch mit Daten aus anderen Quellen gefüllt werden. Daher eignen sie sich hervorragend zum Erstellen von Umfragen, Teilnehmerlisten, Personalfragebogen, Wissenstests, Angeboten etc. Zu diesem Thema finden Sie tiefer gehende Informationen und ein passendes Praxisbeispiel in Kapitel 6 »Endlich verstehen sich Word und Excel: Fragebogen erfassen und auswerten«.

Die Inhaltssteuerelemente finden sich - ebenso wie die Formularfelder und ActiveX-Steuerelemente aus früheren Word-Versionen - in der Gruppe *Steuerelemente* (siehe Abbildung 2.19) auf der Registerkarte *Entwicklertools*. Jedoch werden die Entwicklertools standardmäßig nicht im Menüband angezeigt. Sie müssen sie erst über *Datei/Optionen/Menüband anpassen/Hauptregisterkarten* aktivieren (siehe auch Anhang A »Hintergrundwissen«, Abschnitt »Entwicklertools-Registerkarte«).

Abbildung 2.19 Die Gruppe *Steuerelemente* auf der Registerkarte *Entwicklertools*

Da Sie vermutlich kaum ein Formular, kaum eine Dokumentvorlage *ohne* Inhaltssteuerelemente erstellen werden, sind die insgesamt acht Typen (*Rich Text*, *Nur Text*, *Bild*, *Bausteinkatalog*, *Kombinationsfeld*, *Dropdownliste*, *Datumsauswahl*, *Kontrollkästchen*) mit ihren Eigenschaften nachfolgend ausführlich erläutert.

Gemeinsame Eigenschaften

Nachdem Sie ein Inhaltssteuerelement in Ihre Dokumentvorlage eingefügt haben (siehe Abschnitt »Inhaltssteuerelemente einfügen und konfigurieren« weiter hinten in diesem Kapitel), können Sie die Formatierung oder das Verhalten über die zugehörigen Eigenschaften beeinflussen. Während manche dieser Eigenschaften für jede Art von Inhaltssteuerelement zur Verfügung stehen, unterscheiden sich einige abhängig vom gewählten Typ. Allgemein verfügbar sind die in Abbildung 2.20 dargestellten Eigenschaften.

- *Titel:* Eine hier eingetragene Zeichenfolge, beispielsweise *Vorname*, erscheint als Name auf der Registerkarte des aktiven Inhaltssteuerelements.

- *Tag:* Hierbei handelt es sich um ein XML-Tag, eine Kennzeichnung, die beispielsweise in einer programmierten Lösung verwendet werden kann, siehe Kapitel 7 »Technikwissen für Profis: Vorlagen erstellen, verteilen und automatisieren«. Die Tags werden jedoch nur im *Entwurfsmodus* sichtbar, wie aus Abbildung 2.20 unten hervorgeht.
- *Das Inhaltssteuerelement kann nicht gelöscht werden:* Diese Option stellt eine Alternative zum Dokumentschutz dar, wenn lediglich das Entfernen einzelner Elemente (oder gegebenenfalls einer Gruppe von Elementen) verhindert werden soll.
- *Der Inhalt kann nicht bearbeitet werden:* In Kombination mit der zuvor genannten Option können beispielsweise die Inhalte einer Kopf- oder Fußzeile sowohl vor einer Veränderung als auch vor dem Entfernen geschützt werden.

Abbildung 2.20 Eigenschaften, die für jeden Typ von Inhaltssteuerelement verfügbar sind

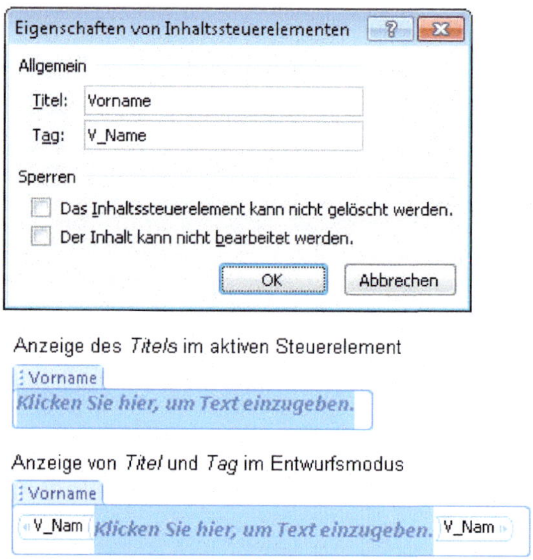

Die Inhaltssteuerelemente im Einzelnen

Rich Text

Ein Rich-Text-Inhaltssteuerelement bietet hinsichtlich Bearbeitung und Formatierung den größtmöglichen Spielraum:

- Es kann nicht nur eine Vielzahl von Absätzen aufnehmen, sondern auch Grafiken, Tabellen oder Feldfunktionen.
- Die Inhalte des Steuerelements lassen sich auf gleiche Weise formatieren wie die Inhalte im Hauptdokument – beispielsweise mithilfe von Formatvorlagen.

Über die zugehörigen Eigenschaften (siehe Abbildung 2.21) kann das Steuerelement

- mithilfe einer Formatvorlage formatiert werden,
- beim Bearbeiten entfernt werden, um seine Inhalte direkt in den Fließtext zu integrieren.

Abbildung 2.21 Eigenschaften für ein Rich-Text-Inhaltssteuerelement

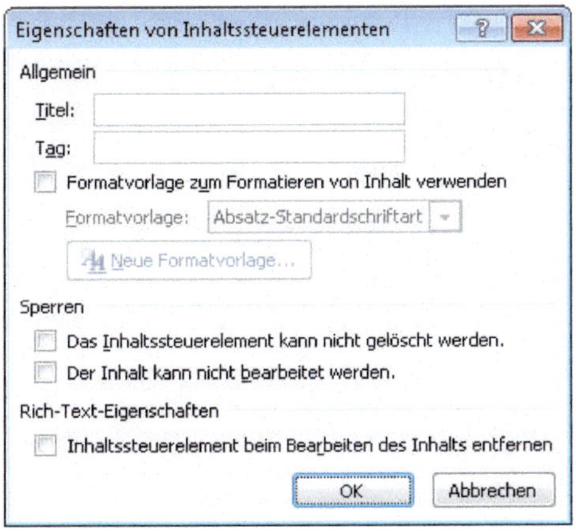

Nur Text

Dieses Steuerelement kann nur *einen* einzigen Absatz aufnehmen. Allerdings besteht über die Eigenschaften des Steuerelements (siehe Abbildung 2.22) die Möglichkeit, manuelle Zeilenumbrüche zuzulassen.

Manuelle Zeilenumbrüche werden im Dokument normalerweise per ⇧+↵ eingefügt. Innerhalb des Nur-Text-Inhaltssteuerelements dagegen reicht es, lediglich ↵ zu drücken.

Die Formulierung *Wagenrückläufe zulassen (mehrere Absätze)* im Dialogfeld *Eigenschaften von Inhaltssteuerelementen* ist leider falsch. Nicht mehrere *Absätze*, sondern mehrere *Zeilen* sind möglich.

Sie können dem Inhalt Zeichen- und Absatzformatierungen zuweisen, die Zeichenformatierung gilt aber immer für den gesamten Absatz. Benötigen Sie einen Tabulatorsprung, müssen Sie die Tastenkombination Strg+⇆ verwenden.

Das Drücken der ⇆-Taste bewegt die Einfügemarke zum nächsten, ⇧+⇆ zum vorherigen Inhaltssteuerelement.

Abbildung 2.22 Eigenschaften für ein Nur-Text-Inhaltssteuerelement

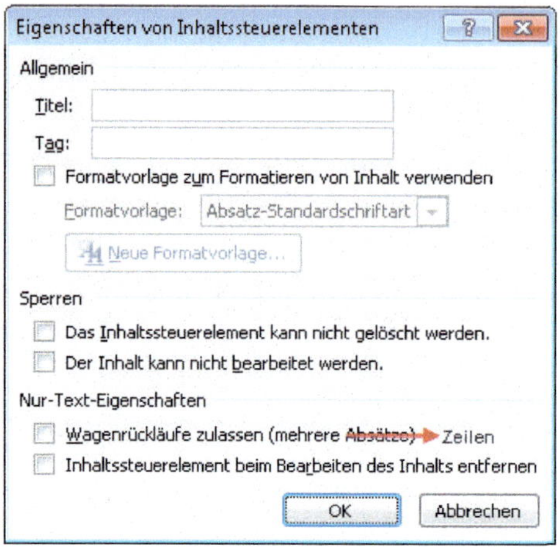

Bild

Das Bildinhaltssteuerelement dient als Platzhalter, um per Mausklick eine vorhandene Grafikdatei einzufügen. Dabei kann es sich beispielsweise um die Abbildung eines Artikels, um ein Firmenlogo oder eine eingescannte Unterschrift handeln. Die Grafik übernimmt Bildformate und -effekte, die Sie dem Platzhalter zugewiesen haben. Um eine bereits eingefügte Grafik auszutauschen,

- wählen Sie im Kontextmenü der Grafik den Befehl *Bild ändern* oder
- klicken Sie auf das entsprechende Symbol auf der Registerkarte des Steuerelements (in Abbildung 2.23 neben dem Schriftzug *Grafik* erkennbar).

Das Drücken der [Tab]-Taste bewegt die Einfügemarke zum nächsten, [Umschalt]+[Tab] zum vorherigen Inhaltssteuerelement.

Abbildung 2.23 Platzhalter und Eigenschaften für ein Bildinhaltssteuerelement

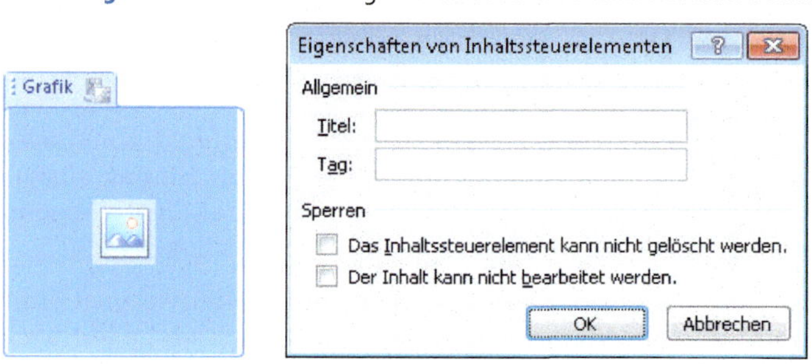

Bausteinkatalog

Mithilfe dieses Inhaltssteuerelements besteht die Möglichkeit, auf eine Liste vorhandener Schnellbausteine zuzugreifen, die einem bestimmten Katalog und gegebenenfalls einer bestimmten Kategorie zugeordnet sind (siehe Abbildung 2.24).

Hier können sämtliche selbst erstellten, nicht jedoch alle integrierten Schnellbausteine eingebunden werden.

Die in das Steuerelement eingefügten Inhalte lassen sich nachträglich bearbeiten und formatieren und können – ähnlich dem Inhaltssteuerelement vom Typ *Rich Text* – neben Text auch Grafiken oder Tabellen enthalten.

Abbildung 2.24 Platzhalter und Eigenschaften für ein Bausteinkatalog-Inhaltssteuerelement

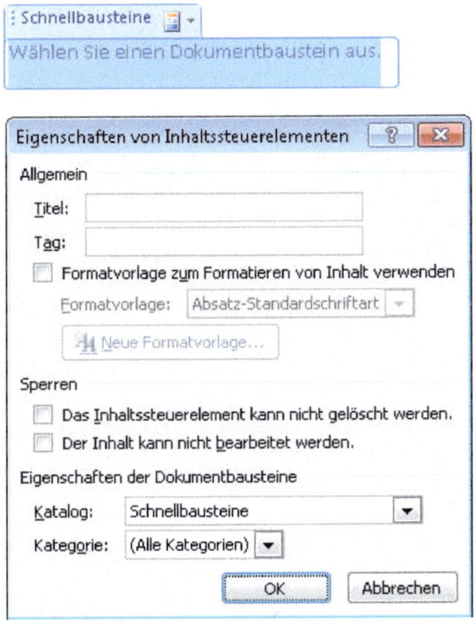

Kombinationsfeld

In einem Inhaltssteuerelement vom Typ *Kombinationsfeld* hinterlegen Sie in den Eigenschaften (siehe Abbildung 2.25) mithilfe der Schaltfläche *Hinzufügen* eine Liste, aus der Sie oder andere Bearbeiter später lediglich einen passenden Eintrag auszuwählen brauchen. Bietet die Liste keine geeignete Auswahl, können alternativ eigene Inhalte in das Kombinationsfeld-Inhaltssteuerelement eingegeben werden.

Die Einträge können nur aus einem Absatz bestehen, manuelle Zeilenwechsel sind nicht möglich. Zeichenformatierungen können angewendet werden, sie gelten aber immer für den gesamten Absatz.

Das Drücken der [Tab]-Taste bewegt die Einfügemarke zum nächsten, [Shift]+[Tab] zum vorherigen Inhaltssteuerelement.

Dropdownliste

Ein Inhaltssteuerelement vom Typ *Dropdownliste* ist fast identisch mit dem zuvor beschriebenen Typ Kombinationsfeld. Der einzige Unterschied besteht darin, dass ausschließlich aus den Einträgen der hinterlegten Liste ausgewählt werden kann. Eigene Einträge sind nicht möglich.

Das Drücken der [Tab]-Taste bewegt die Einfügemarke zum nächsten, [⇧]+[Tab] zum vorherigen Inhaltssteuerelement.

Abbildung 2.25 Platzhalter und Eigenschaften für Kombinationsfeld- und Dropdownlisten-Inhaltssteuerelemente

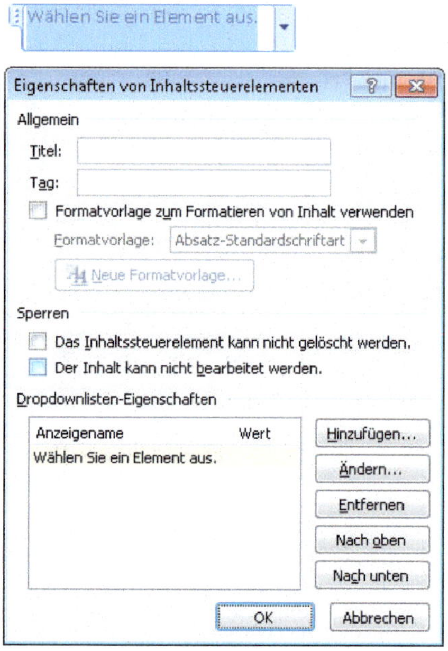

Datumsauswahl

Dieses Inhaltssteuerelement bietet die Möglichkeit, per Mausklick aus einem Kalendermodul ein passendes Datum auszuwählen. Eine manuelle Texteingabe ist ebenfalls möglich. Die Darstellung des Datums, beispielsweise deutsche Langform, wird in den Eigenschaften des Steuerelements festgelegt, wie in Abbildung 2.26 zu sehen.

Das Drücken der [Tab]-Taste bewegt die Einfügemarke zum nächsten, [⇧]+[Tab] zum vorherigen Inhaltssteuerelement.

Abbildung 2.26 Platzhalter und Eigenschaften für ein Datumsauswahl-Inhaltssteuerelement

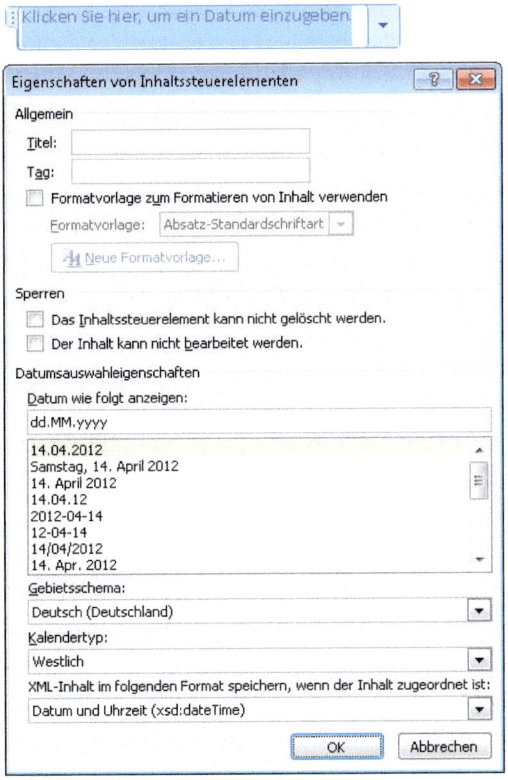

Kontrollkästchen

Kontrollkästchen müssen nicht tatsächlich in Form eines Kästchens verwendet werden. Vielmehr können Sie über die Eigenschaften (siehe Abbildung 2.27) sowohl für das aktivierte als auch für das deaktivierte Kontrollkästchen andere Symbole festlegen. Dann müsste sich der Bearbeiter beispielsweise zwischen zwei Zahlen oder einem Telefon- und einem Briefsymbol oder zwei verschiedenen Emoticons entscheiden.

Ein Kontrollkästchen kann per Mausklick oder mithilfe der `Leertaste` aktiviert bzw. deaktiviert werden.

Das Drücken der ⇥-Taste bewegt die Einfügemarke zum nächsten, ⇧+⇥ zum vorherigen Inhaltssteuerelement.

Abbildung 2.27 Platzhalter und Eigenschaften für ein Kontrollkästchensteuerelement

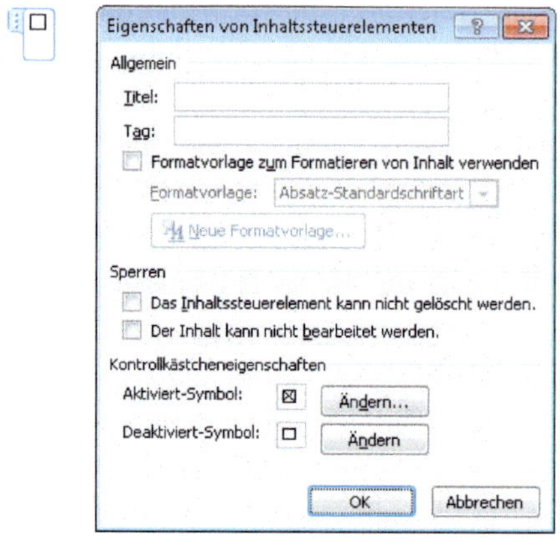

Inhaltssteuerelemente einfügen und konfigurieren

Um ein Steuerelement in Ihr Dokument einzufügen,

- platzieren Sie zunächst die Einfügemarke am vorgesehenen Ort und
- klicken dann in der Gruppe *Steuerelemente* (siehe Abbildung 2.19) mit der linken Maustaste auf das Symbol des gewünschten Steuerelements.

Solange das eingefügte Steuerelement noch – oder erneut – aktiviert ist, wird es mit einer hell- oder mittelblauen Umrandung sowie Hintergrundschattierung dargestellt, je nachdem, ob nur hineingeklickt oder das gesamte Element selektiert wurde (siehe Abbildung 2.28, obere Reihe).

Befindet sich die Einfügemarke außerhalb des Steuerelements, bleibt nur noch der standardmäßig grau formatierte Aufforderungstext (zum Beispiel *Klicken Sie hier, um Text einzugeben*) sichtbar.

Abbildung 2.28 Verschiedene Darstellungen eines Inhaltssteuerelements

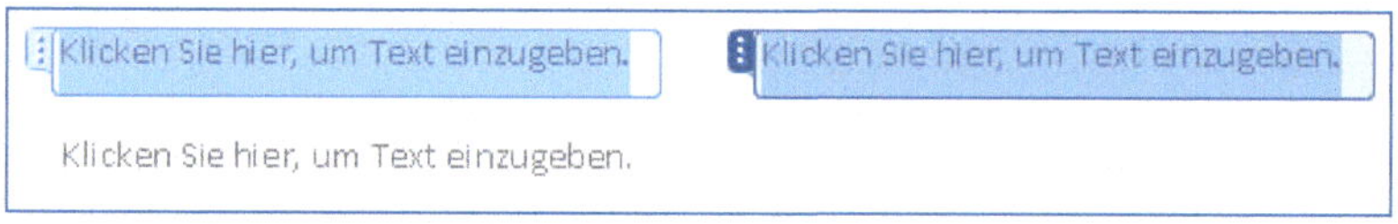

Platzhaltertext formatieren

Um für sämtliche Inhaltssteuerelemente in Ihrem Dokument die *Zeichenformatierung* des Aufforderungstextes zu ändern, passen Sie die Zeichenformatvorlage *Platzhaltertext* entsprechend an:

- Wechseln Sie über *Entwicklertools/Steuerelemente* in den *Entwurfsmodus*. Das Steuerelement erscheint nun, wie in Abbildung 2.29 dargestellt, rechts und links von »Tags« (siehe auch Anhang A, »Hintergrundwissen«) eingeschlossen.
- Klicken Sie in den Aufforderungstext und drücken Sie Strg+⇧+S. Es erscheint das Dialogfeld *Formatvorlage übernehmen*. Als Formatvorlagenname ist bereits *Platzhaltertext* ausgewählt.
- Klicken Sie auf die Schaltfläche *Ändern* und legen Sie beispielsweise eine auffälligere Schriftfarbe fest. Bestätigen Sie die vorgenommenen Änderungen mit *OK*.

Die Formatvorlage kann natürlich auch über andere Wege geändert werden; oben ist eine der schnellen Varianten beschrieben.

Abbildung 2.29 Inhaltssteuerelement im Entwurfsmodus - zum Ändern des Platzhalters

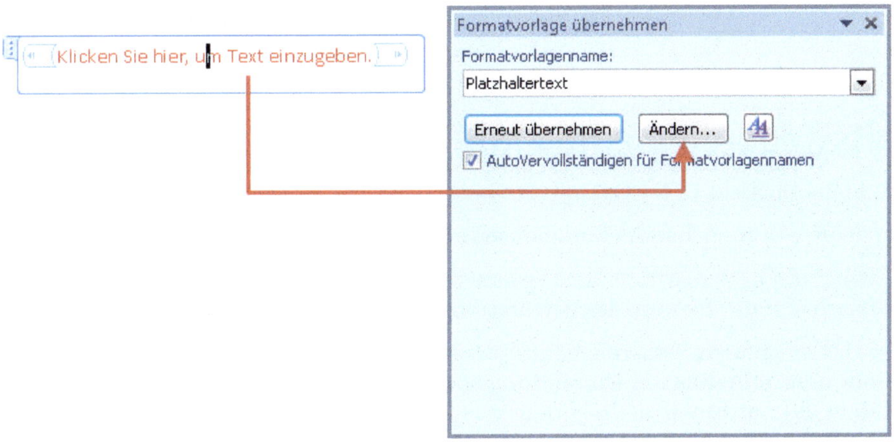

Sowohl die Zeichen- als auch die Absatzformatierung des Platzhaltertextes basieren auf der Formatvorlage *Standard*. Mit dieser Formatvorlage werden auch eingegebene Texte formatiert, sofern nicht in den Eigenschaften eines Inhaltssteuerelements eine bestimmte Formatvorlage vorgegeben ist.

Wenn Sie einem Platzhaltertext eine andere Absatzformatvorlage zuweisen, beispielsweise *Überschrift 1*, passen sich Zeichen- und Absatzformatierung des Platzhaltertextes entsprechend an. Auch die später eingegebenen Daten übernehmen diese Absatzformatvorlage.

Platzhaltertext austauschen

Um für das Inhaltssteuerelement einen anderen Platzhaltertext einzusetzen,

- wechseln Sie in den *Entwurfsmodus*,
- heben Sie zunächst die eventuell vorhandene Markierung auf (ansonsten würde beim Überschreiben des Platzhaltertextes auch die *Platzhaltertext*-Formatvorlage entfernt),

- markieren Sie den gesamten Platzhaltertext und überschreiben Sie ihn mit Ihrem eigenen (beispielsweise *Geben Sie bitte die Kundennummer ein.*).

Möchten Sie den Platzhaltertext wieder einblenden, nachdem bereits Daten in das Steuerelement eingetragen sind,

- markieren und löschen Sie die vorhandenen Daten,
- klicken Sie dann außerhalb des Steuerelements, damit Ihr Platzhaltertext wieder erscheint.

Steuerelemente gruppieren

Sobald Sie beispielsweise einen Textbereich oder mehrere Inhaltssteuerelemente markiert haben, steht über *Entwicklertools/Steuerelemente* auch der Befehl *Gruppieren* zur Verfügung, um ein (versehentliches) Bearbeiten des ausgewählten Bereichs zu verhindern. Zusätzlich können Sie über die *Eigenschaften* festlegen, dass die Gruppe nicht gelöscht werden darf (siehe Abbildung 2.30). Auf diese Weise bietet sich die Möglichkeit, Teilbereiche eines Dokuments zu schützen, ohne dass Abschnittsumbrüche eingefügt werden müssen.

Im *Entwurfsmodus* sind Anfang und Ende einer Gruppe jeweils durch ein Tag mit dem Namen »Gruppe« gekennzeichnet.

Wird außerdem ein Passwortschutz benötigt, wählen Sie auf der Registerkarte *Entwicklertools* (oder *Überprüfen*) den Befehl *Bearbeitung einschr.* in der Gruppe *Schützen*. Standardmäßig am rechten Bildschirmrand erscheint dann der Aufgabenbereich *Formatierung und Bearbeitung einschränken*. Aktivieren Sie darin unter *2. Bearbeitungseinschränkungen* die Option *Nur diese Bearbeitungen im Dokument zulassen* und wählen Sie den Eintrag *Ausfüllen von Formularen*. Klicken Sie anschließend auf die Schaltfläche *Ja, Schutz jetzt anwenden* und vergeben Sie ein Kennwort.

Abbildung 2.30 Eine Gruppe von (Text und) Inhaltssteuerelementen schützen

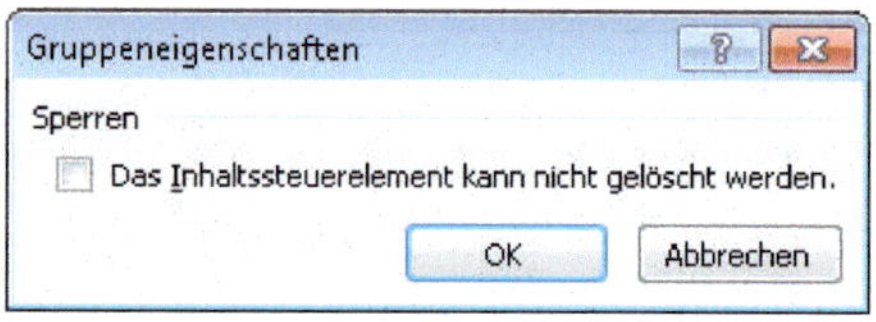

Inhaltssteuerelemente sowie das *Gruppieren* von Inhaltssteuerelementen und/oder Text können auch im Seriendruck Anwendung finden, wenn Sie beispielsweise

- verhindern möchten, dass bestimmte Inhalte eines Seriendruck-Hauptdokuments bearbeitet oder versehentlich gelöscht werden, oder
- an verschiedenen Stellen Inhalte einfügen müssen, die nicht aus der Datenquelle geliefert werden.

Das Seriendruck-Hauptdokument aus Abbildung 2.31 weist im Adressbereich einfache Seriendruckfelder auf, die automatisch mit Empfängerdaten aus der Datenquelle befüllt werden. Bei der »Briefanrede« handelt es sich ebenfalls um ein Seriendruckfeld, das seine Daten automatisch bezieht. Allerdings befindet sich dieses innerhalb eines Rich-Text-Inhaltssteuerelements, das wiederum Teil einer Gruppe ist. Die Gruppierung von Briefanrede und nachfolgendem Text soll das Bearbeiten und Löschen verhindern. Damit das Seriendruckfeld »Briefanrede« dennoch automatisch ausgefüllt werden kann, ist es in ein Inhaltssteuerelement eingebettet, das eine Bearbeitung zulässt. Bezugszeichen und Betreff dagegen sind im Beispiel manuell über Inhaltssteuerelemente einzugeben.

Abbildung 2.31 Gruppierung von Text und Inhaltssteuerelementen im Seriendruck

Auf der Registerkarte *Einfügen* finden Sie in der Gruppe *Text* die Möglichkeit, über *Schnellbausteine* eine *Dokumenteigenschaft* (beispielsweise *Autor* oder *Firma*) in Ihr Dokument einzufügen. Diese Felder sind den Inhaltssteuerelementen in Darstellung und Verhalten ähnlich.

3

Es tut gar nicht (mehr) weh: Das erste Formular in wenigen Minuten

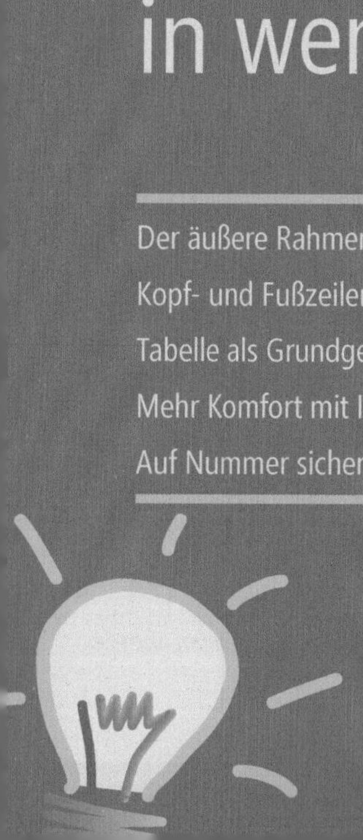

Memo, Aktennotiz, Kurzprotokoll – zugegeben, das klingt ziemlich angestaubt und nach viel Arbeit. Erst müssen die entsprechenden Daten zusammengetragen und dann auch noch zu Papier gebracht werden. Reine Zeitverschwendung oder notwendiges Übel?

Abbildung 3.1 Mit der Memodokumentvorlage im Formularstil verlieren Memos & Co. ihren Schrecken

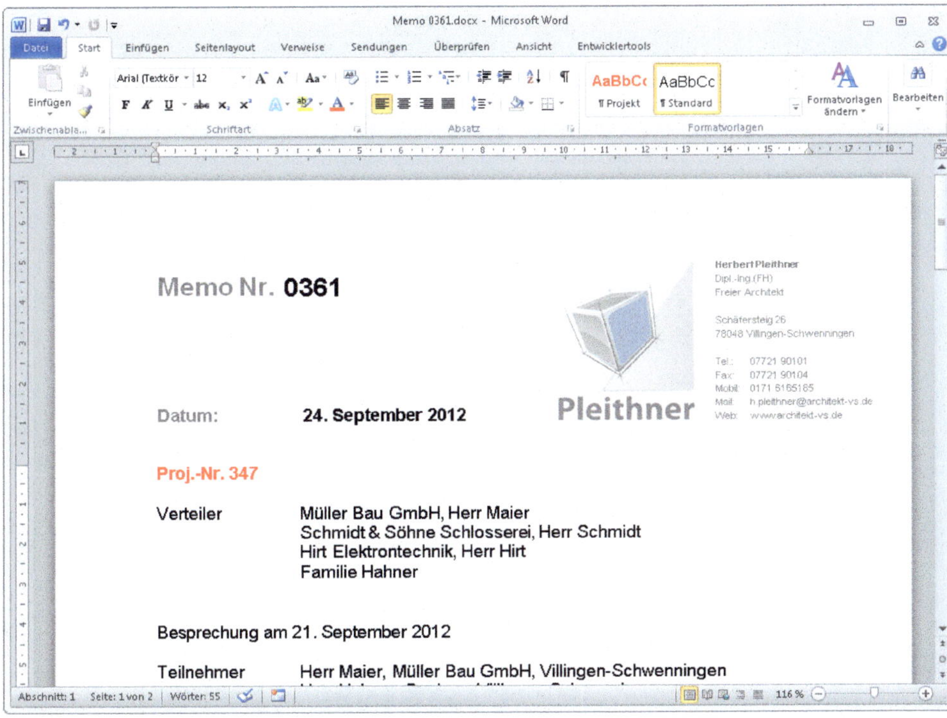

Weder noch, denn schließlich ist das schriftliche Fixieren wichtiger Vorgänge und Fakten in Form eines Memos für ein späteres Nachschlagen und zur Dokumentation der vereinbarten Zuständigkeiten extrem hilfreich. Wer kann sich in der Hektik des Alltags nach einigen Tagen oder Wochen schon an alle Details erinnern, welche Eckpunkte beim Projektmeeting, bei der Vor-Ort-Besichtigung oder bei der Vorstandssitzung im Verein besprochen wurden und wer welche Aufgaben übernehmen wird? Zum Glück lassen sich die unzähligen Nachfragen und Diskussionen durch ein kurzes Memo gezielt vermeiden.

Zur Zeitverschwendung werden Memos erst dann, wenn keine praxistaugliche Dokumentvorlage vorhanden ist und Sie jedes Mal von vorn beginnen müssen. Wenn Ihnen gar nichts anderes übrig bleibt, als nach der Methode »altes Memo suchen, öffnen, Inhalt löschen, prüfen, dass auch wirklich alles entfernt wurde, neuen Inhalt eintragen, unter neuem Namen speichern« zu arbeiten. Um dann festzustellen, dass das alte Memo doch versehentlich mit den neuen Daten überschrieben wurde …

Steht Ihnen hingegen eine Memodokumentvorlage im praktischen Formularstil zur Verfügung (siehe Abbildung 3.1), erstellen Sie mit vier Mausklicks ein neues, leeres

Memo und füllen es im Handumdrehen aus. Anschließend können Sie es mit den Word-eigenen Funktionen in eine PDF-Datei umwandeln und gleich per E-Mail an alle Teilnehmer versenden. Memos können auch richtig Spaß machen!

Der äußere Rahmen: Seitenlayout festlegen

Legen Sie zuerst eine neue, leere Dokumentvorlage an. Dann folgt die Definition des äußeren Rahmens: Legen Sie die Seitenränder sowie die Abstände von Kopf- und Fußzeilen fest und berücksichtigen Sie bei mehrseitigen Dokumenten die unterschiedlichen Kopf- und Fußzeilen auf der ersten und allen folgenden Seiten.

Beginnen Sie mit dem Anlegen der neuen Dokumentvorlage:

1. Drücken Sie die Tastenkombination Strg + N, um ein neues, leeres Dokument zu erstellen. Alternativ dazu können Sie auch über die Registerkarte *Datei* (1), Befehl *Neu* (2), Schaltfläche *Leeres Dokument* (3) das neue, leere Dokument erstellen.

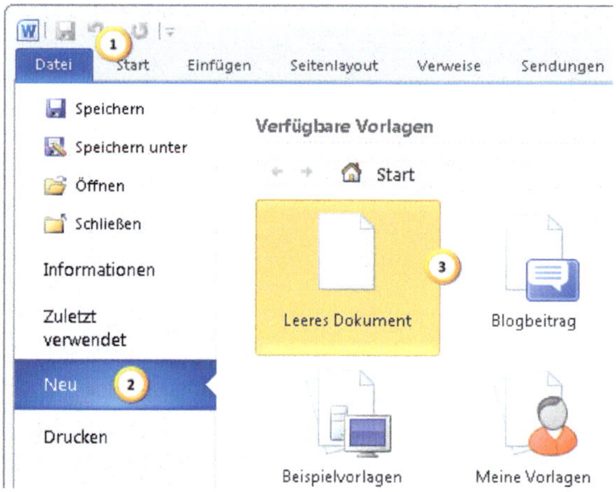

2. Speichern Sie das leere Dokument sofort als Dokumentvorlage ab. Öffnen Sie über *Datei/Speichern unter* das gleichnamige Dialogfeld (siehe Abbildung 3.2). Da Sie in der Memodokumentvorlage keinen VBA-Programmcode (»Makro«) einfügen werden, wählen Sie bei *Dateityp* das Dateiformat *Word-Vorlage (*.dotx)* (1) (siehe Kapitel 7, Abschnitt »Achtung Dateiformat: docx/dotx kontra docm/dotm«).
3. Damit die neue Dokumentvorlage sofort im richtigen Ordner bei Ihren anderen Dokumentvorlagen abgelegt ist und später über *Datei/Neu/Meine Vorlagen* zur Verfügung steht, wechseln Sie jetzt in den Ordner mit den Dokumentvorlagen.

   Bei Windows 7/Vista scrollen Sie hierzu im Dialogfeld *Speichern unter* im linken Bereich mit der Bildlaufleiste (2) ganz nach oben. Dort ist unter *Microsoft Word* der Ordner *Templates* (3) zu finden, den Sie anklicken. Beim Einsatz von Windows XP müssen Sie sich leider Ordner für Ordner zum Dokumentvorlagen-Ordner klicken (siehe Anhang A »Hintergrundwissen«, Abschnitt »Dokumentvorlagenpfade«).

4. Jetzt fehlt noch im Textfeld *Dateiname* (4) der Name der neuen Dokumentvorlage; tragen Sie hier beispielsweise `Memo` ein.
5. Mit einem Klick auf *Speichern* (5) wird die neue Dokumentvorlage jetzt gespeichert.

Abbildung 3.2 Dokumentvorlage speichern

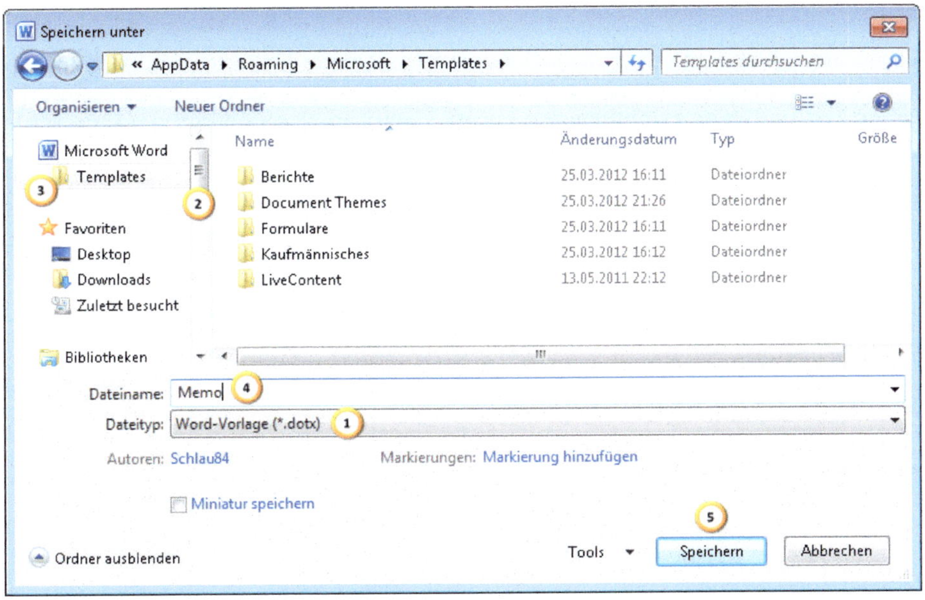

Wenn Sie aufwendige Dokumentvorlagen erstellen, sollten Sie während der Entwicklung der Dokumentvorlage verschiedene Versionen Ihrer Dokumentvorlage anlegen. Fügen Sie in diesem Fall dem Dateinamen eine laufende Nummer hinzu, beispielsweise *Memo01*. Immer wenn Sie umfangreiche Änderungen an der Dokumentvorlage vorgenommen haben, speichern Sie mit *Speichern unter* eine weitere Version unter der nächsthöheren Nummer ab, beispielsweise *Memo02*, *Memo03* etc.

Stellen Sie beim Erstellen der Dokumentvorlage fest, dass Sie eine Funktion nun doch anders implementieren möchten, können Sie jederzeit auf eine Vorgängerversion zurückgreifen und von dort aus den neuen Weg einschlagen. Sie ersparen sich so das mühevolle »Zurückbauen«.

Erst wenn Ihre Dokumentvorlage komplett fertig und getestet ist, speichern Sie die letzte Version ohne laufende Nummer ab und löschen dann alle Zwischenversionen.

Seitenränder sowie Kopf- und Fußzeilen einstellen

Weiter geht es mit den Einstellungen für die Seitenränder und die Kopf- und Fußzeile:

1. Klicken Sie auf der Registerkarte *Seitenlayout* in der Gruppe *Seite einrichten* auf das »Startprogramm für ein Dialogfeld« ( ). Es öffnet sich das Dialogfeld *Seite einrichten*, in dem Sie auf der Registerkarte *Seitenränder* landen.
2. Da der Kopf des Memos auf allen Seiten wiederholt wird, geben Sie einen oberen Seitenrand von `7 cm` (1) an. Damit das Ende der Seiten etwas luftiger erscheint, passen Sie den unteren Seitenrand auf `3 cm` (2) an. Links und rechts tragen Sie jeweils `2,5 cm` (3) ein – so lässt sich das ausgedruckte Memo noch gut lochen und abheften.

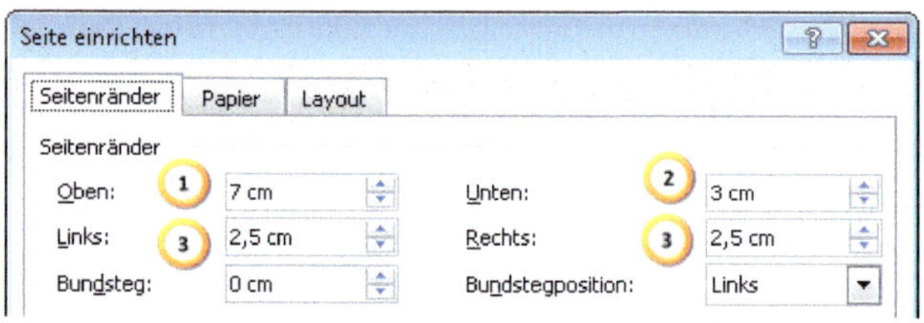

3. Weiter geht es in dem Dialogfeld auf der Registerkarte *Layout* (1). Schalten Sie zuerst das Kontrollkästchen *Erste Seite anders* (2) ein. Dieser Schritt ist notwendig, damit Sie auf der ersten Seite eine andere Kopf-/Fußzeile als auf den Folgeseiten festlegen können. Die unterschiedliche Kopf-/Fußzeile wird benötigt, um die automatische Platzierung der Memonummer zu vereinfachen (siehe den Abschnitt »Mehr Komfort mit Inhaltssteuerelementen: Platzhalter für Datum & Co.« weiter hinten in diesem Kapitel).
4. In der Kopfzeile kommt eine Tabelle zum exakten Platzieren der Kopfzeilenelemente wie Logo, Nummer etc. zum Einsatz. Ändern Sie deshalb bei *Abstand vom Seitenrand: Kopfzeile* den Wert auf `0 cm` (3).
5. Beim Abstand der Fußzeile tragen Sie `1,4 cm` (4) ein – die Seitenzahl wird später rund eineinhalb Zentimeter vom unteren Blattrand entfernt sein.

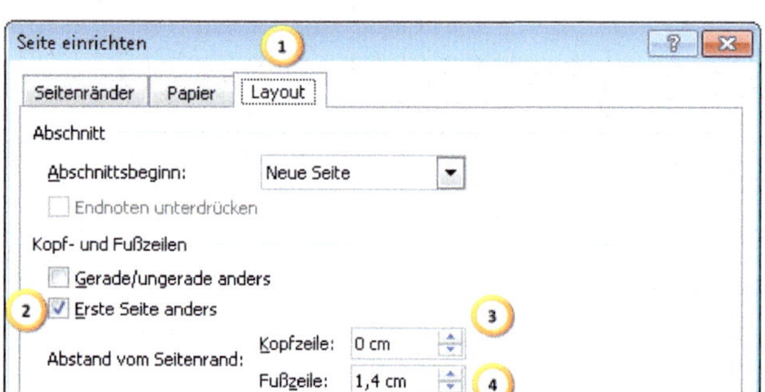

6. Übernehmen Sie alle Einstellungen mit einem Klick auf *OK* und speichern Sie die Dokumentvorlage mit [Strg]+[S] ab.

Die Dokumentvorlage ist erfolgreich angelegt und alle Voreinstellungen sind festgelegt, sodass Sie sich jetzt um den Inhalt der Dokumentvorlage kümmern können.

Kopf- und Fußzeilen: Automatische Wiederholung erwünscht

Zur eindeutigen Kennzeichnung aller Seiten Ihres Memos sollen am Anfang jeder Seite sowohl die Memonummer als auch das Datum stehen. Rechts davon ist Platz für ein Logo sowie die Firmen- oder Vereinsdaten. Am Ende jeder Seite folgt recht unspektakulär die Seitenzahl in der Form *Seite [Aktuelle Seitenzahl] von [Anzahl aller Seiten]*. Zur exakten Platzierung der Kopfzeilenelemente dient, wie in Abbildung 3.3 zu sehen, eine Tabelle ohne Rahmenlinien.

Damit Sie später zur Eingabe der Memonummer und des Datums nicht bei jedem neuen Memo umständlich in die Kopfzeile wechseln müssen, kommen zwei unterschiedliche Kopfzeilen zum Einsatz, die dann mit den Funktionen aus dem Abschnitt »Mehr Komfort mit Inhaltssteuerelementen: Platzhalter für Datum & Co.« weiter hinten in diesem Kapitel bestückt werden.

Abbildung 3.3 Sämtliche Elemente in der Kopfzeile werden über eine Tabelle exakt platziert

Beginnen Sie mit der Kopfzeile: Um zum Kopfzeilenbereich zu wechseln, genügt ein Doppelklick in den noch leeren Kopfzeilenbereich. Oder Sie wechseln über *Einfügen/Kopf- und Fußzeile/Kopfzeile/Kopfzeile bearbeiten* in den Kopfzeilenbereich.

Führen Sie den Doppelklick im Kopfzeilenbereich nicht zu nahe an der oberen Blattkante aus. Wenn Sie hier klicken, während der Mauszeiger aus einem Doppelpfeil mit zwei Blättern besteht, blendet Word den kompletten oberen und unteren Seitenrand aus – also die für das Memo definierten 7 cm oben und 3 cm unten. Entsprechend ist auch nichts mehr von der Kopf- und Fußzeile zu sehen. Ein erneuter Doppelklick auf die Blattkante zeigt den Bereich zum Glück sofort wieder an.

Abbildung 3.4 Ein Doppelklick zu nahe an der Blattkante blendet den Rand aus, anstatt die Kopfzeile zu öffnen

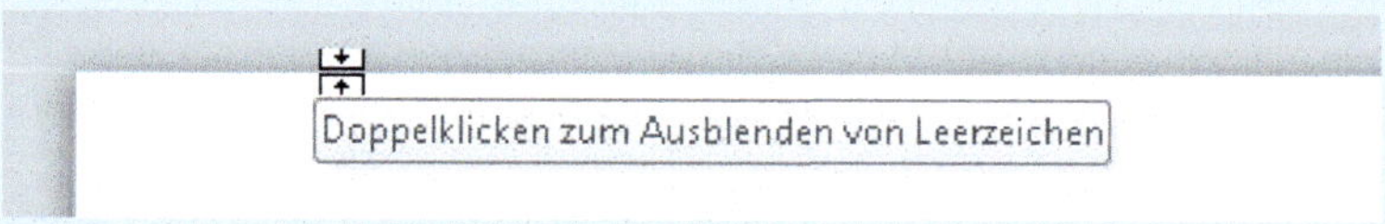

Das Ausblenden des oberen und unteren Seitenrands ist immer dann hilfreich, wenn Sie in einem Dokument »ungestört« von den Rändern arbeiten möchten. Bei ausgeblendeten Rändern bleibt sozusagen nur noch das »Netto« Ihres Textes übrig.

Tabelle in der Kopfzeile aufbauen

Beginnen Sie jetzt mit der Gestaltung der Kopfzeile. Sämtliche Elemente in der Kopfzeile werden mithilfe einer Tabelle platziert, wobei für jedes Element eine eigene Tabellenzelle angelegt wird. Die Tabellenzellen haben den Vorteil, dass Sie deren Breite und Höhe exakt angeben können und sich die Maße bei entsprechender Definition nicht mehr verändern. Wenn Sie dann noch die Rahmenlinien der Tabelle auf transparent, sprich auf *Keine Rahmen* setzen, sind am Bildschirm je nach Einstellung gar keine oder nur blaue Rasterlinien zu sehen – auf dem Ausdruck erscheinen hingegen wie gewünscht keine Linien.

1. Ermitteln Sie zuerst, aus wie vielen Spalten Ihre Tabelle maximal besteht. In der Praxis ist es meist einfacher, in einer Zeile die Zellen, die über mehrere Spalten reichen, zu einer Zelle zu verbinden, als eine vorhandene Zelle in mehrere Zellen (Spalten) aufzuteilen.

   Im Beispiel besteht die erste Zeile der Tabelle aus einer Spalte, die zweite Zeile hingegen aus vier Spalten. Fügen Sie deshalb über *Einfügen/Tabellen/Tabelle* eine Tabelle bestehend aus zwei Zeilen und vier Spalten ein.

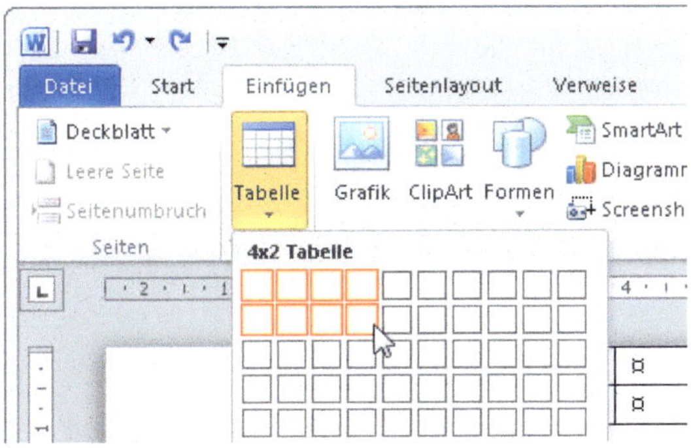

2. Da Sie den Abstand der Kopfzeile vom oberen Seitenrand auf `0 cm` gesetzt haben, beginnt die Tabelle wunschgemäß direkt am oberen Blattrand. Markieren Sie nun die Tabelle mit einem Klick auf den Tabellenverschiebepunkt. Der Tabellenverschiebepunkt – ein kleiner eingerahmter Vierfachpfeil – erscheint in der linken oberen Ecke der Tabelle, wenn Sie mit dem Mauszeiger auf die Tabelle zeigen.

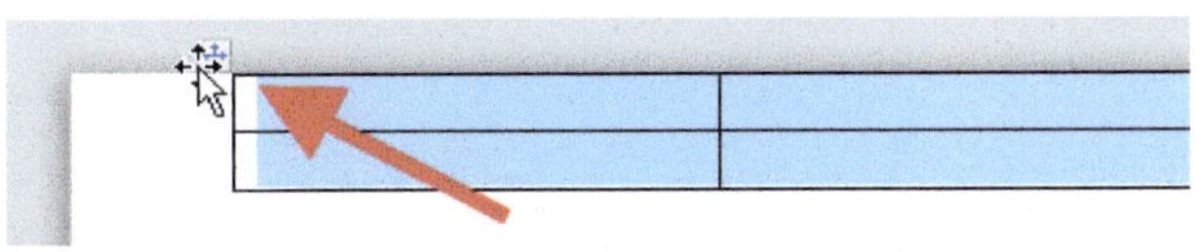

3. Damit die schwarzen Rahmenlinien verschwinden, wechseln Sie bei markierter Tabelle zur kontextbezogenen Registerkarte *Tabellentools/Entwurf* und klicken in der Gruppe *Tabellenformatvorlagen* auf den Dropdownpfeil der Schaltfläche *Rahmen*. Im jetzt aufgeklappten Menü wählen Sie den Befehl *Kein Rahmen*.

4. Die Rahmen verschwinden und in der Word-Standardeinstellung sind jetzt keinerlei Begrenzungslinien zu sehen – was das Arbeiten mit der Tabelle etwas orientierungslos und somit kompliziert macht. Schalten Sie deshalb auf der Registerkarte *Tabellentools/Layout* in der Gruppe *Tabelle* mit einem Klick auf die Schaltfläche *Rasterlinien anzeigen* die Begrenzungshilfslinien ein. Die Rasterlinien erscheinen dann in Form blauer gestrichelter Linien. Schalten Sie auch, wie in Anhang A »Hintergrundwissen« im Abschnitt »Formatierungssymbole« beschrieben, mit [Strg]+[⇧]+[*] die Anzeige der Formatierungssymbole ein.

5. Bevor Sie an der Tabelle irgendeine weitere Änderung durchführen, müssen Sie sicherstellen, dass die Breite der Tabellenzellen bei der eingestellten Breite verbleibt und sich nicht – wie standardmäßig leider der Fall – bei der späteren Texteingabe automatisch dem Text anpasst. Klicken Sie auf der Registerkarte *Tabellentools/Layout* in der Gruppe *Zellengröße* auf die Schaltfläche *AutoAnpassen* und wählen Sie in dem aufgeklappten Menü *Feste Spaltenbreite*.

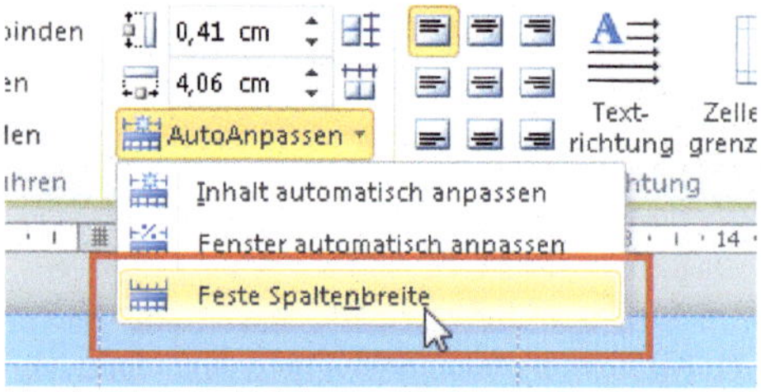

Die Einstellung *Feste Spaltenbreite* gilt für die ganze Tabelle, auch wenn sich der Cursor beim Festlegen nur in einer einzelnen Zelle befindet und die Tabelle nicht markiert ist. Wenn Sie das Menü *AutoAnpassen* erneut aufklappen, hat sich hier scheinbar nichts verändert – dass Sie den Befehl *Feste Spaltenbreite* gewählt haben, ist fatalerweise nicht zu sehen.

Dass Sie die Einstellung korrekt gewählt haben, können Sie nur über einen Umweg prüfen: Klicken Sie auf der gleichen kontextbezogenen Registerkarte in der Gruppe *Tabelle* auf die Schaltfläche *Eigenschaften*. Im nun angezeigten Dialogfeld *Tabelleneigenschaften* klicken Sie auf der Registerkarte *Tabelle* (1) unten rechts auf die Schaltfläche *Optionen* (2). Es öffnet sich ein weiteres Dialogfeld, in dem das Kontrollkästchen *Automatische Größenänderung zulassen* (3) durch Ihre vorherige Aktion ausgeschaltet ist.

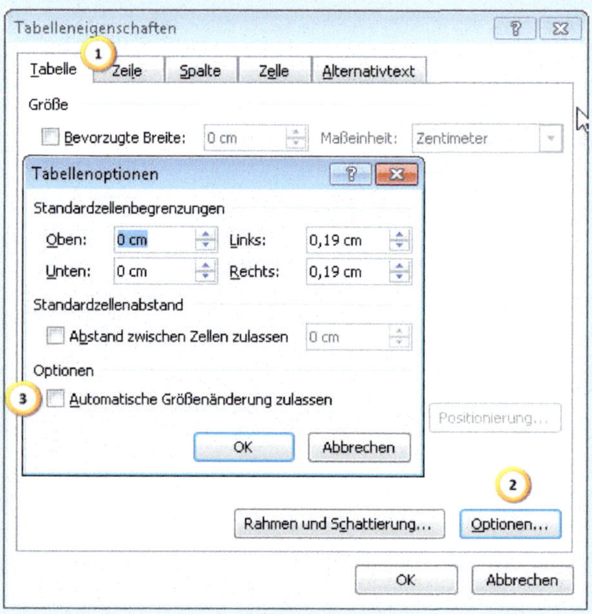

6. Die Tabelle soll in der Kopfzeile die ganze Blattbreite einnehmen, da beispielsweise die Erstellerdaten auf der rechten Seite in den Blattrand von 2,5 cm hineinreichen. Klicken Sie in eine beliebige Zelle, sodass der Cursor darin blinkt – es darf keine Zelle markiert sein! Platzieren Sie den Mauszeiger auf dem linken Rand der Tabelle, sodass sich der Zeiger in einen Doppelpfeil umwandelt. Mit gedrückter linker Maustaste ziehen Sie nun den Tabellenrand zum Blattrand. Sobald Sie die Maustaste loslassen, wird die Tabelle in der neuen Größe angezeigt.

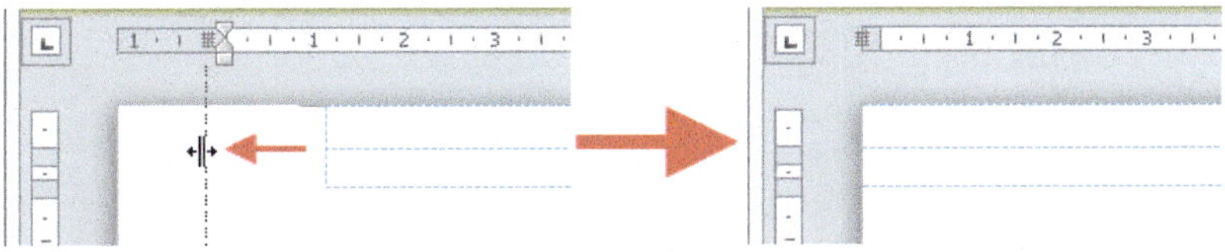

7. Die Breite der ersten Spalte soll 2,31 cm betragen. Zusammen mit dem standardmäßig in Zellen vorhandenen linken Rand von 0,19 cm beginnt der Text in der zweiten Spalte somit genau bei 2,5 cm – der Einstellung des linken Rands. Um die Spaltenbreite zu ändern, klicken Sie in eine Zelle der ersten Spalte. Auf der Registerkarte *Tabellentools/Layout* tragen Sie dann in der Gruppe *Zellengröße* bei *Tabellenspaltenbreite* den Wert ein (die Angabe der Maßeinheit *cm* ist nicht notwendig, sie wird von Word automatisch hinzugefügt) und bestätigen ihn mit ↵.

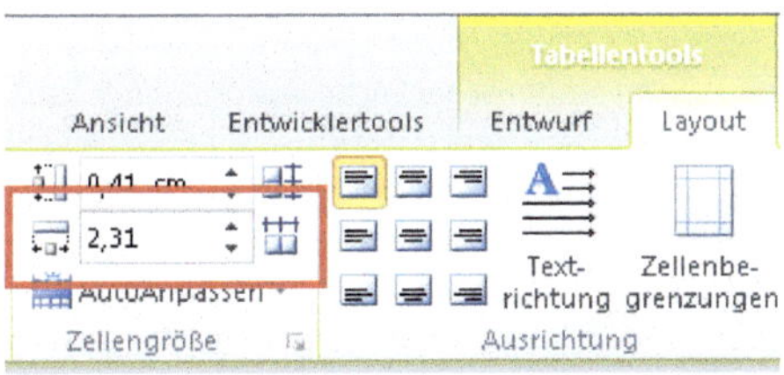

8. Auf die gleiche Weise passen Sie die Breite der folgenden Spalten an: Die zweite Spalte wird 8,9 cm breit, die dritte Spalte 4,75 cm und die vierte und letzte Spalte 5,04 cm. Ergibt zusammen 21 cm und somit die Breite einer DIN-A4-Seite.

Addieren Sie zur Spaltenbreite der äußeren rechten Spalte Ihrer Tabelle 0,01 oder 0,02 cm hinzu. Das hat den Vorteil, dass die gestrichelte rechte Rahmenlinie dann am Bildschirm exakt auf dem Blattrand liegt und somit nicht mehr zu sehen ist und nicht stören kann. Aufgrund des in den Zellen hinterlegten rechten Rands von 0,19 cm wird dennoch kein Text abgeschnitten.

Zeilenhöhen der Tabelle festlegen

Nachdem das Tabellengerüst steht, geht es mit dem »Innenausbau« der Tabelle weiter. Hier wird zuerst die Zeilenhöhe festgelegt:

1. Die erste Zeile der Tabelle bleibt leer, sie dient als eine Art Platzhalter zur genauen vertikalen Positionierung der Elemente in der zweiten Zeile. Deshalb können Sie jetzt die ganze Zeile markieren und die Zellen verbinden. So sind – falls der Benutzer die Anzeige der Rasterlinien eingeschaltet hat – später weniger »störende blaue Linien« auf dem Bildschirm zu sehen.

   Um die Zellen zu verbinden, platzieren Sie den Mauszeiger links vor der Zeile und klicken mit der linken Maustaste. Jetzt ist die ganze Zeile markiert und Sie können über *Tabellentools/Layout/Zusammenführen/Zellen verbinden* die vier einzelnen Zellen in eine große Zelle umwandeln.

2. Weiter geht es mit der Höhe der ersten Zeile, sodass sie ihre Platzhalterfunktion auch wahrnehmen kann. Geben Sie auf der Registerkarte *Tabellentools/Layout* in der Gruppe *Zellengröße* bei *Tabellenzeilenhöhe* den Wert `1,9 cm` ein.

3. Bevor Sie die Höhe der zweiten Zeile festlegen, teilen Sie die Zelle in der zweiten Spalte horizontal, sodass Ihnen hier zwei Zeilen übereinander zur Verfügung stehen. Würden Sie die Zellen erst nach der Festlegung der Zeilenhöhe teilen, würde jede Zelle die neue Höhe erben und Sie müssten die Höhen erneut anpassen.

   Klicken Sie in die gewünschte Zelle und wählen Sie *Tabellentools/Layout/Zusammenführen/Zellen teilen*. Im nun angezeigten Dialogfeld geben Sie im Textfeld *Spaltenzahl* den Wert 1 und bei *Zeilenzahl* den Wert 2 ein. Wenn Sie mit *OK* bestätigen, wird die Zelle horizontal geteilt.

4. Jetzt können Sie die Höhe der Zellen festlegen: Die obere der beiden Zellen bekommt eine *Höhe* von `1,1 cm`, der unteren weisen Sie eine Höhe von `3,1 cm` zu. Die Spalten rechts und links der »geteilten« Zellen werden automatisch in der Höhe angepasst – hier sind keine Änderungen notwendig.

Damit sich die Höhe einer Zeile beim Einfügen von Text nicht ändert und die Zelle nicht höher wird, können Sie die Zellenhöhe als *Genau* festlegen. Dann wird die definierte Höhe immer exakt eingehalten, gleichgültig wie viel Sie auch in die Zelle einfügen – der überschüssige Inhalt wird einfach nicht mehr angezeigt.

Platzieren Sie den Cursor in der gewünschten Zelle und öffnen Sie über *Tabellentools/Layout/Tabelle/Eigenschaften* das Dialogfeld *Tabelleneigenschaften*. Wechseln Sie zur Registerkarte *Zeile* (1). Stellen Sie sicher, dass das Kontrollkästchen *Höhe definieren* (2) aktiviert und die Höhe korrekt festgelegt ist. Wählen Sie dann im Dropdown-Listenfeld *Zeilenhöhe* die Einstellung *Genau* (3). Übernehmen Sie Ihre Einstellungen mit *OK* (4).

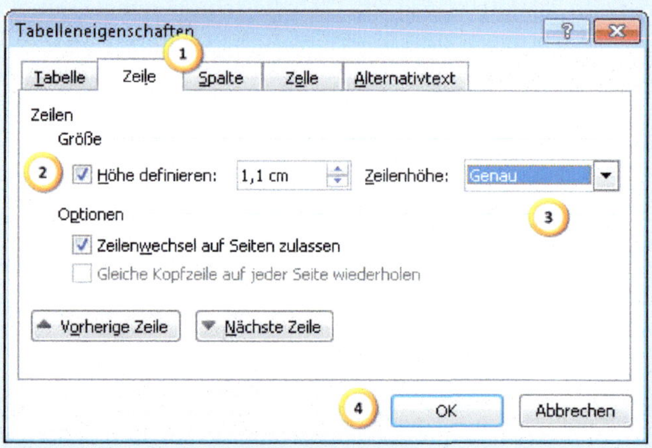

Haben Sie wie im Beispiel zwei übereinanderliegenden Zellen die exakte Höhe zugewiesen, gilt die Summe der Höhe auch für alle nicht geteilten Zellen in der gleichen Spalte.

Kopf- und Fußzeile mit Inhalt füllen

Das Tabellengerüst für die Kopfzeilenelemente steht und Sie können mit der Eingabe des Textes und dem Einfügen des Logos fortfahren. Außerdem legen Sie jetzt die Seitenzahl in der Fußzeile fest.

1. Nutzen Sie zum Positionieren des Zelleninhalts die neun Ausrichtungsbefehle, die Sie unter *Tabellentools/Layout/Ausrichtung* finden. Der Inhalt der Zelle mit dem Text *Memo Nr.* wird mit einem Klick auf *Unten links ausrichten* wunschgemäß platziert, ebenso die darunterliegende Zelle mit dem Datum und den Erstellerdaten. Das Logo wird hingegen mit *Unten rechts ausrichten* platziert.

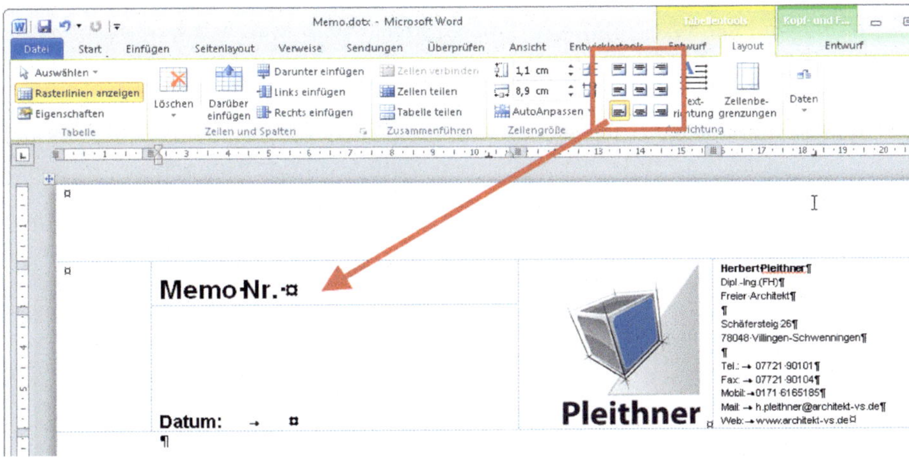

2. Die Kopfzeile der ersten Seite ist jetzt fertig, die Inhaltssteuerelemente für die Memonummer und das Datum werden weiter hinten in diesem Kapitel (Abschnitt »Mehr Komfort mit Inhaltssteuerelementen: Platzhalter für Datum & Co.«) hinzugefügt.

3. Wechseln Sie zum Einfügen der Seitenzahl zur Fußzeile: über die kontextbezogene Registerkarte *Kopf- und Fußzeilentools/Entwurf* (1), Gruppe *Navigation* (2) mit einem Klick auf die Schaltfläche *Zu Fußzeile wechseln* (3).

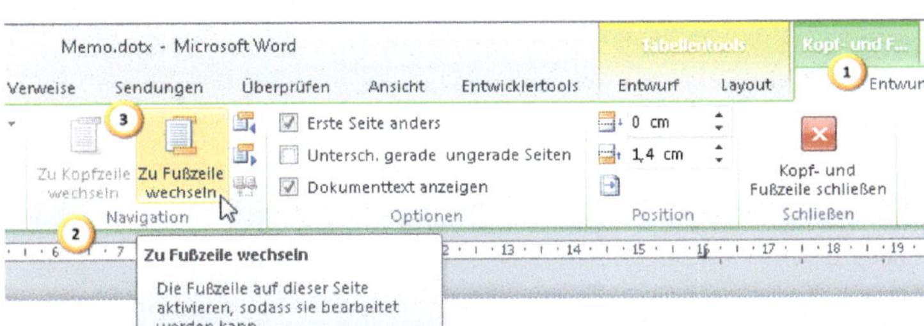

4. In der Fußzeile soll die Seitenzahl zentriert in der Form *Seite [Aktuelle Seitenzahl] von [Anzahl aller Seiten]* eingefügt werden. Zentrieren Sie deshalb zuerst die vorhandene Absatzmarke mit Strg+E.

Die perfekte Lösung ist selbstverständlich nicht das manuelle Zentrieren, sondern das Anpassen der Formatvorlage *Fußzeile* (siehe Anhang A »Hintergrundwissen«, Abschnitt »Formatvorlagen« und Abschnitt »Formatvorlagen-Aufgabenbereich«), die automatisch dem ganzen Text in der Fußzeile zugewiesen wird. Über die Formatvorlage lassen sich bei dieser Gelegenheit auch gleich die Schriftart und Schriftgröße der Fußzeile anpassen.

5. Zum Einfügen der Seitenzahlen im benötigten Format klicken Sie auf der Registerkarte *Kopf- und Fußzeilentools/Entwurf* (1) in der Gruppe *Kopf- und Fußzeile* auf die Schaltfläche *Seitenzahl* (2). Im jetzt aufgeklappten Menü wählen Sie zuerst *Seitenzahlen* (3) und im daraufhin angezeigten Katalog den letzten Eintrag *Fett formatierte Zahlen* (4).

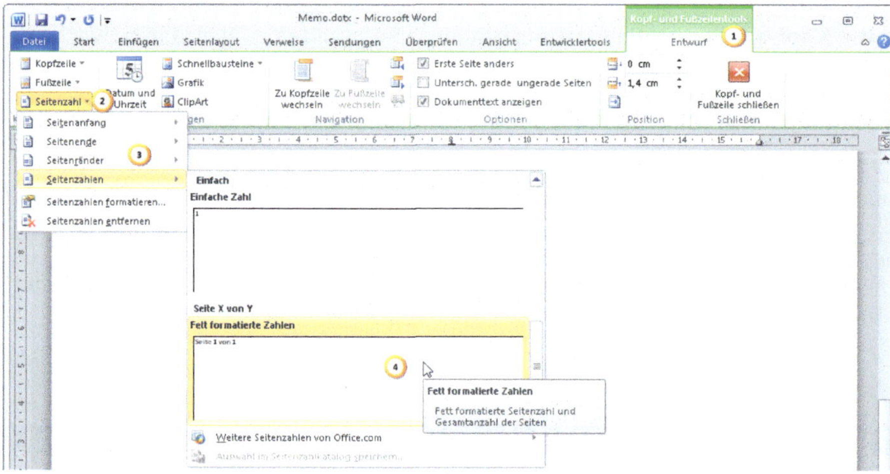

6. Word hat in der Fußzeile nun die Feldfunktionen *{ PAGE }* für die Seitenzahl und *{ NUMPAGES }* für die Gesamtseitenzahl eingefügt. Die Seitenzahlen werden von Word sowohl beim Einfügen neuer Seiten als auch beim Aufruf der Druckvorschau mit [Strg]+[P] bzw. beim Drucken selbst aktualisiert.

Erscheinen auf Ihrem Bildschirm anstelle der Seitenzahlen nur die geschweiften Klammern mit den Feldfunktionskommandos? Dann ist die Anzeige der Feldfunktionen eingeschaltet. Über die Tastenkombination [Alt]+[F9] können Sie wechselweise alle Feldfunktionen oder alle Feldergebnisse ein- bzw. ausblenden.

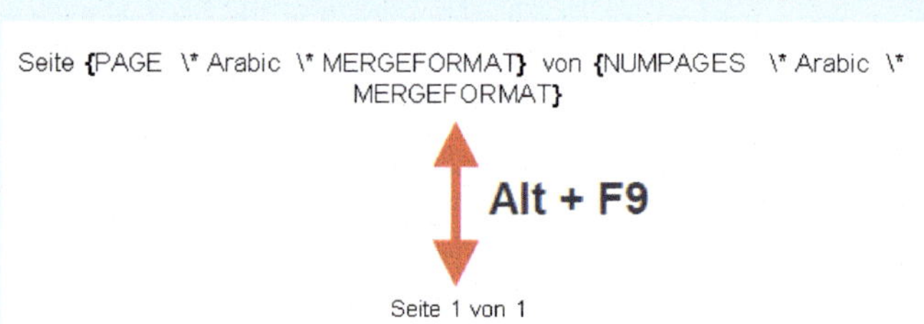

7. Die Fußzeile der ersten Seite ist jetzt fertig. Kehren Sie mit einem Doppelklick in den Textbereich zu Ihrem Text zurück. Alternativ dazu können Sie auch auf der Registerkarte *Kopf- und Fußzeilentools/Entwurf* in der Gruppe *Schließen* auf die Schaltfläche *Kopf- und Fußzeile schließen* klicken.

Mit den bisherigen Schritten haben Sie die Kopf- und Fußzeile für die erste Seite Ihres Dokuments definiert. Um auch die Kopf- und Fußzeile für die Folgeseiten festzulegen, fügen Sie im noch leeren Dokument mit *Einfügen/Seiten/Seitenumbruch* oder mit der Tastenkombination Strg+↵ einen manuellen Seitenumbruch ein. Daraufhin landen Sie auf der zweiten Seite, auf der weder Kopf- noch Fußzeile vorhanden sind – die Kopf- und Fußzeilenbereiche sind komplett leer.

Um die Kopf- und Fußzeile für die zweite und Folgeseiten zu definieren, wechseln Sie auf der ersten Seite in die Kopfzeile, markieren die dort eingefügte Tabelle, kopieren sie mit Strg+C in die Zwischenablage, wechseln in den Kopfzeilenbereich der zweiten Seite und fügen sie dort mit Strg+V wieder ein. Kopieren Sie auf die gleiche Weise auch die Seitenzahl-Feldfunktionen der Fußzeile.

Sind Kopf- und Fußzeile auf der zweiten Seite vorhanden, können Sie den Kopf- und Fußzeilenbereich verlassen und den Seitenumbruch auf der ersten Seite löschen. Angepasst wird die Kopfzeile der ersten und zweiten Seite weiter hinten in diesem Kapitel im Abschnitt »Mehr Komfort mit Inhaltssteuerelementen: Platzhalter für Datum & Co.«.

Tabelle als Grundgerüst für den Memotext: Alles im Rahmen

Damit das Ausfüllen des Memos schnell von der Hand geht, müssen zum einen alle Eingabebereiche entsprechend vorbereitet sein. Hier ist es wichtig, dass der eingegebene Text sofort an der gewünschten Stelle landet und keine umständlichen Einrückungen oder andere Platzierungsarbeiten durchzuführen sind.

Zum anderen müssen Automatismen wie automatische Nummerierungen oder Absatzabstände dafür sorgen, dass Sie sich beim Ausfüllen vollständig auf den Inhalt – sprich Ihren Text – konzentrieren können und nicht durch das ständige Formatieren abgelenkt sind.

Wie in der Kopfzeile werden sämtliche Eingabebereiche in Form von Tabellenzellen eingerichtet. So lässt sich mit wenig Aufwand der Textfluss gezielt steuern. Für jeden im Memo dokumentierten Punkt kommt eine neue Tabellenzeile mit den vorbereiteten Eingabezellen für die laufende Nummer, den Inhalt, die betroffenen Personen sowie einem Kürzel als Hinweis zur weiteren Vorgehensweise zum Einsatz. Wird mit ⇆ am Ende der Tabelle eine neue Zeile eingefügt, steht sofort die komplette Struktur für die nächste Position zur Verfügung.

Abbildung 3.5 Der Memotext wird in einer Tabelle erfasst

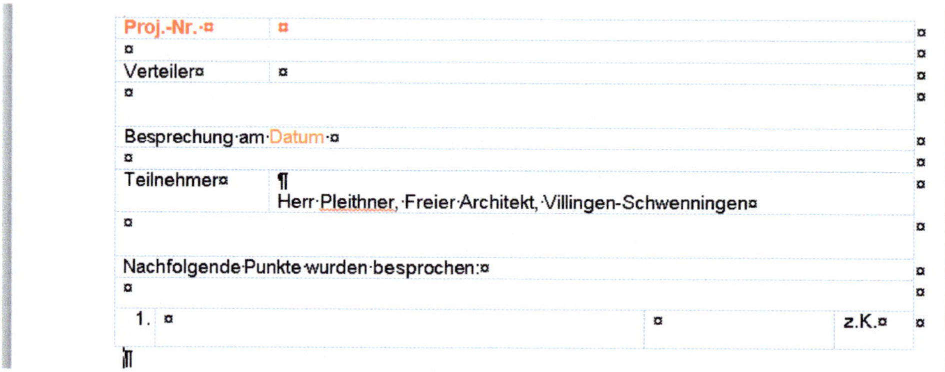

Den oberen Bereich der Memotabelle aufbauen

Starten Sie zuerst mit dem Anlegen des oberen Bereichs der Tabelle, in dem die Projektnummer, der Verteiler, das Besprechungsdatum und die Teilnehmer eingefügt werden. Der Bereich besteht einschließlich der zur optischen Trennung genutzten Leerzeilen aus zehn Zeilen und maximal zwei Spalten:

1. Platzieren Sie den Cursor am Anfang der Memovorlage – der gemäß der Seitenrandeinstellungen bei *7 cm* und somit mit deutlichem Abstand unterhalb der Kopfzeile liegt.
2. Legen Sie über *Einfügen/Tabellen/Tabelle* eine Tabelle bestehend aus zehn Zeilen und zwei Spalten an. Da Sie eine zehnzeilige Tabelle nicht über das Tabellenraster »aufziehen« können, müssen Sie im aufgeklappten *Tabelle*-Menü den Befehl *Tabelle einfügen* wählen und im dann angezeigten Dialogfeld die Zeilen und Spalten eintragen. Alle anderen Einstellungen bleiben unverändert.

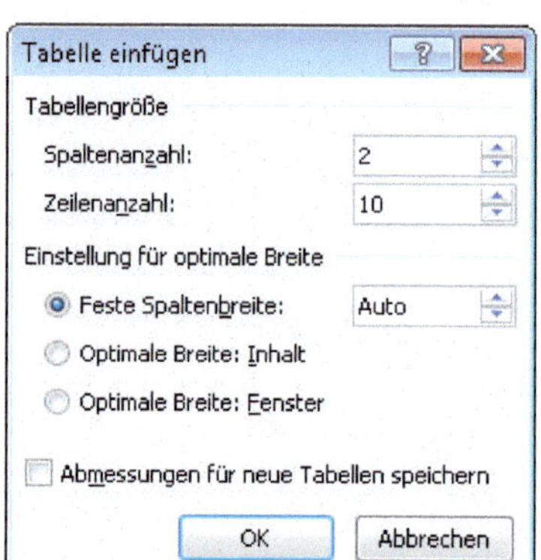

3. Im nächsten Schritt markieren Sie die ganze Tabelle mit einem Klick auf den Tabellenverschiebepunkt und entfernen dann über *Tabellentools/Entwurf/Tabellenformatvorlagen/Rahmen/Kein Rahmen* die Rahmenlinien.

4. Damit Word die Spaltenbreite der Tabelle nicht eigenmächtig ändert, wählen Sie bei markierter Tabelle *Tabellentools/Layout/Zellengröße/AutoAnpassen/Feste Spaltenbreite*.
5. Im Gegensatz zur Tabelle in der Kopfzeile soll sich die Höhe der Zeilen bei der Eingabe von Text automatisch anpassen. Deshalb können Sie unter *Tabellentools/Layout/Tabelle/Eigenschaften* alle Parameter unverändert lassen.
6. Passen Sie jetzt die Spaltenbreiten an. Der ersten Spalte weisen Sie über *Tabellentools/Layout/Zellengröße/Tabellenspaltenbreite* die Breite *3,7 cm* zu, der zweiten Spalte die Breite *14,2 cm*.
7. Die Zeilen 2, 4, 6, 8 und 10 dienen lediglich als Abstandhalter. Hier können Sie bei allen Zeilen die beiden Zellen verbinden, sodass nur noch eine die komplette Tabellenbreite einnehmende Zelle übrig bleibt. Auch die Zellen der Zeile 9 werden verbunden, da in der Zeile später der Hinweis *Nachfolgende Punkte wurden besprochen:* eingegeben wird, der sich über die halbe Tabellenbreite erstreckt.

   Zum Verbinden markieren Sie die Zellen und wählen dann *Tabellentools/Layout/Zusammenführen/Zellen verbinden*.

Sie möchten in Ihrer Tabelle die Spaltenbreite ändern, aber wie im Beispiel enthält nicht jede Zeile die gleiche Anzahl Zellen? Kein Problem, markieren Sie zuerst die ganze Tabelle. Dann klicken Sie auf die Rahmenlinien zwischen zwei Zellen, sodass sich der Mauszeiger in einen Doppelpfeil (1) verwandelt.

Wenn Sie jetzt mit gedrückter linker Maustaste die Rahmenlinie nach rechts verschieben (2), gilt die Breitenänderung für alle entsprechenden Zellen (3). Die Breite der Tabelle selbst ändert sich nicht, auch auf die Zeilen mit den verbundenen Zellen hat die Änderung keine Auswirkung.

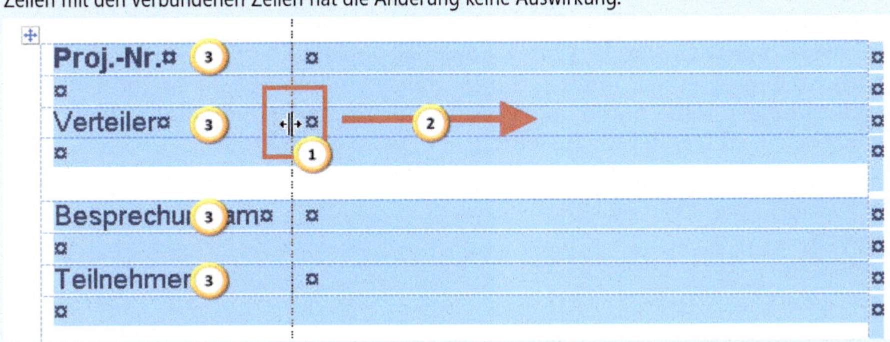

Zeilenhöhen definieren und Tabelle mit Inhalt füllen

Das Tabellengerüst steht, jetzt ist nur noch die Zeilenhöhe festzulegen und der Inhalt einzutragen:

1. Markieren Sie die Tabelle und legen Sie im ersten Schritt für alle Zeilen über *Tabellentools/Layout/Zellengröße/Tabellenzeilenhöhe* die Höhe `0,5 cm` fest. Bei den Abstandhalterzeilen 4, 8 und 10 erhöhen Sie die Höhe anschließend auf `1 cm`.

Beim Festlegen der Zeilenhöhe sind Sie, wie im Beispiel gezeigt, schneller, wenn Sie zuerst die Basishöhe der kompletten Tabelle zuweisen und anschließend die »Ausnahmen« anpassen.

Wenn Sie bei der Anpassung der Ausnahmen die Höhe der vierten Zeile definiert haben, platzieren Sie den Cursor in der achten Zeile und drücken dann die Taste [F4]. Mit [F4] wird die letzte Funktion wiederholt – die Zeile erhält sofort die richtige Höhe. So lassen sich auch Ausnahmen rationell umsetzen.

2. Tragen Sie die vorgegebenen Texte in die entsprechenden Tabellenzellen ein und formatieren Sie sie wie gewünscht; die Inhaltssteuerelemente für die Projektnummer und das Datum folgen im Abschnitt »Mehr Komfort mit Inhaltssteuerelementen: Platzhalter für Datum & Co.«. Wenn Sie eine Tabellenzelle nicht formatieren, bekommt der später dort eingefügte Text die Formatierungen der Formatvorlage *Standard* zugewiesen.

   Falls Sie von *Standard* abweichende Formatierungen benötigen, müssen Sie die »leere« Zelle entsprechend formatieren. Markieren Sie hierzu die komplette Zelle und weisen Sie die gewünschte Formatvorlage (optimal) bzw. die manuellen Formatierungen (weniger optimal, da Handarbeit) zu.

Tabellenzeile für die Memopositionen erstellen

Der Kopf der Tabelle ist fertig, es fehlt noch der Bereich zur Eingabe der Memopositionen. Jede Position soll in einer eigenen Tabellenzeile platziert werden, jede Position besteht aus den vier Bestandteilen laufende Nummer, Positionstext, betroffene Personen und Kürzel (wie »z.K.« für »zur Kenntnisnahme«, »erl.« für »erledigt« etc.). Benötigt wird deshalb eine elfte Zeile mit vier Spalten:

1. Platzieren Sie den Cursor in der letzten Zeile der Tabelle und drücken Sie die Taste [⇥]. Word fügt daraufhin eine weitere Zeile ein, die den gleichen Aufbau wie ihr Vorgänger hat: Sie besteht aus einer einzigen Zelle und hat die Höhe *1 cm*.
2. Um die neue Zeile in vier Spalten zu teilen, lassen Sie den Cursor in der Zelle stehen und klicken auf der Registerkarte *Tabellentools/Layout* (1) in der Gruppe *Zusammenführen* (2) auf die Schaltfläche *Zellen teilen* (3).

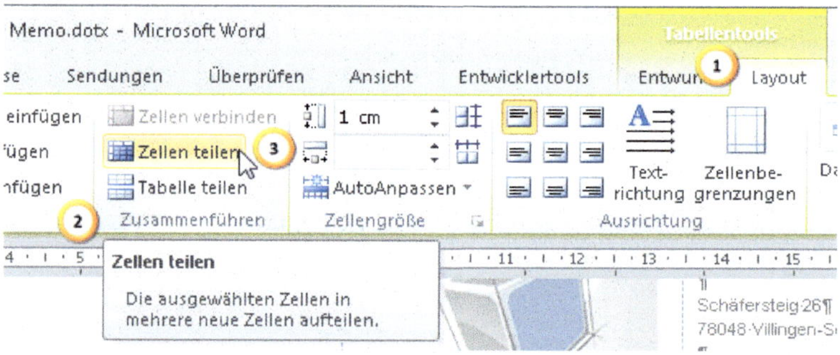

3. Im jetzt angezeigten Dialogfeld geben Sie im Textfeld *Spaltenanzahl* den Wert *4* und im Textfeld *Zeilenanzahl* den Wert *1* ein. Bestätigen Sie mit *OK*.

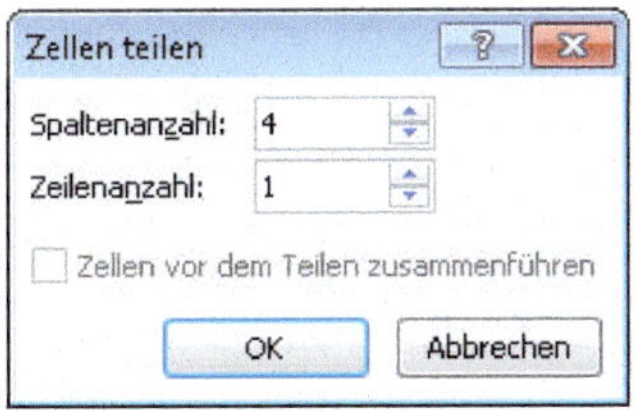

4. Die Zelle ist jetzt in vier Spalten geteilt. Passen Sie die Breite der Zellen an, indem Sie auf die Trennlinie zwischen den Zellen klicken und die Trennlinie mit gedrückter linker Maustaste verschieben. Die exakte Breite der Zellen bekommen Sie unter *Tabellentools/Layout/Zellengröße/Tabellenspaltenbreite* leider nicht angezeigt, da in der Tabelle Zeilen mit unterschiedlicher Spaltenanzahl vorhanden sind.

   Erst wenn Sie eine einzelne Zelle markieren, zeigt Word die Breite im Menüband an. Die erste Spalte soll ca. `1 cm` breit sein, die zweite Spalte ca. `11 cm` und die dritte Spalte ca. `4,3 cm`. Die vierte Spalte erhält automatisch den Rest zugewiesen.

Passen Sie die Breite der Zellen immer über das Verschieben der Trennlinie an. Denn wenn Sie den Cursor in einer der Zellen platziert haben und im Menüband der Zelle eine neue Breite zuweisen, wirkt sich die Änderung auf die Gesamtbreite der Zeile aus – und sie schließt nicht mehr mit den restlichen Zeilen bündig auf der rechten Seite ab!

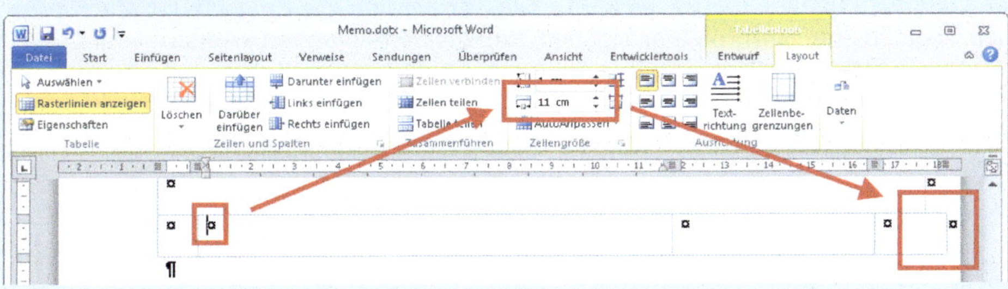

5. Damit Word die Memopositionen automatisch fortlaufend nummeriert, platzieren Sie den Cursor in der ersten Zelle der Positionstabellenzeile. Klicken Sie dann auf der Registerkarte *Start* (1), Gruppe *Absatz* (2) auf den Dropdownpfeil der Schaltfläche *Nummerierung* (3).

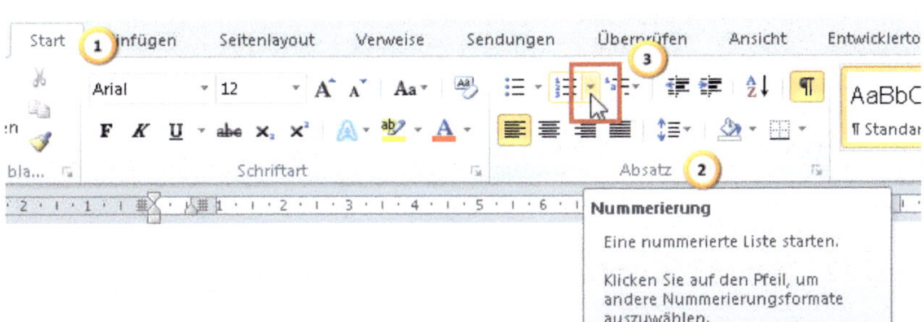

6. Es klappt ein Menü auf, in dem Sie in der Gruppe *Nummerierungsbibliothek* das benötigte Nummerierungsformat anklicken.

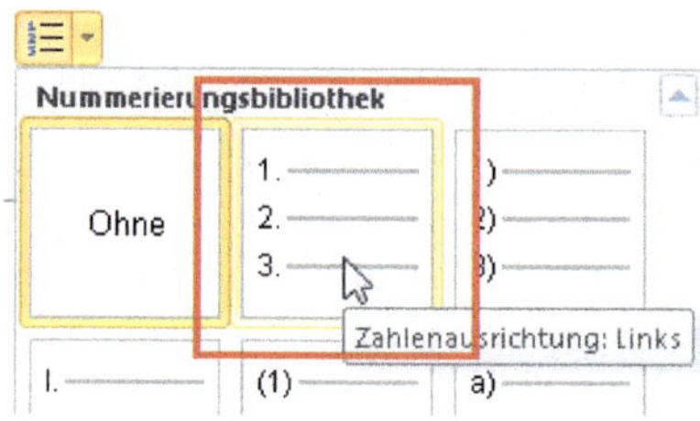

7. Word fügt der Nummerierung automatisch Absatzeinzüge sowie ein Tabstoppzeichen hinzu. Um beides zu ändern, klicken Sie die Nummerierung in der Tabellenzelle mit der rechten Maustaste an und wählen Sie im Kontextmenü den Befehl *Listeneinzug anpassen*.

8. Im Dialogfeld *Listeneinrückungen anpassen* setzen Sie die Maße für *Nummernposition* und *Texteinzug* auf `0 cm`. Als *Text danach* wählen Sie den Eintrag *Nichts* (siehe Abbildung 3.6). Bestätigen Sie die Angaben mit *OK*.

Abbildung 3.6 Nummernposition und Texteinzug für Nummerierung anpassen

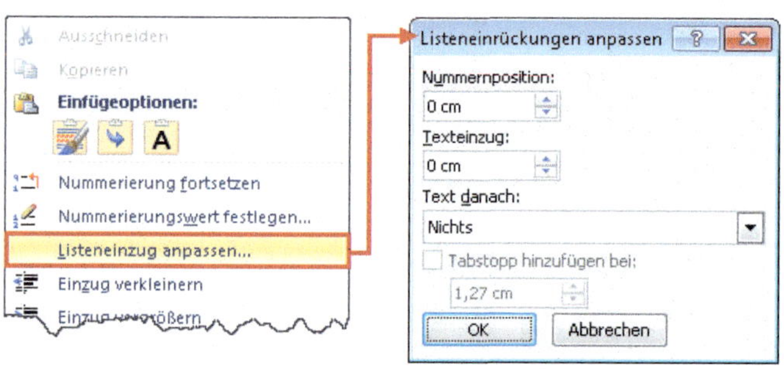

9. Die Nummerierung sollte vorzugsweise rechtsbündig ausgerichtet sein. Sie erreichen dies über *Start/Absatz/Text rechtsbündig ausrichten* oder mithilfe der Tastenkombination [Strg]+[R].

   Sofern Sie mit dem Thema »Formatvorlagen« vertraut sind, bietet sich an, diese Art der Nummerierung als Formatvorlage zu speichern und zuzuweisen.

Die Tabelle ist jetzt fertig definiert und zum Ausfüllen bereit. Wird in der letzten Zelle der Tabelle (= Zeile mit der ersten Memoposition) die Taste [⇆] gedrückt, fügt Word automatisch eine neue Zeile hinzu. Die neue Zeile »erbt« dabei alle Einstellungen der vorhergehenden Zeile: Sowohl die Anzahl der Spalten und der Standardzeilenhöhe wird übernommen als auch die fortlaufende Nummerierung in der ersten Zelle.

Da sich jede Memoposition in einer eigenen Tabellenzeile befindet, ist das Umstellen der Positionen bei einer Überarbeitung des Memos besonders einfach:

Platzieren Sie den Cursor in der Tabellenzeile, die Sie eine Zeile nach oben oder nach unten verschieben möchten. Drücken Sie dann die Tastenkombination [Alt]+[⇧]+[↑], um die aktuelle Zeile eine Zeile nach oben zu verschieben, bzw. die Tastenkombination [Alt]+[⇧]+[↓], um die aktuelle Zeile eine Zeile nach unten zu verschieben.

Da die Nummerierung in der ersten Spalte der Tabelle von Word überwacht wird, aktualisiert Word die Nummerierung nach dem Verschieben sofort – Ihre Memopositionen bleiben so immer fortlaufend nummeriert. Die automatische Aktualisierung funktioniert natürlich auch dann, wenn Sie eine Zeile zwischen vorhandenen Zeilen hinzufügen oder löschen.

Mit ein oder zwei leeren Absätzen als Abstand zur letzten Memoposition tragen Sie noch den Text `Aufgestellt` und einen Absatz weiter den Namen des Memoerstellers ein.

Abbildung 3.7 Fügen Sie unterhalb der Tabelle die abschließenden Daten ein

1. ¤ ¤ ¤ ¤
¶
Aufgestellt,¶
¶
H.·Pleithner¶

Mehr Komfort mit Inhaltssteuerelementen: Platzhalter für Datum & Co.

Um die Eingabe der Memonummer, der Projektnummer sowie aller Datumsangaben zu vereinfachen, werden in der Memodokumentvorlage entsprechende »Eingabefelder« benötigt. Dabei ist die Benutzerführung besonders wichtig, sodass jeder Benutzer sofort erkennt, an welcher Stelle welche Daten einzutragen sind.

Hinzu kommt, dass die Memonummer und das Memodatum in der Kopfzeile so eingefügt werden müssen, dass die Daten automatisch in die Kopfzeile der ersten und aller folgenden Seiten übernommen werden.

Setzen Sie als »Eingabefelder« konsequent auf Inhaltssteuerelemente, die Ihnen auf der Registerkarte *Entwicklertools* zur Verfügung stehen. Falls die Registerkarte *Entwicklertools* im Menüband nicht angezeigt wird, schalten Sie sie ein, wie in Anhang A »Hintergrundwissen«, Abschnitt »Entwicklertools-Registerkarte« beschrieben.

Für die beiden Daten in der Kopfzeile werden die Inhaltssteuerelemente auf der ersten Seite in Textfeldern platziert, in der Kopfzeile für die zweiten und folgenden Seiten direkt in der Kopfzeile. Wenn Sie die Inhaltssteuerelemente dann miteinander verknüpfen, genügt es, die Daten auf der ersten Seite einzutragen.

Text-Inhaltssteuerelemente im Memotext einfügen

Beginnen Sie zuerst mit dem Inhaltssteuerelement für die Projektnummer in der zweiten Spalte der ersten Zeile:

1. Platzieren Sie den Cursor in der richtigen Zelle. Wechseln Sie zur Registerkarte *Entwicklertools* und klicken Sie in der Gruppe *Steuerelemente* auf die Schaltfläche *Nur-Text-Inhaltssteuerelement*.

2. Das eingefügte Inhaltssteuerelement verfügt über den Standardplatzhaltertext *Klicken Sie hier, um Text einzugeben*; der Platzhaltertext wird in einem schwachen Grau formatiert – unabhängig davon, welches Format Sie der Tabellenzelle zugewiesen haben. Um den Text in *Bitte Projekt-Nummer eingeben* zu ändern, klicken Sie auf der Registerkarte *Entwicklertools* in der Gruppe *Steuerelemente* auf die Schaltfläche *Entwurfsmodus*. Rechts und links des Platzhaltertextes erscheinen jetzt die Tags des Inhaltssteuerelements.

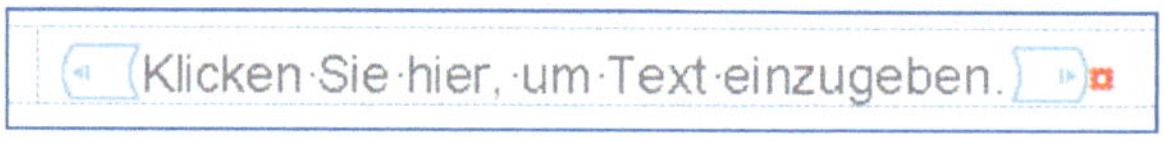

3. Klicken Sie nun mitten in den Platzhaltertext, geben Sie den neuen Text ein und löschen Sie anschließend den Text vor und nach Ihrem eigenen Platzhaltertext. Dieser Schritt ist notwendig, damit Ihr Text nicht die dem Platzhaltertext zugewiesene, gleichnamige Formatvorlage verliert. Wenn Sie den Platzhaltertext zuerst komplett löschen und dann Ihren Text eingeben, wird er mit der Formatvorlage *Standard* formatiert und verliert somit die besondere Formatierung zur Hervorhebung.

4. Schalten Sie mit einem erneuten Klick auf *Entwurfsmodus* die Anzeige der Inhaltssteuerelemente-Tags wieder aus. Damit der Platzhaltertext besser sichtbar ist, weisen Sie ihm, wie in Anhang A »Hintergrundwissen«, Abschnitt »Entwicklertools-Registerkarte« beschrieben, eine andere Farbe zu, beispielsweise ein leuchtendes Rot. Da der Platzhaltertext und somit auch die Farbe beim späteren Ausfüllen des Inhaltssteuerelements sofort verschwindet, können Sie problemlos eine auffällige Farbe einsetzen.

5. Lassen Sie das Inhaltssteuerelement markiert und klicken Sie unter *Entwicklertools/Steuerelemente* auf *Eigenschaften*. Im Dialogfeld *Eigenschaften von Inhaltssteuerelementen* geben Sie im Textfeld *Titel* den gleichen Text wie beim Platzhaltertext ein. Wenn Sie mit *OK* zurück im Dokument sind, zeigt Word bei angewähltem Inhaltssteuerelement den Text nun in Form einer kleinen »Titelleiste« oberhalb des Inhaltssteuerelements an. Dies ist bei ausgefüllten Inhaltssteuerelementen praktisch, da dort der Platzhaltertext nicht mehr zu lesen und somit manchmal nicht klar ist, welche Daten hier einzutragen sind.

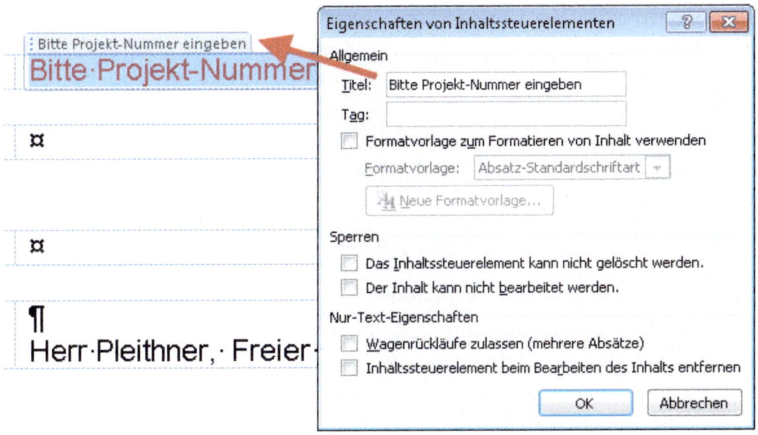

Datums-Inhaltssteuerelemente einfügen und anpassen

Das Datum wird gleich zweimal benötigt: in der Zelle neben dem Hinweistext *Besprechung am* sowie am Ende unterhalb der Memotabelle. Nutzen Sie hierzu das Datumsauswahl-Inhaltssteuerelement, sodass sich mitten im Text das Datum mithilfe eines vernünftigen Kalenders festlegen lässt. Außerdem behält das Datumsauswahl-Inhaltssteuerelement das Datum so lange unverändert bei, bis Sie es über das Inhaltssteuerelement ändern. Die Probleme beim Einsatz der Datumsfeldfunktion *{ DATE }* (Tastenkombination Alt+⇧+D), bei dem das Datum automatisch auf das Systemdatum aktualisiert wird, bestehen hier nicht.

1. Platzieren Sie den Cursor in der betreffenden Zelle und klicken Sie unter *Entwicklertools/Steuerelemente* auf *Datumsauswahl-Inhaltssteuerelement.*

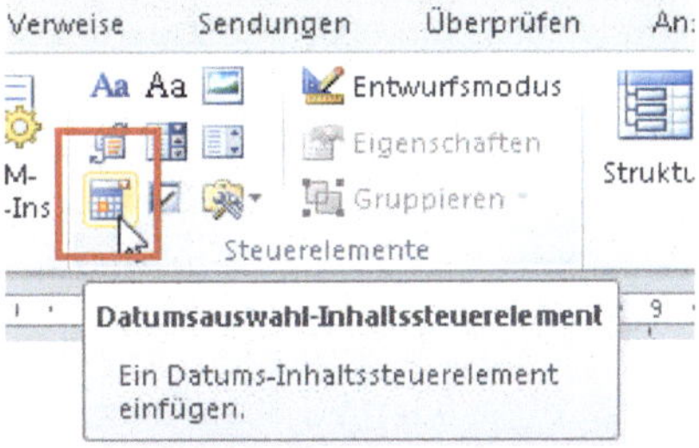

2. Das neu eingefügte Datumsauswahl-Inhaltssteuerelement verfügt über den Standardplatzhaltertext *Klicken Sie hier, um ein Datum einzugeben.* Da Sie die Formatvorlage *Platzhaltertext* bereits angepasst haben, erscheint der Platzhaltertext sofort in der gewählten Signalfarbe. Schalten Sie jetzt den *Entwurfsmodus* ein, ändern Sie den Text in `Bitte Besprechungsdatum eingeben` und schalten Sie den Entwurfsmodus wieder aus.

3. Der gleiche Text ist im Titel des Datumsauswahl-Inhaltssteuerelements einzugeben, weshalb Sie mit *Entwicklertools/Steuerelemente/Eigenschaften* das Dialogfeld *Eigenschaften von Inhaltssteuerelementen* öffnen und dort im Textfeld *Titel* den Text eintragen.

4. Im Eigenschaftendialogfeld bestimmen Sie im Listenfeld *Datum wie folgt anzeigen* den Aufbau des Datums. Wählen Sie hier die Option *Tag. Monat Jahr*.

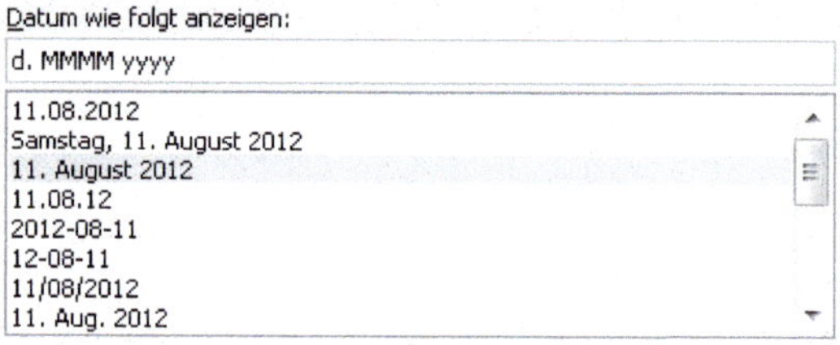

5. Wiederholen Sie die vorherigen Schritte für das Datum am Ende des Memos, hier lautet der neue Platzhaltertext `Bitte Aufstellungsdatum eingeben`. Ab sofort können Sie an beiden Stellen das Datum über den Dropdownpfeil am rechten Rand des Datumsauswahl-Inhaltssteuerelements festlegen.

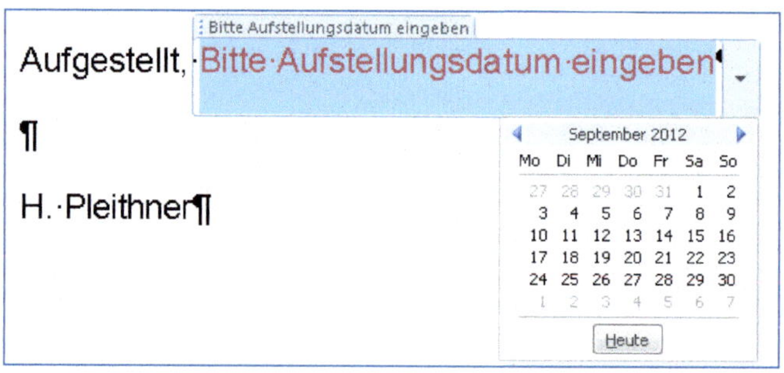

Textfelder und Inhaltssteuerelemente für die Kopfzeile

Für die Memonummer sowie das Datum in der Kopfzeile werden die Inhaltssteuerelemente auf der ersten Seite in Textfeldern platziert. In der Kopfzeile für die zweite und alle folgenden Seiten werden sie hingegen direkt in der Kopfzeile eingefügt. Über eine Verknüpfung der Inhaltssteuerelemente stellen Sie dann sicher, dass die Inhaltssteuerelemente miteinander verbunden und Eingaben nur auf der ersten Seite notwendig sind. So ersparen Sie dem Benutzer den Wechsel zwischen Textbereich und Kopfzeile.

1. Blättern Sie im Memo nach oben, sodass Sie die Kopfzeile der ersten Seite angezeigt bekommen. Klicken Sie in die Zelle des Textes *Proj.-Nr.*, mit dem Absatz der Zelle wird das Textfeld verankert.
2. Rufen Sie *Einfügen/Text/Textfeld* (1) auf und wählen Sie in dem aufgeklappten Katalog den Befehl *Textfeld erstellen* (2) (siehe Abbildung nächste Seite).
3. Ziehen Sie jetzt über dem Kopfzeilentext rechts neben dem Text *Memo Nr.* ein Textfeld auf, das ausreichend Platz für ein Nur-Text-Inhaltssteuerelement mit der Memonummer hat. Die exakte Größe und Lage des Textfeldes passen Sie an, sobald Sie das Inhaltssteuerelement eingefügt und komplett formatiert haben.
4. Lassen Sie das Textfeld markiert und wählen Sie bei *Zeichentools/Format/Formenarten/Fülleffekt* die Option *Keine Füllung* und bei *Formkontur* die Option *Kein Rahmen*. Das Textfeld ist nun durchsichtig und hat keinen Rahmen.

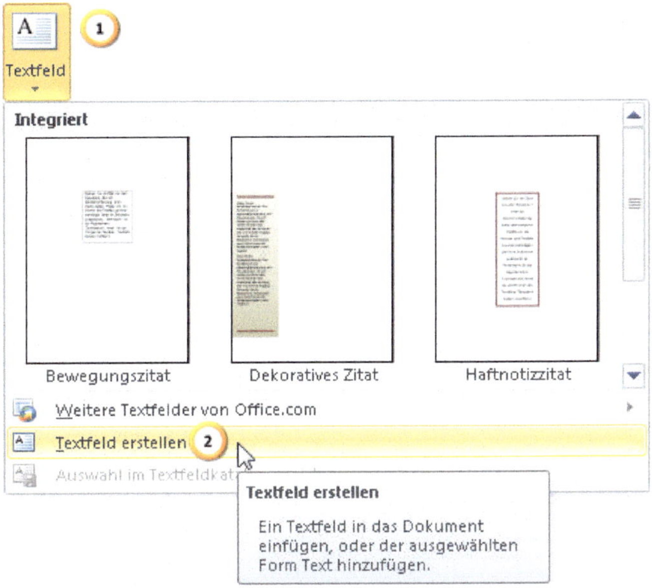

5. Klicken Sie in das Textfeld hinein, sodass es mit einem gestrichelten Rahmen angezeigt wird. Fügen Sie nun über *Entwicklertools/Steuerelemente/Nur-Text-Inhaltssteuerelement* das Inhaltssteuerelement für die Memonummer ein. Ändern Sie den Platzhaltertext über den Entwurfsmodus in *Nummer* (der Platzhaltertext erscheint in der gewählten Signalfarbe – siehe den Abschnitt »Text-Inhaltssteuerelemente im Memotext einfügen« weiter vorn in diesem Kapitel), tragen Sie auch bei den *Eigenschaften* des Inhaltssteuerelements als *Titel* den Text *Nummer* ein.

   Da das Inhaltssteuerelement später mit dem Inhaltssteuerelement auf der zweiten und allen folgenden Seiten verknüpft werden soll, müssen Sie ihm in den Eigenschaften auch ein *Tag* zuweisen (siehe Kapitel 7 »Tipparbeit vermeiden: Inhaltssteuerelemente miteinander verknüpfen«). Tragen Sie deshalb in den Eigenschaften im Textfeld *Tag* den Namen `tagNummerSeite1` ein.

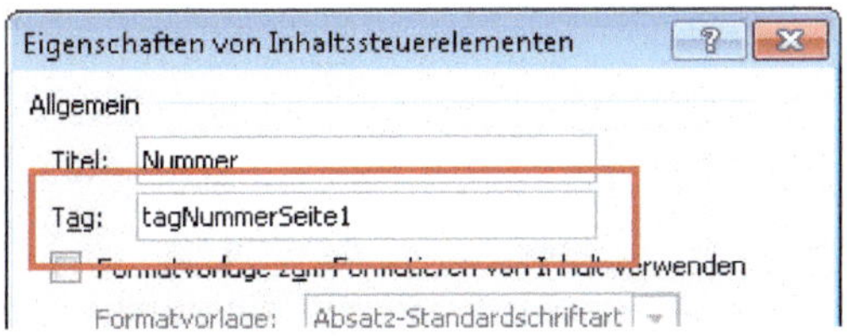

6. Nun markieren Sie den Inhalt des Textfeldes, klicken ihn mit der rechte Maustaste an und weisen ihm über die Minisymbolleiste die gleiche Schriftart, Schriftgröße und weiteren Schriftformatierungen wie dem in der Kopfzeile stehenden Text *Memo Nr.* zu.

   Wenn Sie für den Memotext eine Formatvorlage angelegt haben, nutzen Sie anstelle der harten Formatierungen die Formatvorlage.

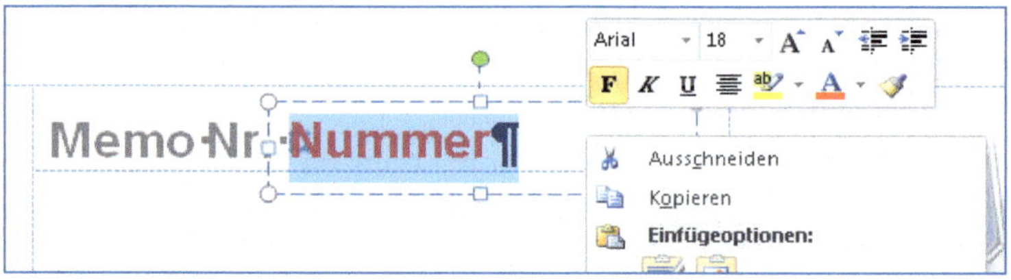

7. Platzieren Sie das Textfeld so, dass der erste Buchstabe des Platzhaltertextes direkt über der Zellenendmarke liegt. Dann entspricht die Textausrichtung der in der Kopfzeile für Seite 2 und folgende.

Das Platzieren des Textfeldes ist mithilfe der Tastatur in aller Regel präziser möglich als mit der Maus. Wenn Sie bei markiertem Textfeld (das Textfeld wird mit einem durchgezogenen Rahmen dargestellt, im Gegensatz zum gestrichelten Rahmen, wenn das Textfeld nicht markiert ist und der Cursor im Textfeld blinkt) die Tastenkombination Strg+→, Strg+←, Strg+↑ oder Strg+↓ drücken, verschieben Sie das Textfeld immer ein Pixel in die betreffende Richtung.

8. Weiter geht es mit dem Textfeld für das Datum, das Sie wie in den vorhergehenden Schritten anlegen: Platzieren Sie den Cursor in der Zelle des Textes *Proj.-Nr.*, legen Sie das Textfeld an und entfernen Sie dessen Rahmen und Füllung. Fügen Sie dann im Textfeld das Datumsauswahl-Inhaltssteuerelement ein, ändern Sie den Platzhaltertext und den Titel und wählen Sie das Datumsformat *Tag. Monat Jahr*.

   Auch hier wird eine Verknüpfung zum Datum auf der zweiten und folgenden Seite angelegt, weshalb Sie in den Eigenschaften bei *Tag* den Text `tagDatumSeite1` eintragen.

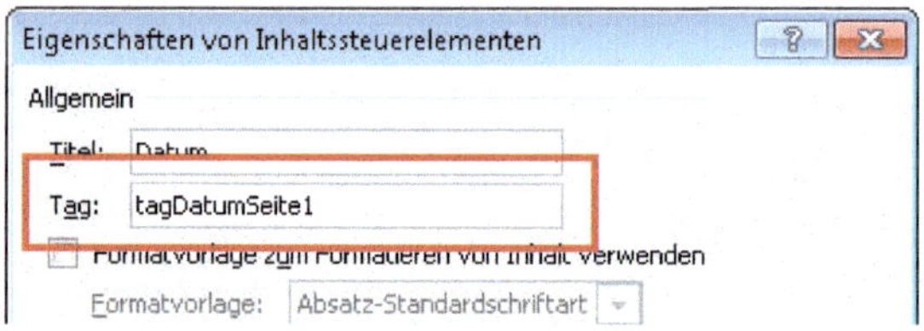

9. Zum Schluss weisen Sie dem Textfeldinhalt das gleiche Format wie dem Text *Datum* in der Kopfzeile zu und sorgen für die korrekte Platzierung.

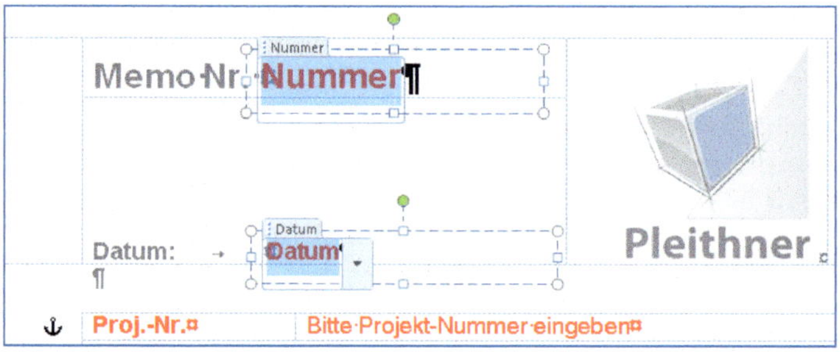

Mit den bisherigen Schritten haben Sie die Textfelder angelegt, die für die korrekte Platzierung der Daten »über« der Kopfzeile der ersten Seite sorgen. Jetzt fehlen nur noch die Inhaltssteuerelemente in der Kopfzeile für die Folgeseiten:

1. Fügen Sie am Ende des Memos mit *Einfügen/Seiten/Seitenumbruch* oder mit der Tastenkombination Strg+↵ einen manuellen Seitenumbruch ein. Daraufhin landen Sie auf der zweiten Seite.

2. Doppelklicken Sie in die Kopfzeile, um in den Kopfzeilenbereich zu wechseln. Platzieren Sie den Cursor hinter dem Text *Memo Nr.* und fügen Sie hier ebenfalls ein Nur-Text-Inhaltssteuerelement ein. Formatieren Sie das Inhaltssteuerelement exakt so wie das Nur-Text-Inhaltssteuerelement im Textfeld: Legen Sie als Platzhaltertext und als Titel *Nummer* fest. Als *Tag* geben Sie `tagNummerSeite2` ein.

3. Eine Zeile tiefer folgt das Inhaltssteuerelement für das Datum, auch hier führen Sie die gleichen Schritte wie zuvor beim Datumsauswahl-Inhaltssteuerelement des Textfeldes durch. Als *Tag* geben Sie dieses Mal `tagDatumSeite2` ein.

4. Verlassen Sie nun die Kopfzeile der zweiten Seite über *Kopf- und Fußzeilentools/ Entwurf/Schließen/Kopf- und Fußzeile schließen*. Entfernen Sie nun auch den manuellen Seitenumbruch.

Die Inhaltssteuerelemente für die Kopfzeile sind erfolgreich angelegt und Sie müssen sie nur noch, wie im folgenden Abschnitt beschrieben, verknüpfen.

Inhaltssteuerelemente in der Kopfzeile verknüpfen

Um die Inhaltssteuerelemente *tagNummerSeite1* und *tagNummerSeite2* sowie *tagDatumSeite1* und *tagDatumSeite2* miteinander zu verknüpfen, speichern Sie die Dokumentvorlage ab und schließen Word. Gehen Sie nun vor wie in Kapitel 7 im Abschnitt »Tipparbeit vermeiden: Inhaltssteuerelemente miteinander verknüpfen« beschrieben:

1. Starten Sie das *Word 2007 Content Control Toolkit* und öffnen Sie die Memodokumentvorlage. Auf der linken Seite zeigt das *Content Control Toolkit* jetzt sämtliche Inhaltssteuerelemente an. Hier sind auch die zu verknüpfenden Inhaltssteuerelemente für die Nummer und das Datum zu finden (siehe Abbildung nächste Seite).

   Wundern Sie sich nicht über die doppelten Einträge der Inhaltssteuerelemente der ersten Seite. Diese resultieren aus der Tatsache, dass sich die Inhaltssteuerelemente dort in einem Textfeld befinden. Dass es sich um das jeweils gleiche Inhaltssteuerelement handelt, erkennen Sie an der eindeutigen ID in der ersten Spalte der Aufstellung.

2. Legen Sie jetzt über den Befehl *Create a new Custom XML Part* in der Dokumentvorlage eine XML-Datei an.

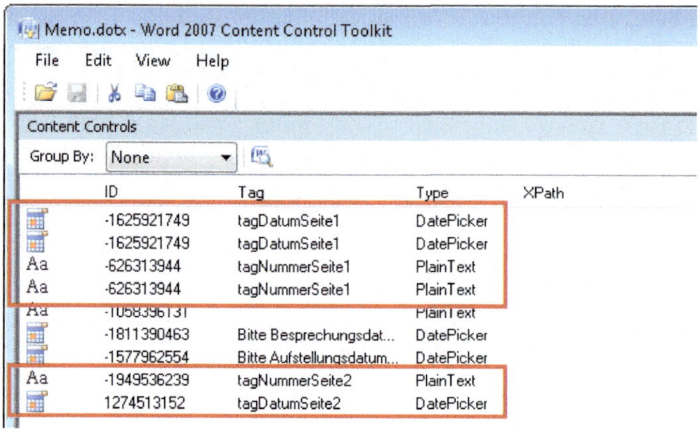

3. Dann wechseln Sie auf der rechten Seite zur Registerkarte *Edit View*. Hier werden in dem großen Textfeld die beiden XML-Tags *<root>* und *</root>* angezeigt, ergänzen Sie die Struktur um die beiden XML-Tags *<Nummer />* und *<Datum />*.

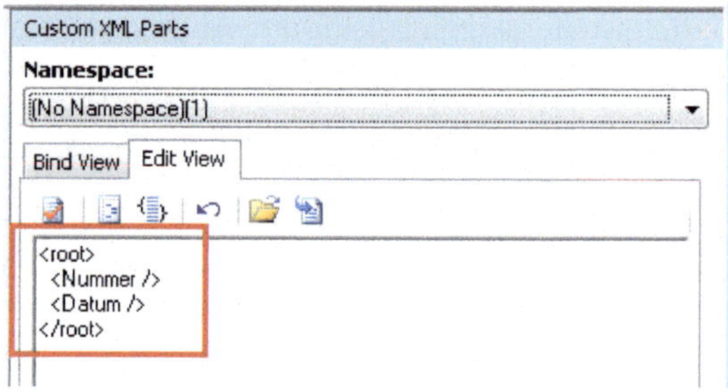

4. Wechseln Sie zurück zur Registerkarte *Bind View*. In der XML-Struktur wird jedes XML-Tag als eigener Knoten angezeigt. Klicken Sie in der XML-Struktur auf den Knoten *Nummer*, sodass er markiert ist (Maustaste anschließend loslassen!). Dann klicken Sie den Knoten erneut an und ziehen ihn mit gedrückter linker Maustaste nach links auf die Zeile mit dem Tag *tagNummerSeite1*.

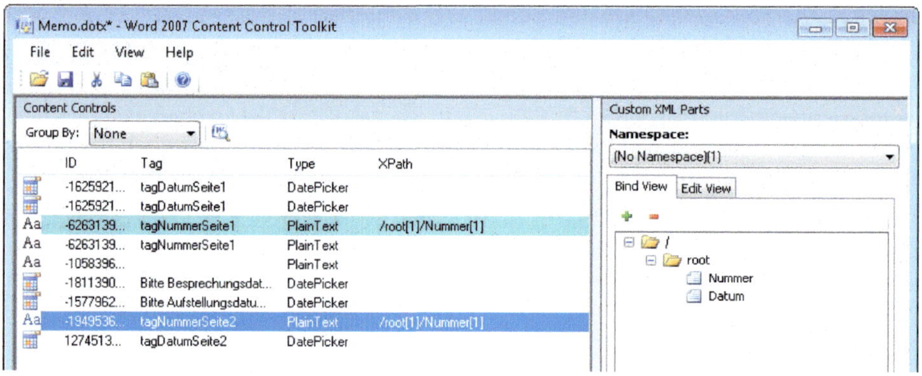

5. Ziehen Sie anschließend den Knoten *Datum* auf die beiden Inhaltssteuerelemente auf der linken Seite, speichern Sie die Änderungen ab und schließen Sie das *Word 2007 Content Control Toolkit.*

Wenn Sie nun die Dokumentvorlage über *Datei/Neu/Meine Vorlagen* öffnen und die Inhaltssteuerelemente in den Textfeldern auf der ersten Seite ausfüllen, erscheint deren Inhalt beim Wechsel auf die zweite Seite automatisch dort in der Kopfzeile – die Inhaltssteuerelemente sind perfekt verknüpft.

Auf Nummer sicher gehen: Aufbau und Inhalt schützen

Die Memodokumentvorlage ist mit einer Ausnahme perfekt: Man kann bislang noch an zahlreichen Stellen versehentlich Änderungen vornehmen und das Formular damit »zerstören«. Wenn Sie beispielweise im Inhaltssteuerelement mit der Memonummer die zuvor eingegebene Nummer mit der Taste [Entf] löschen und die Taste [Entf] einmal zu viel drücken, ist auch das Inhaltssteuerelement gelöscht. Auch das Textfeld selbst lässt sich durch ein [Entf] zu viel löschen oder versehentlich verschieben.

Ein weiterer Schwachpunkt ist, dass Sie in der Tabelle in den Platzhalterleerzeilen versehentlich Text eintragen können und dass sich die vorhandenen Hinweistexte wie *Verteiler* oder *Besprechung am* ohne Weiteres überschreiben lassen.

Setzen Sie zum Schutz Ihrer Memodokumentvorlage die Schutzfunktionen der Inhaltssteuerelemente ein. Damit lassen sich nicht nur Inhaltssteuerelemente vor dem versehentlichen Löschen schützen, auch normalen Text kann man mit wenigen Mausklicks vor versehentlichen Änderungen schützen.

Inhaltssteuerelemente vor versehentlichen Änderungen schützen

Alle Inhaltssteuerelemente verfügen von Haus aus über eine Schutzfunktion, die Sie nur noch einschalten müssen. Klicken Sie hierzu in der Memodokumentvorlage Inhaltssteuerelement für Inhaltssteuerelement an und wählen Sie jeweils unter *Entwicklertools/Steuerelemente* den Befehl *Eigenschaften.*

Gleichgültig welches Inhaltssteuerelement Sie auch gerade gewählt haben, in dem nun angezeigten Dialogfeld ist immer auch das Kontrollkästchen *Das Inhaltssteuerelement kann nicht gelöscht werden* zu finden. Wenn Sie das Kontrollkästchen aktivieren (siehe Abbildung 3.8) und das Dialogfeld mit *OK* bestätigen, lässt sich nur noch der Inhalt des Inhaltssteuerelements, nicht jedoch das Inhaltssteuerelement selbst löschen.

Bei den Inhaltssteuerelementen in den Textfeldern wirkt sich der Schutz gleich doppelt aus: Bei eingeschaltetem Schutz kann sowohl das Inhaltssteuerelement als auch das Textfeld nicht mehr gelöscht werden. Selbst das Verschieben des Textfeldes ist bei aktivem Schutz nicht mehr möglich.

Abbildung 3.8 Das Schutz-Kontrollkästchen steht bei allen Inhaltssteuerelementen zur Verfügung

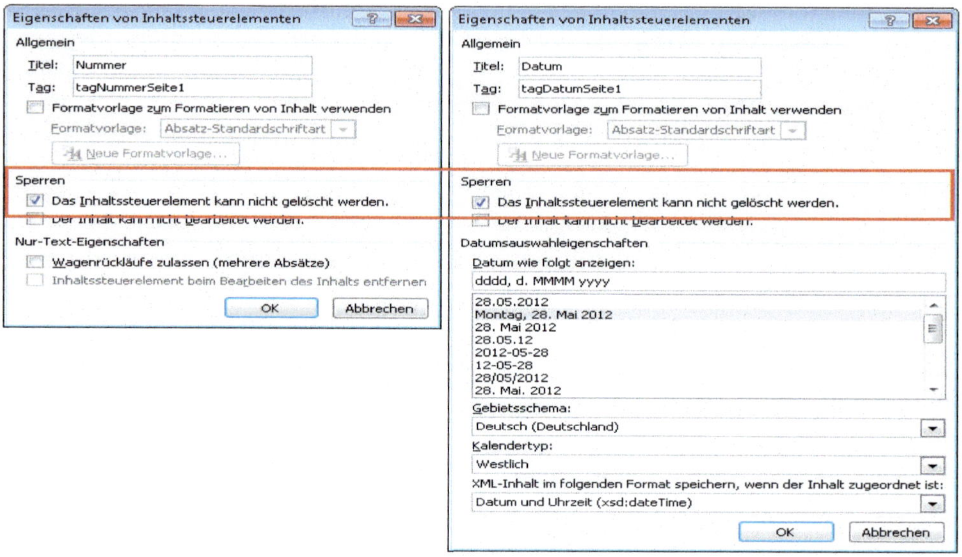

Fehleingaben in Tabellenzellen vermeiden

Nachdem Sie die Inhaltssteuerelemente vor dem versehentlichen Löschen geschützt haben, müssen Sie noch die Hinweistexte und die Leerzeilen in der Tabelle vor Änderungen schützen:

1. Markieren Sie in einer Tabellenzelle, deren Inhalt Sie schützen möchten, den kompletten Zelleninhalt. Achtung: Die Zellenendmarke darf nicht markiert sein!

2. Klicken Sie unter *Entwicklertools/Steuerelemente* auf die Schaltfläche *Gruppieren* und wählen Sie in dem aufgeklappten Menü den Befehl *Gruppieren*. Jetzt kann der gruppierte Text (= Zelleninhalt) nicht mehr bearbeitet werden.

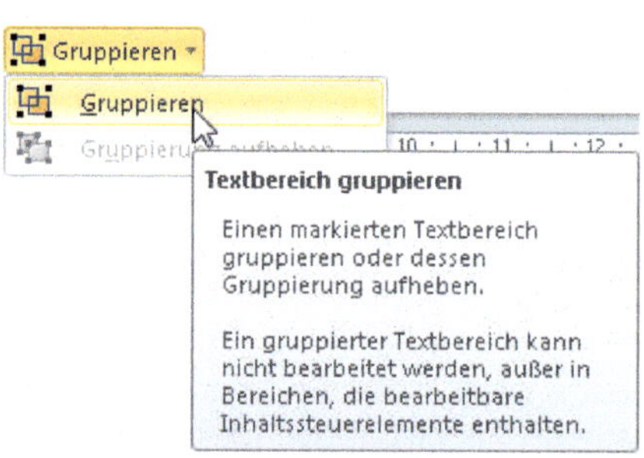

3. Um zu vermeiden, dass der gruppierte Text gelöscht wird – das Gruppieren verhindert lediglich, dass Teile der Gruppe bearbeitet und gelöscht werden –, klicken

Sie unter *Entwicklertools/Steuerelemente* auf die Schaltfläche *Eigenschaften*. Das angezeigte Dialogfeld besteht aus dem einzigen Kontrollkästchen *Das Inhaltssteuerelement kann nicht gelöscht werden*, das Sie aktivieren und mit *OK* bestätigen.

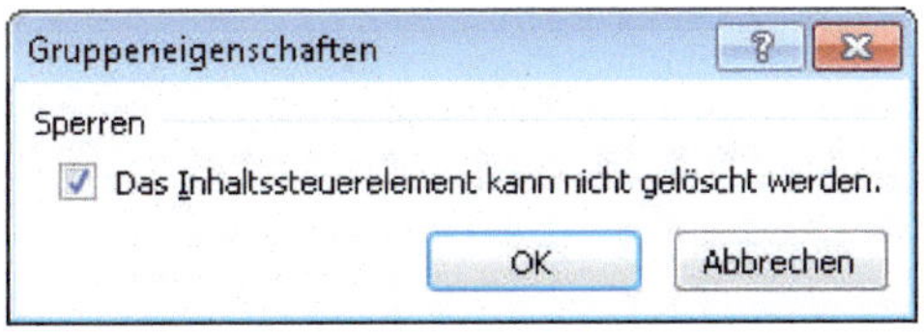

Das »Gruppieren« verwandelt beliebigen Text in eine Art Inhaltssteuerelement, für das Sie ebenfalls den Löschschutz anwenden können. Wenn Sie unter *Entwicklertools/Steuerelemente* auf die Schaltfläche *Entwurfsmodus* klicken, wird die Gruppierung durch die zusätzlichen Gruppen-Tags am Anfang und am Ende der Gruppe sichtbar.

Abbildung 3.9 Gruppierter Text ist im Entwurfsmodus an den zusätzlichen Tags zu erkennen

4. In den leeren Platzhalterleerzeilen gibt es keinen Text, den Sie wie zuvor beschrieben gruppieren und schützen können. Fügen Sie deshalb einfach ein Leerzeichen ein und weisen Sie dem Leerzeichen die Schriftgröße 1 Punkt zu. Jetzt können Sie das fast unsichtbare Leerzeichen gruppieren und schützen. In der leeren Zeile ist es somit nicht mehr möglich, Text einzugeben oder die Zeile zu löschen. Da das Leerzeichen nur einen Punkt groß ist, ist auch die Zellenendmarke auf 1 Punkt verkleinert und trotz aktiver Anzeige der Formatierungssymbole nicht mehr zu sehen.

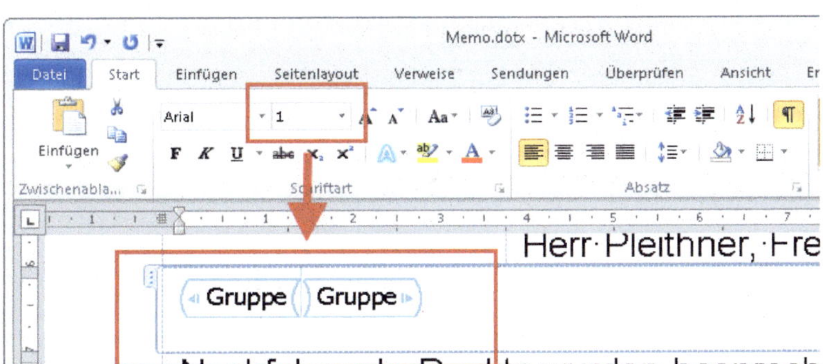

Einen Wermutstropfen hat das Gruppieren und Schützen: Platziert der Benutzer den Cursor direkt »vor« oder »nach« der Gruppe, kann er entsprechend »vor« oder »nach« der Gruppe ungestört Text eingeben. Um die Position in der Praxis versehentlich zu treffen, ist jedoch sehr viel Zufall notwendig.

Herzlichen Glückwunsch! Ihre Memodokumentvorlage ist somit fertig und steht zum Einsatz bereit. Ab sofort können Sie perfekte Memos in kürzester Zeit erstellen. Dank der in der Dokumentvorlage enthaltenen Automatismen und Formatierungsvorgaben können Sie sich vollständig auf Ihren Text konzentrieren – das Format passt sich so ganz nebenbei automatisch an.

Die fix und fertige Dokumentvorlage ist als Datei *Memo.dotx* im Ordner *Kapitel03* zu finden.

4

Handarbeit war gestern: Besprechungen effizient vor- und nachbereiten

Sie möchten vermeiden, dass Besprechungen zum Zeitfresser werden? Dann sorgen Sie bereits bei der Planung dafür, dass jeder Teilnehmer eine übersichtlich gegliederte Agenda erhält, in der alle zu besprechenden Punkte aufgeführt sind. Nach der Besprechung erstellen Sie ein Protokoll und stellen es allen Teilnehmern zur Verfügung. Geben Sie zu jedem besprochenen Thema/TOP auch den aktuellen Status an, sodass bei weiterem Klärungsbedarf dann keine Zeit für das aufwendige Recherchieren der aktuellen Sachlage verloren geht.

Abbildung 4.1 Agenda und Protokoll in einem: Die flexible Kombidokumentvorlage macht es möglich

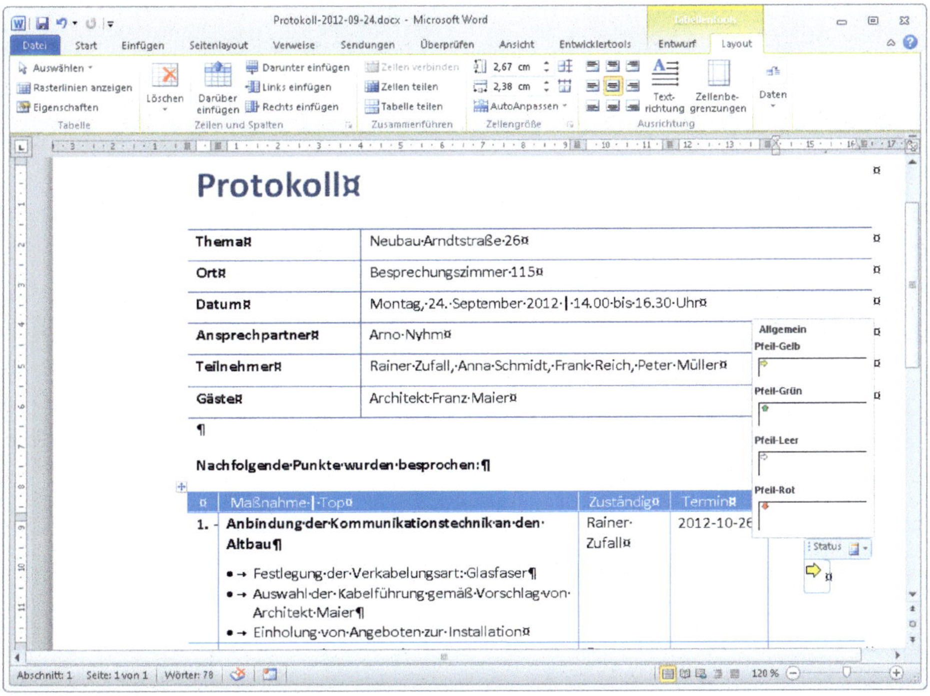

Klingt nach viel Arbeit? Muss es nicht sein, denn in Verbindung mit der passenden Dokumentvorlage entlastet Sie Word bei dem »Papierkram« und sorgt so ganz nebenbei auch für übersichtliche Dokumente und Statusinformationen, die auf einen Blick zu erkennen sind. Damit für die Agenda und das Protokoll keine Doppelarbeit anfällt, nutzen Sie einfach eine Kombidokumentvorlage.

Denn Agenda und Protokoll einer Besprechung basieren auf den gleichen Daten: Thema der Besprechung, Ort, Datum und Uhrzeit, verantwortlicher Ansprechpartner, Teilnehmer und zu guter Letzt die zu besprechenden Tagesordnungspunkte (kurz TOP). Der große Unterschied zwischen Agenda und Protokoll besteht letztlich bei den TOPs: In der Agenda ist hinterlegt, was zu besprechen ist, im Protokoll dagegen, was besprochen wurde sowie der jeweils aktuelle Status. Ersparen Sie sich also das erneute Erfassen oder Kopieren der TOPs und wandeln Sie die Agenda mit wenigen Mausklicks in ein Protokoll um.

Damit auch die Visualisierung im Protokoll nicht zu kurz kommt, greifen Sie auf die bewährte Ampeltechnik zurück: Grün = »Vorgang ist erledigt«, Gelb = »In Arbeit«, Rot = »Zwingender Handlungsbedarf«. Statusampeln waren bislang eine Domäne von Excel; dort können Sie mithilfe der bedingten Formatierung Zellinhalte automatisch auswerten und entsprechende Ampelsymbole anzeigen lassen. Ab sofort können Sie die Technik auch in Word nutzen: Wählen Sie den gewünschten Status in Form ansprechender Symbole einfach aus einer einmal angelegten Liste aus (siehe Abbildung 4.1), und schon ist jeder Leser Ihres Protokolls bestens informiert.

Die fertige Agenda-/Protokolldokumentvorlage finden Sie in der Datei *Agenda-Protokoll.dotx* im Ordner *Kapitel04*. Beispiele zu alternativen Symbolen für die Ampeln finden Sie in der Datei *Ampeln.dotx*. In der Datei sind neben zwei Tabellen mit den fix und fertigen Bausteinkatalog-Inhaltssteuerelementen auch alle Ampelsymbole als Bausteine vom Typ *Benutzerdefiniert 1* hinterlegt. So können Sie sowohl die Bausteinkatalog-Inhaltssteuerelemente als auch die zugehörigen Bausteine über den *Organizer für Bausteine* (zu finden unter *Einfügen/Text/Schnellbausteine*) in Ihre eigenen Dokumentvorlagen übernehmen.

Typ	Ampel
Ampel – rund – 0,25 cm	
Ampel – rund – 0,35 cm	
Ampel – rund – 0,45 cm	
Ampel – Pfeil – 0,25 cm	
Ampel – Pfeil – 0,35 cm	
Ampel – Pfeil – 0,45 cm	
Ampel – Symbole – 0,25 cm	
Ampel – Symbole – 0,35 cm	
Ampel – Symbole – 0,45 cm	

Kombidokumentvorlage für Agenda und Protokoll

Für die Agenda und das Protokoll wird eine Dokumentvorlage benötigt, deren Titel mit wenig Aufwand gewechselt werden kann. Auch die sich unterscheidenden Textbereiche – im folgenden Beispiel ist dies nur der Hinweis *Nachfolgende Punkte wurden besprochen/sind zu besprechen:* – müssen schnell umzustellen sein. Die Eingabe des Themas, des Ortes, des Datums und der Uhrzeit, des verantwortlichen Ansprechpartners sowie der Teilnehmer und Gäste muss flexibel möglich sein und darf nicht das Layout der Dokumentvorlage verändern.

Zur Eingabe und Ausrichtung der Daten auf der ersten Seite der Kombidokumentvorlage legen Sie eine Tabelle an. So stellen Sie sicher, dass beispielsweise bei der Eingabe vieler Teilnehmer die Namen in der Eingabetabellenzelle automatisch umbrochen werden und das Layout bestehen bleibt.

Abbildung 4.2 Den Vorlagentyp wählen Sie komfortabel per Dropdownlisten-Inhaltssteuerelement aus

Für den Dokumentvorlagentitel kommt ein Inhaltssteuerelement vom Typ *Dropdownliste* zum Einsatz (siehe Abbildung 4.2), das Datum wird komfortabel über ein Datumsauswahl-Inhaltssteuerelement festgelegt und der zu wechselnde Text wird ebenfalls per Dropdownlisten-Inhaltssteuerelement zum Tausch angeboten. Damit in der Kopfzeile ab der zweiten Seite der Status der Dokumentvorlage korrekt angezeigt wird, kommen dort Inhaltssteuerelemente zum Einsatz, die mit den Inhaltssteuerelementen auf der ersten Seite verknüpft sind und sich automatisch aktualisieren.

Seitenlayout und Kopfzeilen festlegen

Nachdem Sie mit Strg+N ein neues, leeres Dokument angelegt und über *Datei/Speichern unter* als Dokumentvorlage vom Typ **.dotx* gespeichert haben, beginnen Sie zuerst auf der Registerkarte *Seitenlayout* in der Gruppe *Seite einrichten* mit einem Klick auf das »Startprogramm für ein Dialogfeld« ( ) mit der Einrichtung des Seitenlayouts. Führen Sie diesen Schritt immer als Erstes durch, da Sie sonst beispielsweise bei Änderungen am Seitenrand nachträglich viel Aufwand bei der Anpassung von Tabellen sowie anderem, exakt platziertem Text haben.

1. Ändern Sie im Dialogfeld *Seite einrichten* auf der Registerkarte *Seitenränder* den linken Rand auf `3,5 cm` (= breiter Heftrand) und den rechten Rand auf `1 cm` (= viel Platz für den Inhalt). Auf der Registerkarte *Layout* aktivieren Sie das Kontrollkästchen *Erste Seite anders*. So können Sie in der Dokumentvorlage auf der ersten Seite eine andere Kopfzeile anlegen als auf den Folgeseiten.

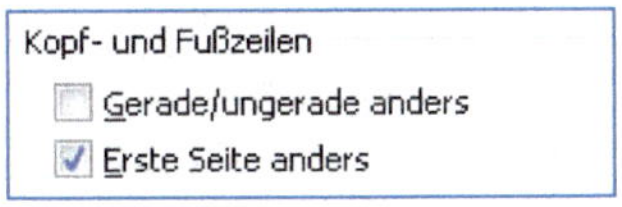

2. Damit Sie im nächsten Schritt die unterschiedlichen Kopf-/Fußzeilen bearbeiten können, fügen Sie in der noch leeren Dokumentvorlage temporär über *Einfügen/Seiten/Seitenumbruch* einen manuellen Seitenumbruch ein. Kehren Sie zur ersten Seite zurück, klicken Sie mit der rechten Maustaste in den Kopfzeilenbereich und wählen Sie den Befehl *Kopfzeile bearbeiten*.

3. In der Kopfzeile der ersten Seite fügen Sie jetzt beispielsweise Ihren Firmennamen oder ein Logo ein. Dann wechseln Sie über *Kopf- und Fußzeilentools/Entwurf/Navigation/Nächste* zur Kopfzeile der zweiten Seite. Hier fügen Sie zuerst über *Entwicklertools/Steuerelemente/Nur-Text-Inhaltssteuerelement* ein Inhaltssteuerelement ein, das später mit dem Titel der Dokumentvorlage verknüpft wird und so automatisch den Text *Agenda* oder *Protokoll* enthält. Dem Inhaltssteuerelement folgt der Text *vom* und anschließend ein Inhaltssteuerelement vom Typ *Datumsauswahl.*

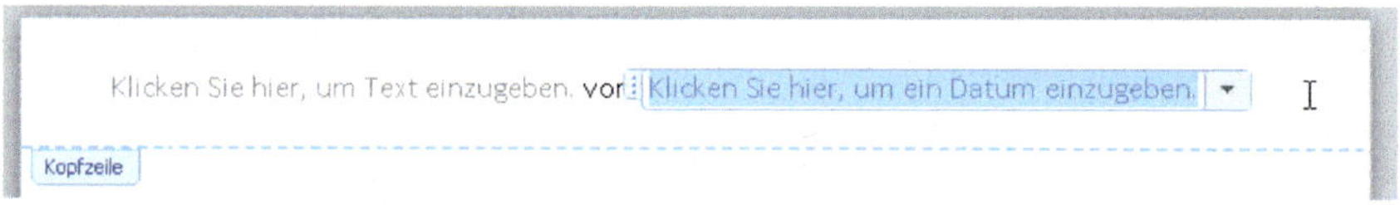

4. Damit in den Inhaltssteuerelementen der korrekte Platzhaltertext angezeigt wird, schalten Sie über *Entwicklertools/Steuerelemente* den *Entwurfsmodus* ein und passen den Text auf *Protokoll/Agenda* und *Datum* an. Achten Sie beim Überschreiben des Platzhaltertextes darauf, dass Sie den neuen Text mitten im vorhandenen eingeben und erst anschließend den alten Text löschen – sonst kann es passieren, dass die Formatvorlagenzuweisung des Platzhaltertextes verloren geht.

Damit die Platzhaltertexte in der ganzen Dokumentvorlage besser sichtbar werden, ändern Sie, wie in Anhang A »Hintergrundwissen«, Abschnitt »Platzhaltertext-Formatvorlage« beschrieben, die Farbe der Formatvorlage *Platzhaltertext.*

5. Weisen Sie den beiden Inhaltssteuerelementen in der Kopfzeile über *Entwicklertools/Steuerelemente/Eigenschaften* noch einen Titel und ein Tag zu: Wählen Sie für das erste Inhaltssteuerelement als Titel `Protokoll/Agenda` und als Tag `tagProtokollAgendaKopf`. Das Datumsauswahl-Inhaltssteuerelement erhält als Titel `Datum`, als Tag `tagDatumKopf` sowie als Datumsformat *dddd, d. MMMM yyyy* zugewiesen.

6. Jetzt fehlt in der Kopfzeile nur noch die Seitenzahl am rechten Rand. Durch die Änderung des rechten Seitenrands passt der von Word vorgegebene rechtsbündige Tabstopp nicht mehr. Löschen Sie deshalb alle in der Kopfzeile definierten Tabstopps und setzen Sie am rechten Rand einen neuen, rechtsbündigen Tabstopp. Dort werden dann über *Kopf- und Fußzeilentools/Entwurf/Kopf- und Fußzeile/Seitenzahl/Seitenzahlen/Seite X von Y* die Feldfunktionen für die Seitenzahlen platziert.

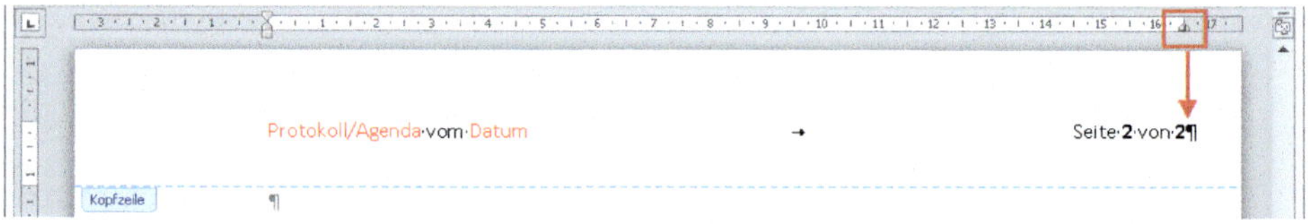

7. Verlassen Sie die Kopfzeile und entfernen Sie den manuellen Seitenumbruch auf der ersten Seite; er wird jetzt nicht mehr benötigt, da die Kopfzeilen alle korrekt angelegt sind.

Tabelle für die Agenda/Protokoll-Stammdaten definieren

Im Textbereich der ersten Seite geht es mit den »Stammdaten« der Agenda bzw. des Protokolls weiter:

1. Fügen Sie über *Einfügen/Tabelle* eine zweispaltige Tabelle mit sieben Zeilen ein. Lassen Sie den Cursor in der Tabelle platziert und weisen Sie ihr über *Tabellentools/Layout/Zellengröße/AutoAnpassen* die *Feste Spaltenbreite* zu.
2. Markieren Sie die erste Zeile und verbinden Sie die beiden Zellen über *Tabellentools/Layout/Zusammenführen/Zellen verbinden*, sodass die erste Zeile aus einer Spalte besteht.
3. Weiter geht es mit der Gestaltung der Tabelle. Markieren Sie zuerst die Zeilen zwei bis sieben und ziehen Sie dann die Trennlinie zwischen den Spalten mit gedrückter linker Maustaste nach links.

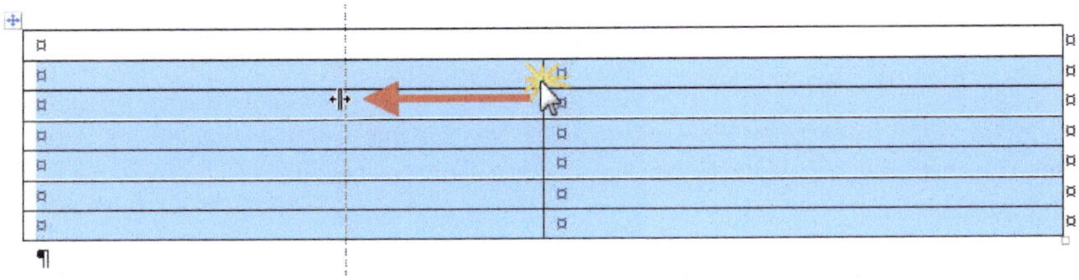

4. Passen Sie nun die Rahmenlinie der Tabelle an; nutzen Sie hierzu die Möglichkeiten, die Ihnen unter *Tabellentools/Entwurf/Tabellenformatvorlagen/Rahmen/Rahmen und Schattierung* zur Verfügung stehen. Im Beispiel wurden für die Zeilen zwei bis sieben die Rahmenlinien rechts und links entfernt.
5. In der linken Spalte der Zeilen zwei bis sieben tragen Sie nun den Text `Thema`, `Ort`, `Datum`, `Ansprechpartner`, `Teilnehmer` und `Gäste` ein. In der rechten Spalte der Datumszeile erleichtern Sie mit einem Datumsauswahl-Inhaltssteuerelement und einem Nur-Text-Inhaltssteuerelement die Eingabe des Datums und der Uhrzeit. Passen Sie bei den Inhaltssteuerelementen im *Entwurfsmodus* den Platzhaltertext an und weisen Sie den Inhaltssteuerelementen in den *Eigenschaften* als *Titel/Tag* jeweils `Datum/tagDatum` und `Uhrzeit/tagUhrzeit` (siehe Abbildung 4.3) zu. Beim Datum legen Sie außerdem als Datumsformat *dddd, d. MMMM yyyy* fest.

Abbildung 4.3 Ein Nur-Text-Inhaltssteuerelement für die Eingabe der Uhrzeit

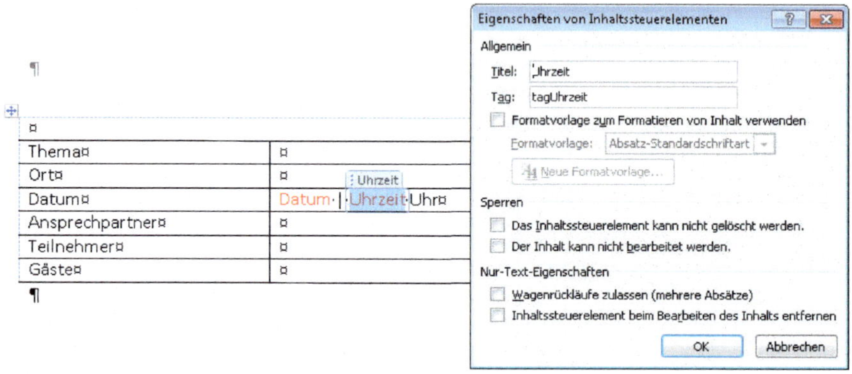

Legen Sie für die Formatierung des Textes innerhalb der Tabelle sowie für alle anderen Bestandteile der Dokumentvorlage Formatvorlagen an. So sorgen Sie für eine einheitliche Formatierung und können insbesondere in der Erstellungsphase der Dokumentvorlage mit einer einzigen Änderung an der Formatvorlage alle Textstellen anpassen, die mit der Formatvorlage formatiert wurden. Achten Sie beim Einsatz der Formatvorlagen auf die drei folgenden Punkte:

- Verwenden Sie beim Anlegen eigener Formatvorlagen eindeutige, unverwechselbare Namen.
- Blenden Sie alle nicht benötigten Formatvorlagen aus und erhöhen Sie so die Übersichtlichkeit im *Formatvorlagen*-Aufgabenbereich (siehe Abbildung 4.4).

Abbildung 4.4 Die Liste der für Agenda und Protokoll benötigten Formatvorlagen

- Sorgen Sie dafür, dass alle wichtigen Formatvorlagen auch in den Schnellformatvorlagen auf der Registerkarte *Start* in der Gruppe *Formatvorlagen* zu finden sind.

6. In der ersten Zeile der Tabelle fügen Sie ein Dropdownlisten-Inhaltssteuerelement ein, dessen Platzhaltertext Sie im *Entwurfsmodus* auf `Bitte Vorlagentyp festlegen`

ändern. In den Eigenschaften tragen Sie bei *Titel* den Text `Vorlagentyp` und bei *Tag* die Bezeichnung `tagVorlagentyp` ein. Markieren Sie dann bei *Dropdownlisten-Eigenschaften* den vorgegebenen Eintrag *Wählen Sie ein Element aus* und passen Sie ihn mit einem Klick auf *Ändern* in *Bitte Vorlagentyp festlegen* an. Fügen Sie zum Schluss mit *Hinzufügen* noch die beiden Einträge *Agenda* und *Protokoll* hinzu (siehe Abbildung 4.5).

Abbildung 4.5 Die Dropdownlisten-Eigenschaften für den schnellen Wechsel zwischen Agenda und Protokoll

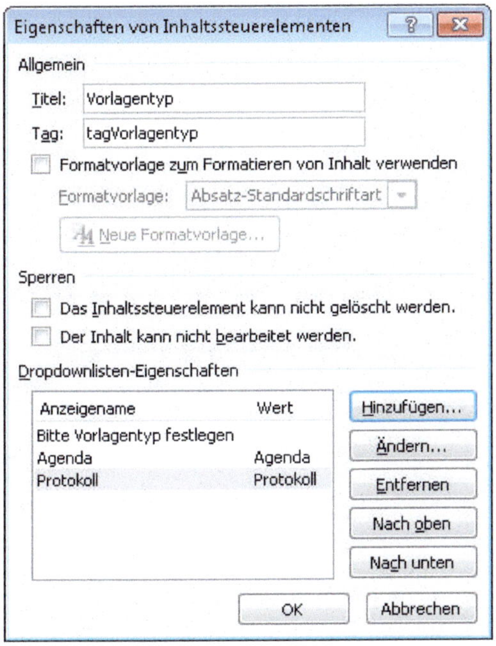

7. Jetzt fehlt nur noch die Formatierung des Dropdownlisten-Inhaltssteuerelements. Formatieren Sie die komplette Tabellenzelle mit dem Inhaltssteuerelement mit der (angepassten) Formatvorlage *Titel*. Im Beispiel wurde bei der Formatvorlage *Titel* die Schriftart *Calibri* anstelle von *Cambria* gewählt, außerdem wurde die untere Rahmenlinie entfernt. Ab sofort können Sie den Dokumentvorlagentitel komfortabel, wie in Abbildung 4.2 zu sehen, wechseln.

Inhaltssteuerelemente mit der zweiten Kopfzeile verknüpfen

Damit die auf der ersten Seite ausgewählten Daten automatisch in die Kopfzeile der zweiten und folgenden Seiten übernommen werden, verknüpfen Sie die Inhaltssteuerelemente mit den Tags *tagVorlagentyp* und *tagProtokollAgendaKopf* sowie die beiden Inhaltssteuerelemente mit den Tags *tagDatum* und *tagDatumKopf* miteinander. Gehen

Sie dabei vor, wie in Kapitel 3, Abschnitt »Mehr Komfort mit Inhaltssteuerelementen: Platzhalter für Datum & Co.« unter »Inhaltssteuerelemente in der Kopfzeile verknüpfen« beschrieben:

Öffnen Sie die Dokumentvorlage im *Word 2007 Content Control Toolkit*, legen Sie einen neuen *Namespace* an, fügen Sie die zwei XML-Knoten *Vorlagentyp* und *Datum* ein und verbinden Sie dann die genannten Inhaltssteuerelemente mit dem XML-Knoten. Wenn Sie nun die Verknüpfungen in der Dokumentvorlage speichern und sie in Word öffnen, sind die Inhaltssteuerelemente auf der ersten Seite mit denen in der Kopfzeile dauerhaft verbunden und werden automatisch aktualisiert.

Abbildung 4.6 Die Verknüpfung der Inhaltssteuerelemente definieren Sie im Content Control Toolkit

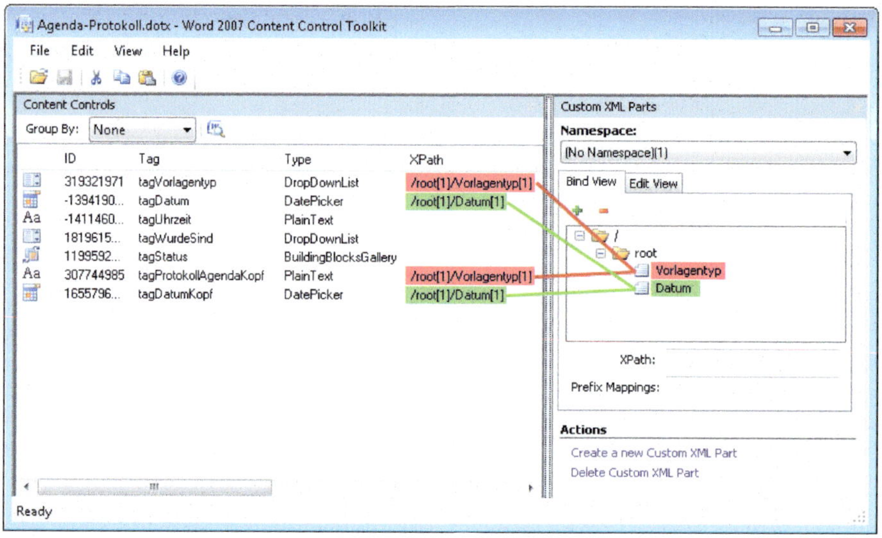

In Form bleiben: Übersichtliche Besprechungspositionen per Tabelle

Jeder Tagesordnungspunkt – kurz TOP – besteht aus einer laufenden Nummer, der Maßnahme, der Zuständigkeit, dem Termin und dem Status. Zwar wird der Status für die Agenda noch nicht benötigt, im Protokoll jedoch ist er zwingend notwendig. Deshalb muss ein entsprechendes Feld auch schon in der Agenda vorhanden sein.

Als Einleitung zu den Tagesordnungspunkten soll außerdem ein Hinweistext dienen, der bei Agenda und Protokoll unterschiedlich ist und deshalb flexibel austauschbar sein muss.

Nutzen Sie für den Einleitungstext den festen Text *Nachfolgende Punkte* sowie ein Dropdownlisten-Inhaltssteuerelement, in dem Sie die beiden Auswahlmöglichkeiten *sind zu besprechen* und *wurden besprochen* hinzufügen (siehe Abbildung 4.7). Den

Platzhaltertext des Dropdownlisten-Inhaltssteuerelements ändern Sie im *Entwurfsmodus* auf *Bitte auswählen*, und über die *Eigenschaften* legen Sie für den Standardeintrag des Dropdown-Listenfeldes den gleichen Text fest.

Abbildung 4.7 Der Einleitungstext besteht aus einer Kombination von festem Text und Inhaltssteuerelement

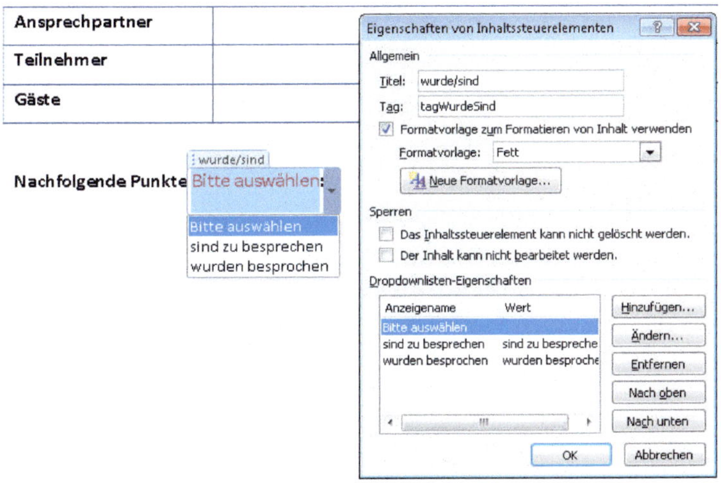

Für die TOPs bereiten Sie eine Tabelle vor, die aus einer Überschrift sowie einer Inhaltszeile besteht. Werden später weitere TOPs benötigt, genügt es, in die letzte Zelle der Tabelle zu klicken und die Taste [⇆] zu drücken – schon steht ein weiterer Eintrag für einen TOP zur Verfügung. Der Vorteil der in wenigen Schritten zu erstellenden Tabelle ist, dass der TOP-Text immer »im Rahmen« bleibt und an der richtigen Stelle platziert ist:

1. Fügen Sie über *Einfügen/Tabellen/Tabelle* eine fünfspaltige Tabelle mit zwei Zeilen ein. Weisen Sie Ihrer Tabelle als Erstes über *Tabellentools/Entwurf/Tabellenformatvorlagen* die gewünschte Formatierung zu.
2. Damit sich die Breite der Tabellenzellen beim Einfügen des Textes nicht automatisch ändert, wählen Sie bei *Tabellentools/Layout/Zellengröße/AutoAnpassen* die Option *Feste Spaltenbreite*.

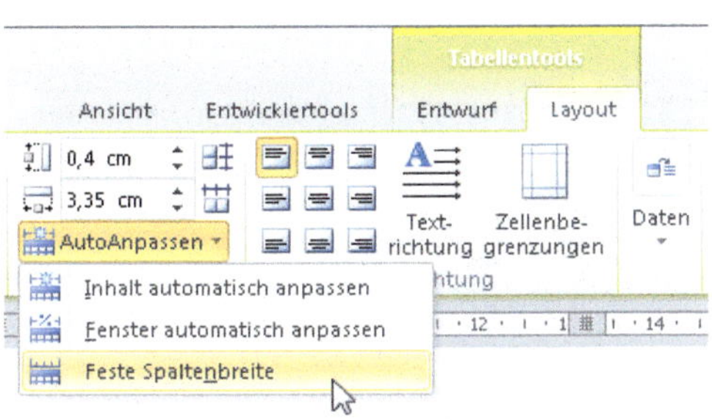

3. Fügen Sie in der Titelzeile die Überschrifttexte `Maßnahme | TOP`, `Zuständig`, `Termin` und `Status` ein und passen Sie die Spaltenbreiten entsprechend an. Damit die Über-

schrift bei mehrseitigen Tabellen mit Tagesordnungspunkten automatisch auf jeder Seite erscheint, lassen Sie den Cursor in der ersten Zeile platziert und klicken Sie unter *Tabellentools/Layout/Daten* auf die Schaltfläche *Überschriften wiederholen*.

4. Word soll die TOP-Positionen automatisch fortlaufend nummerieren. Platzieren Sie den Cursor in der ersten Zelle der zweiten Zeile. Klicken Sie dann auf *Start/Absatz* auf den Dropdownpfeil der Schaltfläche *Nummerierung*. Im aufgeklappten Menü wählen Sie in der Gruppe *Nummerierungsbibliothek* den Eintrag mit arabischer Nummerierung und Punkt (1., 2., 3.) aus.

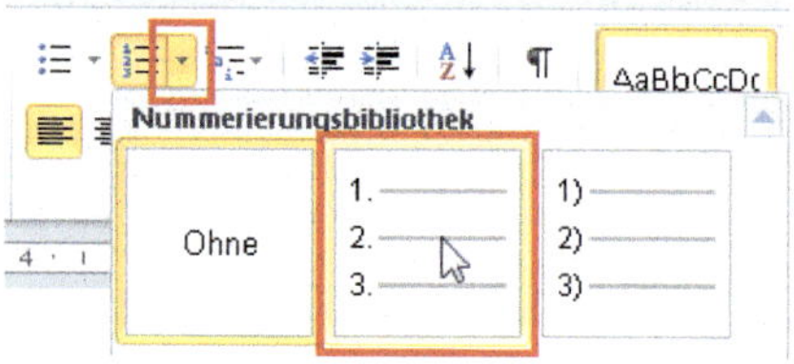

5. Da Word beim Einfügen der Nummerierung automatisch Absatzeinzüge und ein an dieser Stelle nicht benötigtes Tabstoppzeichen zuweist, muss die Formatierung angepasst werden. Klicken Sie dazu mit der rechten Maustaste innerhalb der Tabellenzelle in die Nummerierung und wählen Sie im Kontextmenü den Befehl *Listeneinzug anpassen*.

6. Im Dialogfeld *Listeneinrückungen anpassen* setzen Sie die Maße für *Nummernposition* und *Texteinzug* auf `0 cm`. Als *Text danach* wählen Sie den Eintrag *Nichts* (siehe Abbildung 4.17). Bestätigen Sie die Eingaben mit *OK*.

Abbildung 4.8 Nummernposition und Texteinzug für Nummerierung anpassen

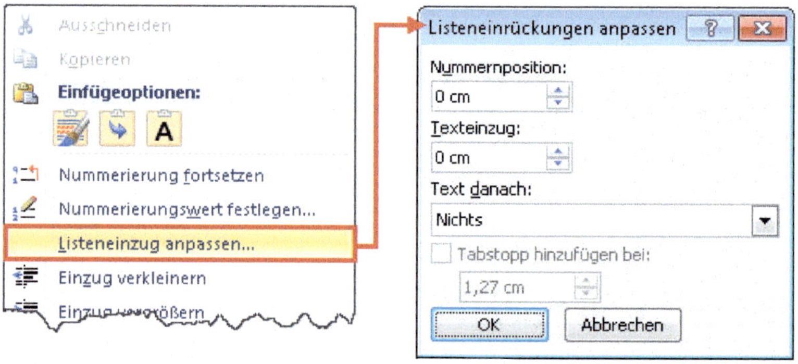

7. Damit gegebenenfalls auch zweistellige Zahlen korrekt untereinander stehen, richten Sie die Nummerierung rechtsbündig aus: *Start/Absatz/Text rechtsbündig ausrichten* wählen oder die Tastenkombination [Strg]+[R] drücken.

8. Zum Schluss fehlt nur noch der Beispieltext in der zweiten Spalte, den Sie am besten mit den entsprechenden Formatvorlagen (siehe den Tipp weiter vorn in diesem Kapitel im Abschnitt »Kombidokumentvorlage für Agenda und Protokoll«) formatieren.

Nachfolgende Punkte Bitte auswählen:

	Maßnahme | Top	Zuständig	Termin	Status
1.	**Top 1: ...** Inhalt ...			

Die Tabelle ist jetzt fertig definiert und zum Ausfüllen bereit. Wird in der letzten Zelle der Tabelle die Taste ⇆ gedrückt, fügt Word automatisch eine neue Zeile hinzu. Die neue Zeile »erbt« dabei alle Einstellungen der vorhergehenden Zeile: Sowohl die Anzahl der Spalten und die Standardzeilenhöhe werden übernommen als auch die fortlaufende Nummerierung in der ersten Zelle und die Formatvorlagen der folgenden Zellen.

Ampelsymbole: Individuelle Bausteine anlegen

Über die zwei Dropdownlisten-Inhaltssteuerelemente – eines am Anfang der Dokumentvorlage zum Wechseln zwischen Agenda und Protokoll und eines vor der TOP-Tabelle – wandeln Sie die Agenda im Handumdrehen in ein Protokoll um. Jetzt müssen Sie nur noch die Ergebnisse der Besprechung in der TOP-Tabelle ergänzen. Außerdem müssen Sie in der Spalte *Status* angeben, ob der entsprechende TOP erledigt ist, ob er bereits in Arbeit ist oder ob mit der Bearbeitung noch gar nicht angefangen wurde. Hierzu eignen sich Ampeln, die mit grünen, gelben und roten Symbolen den Status veranschaulichen.

Damit Sie die Ampelsymbole in der Dokumentvorlage nicht jedes Mal neu erstellen müssen, legen Sie die Symbole einmalig als Bausteine an. Diese können Sie dann manuell oder noch besser – wie weiter hinten in diesem Kapitel im Abschnitt »Bausteinkatalog zur Statusangabe: Symbole auf Abruf« beschrieben – halbautomatisch einfügen.

Pfeile auf Basis von Formen anlegen

Für das Anlegen der Ampelsymbole nutzen Sie die in Word über *Einfügen/Illustrationen/Formen* verfügbaren Formen, die Sie mit den passenden Farben füllen. Im Beispiel kommen nicht nur einfache Kreise zum Einsatz, sondern Pfeile, die durch die Pfeilrichtung die farblichen Hervorhebungen noch verstärken: ⇧ ⇨ ⇩.

1. Platzieren Sie zum Anlegen der Ampelsymbole den Cursor in einem leeren Absatz unterhalb der TOP-Tabelle. Wechseln Sie zur Registerkarte *Einfügen/Illustrationen/Formen* und wählen Sie in dem aufgeklappten Menü in der Gruppe *Blockpfeile* den dritten Pfeil *Pfeil nach oben*.

Abbildung 4.9 Ampelsymbole in Form von Blockpfeilen erstellen

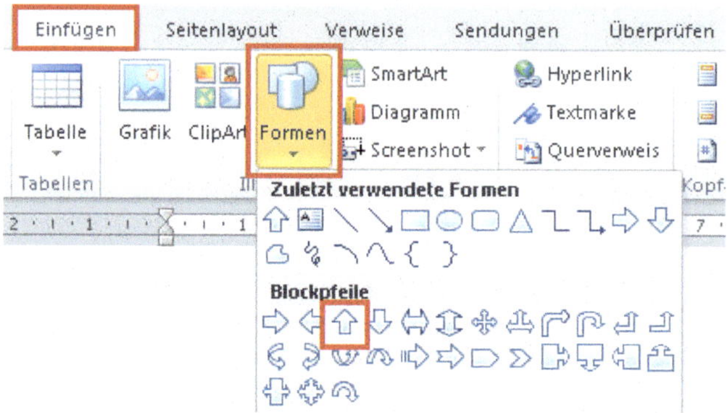

2. Der Mauszeiger verwandelt sich in ein Fadenkreuz und Sie ziehen mit gedrückter linker Maustaste den Pfeil auf. Auf die Größe und das Breite/Höhe-Verhältnis müssen Sie nicht achten; diese Einstellungen werden anschließend millimetergenau eingestellt.
3. Lassen Sie den Pfeil markiert und weisen Sie ihm über *Zeichentools/Format/Formenarten/Fülleffekt* die Standardfarbe *Grün* zu (siehe Abbildung 4.10).

Abbildung 4.10 Für gezeichnete Objekte eine Füllfarbe festlegen

4. Weiter geht es mit der Umrandung, die Sie in der gleichen Gruppe über den Befehl *Formkontur* anpassen. Wählen Sie als Farbe *Schwarz, Text 1* und als *Stärke* die Option *1/4 Pt.* (siehe Abbildung 4.11).

Abbildung 4.11 Gezeichnete Objekte mit Rahmenlinien versehen

5. Damit Sie den Pfeil später in der Tabellenzelle problemlos platzieren können, wählen Sie unter *Zeichentools/Format/Anordnen/Zeilenumbruch* die Option *Mit Text in Zeile*.

Abbildung 4.12 Für gezeichnete Objekte den Zeilenumbruch festlegen

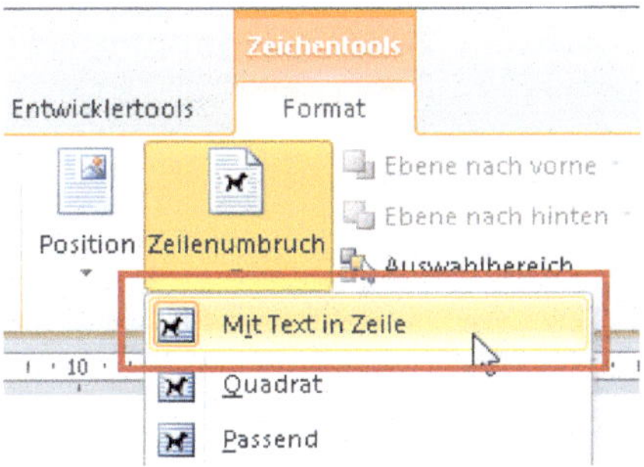

6. Zum Schluss fehlt noch die korrekte Größe: Tragen Sie bei *Zeichentools/Format/Größe* sowohl bei Höhe als auch bei Breite den Wert `0,35 cm` ein.

7. Der Pfeil ist jetzt korrekt definiert. Erstellen Sie nun in gleicher Weise einen gelben (Pfeil nach rechts) und einen roten Pfeil (Pfeil nach unten) sowie einen vierten Pfeil ohne Füllung.

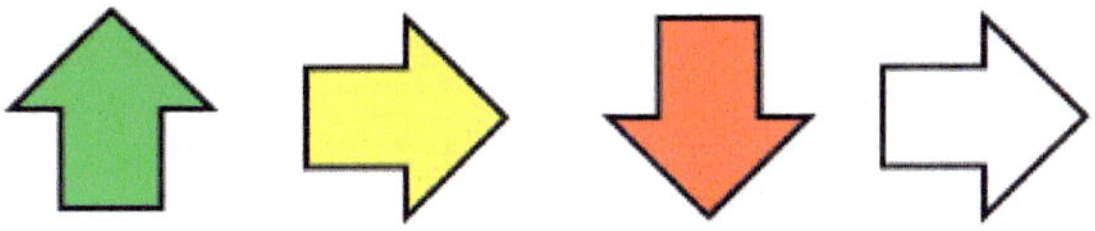

Pfeile als Bausteine ablegen

Damit die Pfeile künftig auf Abruf zur Verfügung stehen, müssen sie noch als Bausteine gespeichert werden:

1. Markieren Sie den ersten Pfeil (1) und klicken Sie unter *Einfügen/Text/Schnellbausteine* (2) auf den Befehl *Auswahl im Schnellbaustein-Katalog speichern* (3) (siehe Abbildung 4.13).

Abbildung 4.13 Gezeichnete Objekte als Schnellbausteine speichern

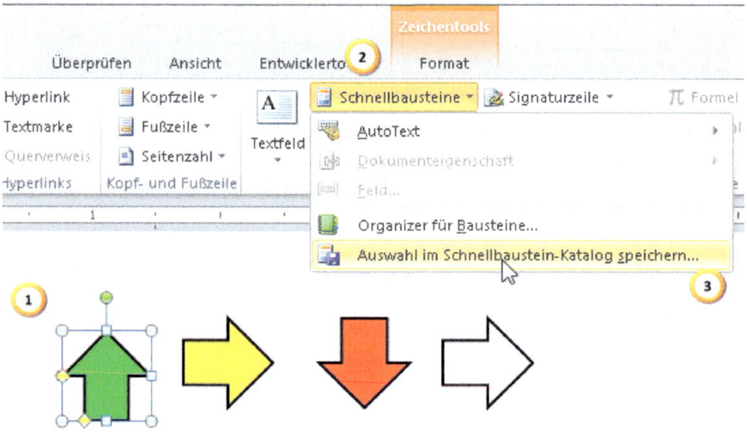

2. Im Dialogfeld *Neuen Baustein erstellen* tragen Sie `Pfeil-Grün` in das Textfeld *Name* ein. Im Listenfeld *Katalog* wählen Sie den Eintrag *Benutzerdefiniert 1* – das hat den Vorteil, dass der Pfeil nicht in den Word-Standardkatalogen erscheint und somit dort nicht stören kann.

3. Die Einstellungen zu *Kategorie* (*Allgemein*) und *Optionen* (*Nur Inhalt einfügen*) lassen Sie unverändert. Stellen Sie zu guter Letzt sicher, dass bei *Speichern in* der Name der Dokumentvorlage angezeigt wird, die Sie gerade bearbeiten (in Abbildung 4.15 ist dies *Agenda-Protokoll.dotx*). Nur dann wird der Pfeil auch in der Dokumentvorlage gespeichert und steht bei deren Einsatz unabhängig vom genutzten PC zur Verfügung.

Abbildung 4.14 Die Eigenschaften des neuen Schnellbausteins

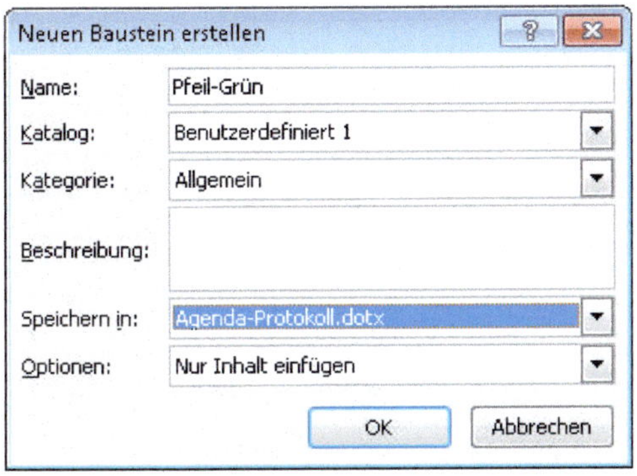

4. Wiederholen Sie die Schritte 1 bis 3 für die drei weiteren Pfeile, denen Sie die Namen `Pfeil-Gelb`, `Pfeil-Rot` und `Pfeil-Leer` zuweisen. Dass die Bausteine korrekt angelegt wurden, können Sie über *Einfügen/Text/Schnellbausteine/Organizer für Bausteine* prüfen. Darin werden sämtliche verfügbaren Bausteine aufgeführt. Wenn Sie im Dialogfeld *Organizer für Bausteine* (siehe Abbildung 4.15) auf die Spaltenbeschriftung *Vorlage* klicken, wird die Liste neu sortiert und alle Bausteine Ihrer Dokumentvorlage erscheinen untereinander. Sobald Sie einen der Einträge anklicken, wird dessen Inhalt rechts in der Vorschau angezeigt, teilweise leider sehr klein.

Abbildung 4.15 Die Liste aller verfügbaren Schnellbausteine im *Organizer für Bausteine*

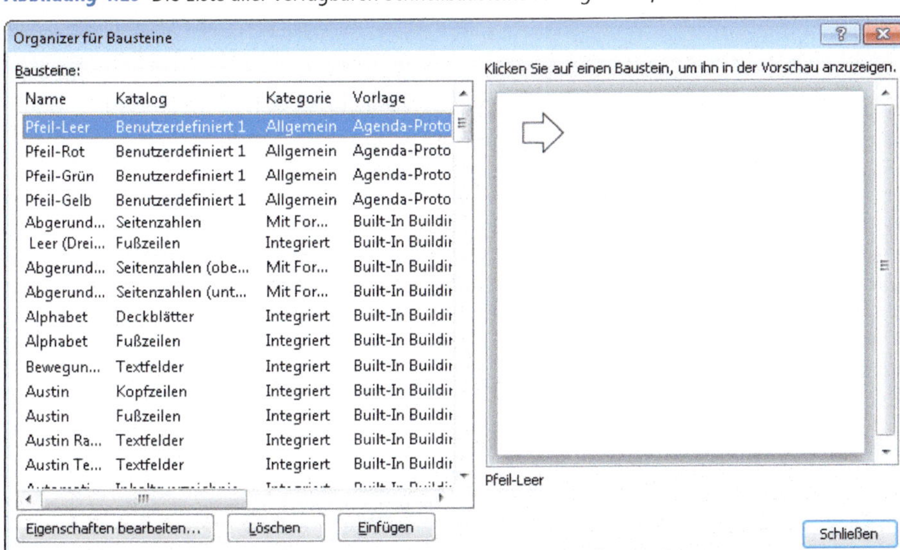

Die Pfeile stehen nun auf Abruf zur Verfügung. Möchten Sie einen davon in Ihrer TOP-Tabelle einfügen, geben Sie den Namen des Pfeils ein – beispielsweise `Pfeil-Grün` – und drücken anschließend die Taste [F3]. Daraufhin wird der Baustein abgerufen (unabhängig davon, in welchem Katalog er abgelegt ist) und der Text durch den Bausteininhalt ersetzt.

Bausteinkatalog zur Statusangabe: Symbole auf Abruf

Damit Sie für den Status des jeweiligen TOPs nicht jedes Mal mühsam den Namen eingeben müssen – was besonders bei Statusänderungen viel unkomfortable Tipparbeit bedeutet –, sollen die verschiedenen Symbole per Dropdown-Listenfeld abrufbar sein. Außerdem muss es möglich sein, einen »neutralen Status« in Form des »leeren Pfeils« auszuwählen.

Nutzen Sie zur komfortablen Auswahl des passenden Ampelsymbols ein Bausteinkatalog-Inhaltssteuerelement.

1. Platzieren Sie den Cursor in der *Status*-Zelle der ersten Zeile.
2. Fügen Sie über *Entwicklertools/Steuerelemente* ein Bausteinkatalog-Inhaltssteuerelement ein.

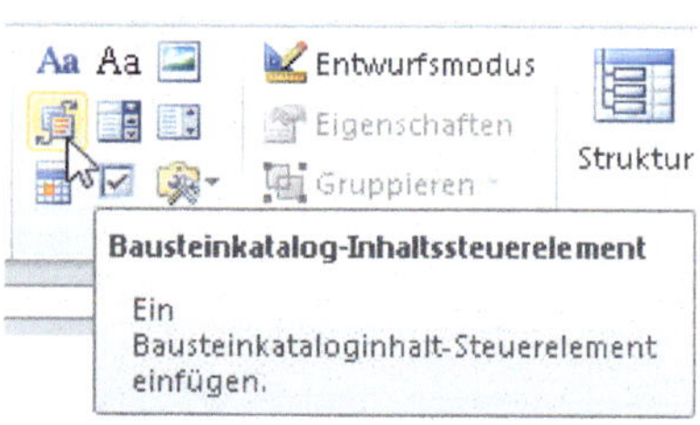

3. Schalten Sie über *Entwicklertools/Steuerelemente* den *Entwurfsmodus* ein. Ändern Sie den vorgegebenen Platzhalter *Wählen Sie einen Dokumentbaustein aus*, indem Sie stattdessen mit *Einfügen/Symbole/Symbol/Weitere Symbole/Symbole* und der Schriftart *Wingdings* einen »Pfeil nach rechts« einfügen (siehe Abbildung 4.16).

Abbildung 4.16 Ein Symbol als Platzhalter für ein Inhaltssteuerelement verwenden

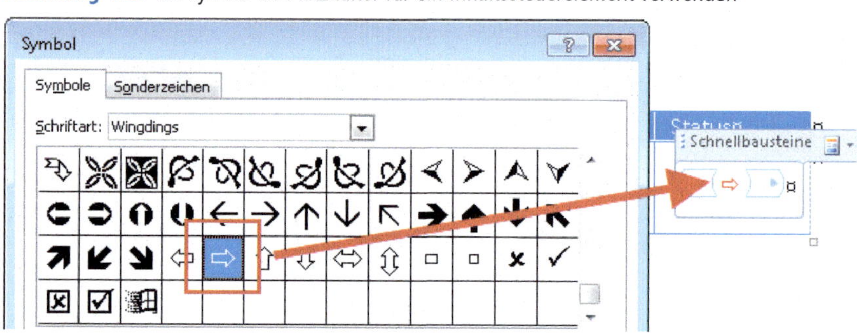

4. Weiter geht es mit den Eigenschaften des Inhaltssteuerelements. Tragen Sie als *Titel* `Status` und als *Tag* den Text `tagStatus` ein. Im Dropdown-Listenfeld *Katalog* wählen Sie den Eintrag *Benutzerdefiniert 1* aus – also den Katalog, in dem Sie die Pfeile gemäß Abschnitt »Pfeile als Bausteine ablegen« angelegt haben. Bestätigen Sie das Eigenschaftendialogfeld mit *OK*.

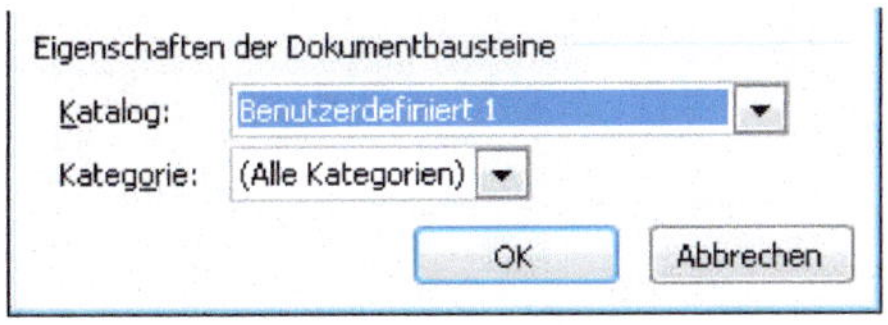

Ab sofort können Sie bei markiertem Inhaltssteuerelement über einen Klick auf den Dropdownpfeil direkt im Text die Liste mit allen Pfeilen aufklappen und den gewünschten Status auswählen, wie in Abbildung 4.17 dargestellt.

Abbildung 4.17 Mit einem Klick auf den Dropdownpfeil können Sie ab sofort das gewünschte Ampelsymbol auswählen

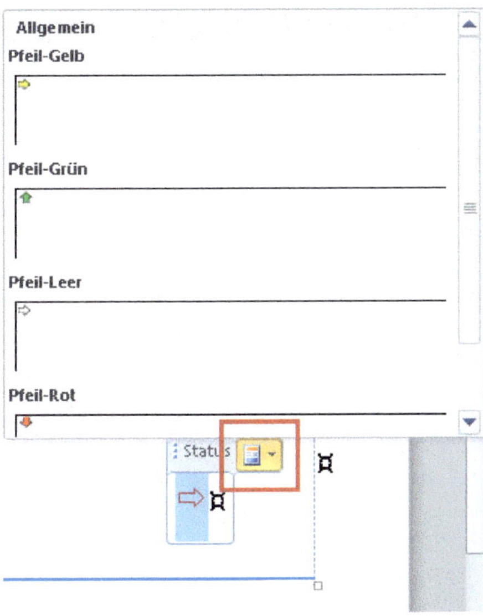

Wenn Sie einen zuvor ausgewählten Pfeil markieren und mit [Entf] löschen, wird der Pfeil entfernt und es erscheint wieder der Platzhaltertext-Pfeil. Da der Platzhaltertext-Pfeil nicht zu den anderen Pfeilen passt, wählen Sie als Hinweis auf einen bislang noch undefinierten Status den Baustein *Pfeil-Leer*.

Ampel-Inhaltssteuerelement als Schnellbaustein anlegen

Das Ampel-Inhaltssteuerelement steht in der zweiten Zeile der TOP-Tabelle zur Verfügung. Wenn Sie der Tabelle weitere Zeilen hinzufügen, wird nur die fortlaufende Nummer in der ersten Zelle der Zeile automatisch eingefügt. Das Ampel-Inhaltssteuerelement müssen Sie hingegen manuell einfügen. Um sich die Arbeit zu erleichtern, legen Sie einfach das komplette Ampel-Inhaltssteuerelement als Schnellbaustein an.

1. Klicken Sie das Ampel-Inhaltssteuerelement an den drei Punkten links in der Titelleiste an, sodass der Pfeil-Platzhaltertext markiert ist und die Titelleiste des Inhaltssteuerelements in einem dunklen Blau angezeigt wird (siehe Abbildung 4.18, rechte Darstellung). Die Inhaltssteuerelement-Titelleiste darf *nicht* in einem hellen Blau erscheinen, dann ist das Inhaltssteuerelement für den folgenden Schritt nicht korrekt markiert!

Abbildung 4.18 Darstellung des falsch und des richtig markierten Inhaltssteuerelements

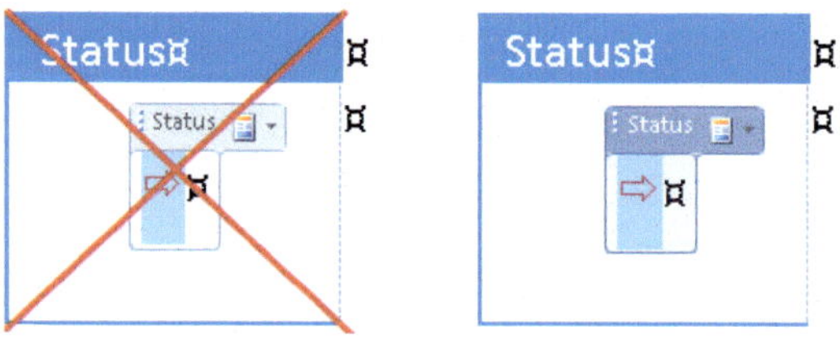

2. Klicken Sie unter *Einfügen/Text/Schnellbausteine* auf den Befehl *Auswahl im Schnellbaustein-Katalog speichern*. Im jetzt angezeigten Dialogfeld geben Sie im Textfeld *Name* den Text `Status` ein. Bevor Sie das Dialogfeld mit *OK* bestätigen, stellen Sie bei *Speichern in* noch sicher, dass hier der Name der Dokumentvorlage angezeigt wird (siehe Abbildung 4.19).

Abbildung 4.19 Schnellbaustein in Dokumentvorlage speichern

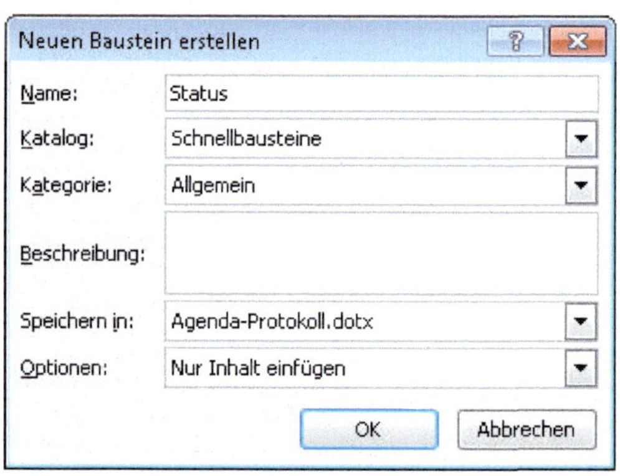

3. Sobald Sie das Ampel-Inhaltssteuerelement benötigen, geben Sie einfach in der *Status*-Spalte den Text `Status` ein und drücken die Taste [F3]. Daraufhin wird der eingetippte Text durch den Inhalt des Bausteins ersetzt.

Ampeln lassen sich zur Visualisierung des aktuellen Status sehr flexibel einsetzen. Neben der in diesem Kapitel erstellten Kombidokumentvorlage finden Sie in der Datei *Releasewechsel_Office-2010_Freigabe.dotx* im Ordner *Kapitel04* ein weiteres Ampelbeispiel. Das Releasewechselformular dient dazu, vor dem Umstieg auf eine neue Office-Version – im Beispiel auf Office 2010 – ausführlich zu prüfen und zu dokumentieren, ob und gegebenenfalls in welcher Form es Probleme bei der Zusammenarbeit mit der neuen Office-Version gibt. Damit man die Ergebnisse der aufwendigen Tests auf einen Blick erfassen kann, wird der Status nach jedem Testschritt mit dem entsprechenden Ampelpfeil signalisiert.

Testablauf

Allgemeine Testfälle

Nr.	Testschritte	Bemerkung	Tester	Status
1	**Anwendung aufrufen**	OK	Hahner	
2	**Anmeldung durchführen**	Gemäß hinterlegter Daten OK	Maier	
3	**Grafische Darstellung/ Anordnung der Objekte**	Symbole sind verschoben – Dialoge müssen korrigiert werden	Hahner	
4	**Fehleingaben werden weiter abgefangen**	Fehlermeldungen zeigen nicht immer die korrekte Fehlerursache an	Hahner	
5	**Anwendungsverhalten, Logik funktioniert**	OK (Basis: Firmen-DB)	Hahner/ Maier	

Anwendungsspezifische Testfälle – Tests in dem Prozess durchführen, in dem die Anwendung eingesetzt wird

Nr.	Testschritte	Bemerkung	Tester	Status
1	Testschritt	Bemerkung	Tester	O
2	Testschritt	Bemerkung	Tester	O
3	Testschritt	Bemerkung	Tester	O
4	Testschritt	Bemerkung	Tester	O
5	Testschritt	Bemerkung	Tester	O
6	Testschritt	Bemerkung	Tester	O

Die Ampelalternative: Optionsfelder zum Anklicken

Anstelle eines einzelnen Ampelsymbols möchten Sie eine komplette Ampel anzeigen? Die drei verschiedenen Statusangaben sollen mit einem Doppelklick auf ein Optionsfeld vor der jeweiligen Ampelfarbe ausgewählt werden?

Eine solche Ampellösung ist im Gegensatz zur bisher vorgestellten Kombidokumentvorlage mit einer auf Bausteinkatalog-Inhaltssteuerelementen basierenden Lösung deutlich aufwendiger. Denn hierzu müssen Sie vier verschiedene Ampelgrafiken mithilfe von VBA-Routinen austauschen. Die VBA-Routinen werden per Doppelkick auf die Optionsfelder – bei denen es sich um *MACROBUTTON*-Feldfunktionen handelt – gestartet.

Ampelgrafiken anlegen und einfügen

Erstellen Sie in PowerPoint über *Einfügen/Illustrationen/Formen* vier Ampelgrafiken. Jede Ampelgrafik besteht aus drei gruppierten Kreisen in Rot, Gelb und Grün. Sie benötigen eine Grafik, in der alle drei Farben abgedunkelt sind, und drei weitere Grafiken, bei denen einmal die rote, einmal die gelbe und einmal die grüne Farbe aktiv ist.

Klicken Sie jede fertiggestellte Grafik mit der rechten Maustaste an und wählen Sie im Kontextmenü den Befehl *Als Grafik speichern*. Als *Dateityp* wählen Sie *PNG-Format (Portable Network Graphics) (*.png)*. Daraufhin werden die Grafiken in der aktuellen PowerPoint-Größe mit transparentem Hintergrund gespeichert – in Word ist so etwas mit Formen leider nicht möglich, weshalb zum Erstellen der Grafiken PowerPoint zum Einsatz kommt.

Abbildung 4.20 Die vier Ampelgrafiken lassen sich in PowerPoint als Formen erstellen

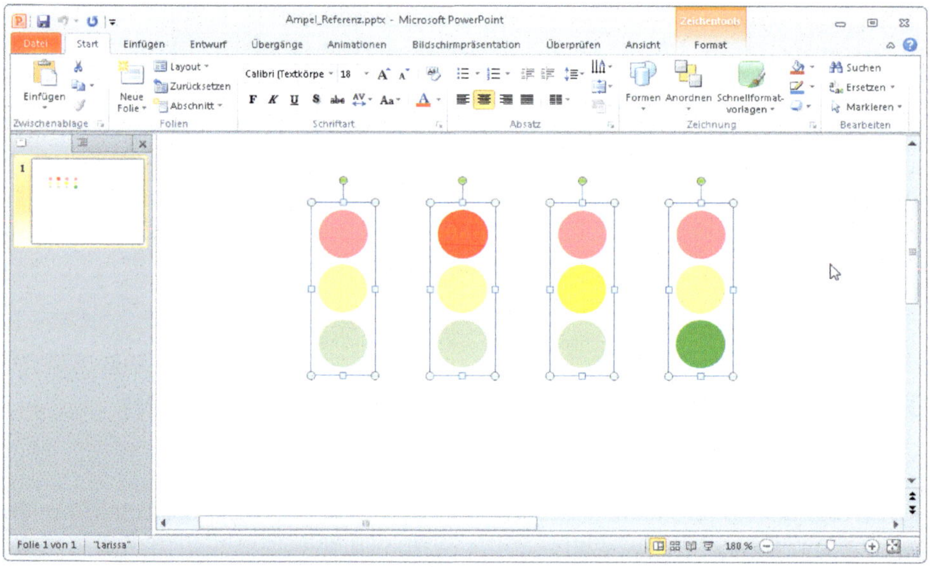

Die Ampelgrafik fügen Sie in Word in einer grau gefüllten Tabellenzelle zentriert ein. Da die Grafiken einen transparenten Hintergrund besitzen, sind nur die drei Kreise mit den Farben zu sehen.

Um die Ampelgrafik per VBA ansprechen zu können, markieren Sie die Grafik und weisen ihr mit *Einfügen/Hyperlinks/Textmarke* den Namen *tmAmpel1* zu, wie in Abbildung 4.21 beispielhaft dargestellt.

Abbildung 4.21 Die Ampelgrafik wird über den zugewiesenen Textmarkennamen per VBA ausgewechselt

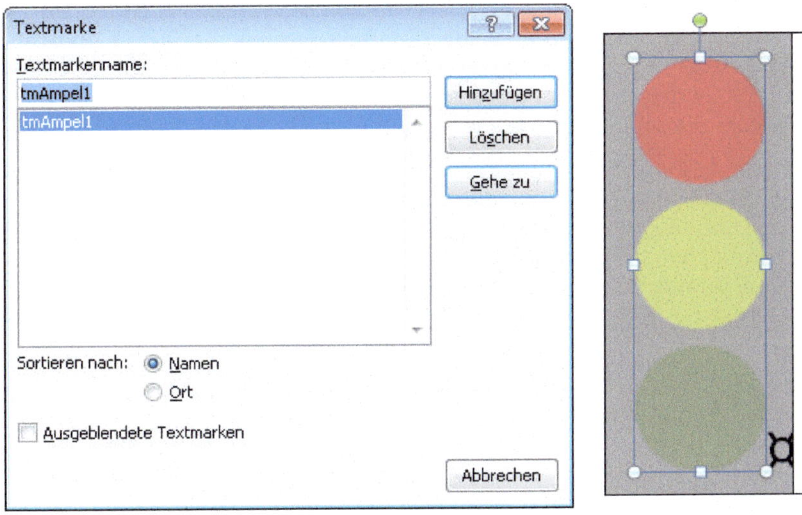

Alle vier Ampelgrafiken müssen als AutoText hinterlegt sein, sodass sie später per VBA-Routine gewechselt werden können. Wählen Sie beim Anlegen der AutoText-Einträge über *Einfügen/Text/Schnellbausteine/AutoText* als Katalog *Benutzerdefinierter AutoText*, sodass die Ampelgrafiken in keinem Word-eigenen Katalog auftauchen und dort stören können. Als AutoText-Namen vergeben Sie `AmpelRot`, `AmpelGelb`, `AmpelGrün` und `AmpelAus`.

Optionsfelder zum Wechsel der Ampelgrafiken

Links neben der Ampelgrafik benötigen Sie nun drei Zellen, in denen Sie jeweils über *Einfügen/Text/Schnellbausteine/Feld* eine *MACROBUTTON*-Feldfunktion einfügen. Diese verfügt über zwei Parameter: den Namen der VBA-Routine, die beim Doppelklick auf die Feldfunktion ausgeführt wird, sowie den anzuzeigenden Text. Als anzuzeigenden Text wählen Sie über *Einfügen/Symbole/Symbol/Weitere Symbole* das Symbol eines leeren Kreises (zu finden in der Schriftart *Wingdings*). Definieren Sie für jede Ampelfarbe ein eigenes *MACROBUTTON*-Feld:

```
{MACROBUTTON OptEinA1Ro ○}
{MACROBUTTON OptEinA1Ge ○}
{MACROBUTTON OptEinA1Gn ○}
```

Weisen Sie anschließend jedem *MACROBUTTON*-Feld über *Einfügen/Hyperlinks/Textmarke* eine Textmarke zu und vergeben Sie als Namen `tmAmpel1Ro`, `tmAmpel1Ge` und `tmAmpel1Gn`.

Danach speichern Sie die drei *MACROBUTTON*-Felder jeweils als Baustein vom Typ *AutoText* (*Einfügen/Text/Schnellbausteine/AutoText/Auswahl im AutoText-Katalog speichern*) beispielsweise unter den Namen `OptEinA1Ro`, `OptEinA1Ge` und `OptEinA1Gn` ab, wie in Abbildung 4.22 zu sehen (Opt = Optionsfeld, Ein = Status, der beim Doppelklick auf

die Feldfunktion erreicht werden soll, A1 = Ampel Nummer 1, Ro = Rote Ampel, Ge = Gelbe Ampel, Gn = Grüne Ampel).

Erstellen Sie nun drei weitere *MACROBUTTON*-Felder, die als VBA-Routine die jeweiligen Gegenstücke zu den bislang definierten Routinen aufrufen sollen und als Symbol einen Kreis mit einem Punkt enthalten. Sie können die Felder außerhalb der Tabelle erstellen, ihnen wird keine Textmarke zugewiesen. Speichern Sie diese *MACROBUTTON*-Felder ebenfalls als AutoText-Einträge ab, und zwar unter den Namen `OptAusA1Ro`, `OptAusA1Ge` und `OptAusA1Gn`:

```
{MACROBUTTON OptAusA1Ro ⊙}
{MACROBUTTON OptAusA1Ge ⊙}
{MACROBUTTON OptAusA1Gn ⊙}
```

Abbildung 4.22 Jedes Optionsfeld zum Umschalten des Ampelstatus besteht aus zwei AutoText-Einträgen

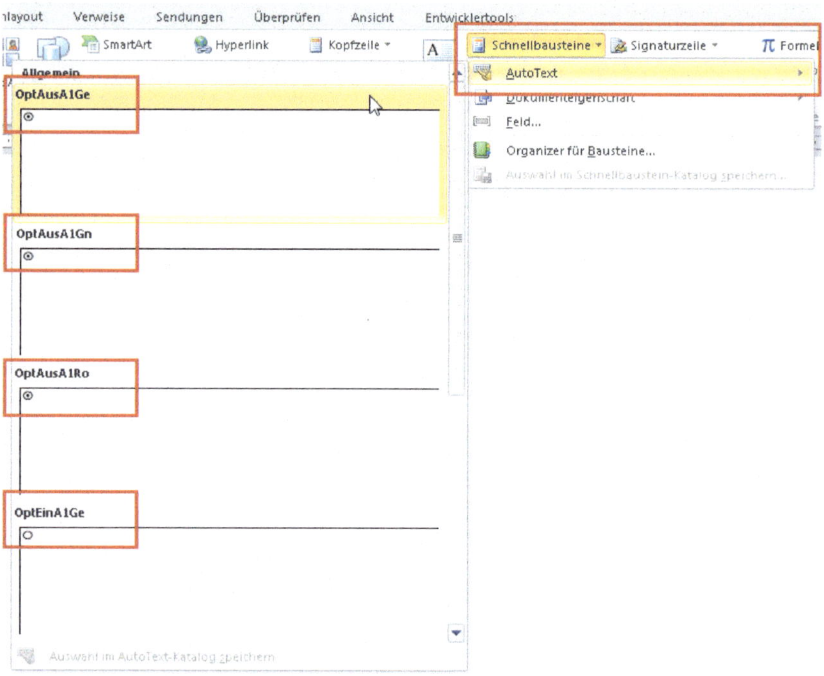

VBA-Routinen zum Wechsel der Ampelgrafik

Zum Schluss fehlen nur noch die VBA-Routinen aus Abbildung 4.24, die beim Doppelklick auf ein *MACROBUTTON*-Feld ausgeführt werden sollen. Wird beispielsweise die rote Ampel gewählt, müssen die VBA-Routinen Folgendes umsetzen:

- Beim Doppelklick auf das *MACROBUTTON*-Feld wird die Routine *OptEinA1Ro* ausgeführt.

- Die Routine wechselt über den Aufruf der Unterroutine *pAutoTextWechseln* die Ampelgrafik, sodass die rote Ampel aktiv ist. Hierzu wird die Ampelgrafik über die der Grafik zugewiesenen Textmarke angesprochen. Die auszutauschende Grafik liegt als *Benutzerdefinierter AutoText* vor.
- Des Weiteren wird die *MACROBUTTON*-Feldfunktion selbst ausgetauscht, sodass anschließend der Kreis mit Punkt erscheint und die aufzurufende Funktion von *OptEinA1Ro* zu *OptAusA1Ro* wechselt. Möglich wird der Wechsel der Feldfunktion, weil sie über den Textmarkennamen *tmAmpel1Ro* angesprochen werden kann.
- Zu guter Letzt werden noch die *MACROBUTTON*-Feldfunktionen der gelben und der grünen Ampel auf »ausgeschaltet« gestellt, sodass nur die rote Ampel »aktiv« ist.

Abbildung 4.23 Die Ampel lässt sich beispielsweise in ein Formular für eine Zielvereinbarung integrieren

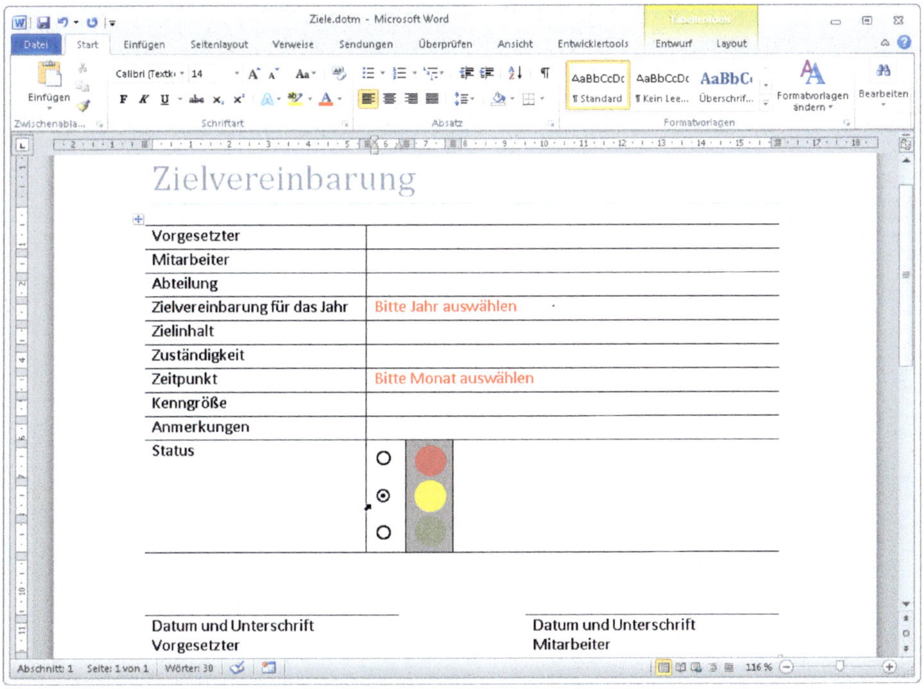

Die zuvor beschriebene Vorgehensweise ist bei allen drei Ampelfarben identisch, es werden lediglich die jeweils anderen Farben ausgeschaltet bzw. bei der Ampelgrafik die zur doppelgeklickten Feldfunktion passende Grafik geladen.

Doppelklicken Sie auf eine Feldfunktion, die bereits aktiv ist, werden alle drei Farben »ausgeschaltet«. Möglich macht es die Routine *pZurücksetzenAmpel1*.

Abbildung 4.24 Das Umschalten der Ampel und der *MACROBUTTON*-Feldfunktionen erfolgt per VBA

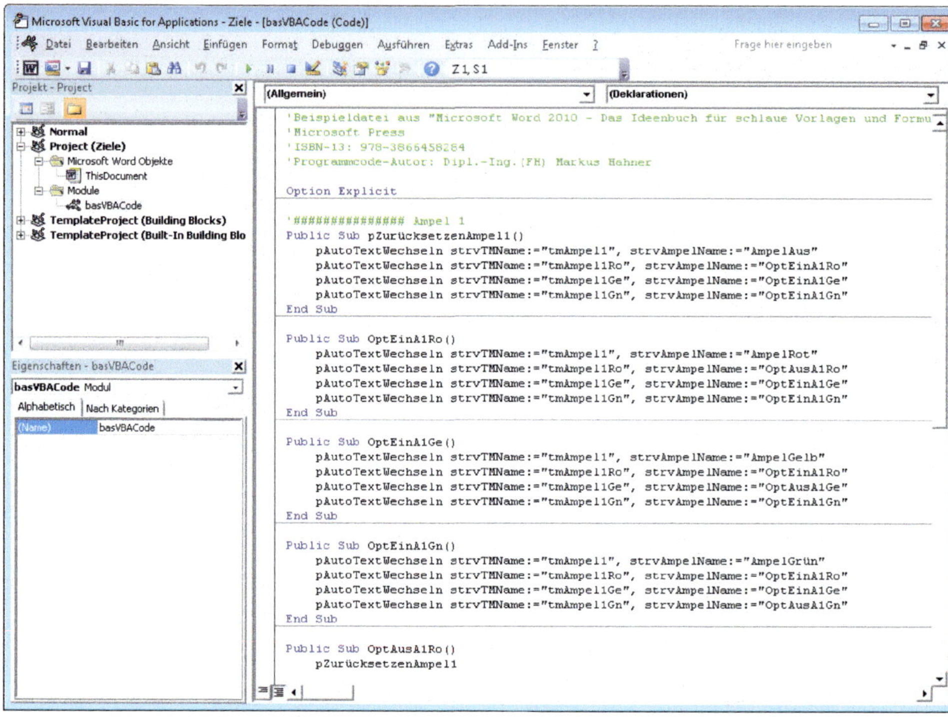

Da jedem *MACROBUTTON*-Feld zwei unterschiedliche, eindeutige VBA-Routinen zugewiesen sein müssen und auch die Ampelgrafiken über eindeutige Textmarken verfügen müssen, lässt sich die Ampellösung nur mit Programmier- und Definitionsaufwand in einer Dokumentvorlage mehrfach einsetzen. Das einfache Vervielfachen wie bei dem Bausteinkatalog-Inhaltssteuerelement ist hier nicht möglich.

Die Beispieldatei mit allen Bildern, AutoTexten und VBA-Routinen zum Wechsel des Ampelbildes finden Sie in der Datei *Ziel.dotm* im Ordner *Kapitel04*. In der PowerPoint-Datei *Ampel_Referenz.pptx* im gleichen Ordner befinden sich die Ampelgrafiken, die in der Beispieldatei beim Wechsel des Ampelstatus zum Einsatz kommen. Die als transparente Grafik im PNG-Format exportierten Ampelgrafiken sind in den Dateien *Ampel_Aus.png*, *Ampel_Grüne.png*, *Ampel_Gelb.png* und *Ampel_Rot.png* abgelegt.

5

Nicht von der Stange: Wenn die Briefvorlage anders als üblich aussehen soll

Der »klassische« Briefbogen ist Ihnen zu langweilig? Zugegeben, der typische Aufbau mit einer Kopfzeile auf der ersten Seite, gefolgt vom Empfängerfeld, Ihrem Text und Ihren Absenderdaten in der Fußzeile der ersten Seite, ist nicht besonders kreativ. Da hilft auch ein poppiges Firmenlogo oder eine Spezialschrift nicht weiter, das Ganze sieht eben aus, wie Briefe schon immer ausgesehen haben.

Kein Wunder, wenn sich Heerscharen von Grafikern schon seit Jahren bemühen, das Brieflayout aufzupeppen. Da werden die wildesten grafischen Effekte und Farbverläufe eingesetzt und die Briefinhalte wild durcheinandergewürfelt. Wenn Auffallen alles ist, mag so etwas sicher seine Berechtigung haben. Wenn es aber darum geht, das eigene Unternehmen seriös zu präsentieren, sind andere Lösungen gefragt. Bewährt hat sich beispielsweise, die Absenderdaten auf der ersten Seite am rechten Rand statt in der Fußzeile zu platzieren. Oder sie werden hochkant in der Fußzeile der ersten Seite eingefügt.

Abbildung 5.1 Individuell und dennoch seriös: die anspruchsvolle und dennoch leicht handhabbare Briefdokumentvorlage

Leider ist Word auf solche Aufgaben erst einmal nicht vorbereitet – schließlich gibt es hier zwar Kopf- und Fußzeilen, die sich auf der ersten und allen folgenden Seiten unterscheiden können, aber keine sich automatisch wiederholenden »Rechtszeilen« oder »Linkszeilen«. Selbstverständlich lassen sich auch Gestaltungsaufgaben abseits der alten Standardlösungen perfekt umsetzen. Mit dem richtigen Know-how gestalten Sie äußerst ansprechende Briefvorlagen, die sich von jedermann ohne tiefere Word-Kenntnisse nutzen lassen.

Und ganz wichtig: Solche Dokumentvorlagen sind »schlank« und belegen mit 30 bis 70 Kilobyte nur wenig Speicherplatz – im Gegensatz zu den semiprofessionellen, bei denen eine einzelne Dokumentvorlage und somit auch jeder auf Basis dieser Dokumentvorlage erstellte Brief oftmals 1 Megabyte und mehr Platz belegt!

Absenderdaten & Co.: Rechts außen platzieren

Auf dem Briefbogen sollen Absenderdaten wie Name, Anschrift, Telefonnummer und E-Mail-Adresse nicht am unteren Rand, sondern rechts auf der ersten Seite des Briefes platziert werden. Bei Firmen-/Vereinsbriefbogen zusammen mit den Daten für Geschäftsführer, Handelsregister/Vereinsregister, Bankverbindung, Steuernummern – sprich alles, was für die rechtlich einwandfreie Kommunikation im Geschäfts- und Vereinsleben auf dem Briefbogen zu finden sein muss.

Trotz der Fülle der Daten soll das Ganze auch noch ansprechend gestaltet sein. Der Briefbogen muss so strukturiert sein, dass er sich auf jedem Drucker pannenfrei ausgeben lässt, ohne dass Text zu weit am Rand platziert ist und aufgrund des nicht bedruckbaren Randbereichs abgeschnitten wird.

Abbildung 5.2 Selbst sehr anspruchsvolle Anforderungen lassen sich in Word mit den richtigen Tricks umsetzen

Einschreiben

Herr
Rainer Zufall
Brunnenweg 6
12345 Berlin

Freitag, 26. Oktober 2012

Vertragsverlängerung

Sehr geehrter Herr Zufall,

herzlichen Dank für Ihre Vertragsunterlagen, Sie anbei unterzeichnet zurückerhalten. Wir freuen uns auf eine weitere gute Zusammenarbeit!

Freundliche Grüße

Frank Reich
Arno Nyhm GmbH & Co. KG

Unterzeichneter Vertrag, Gebäudeaufstellung

Mozartweg 22
80486 Datenhausen
Tel 01234 / 56789
Fax 01234 / 98765
info@arno-nyhm.de
www.arno-nyhm.de

Rainer Zufall
Frank Reich

Amtsgericht Datenhausen
HRB 4711
Gerichtsstandort Datenhausen

Spielbank Datenhausen
BLZ 123 456 78
KtoNr. 12345678
IBAN
DE99 1234 5678 1234 5678
BIC
SBDHABCD

DE098765432

1234/5678
Finanzamt Datenhausen

Und zu guter Letzt muss der Briefbogen so aufgebaut sein, dass die Absenderdaten »im Hintergrund« platziert sind und nicht versehentlich gelöscht oder überschrieben werden. Die Umsetzung darf sich nicht negativ auf das Briefeschreiben auswirken oder den Vorgang in irgendeiner Weise komplizieren.

Auch wenn die Anforderungen auf den ersten Blick unlösbar erscheinen, mit ein paar Tricks und Kniffen lassen sich alle Aufgaben elegant lösen, sodass am Ende eine perfekt gestaltete Briefdokumentvorlage zur Verfügung steht, die sich sehr komfortabel nutzen lässt. Und selbst nachträgliche Anpassungen, wie der Wechsel der Bankverbindung oder E-Mail-Adresse, sind jederzeit möglich.

Seitenränder: Der Trick mit dem negativen Seitenrand

Bei einem »normalen« Briefbogen packen Sie den Briefkopf sowie die Absenderdaten des Briefes in die Kopf- und die Fußzeile. So sind die dort hinterlegten Daten beim Schreiben des Briefes nicht im Weg, sie liegen »im Hintergrund«.

Wenn Sie unter *Seitenlayout/Seite einrichten/Seitenränder/Benutzerdefinierte Seitenränder/Layout* das Kontrollkästchen *Erste Seite anders* einschalten, lassen sich im aktuellen Dokument für die erste Seite andere Kopf-/Fußzeilen definieren als für die restlichen Seiten. So ist sichergestellt, dass der Briefkopf und die Absenderdaten nur auf der ersten Seite erscheinen. Auf der zweiten und den folgenden Seiten kann dann eine reduzierte Kopf-/Fußzeile zum Einsatz kommen.

Exakt diese Technik wird auch beim Briefbogen mit rechtsstehenden Absenderdaten verwendet. Sämtliche Kopfdaten einschließlich der Absenderangaben auf der rechten Seite werden in die Kopfzeile gepackt, sodass sie beim späteren Briefeschreiben nicht versehentlich überschrieben werden.

Wenn Sie die Daten in der Kopfzeile unterbringen, müssen Sie auf die Seitenlayouteinstellungen achten, die sich auf die Kopfzeile und den oberen Seitenrand beziehen:

- Der Abstand, den Sie bei der Seiteneinrichtung unter *Layout/Abstand vom Seitenrand/Kopfzeile* (siehe Abbildung 5.3) festlegen, gibt an, wie viel Zentimeter *der Inhalt der Kopfzeile* vom *oberen Blattrand* entfernt ist.

Abbildung 5.3 Den Abstand zwischen oberem Papierrand und Beginn der Kopfzeile festlegen

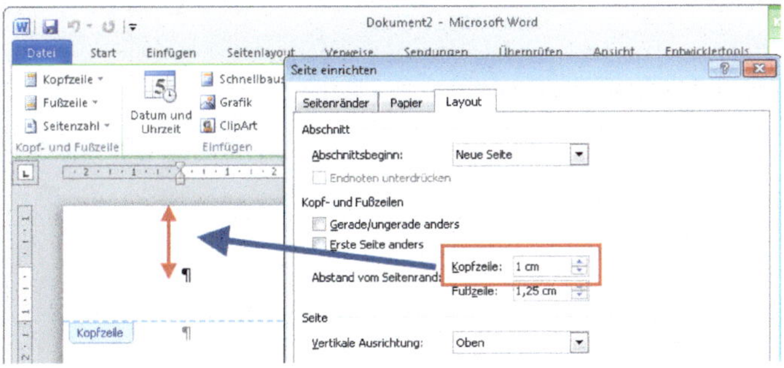

- Der Abstand, den Sie bei der Seiteneinrichtung bei *Seitenränder/Oben* (siehe Abbildung 5.4) festlegen, gibt an, wie viel Zentimeter *der Haupttext* vom *oberen Blattrand* entfernt ist.

Abbildung 5.4 Den Abstand zwischen oberem Papierrand und Haupttext festlegen

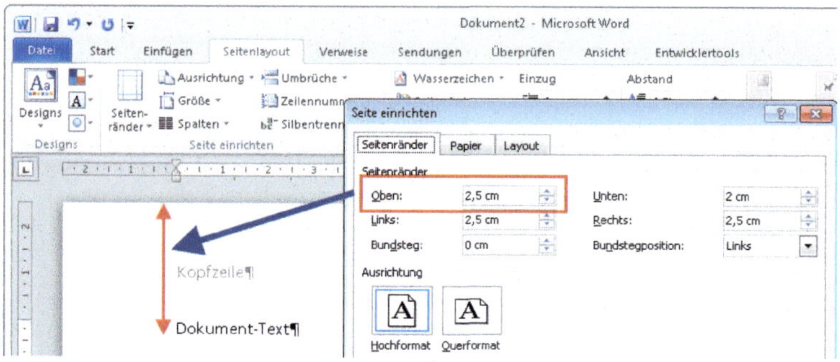

- Wenn Sie den Wert bei *Abstand vom Seitenrand/Kopfzeile* auf `0 cm` setzen, beginnt der Inhalt der Kopfzeile direkt am Blattrand. Beachten Sie, dass es bei allen handelsüblichen Bürodruckern einen nicht bedruckbaren Bereich gibt – sie können nicht direkt bis an den Rand drucken. Deshalb können Sie zwar den Wert problemlos auf `0 cm` setzen, Sie sollten aber keine Inhalte näher als 0,7 cm am oberen Blattrand platzieren.

- Wenn Sie den oberen Seitenrand auf `0 cm` setzen und es befindet sich *kein* Inhalt in der Kopfzeile, beginnt der Haupttext direkt am oberen Blattrand. Beachten Sie auch hier, dass es bei allen handelsüblichen Bürodruckern einen nicht bedruckbaren Bereich gibt – sie können nicht direkt bis an den Rand drucken. Deshalb werden Textinhalte abgeschnitten, die zu nahe am oberen Rand platziert sind.

  Deshalb sollten Sie den oberen (und alle anderen Seitenränder) nie kleiner als 0,7 cm wählen. Ist der in den Seitenlayouteinstellungen hinterlegte Seitenrand kleiner als der vom Drucker bearbeitbare Wert, erhalten Sie bei jedem Ausdruck eine Meldung, die Sie manuell bestätigen müssen.

- Haben Sie den oberen Seitenrand auf `0 cm` gesetzt und es befindet sich Inhalt in der Kopfzeile, beginnt der Haupttext unmittelbar unterhalb des Kopfzeileninhalts.

Der Platz für den Inhalt in der Kopfzeile wird demnach durch die Einstellungen *Abstand vom Seitenrand/Kopfzeile* und dem *oberen Blattrand* vorgegeben (siehe Abbildung 5.5). Befindet sich in der Kopfzeile mehr Text, verschiebt der Kopfzeileninhalt einfach den oberen Seitenrand in Richtung Seitenmitte und der Text beginnt weiter unten.

Abbildung 5.5 Der verfügbare Kopfzeilenbereich ergibt sich aus Seitenrand abzüglich Kopfzeilenbeginn

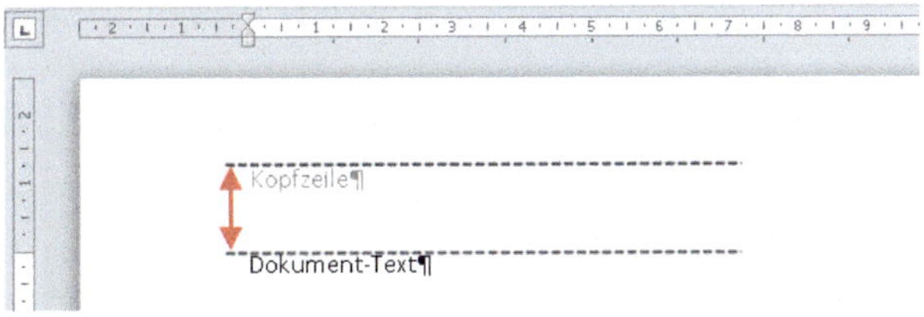

Wenn Sie jetzt wie geplant in der Kopfzeile nicht nur die Daten für den oberen, sondern auch für den rechten Rand platzieren, belegt die Kopfzeile je nach Umfang der Daten auf der rechten Seite durchaus die Hälfte bis zu zwei Drittel der Seite.

Zur Lösung dieses Problems bietet Ihnen Word zwei verschiedene Wege:

- Sie packen den kompletten Inhalt der Kopfzeile in ein Textfeld, für das Sie die Eigenschaft *Zeilenumbruch* (1) auf *Vor den Text* (2) eingestellt haben (siehe Abbildung 5.6). Dann lässt sich das Textfeld frei platzieren und wird den Text »im Vordergrund« nicht nach unten verschieben.

Abbildung 5.6 Ein Textfeld mit dem Zeilenumbruchsformat *Vor den Text* positionieren

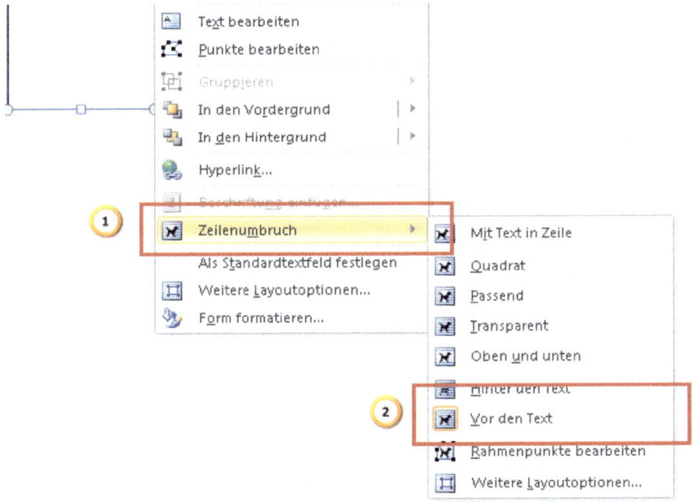

- Sie geben den oberen Seitenrand mit einem Minuszeichen an (siehe Abbildung 5.7). Das hat zur Folge, dass der obere Seitenrand immer genau bei der Zentimeterposition beginnt, die Sie angegeben haben. Der Inhalt der Kopfzeile wird bei Bedarf einfach »überlagert«.

Abbildung 5.7 Ein negatives Maß für den oberen Seitenrand verhindert, dass Kopfzeileninhalte den Haupttext verschieben

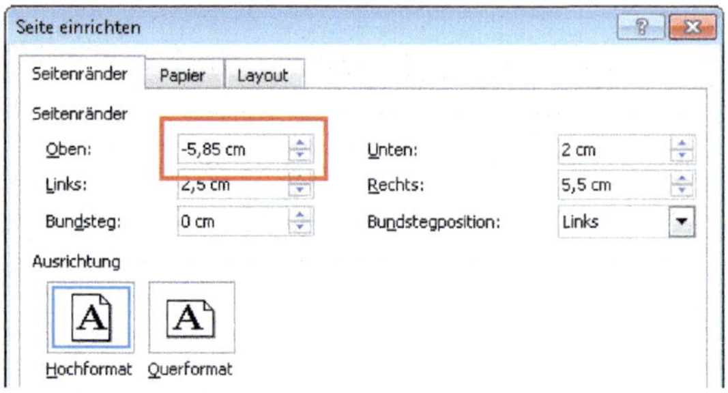

Die Einstellung für den oberen Seitenrand gilt immer für alle Seiten im Briefbogen – auch dann, wenn Sie mit unterschiedlichen Kopf-/Fußzeilen auf der ersten und allen folgenden Seiten arbeiten. Wenn Sie beispielsweise auf der ersten Seite eine umfangreiche Kopfzeile mit Logo und Text benötigen, auf Seite 2 ff. aber nur noch eine Zeile mit dem Firmennamen stehen soll, müssen Sie den oberen Seitenrand an Seite 2 ff. anpassen. Auf der ersten Seite im ersten Absatz stellen Sie mit einem entsprechend großen Vor-Absatz-Abstand sicher, dass der Text in Richtung Seitenmitte »verschoben« wird, um nicht den Kopfzeilentext zu überlagern.

Zum Anlegen der in diesem Abschnitt zu erstellenden Briefbogendokumentvorlage gehen Sie nun wie folgt vor:

1. Öffnen Sie mit [Strg]+[N] ein neues, leeres Dokument.
2. Speichern Sie das leere Dokument jetzt gleich als Dokumentvorlage über *Datei/Speichern und Senden* (1)/*Dateityp ändern* (2)/*Vorlage (*.dotx)* (3) ab. Achten Sie beim Speichern darauf, dass Sie die neue Briefkopfdokumentvorlage im Standardordner für Dokumentvorlagen ablegen (siehe Anhang A »Hintergrundwissen«, Abschnitt »Dokumentvorlagenpfade«), damit sie später über *Datei/Neu/Meine Vorlagen* abrufbereit ist.

Abbildung 5.8 Eine Word-Datei als Dokumentvorlage (*.dotx) speichern

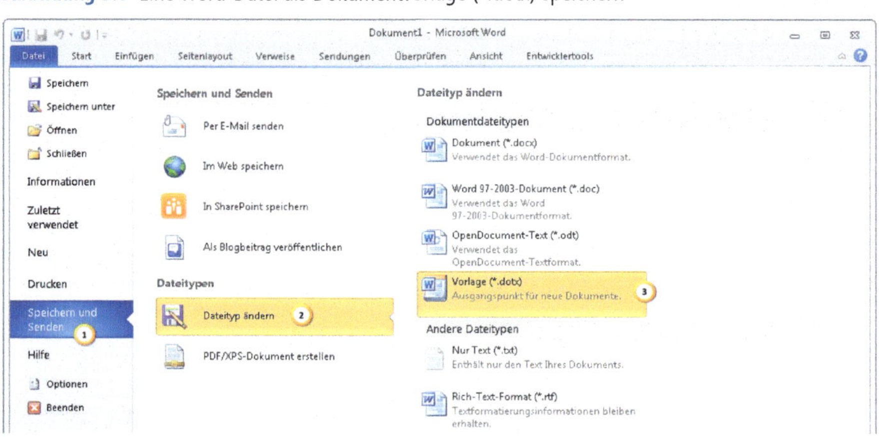

3. Zur Einstellung der Seitenränder klicken Sie auf der Registerkarte *Seitenlayout* in der Gruppe *Seite einrichten* auf das »Startprogramm für ein Dialogfeld« ( ).

4. Im jetzt angezeigten Dialogfeld (siehe Abbildung 5.9) tragen Sie auf der Registerkarte *Seitenränder* als oberen Rand `-5,85 cm` (1), als unteren Rand `2 cm` (2), als linken Rand `2,5 cm` (3) und als rechten Rand `5,5 cm` (4) ein.

Abbildung 5.9 Alle erforderlichen Seitenränder für die Dokumentvorlage festlegen

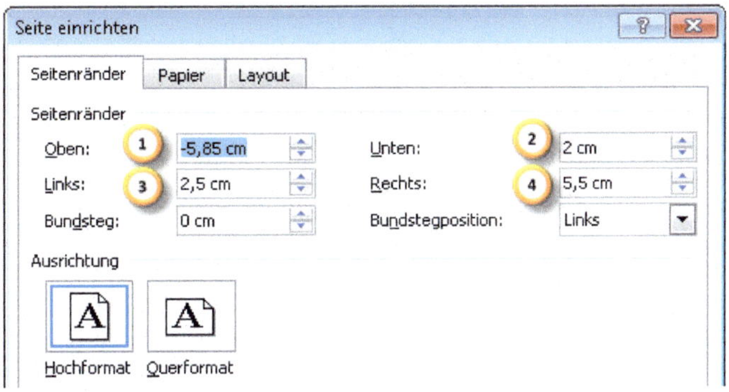

5. Zum Schluss müssen Sie nur noch im gleichen Dialogfeld auf der Registerkarte *Layout* bei *Kopf- und Fußzeilen* das Kontrollkästchen *Erste Seite anders* (1) einschalten und den Abstand der Kopfzeile vom oberen Rand auf `0 cm` (2) setzen (siehe Abbildung 5.10).

Abbildung 5.10 Einstellungen zu Kopf- und Fußzeilen für die Dokumentvorlage vornehmen

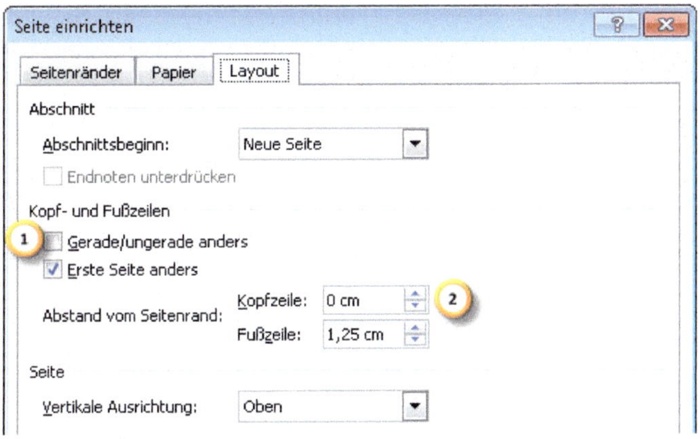

Das Grundgerüst steht damit und Sie können die neue Briefvorlage mit [Strg]+[S] speichern.

Kopfzeile auf Seite 1: Alles am richtigen Platz dank Tabellen

Zur genauen Platzierung der Daten wie Absenderzeile (für Fensterkuverts), Firmenlogo sowie die Absenderdaten auf der rechten Seite fügen Sie in der Kopfzeile eine Tabelle ein. Da die Tabelle als Gerüst für die Daten dient, muss sie sehr exakt aufgebaut werden:

1. Wechseln Sie in der Dokumentvorlage über *Einfügen/Kopf- und Fußzeile/Kopfzeile/Kopfzeile bearbeiten* in die Kopfzeile der ersten Seite.
2. Da Sie als Abstand der Kopfzeile vom oberen Blattrand zuvor `0 cm` gewählt haben, beginnt der erste Absatz ganz am oberen Rand. Fügen Sie hier über *Einfügen/Tabellen/Tabelle* eine Tabelle bestehend aus drei Zeilen und zwei Spalten ein.
3. Lassen Sie den Cursor in der Tabelle stehen, sodass die kontextbezogene Registerkarte *Tabellentools* angezeigt bleibt. Markieren Sie über *Tabellentools/Layout/Tabelle/Auswählen/Tabelle auswählen* die ganze Tabelle.
4. Entfernen Sie über *Tabellentools/Entwurf* (1)/*Tabellenformatvorlagen* (2)/*Rahmen* (3)/*Kein Rahmen* (4) die Rahmenlinien, die die Tabelle umgeben (siehe Abbildung 5.11).

Abbildung 5.11 Die Rahmenlinien einer Tabelle entfernen

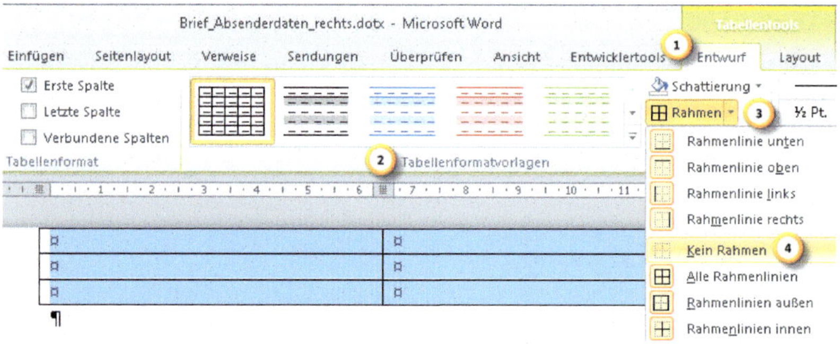

5. Damit die Zellenumrandungen auch trotz der entfernten Rahmenlinien noch sichtbar sind, aktivieren Sie die Option *Tabellentools/Layout/Tabelle/Rasterlinien anzeigen*. Dann werden die Tabellenzellen mit einer gestrichelten blauen Linie umrandet, die nur am Bildschirm zu sehen ist (siehe Abbildung 5.12), in der Druckvorschau und beim Ausdruck aber verschwindet.

Abbildung 5.12 Die Zellenbegrenzungen einer Tabelle mithilfe von Rasterlinien darstellen

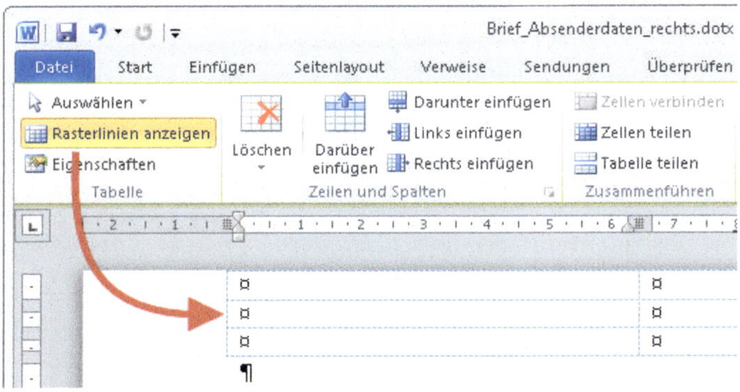

6. Lassen Sie die Tabelle markiert und klicken Sie unter *Tabellentools/Layout/Zellengröße* auf *AutoAnpassen*. Wählen Sie hier *Feste Spaltenbreite*, sodass sich die Breite der Tabellenzellen beim späteren Füllen mit Logos und Ihren Adressdaten nicht dem Inhalt anpasst, sondern immer in der von Ihnen definierten Größe verbleibt.

7. Die Breite der Tabelle entspricht automatisch der Seitenbreite und muss jetzt so verbreitert werden, dass sie in den rechten Rand hineinragt. Klicken Sie in eine Zelle der ersten Spalte und legen Sie deren Breite über *Tabellentools/Layout/Zellengröße/Tabellenspaltenbreite* auf `13,5 cm` fest. Der zweiten Spalte weisen Sie die Breite `4,4 cm` zu.

8. In der ersten Zeile der Tabelle soll in der zweiten Spalte das Firmen-/Vereinslogo platziert werden, die zweite Zeile soll in der ersten Spalte die Absenderdaten für das Kuvertfenster aufnehmen und bei der dritten Zeile soll die rechte Spalte für sämtliche Kontaktdaten dienen. Entsprechend passen Sie jetzt die Höhen der drei Zeilen wie folgt an:

   1. Zeile: 5,3 cm

   2. Zeile: 0,6 cm

   3. Zeile: 16,5 cm

9. Damit die Zeilenhöhe beim Einfügen des Textes nicht versehentlich verändert wird, platzieren Sie den Cursor in der ersten Zelle der ersten Zeile. Dann öffnen Sie über *Tabellentools/Layout/Tabelle/Eigenschaften* das Dialogfeld *Tabelleneigenschaften*. Wechseln Sie hier zur Registerkarte *Zeile* (1) und wechseln Sie im Dropdown-Listenfeld *Zeilenhöhe* von *Mindestens* auf *Genau* (2) (siehe Abbildung 5.13). Klicken Sie anschließend auf die Schaltfläche *Nächste Zeile* (3) und passen Sie auch in der zweiten Zeile die Höhe an. Führen Sie das Ganze auch für die dritte Zeile durch.

Abbildung 5.13 Die Zeilenhöhe einer Tabelle anpassen

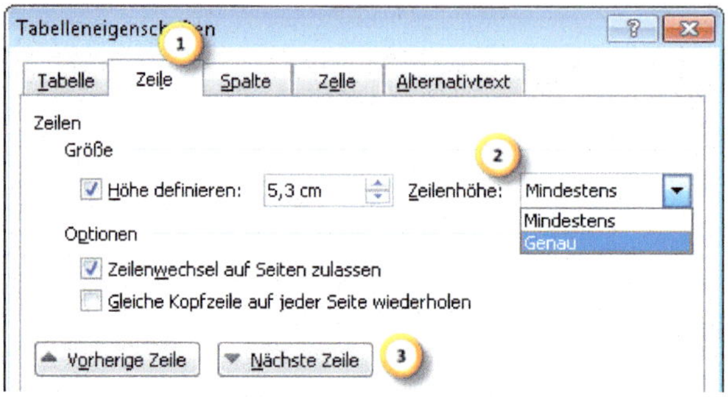

10. Lassen Sie das Dialogfeld geöffnet und klicken Sie auf der Registerkarte *Tabelle* auf die Schaltfläche *Optionen*. Passen Sie anschließend im Dialogfeld *Tabellenoptionen* die Abstände zwischen Zellenrand und Zelleninhalt an, indem Sie bei *Standardzellenbegrenzung Links* (1) und *Rechts* (2) jeweils den Wert `0,01 cm` eintragen (siehe Abbildung 5.14).

    Jetzt sitzen die vertikalen Tabellenrasterlinien exakt dort, wo auch der Zelleninhalt beginnt. Der Abstand von 0,01 cm ist notwendig, damit Word den Inhalt nicht auf der linken bzw. rechten Linie platziert und so bei Textinhalten ein paar Pixel der Buchstaben abschneidet.

Abbildung 5.14 Die Abstände innerhalb einer Tabellenzelle festlegen

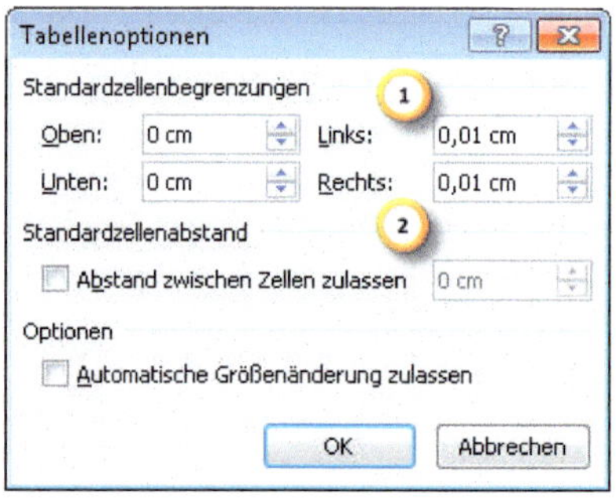

Inhalte einfügen

Nachdem sämtliche Arbeiten an der Platzhalter- und Positionierungstabelle abgeschlossen sind, können Sie die Tabellenzellen füllen:

1. Platzieren Sie den Cursor in der zweiten Spalte der ersten Zeile und fügen Sie hier das Logo ein. Damit das Logo in der unteren linken Ecke der Tabellenzelle landet, legen Sie über *Tabellentools/Layout/Ausrichtung/Unten links ausrichten* die Ausrichtung fest (siehe Abbildung 5.15).

Abbildung 5.15 Das Logo für den Brief wird innerhalb einer Tabellenzelle positioniert

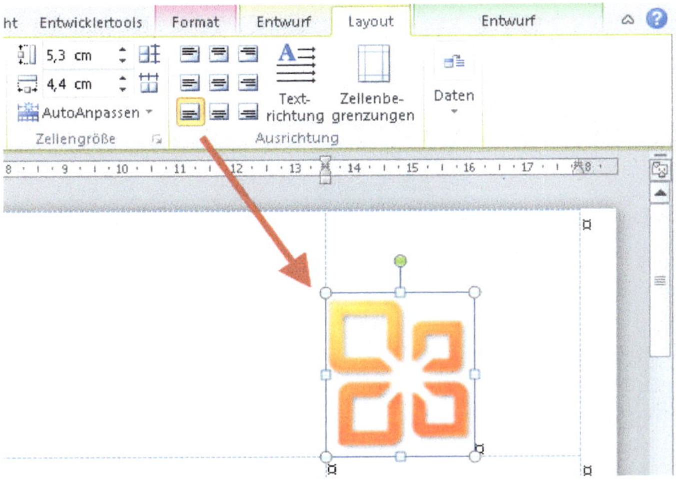

2. Weiter geht es mit der ersten Zelle der zweiten Zeile: Hier tragen Sie Firmen-/Vereinsname, Straße, PLZ und Ort ein – die Daten, die später im Fensterkuvert im Fenster am oberen Rand als Absender zu lesen sein sollen. Legen Sie als Ausrichtung der Zelle mit den Absenderdaten über *Tabellentools/Layout/Ausrichtung* die Option *Mitte links ausrichten* fest. Achten Sie darauf, dass der eingegebene Text so formatiert wird, dass die Gesamtlänge 9 cm (Breite des Fensters) nicht überschreitet.

Nutzen Sie zur Formatierung der Texte immer Formatvorlagen anstelle manueller Formatierungen. So sparen Sie nicht nur bereits beim Anlegen der Dokumentvorlage Zeit, sondern auch bei nachträglichen Formatierungsänderungen oder Änderungen an der Dokumentvorlage. Informationen zum Arbeiten mit Formatvorlagen finden Sie in Kapitel 1, Abschnitt »Formatvorlagen: Konsistente, schnelle Formatierungen« sowie in Anhang A »Hintergrundwissen«, Abschnitt »Formatvorlagen« und »Formatvorlagen-Aufgabenbereich«.

3. Danach folgen die Absenderdaten am rechten Rand, die Sie zur besseren Übersicht nach Rubriken wie Anschrift, Geschäftsführer, Handelsregister, Bankverbindung und Steuernummern gruppieren.

Absatzmarke verbergen

Zum Schluss kümmern Sie sich noch um die Absatzmarke, die unmittelbar auf die Tabelle in der Kopfzeile folgt und sich nicht vermeiden lässt. Da der untere Rand der Kopfzeilentabelle später »mitten« im Brief liegt, würde die Absatzmarke bei eingeblendeten Formatierungssymbolen (*Start/Absatz*, Schaltfläche *Alle anzeigen* (¶)) hinter dem Text liegen und optisch stören.

Markieren Sie deshalb die Absatzmarke und formatieren Sie sie in der Schriftgröße 1 Punkt. Jetzt ist die Absatzmarke so klein, dass sie kaum noch sichtbar ist und nicht mehr stört (siehe Abbildung 5.16).

Abbildung 5.16 Die auf 1 Punkt reduzierte Absatzmarke in der Kopfzeile fällt kaum noch auf

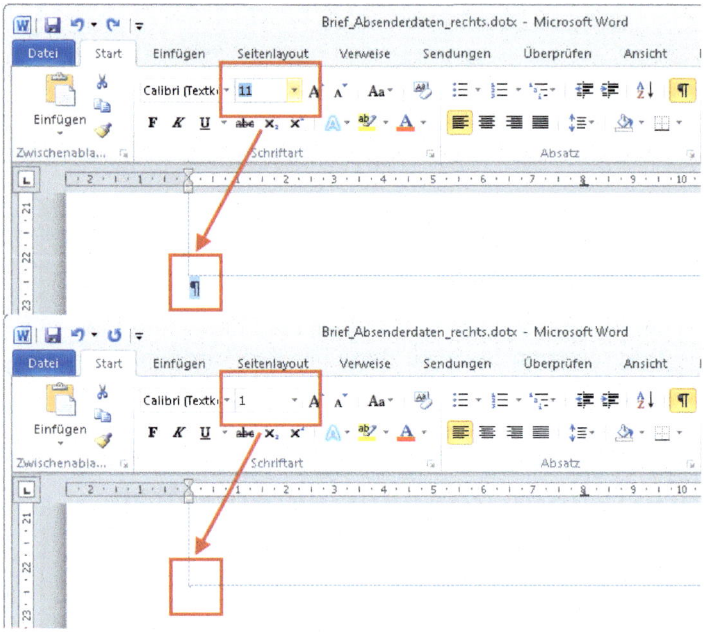

Kopfzeile der zweiten und folgenden Seite: Nur eine Kopie?

Nachdem die Kopfzeile für die erste Seite des Briefbogens fertig gestaltet ist, geht es mit der Kopfzeile der zweiten und folgenden Seiten weiter:

1. Fügen Sie in Ihrem Dokument im Haupttext mit [Strg]+[↵] einen manuellen Seitenumbruch ein.
2. Auf der zweiten Seite gelandet, wechseln Sie wieder mit *Einfügen/Kopf- und Fußzeile/Kopfzeile/Kopfzeile bearbeiten* in die Kopfzeile.
3. In der Kopfzeile ab der zweiten Seite wird nur das Logo benötigt. Wechseln Sie deshalb über *Kopf- und Fußzeilentools/Entwurf/Navigation/Vorherige* zur Kopfzeile der ersten Seite (siehe Abbildung 5.17).
4. Markieren Sie hier die erste Zeile der Tabelle und kopieren Sie sie mit [Strg]+[C] in die Zwischenablage. Mit einem Klick auf *Nächste* kehren Sie zur zweiten Seite zurück und fügen die Zeile mit [Strg]+[V] aus der Zwischenablage in die Kopfzeile ein. Die beiden Kopfzeilen sind jetzt deckungsgleich.

Abbildung 5.17 Navigieren zwischen den Kopf- und Fußzeilen mithilfe der *Kopf- und Fußzeilentools*

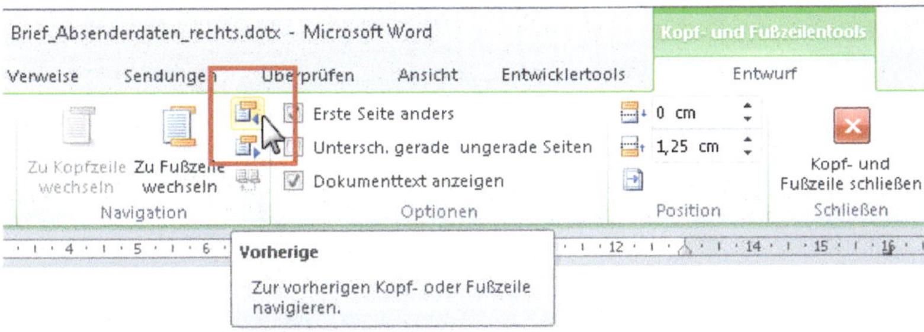

5. Wenngleich die Absatzmarke am Ende der Kopfzeilentabelle auf Seite 2 ff. noch im oberen Seitenrand liegt, formatieren Sie auch diese mit der Schriftgröße 1 Punkt. So ist sie auch ab der zweiten Seite kaum sichtbar und stört nicht.

Falzmarken: Hilfestellung zum korrekten Falten

Um das Zusammenfalten des Briefbogens für Umschläge in den Maßen DIN Lang und DIN A5 zu vereinfachen, fügen Sie Falzmarken am linken Rand der ersten Seite ein.

1. Platzieren Sie dazu den Cursor in der Kopfzeile auf der ersten Seite in der ersten Zelle.
2. Wählen Sie jetzt *Einfügen/Illustrationen/Formen/Linie* und zeichnen Sie im linken Randbereich der ersten Zeile mit gedrückter linker Maustaste und gleichzeitig gedrückter Taste ⇧ eine ca. ein Zentimeter lange Linie. Das Drücken der Taste ⇧ sorgt dafür, dass die Linie waagerecht wird. Die exakte vertikale und horizontale Position legen Sie später fest.
3. Lassen Sie die Linie markiert (1) und formatieren Sie sie über *Zeichentools/Format/Formenarten/Formkontur* (2) mit einem hellen Schwarzton (3) (siehe Abbildung 5.18).

Abbildung 5.18 Die Farbe einer gezeichneten Linie, in diesem Fall für die Falzmarke, festlegen

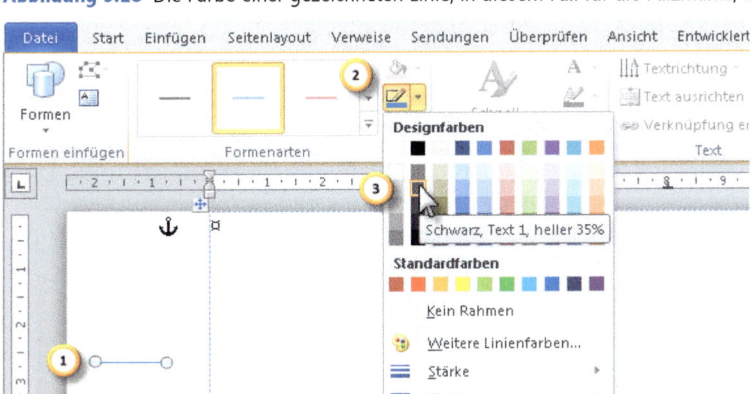

4. Damit die Linie die richtige Länge und Position erhält, klicken Sie unter *Zeichentools/Format/Größe* auf das »Startprogramm für ein Dialogfeld« ( ). Im jetzt angezeigten Dialogfeld wechseln Sie zur Registerkarte *Größe*, geben bei Höhe den Wert `0 cm` (1) und bei Breite den Wert `0,8 cm` (2) ein (siehe Abbildung 5.19).

Abbildung 5.19 Die Größe für die Falzmarke festlegen

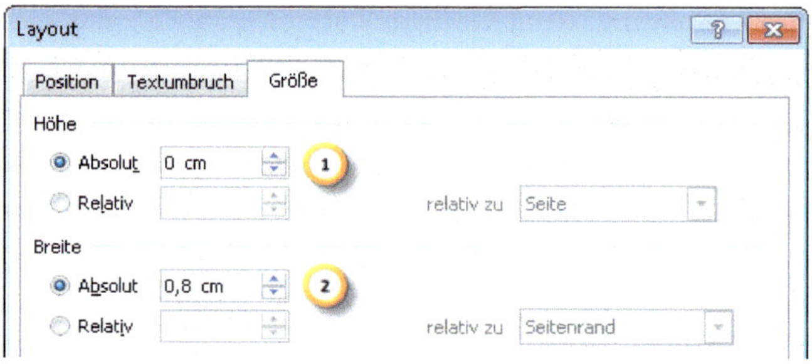

5. Wechseln Sie zur Registerkarte *Position* (1) (siehe Abbildung 5.20), wählen Sie bei *Horizontal* die Option *Absolute Position*, tragen Sie als Wert `0 cm` (2) ein und wählen Sie im Dropdown-Listenfeld *rechts von* die Option *Seite* (3). Auch bei *Vertikal* wählen Sie die Option *Absolute Position* (4), hier beträgt der Wert `10,5 cm`, der *unterhalb* von *Seite* (5) festgelegt wird. Die hier gewählten absoluten Positionen haben den Vorteil, dass sie unabhängig von vielleicht später einmal durchgeführten Seitenrandänderungen immer unverändert bleiben. Stellen Sie zum Schluss noch sicher, dass das Kontrollkästchen *Layout in Tabellenzelle* (6) deaktiviert ist, da sich sonst alle Koordinaten auf die Tabelle beziehen.

Abbildung 5.20 Die Position der Falzmarke festlegen

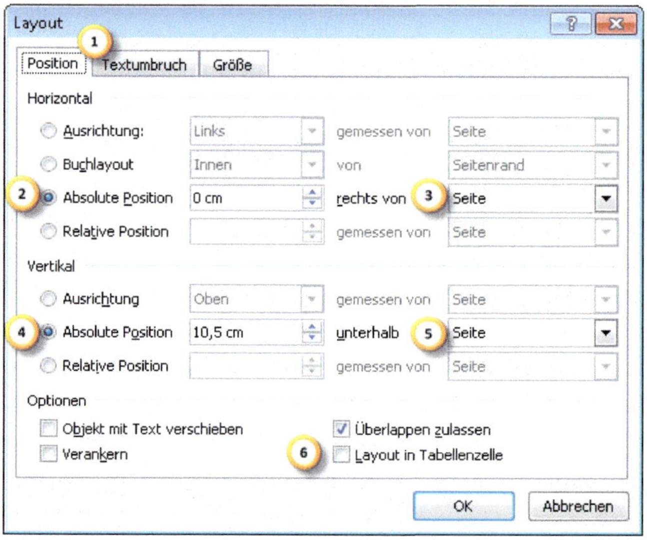

6. Jetzt befindet sich die erste von zwei Falzmarken für das Falten bei DIN-Lang-Briefen an der richtigen Stelle. Da Sie als linken Seitenrand 0 cm angegeben haben und die Linie 0,8 cm lang ist, werden aufgrund des nicht bedruckbaren Seitenrands von der Linie je nach Drucker bis zu 0,7 cm abgeschnitten. So stört die Linie kaum und ist dennoch eine perfekte Orientierungshilfe.
7. Fügen Sie nun die zweite Falzmarke für DIN-A5-Umschläge ein. Kopieren Sie hierzu die erste Falzmarke (Achtung: Beim Einfügen darf die erste Falzmarke nicht mehr markiert sein!) und weisen Sie ihr anschließend die gleichen Daten zu – lediglich bei *Vertikal/Absolute Position* tragen Sie `14,85 cm` ein, wie in Abbildung 5.21 dargestellt.

Abbildung 5.21 Die vertikale Position der zweiten Falzmarke festlegen

Da Sie die Falzmarken in der Kopfzeile der ersten Seite definiert haben, erscheinen sie auch nur dort und nicht auf Seite 2 ff.

Fußzeile: Perfekt für Seitenzahlen mit Intelligenz

Da die Absenderdaten auf der rechten Seite platziert sind, ist in der Fußzeile nun Platz für die Seitenzahl im Stil von »Seite x/y«. Da eine solche Seitenzahl bei einseitigen Briefen auf der ersten Seite etwas sonderbar erscheint, soll die Seitenzahl dort erst angezeigt werden, wenn der Brief zwei oder mehr Seiten umfasst. Und so lösen Sie die Aufgabe:

1. Platzieren Sie den Cursor auf der ersten Seite und wechseln Sie mit *Einfügen/Kopf- und Fußzeile/Fußzeile/Fußzeile bearbeiten* in die Fußzeile der ersten Seite.
2. Löschen Sie in dem vorhandenen Absatz in der Fußzeile die vorgegebenen, standardmäßig dort vorhandenen Tabstopps bei 8 cm (zentriert) und 16 cm (rechtsbündig). Dies geht am einfachsten, wenn Sie den Tabstopp im Lineal anklicken und mit gedrückter linker Maustaste in Richtung Briefvorlagenmitte ziehen. Wenn Sie die Maustaste loslassen, ist der Tabstopp im Lineal verschwunden. Falls das Lineal nicht angezeigt wird, können Sie es über *Ansicht/Anzeigen/Lineal* einschalten.
3. Setzen Sie bei 13,5 cm (= Start der zweiten Spalte der Kopfzeilentabelle) einen linksbündigen Tabstopp. Wählen Sie per Klick auf das Tabstopp-Auswahlsymbol oberhalb des vertikalen Lineals den linksbündigen Tabstopp aus. Bei jedem Klick auf das Symbol wechselt die Tabstoppart, sodass Sie einfach so lange klicken, bis der linksbündige Tabstopp erscheint.

4. Um den Tabstopp bei 13,5 Zentimeter zu setzen, klicken Sie zuerst bei der Position 11 cm ins Lineal. Dann klicken Sie den Tabstopp an, halten die linke Maustaste gedrückt und ziehen den Tabstopp über den rechten Rand hinaus auf die Position 13,5 cm. Der kleine Umweg ist notwendig, weil Sie Tabstopps im Randbereich nicht direkt per Mausklick im Lineal setzen können.
5. Wenn Sie in der Fußzeile nun die Taste [↹] drücken, springt der Cursor auf die gewünschte Position für die Seitenzahl.

Feldfunktion für die Seitenzahl

Für die korrekte Anzeige der Seitenzahl benötigen Sie intelligente, verschachtelte Feldfunktionen (siehe Anhang A »Hintergrundwissen«, Abschnitt »Feldfunktion«). Die Feldfunktionen müssen abfragen, ob das Dokument mehr als eine Seite lang ist, und dann je nach Ergebnis die Seitenzahl oder nichts ausgeben. Hierfür kommen drei Feldfunktionen zum Einsatz:

- Feldfunktion für die aktuelle Seitenzahl: *{ Page }*
- Feldfunktion für die Anzahl aller Seiten im Dokument: *{ NumPages }*
- Wenn-Dann-Sonst-Abfrage: *{ If [Abfrage] "Dann" "Sonst" }*

Zum Aufbau der verschachtelten Feldfunktion gehen Sie wie folgt vor:

1. Löschen Sie den zuvor mit [↹] eingefügten Tabstopp, sodass Sie am linken Rand mit dem Aufbau der Feldfunktion beginnen können. Wenn Sie die verschachtelten Feldfunktionen bei Position 13,5 cm aufbauen, werden Sie aufgrund der Länge der Feldfunktionen beim Aufbau nicht alles sehen.
2. Drücken Sie die Tastenkombination [Strg]+[F9]. Word fügt eine leere Feldfunktion ein – Feldfunktionen beginnen und enden immer mit einer geschweiften Klammer. Wenn Feldfunktionen ausgewählt werden, hebt sie Word standardmäßig mit einer grauen Hintergrundschattierung als Hinweis auf die besondere Eigenschaft hervor (das Hervorheben können Sie in den Word-Optionen über *Erweitert/Dokumentinhalt anzeigen/Feldschattierung* anpassen).
3. Klicken Sie zwischen die zwei geschweiften Klammern und geben Sie den Text `IF` ein. Dann folgt ein Leerzeichen und anschließend mit [Strg]+[F9] die nächste leere Feldfunktion, die Sie mit dem Text `Page` füllen. Die bisherige Angabe lautet wie folgt: *{ IF { Page } }*.
4. Hinter der *{ Page }*-Anweisung geben Sie das Kleiner- und das Größerzeichen <> ein, gefolgt von einer weiteren mit [Strg]+[F9] erzeugten Feldfunktion, in die Sie den Text `NumPages` eintragen. Der aktuelle Status lautet jetzt: *{ IF { Page } <> { NumPages} }*.
5. Die Wenn-Bedingung (*IF*) der Feldfunktion prüft jetzt, ob die aktuelle Seitenzahl im Brief ungleich der Gesamtzahl der Seiten im Brief ist. Ist das der Fall, besteht das Dokument aus mehreren Seiten und die Seitenzahl soll in Form von »Seite

x/y« angezeigt werden. Ist die Anzahl aller Seiten mit der aktuellen Seitenzahl (= erste Seite, demnach »1«) identisch, handelt es sich um einen einseitigen Brief und Word soll keine Seitenzahl ausgeben.

6. Die beiden Bedingungen werden jetzt jeweils in doppelten Anführungszeichen hinter die Abfrage der Wenn-Bedingungen eingetragen. Erweitern Sie die Feldfunktion wie folgt – die geschweiften Klammernpaare erzeugen Sie immer über [Strg]+[F9] und niemals über [AltGr]+[7] und [AltGr]+[0]! Und so sieht die fertige Feldfunktion aus (siehe auch Abbildung 5.22):

   { IF { Page } <> { NumPages} "Seite { Page }/{ NumPages}" ""}

Abbildung 5.22 Ein *IF*-Feld sorgt dafür, dass Seitenzahlen erst ab Seite 2 erscheinen

7. Damit die Feldfunktion aktiv wird, müssen Sie die Anzeige der Feldfunktionen ausschalten und die Ergebnisansicht aktivieren. Drücken Sie hierzu die Tastenkombination [Alt]+[F9], mit der Sie zwischen den beiden Ansichten hin und her schalten. Da sich vom Anlegen der unterschiedlichen Kopfzeilen für die erste Seite und die Folgeseiten ein manueller Seitenumbruch in Ihrer Briefvorlage befindet, ist Ihr Brief zwei Seiten lang und die Seitenzahl wird sofort angezeigt.

8. Um die Seitenzahl in der Fußzeile an die richtige Stelle zu verschieben, klicken Sie vor die Feldfunktion und drücken [⇆].

Feldfunktion in der Fußzeile für Seite 2 ff.

Die Seitenzahlen auf Seite 2 ff. werden dort immer benötigt – schließlich kommt die Fußzeile ab der zweiten Seite automatisch nur dann zum Einsatz, wenn der Brief auch mehr als eine Seite lang ist. Sie können der Einfachheit halber die Fußzeile der ersten Seite in die Fußzeile der zweiten Seite kopieren. So sparen Sie sich das erneute Löschen und Anlegen der Tabstopps und den Aufbau der Feldfunktion. Oder Sie kopieren die komplette Fußzeile und überarbeiten anschließend die Feldfunktion (mit [Alt]+[F9] die Anzeige der Formel anzeigen lassen) und reduzieren die Seitenzahlanzeige auf den folgenden Inhalt: *Seite { Page }/{ NumPages}*.

Haben Sie die Fußzeile der ersten und zweiten Seite angelegt, kehren Sie zu Ihrem Text zurück und entfernen den manuellen Seitenumbruch auf der ersten Seite. Wenn Sie Ihre Briefvorlage nun in der Druckvorschau (Tastenkombination [Strg]+[P]) betrachten, fehlt wunschgemäß die Seitenzahl; erst bei mehr als einer Seite taucht sie wieder auf.

Die Seitenzahl-Feldfunktionen in der Fußzeile werden häufig von Word erst beim Aufruf der Druckvorschau bzw. beim Drucken aktualisiert. Wundern Sie sich nicht, wenn dort einmal eine falsche Seitenzahl erscheint.

Tabellenzelle: Platzhalter für die Empfängeradresse

Der Hintergrund des Briefbogens ist perfekt gelungen. Jetzt folgt die Gestaltung des Textbereichs, in dem Sie die Empfängeradresse und den Brieftext eingeben. Beginnen Sie zuerst mit dem Bereich für die Empfängeradresse, der unmittelbar am oberen Seitenrand beginnt und somit nahtlos auf die in der Kopfzeile hinterlegte Absenderangabe für das Fensterkuvert folgt.

Der Bereich für die Empfängeradresse soll neun Zeilen Text aufnehmen und darf maximal neun Zentimeter breit sein. Deshalb eignet sich hier der Einsatz einer Tabellenzelle, die als Positionierungs- und Begrenzungshilfe dient. Die Besonderheiten beim Formatieren der Tabelle entsprechen weitgehend denen der Tabelle in der Kopfzeile. Hier die auszuführenden Aufgaben in Kurzform:

1. Platzieren Sie den Cursor im ersten Absatz auf der ersten Seite und fügen Sie über *Einfügen/Tabellen/Tabelle* eine Tabelle mit einer Zeile und einer Spalte ein.
2. Entfernen Sie über *Tabellentools/Entwurf/Tabellenformatvorlagen/Rahmen/Kein Rahmen* die Rahmenlinien der Tabelle.
3. Legen Sie über *Tabellentools/Layout/Zellengröße/AutoAnpassen/Feste Spaltenbreite* fest, dass sich die Breite der Tabelle nicht automatisch vergrößert, sondern immer den definierten Wert beibehält.
4. Legen Sie über *Tabellentools/Layout/Tabelle/Eigenschaften* im Dialogfeld *Tabelleneigenschaften* auf der Registerkarte *Tabelle*, Schaltfläche *Optionen* bei *Standardzellenbegrenzung Links* und *Rechts* jeweils einen Wert von `0,01 cm` fest. Ändern Sie im gleichen Dialogfeld auf der Registerkarte *Zeile* die Zeilenhöhe von *Mindestens* in *Genau*.
5. Passen Sie über *Tabellentools/Layout/Zellengröße* die Höhe der Tabellenzelle auf `4,3 cm` und die Breite auf `9 cm` an.

Die Tabellenzelle hat jetzt exakt die benötigten Maße. Geben Sie in der Tabellenzelle ein Leerzeichen ein und drücken Sie dann die Taste [↵]. Löschen Sie anschließend das Leerzeichen wieder. So haben Sie sichergestellt, dass später direkt mit der Texteingabe im Textfeld begonnen werden kann. Drückt man die Taste [↵] ohne das vorangegangene Leerzeichen, wird der Befehl *Tabelle teilen* ausgeführt und ein Absatz oberhalb der Tabelle eingefügt, die Tabelle also nach unten verschoben. Durch Ihren »Absatzplatzhalter« vermeiden Sie die Fehleingabe.

Einen kleinen Schönheitsfehler gibt es noch zu korrigieren: Die obere Rasterlinie der Empfängeradresszelle liegt etwas oberhalb der Rasterlinie der Tabelle in der Kopfzeile. Mit dem Erfolg, dass jetzt dort zwei Linien erscheinen (siehe Abbildung 5.23).

Abbildung 5.23 Die Rasterlinien im Vorder- und Hintergrund liegen nicht deckungsgleich übereinander

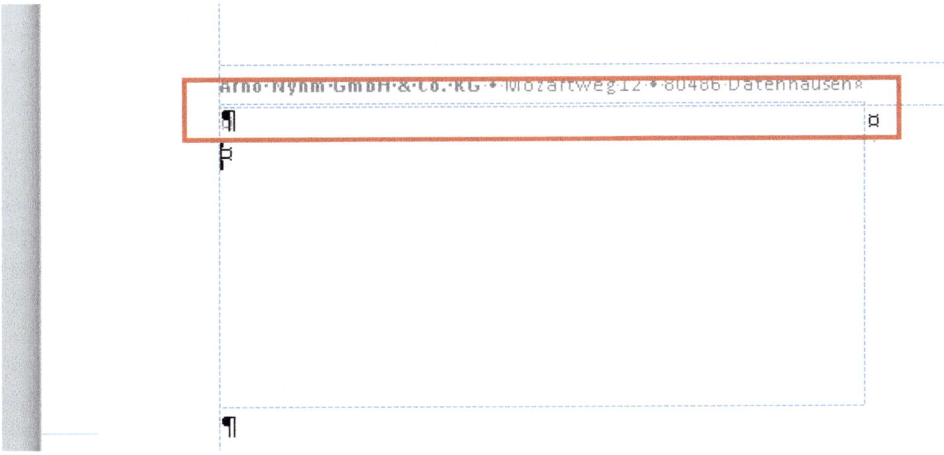

Damit die Rasterlinien direkt übereinander liegen, wechseln Sie in die Kopfzeile der ersten Seite und reduzieren die Zeilenhöhe der zweiten Zeile der dort vorhandenen Tabelle um 0,04 cm auf 0,56 cm (siehe Abbildung 5.24), sodass die Linie exakt über der Linie im Vordergrund liegt.

Abbildung 5.24 Eine kleine Korrektur an der Zeilenhöhe beseitigt den Schönheitsfehler

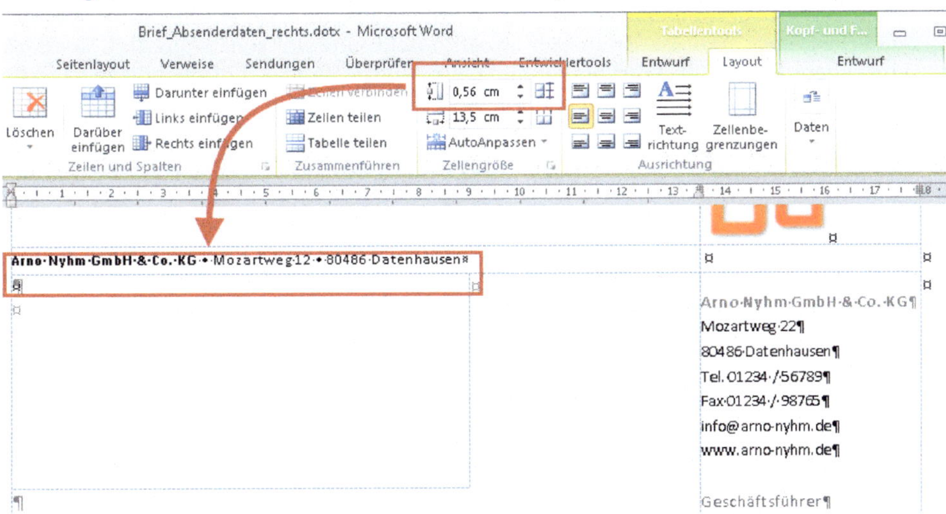

Unterhalb der Tabellenzelle für die Empfängeranschrift fügen Sie über *Entwicklertools/Steuerelemente/Datumsauswahl-Inhaltssteuerelement* nun rechtsbündig den Ort gefolgt von einem Datumsauswahl-Inhaltssteuerelement ein (siehe Anhang A »Hintergrundwissen«, Abschnitt »Inhaltssteuerelemente«). Den Platzhaltertext des Inhaltssteuerelements passen Sie nach dem Einschalten des Entwurfsmodus (*Entwicklertools/Steuerelemente/Entwurfsmodus)* so an, dass dort nur noch der Text *Datum wählen* steht. Damit das Datumsauswahl-Inhaltssteuerelement auffällt, formatieren Sie

den Platzhaltertext in roter Farbe (siehe Anhang A »Hintergrundwissen«, Abschnitt »Platzhaltertext-Formatvorlage«), wie in Abbildung 5.25 dargestellt. Über *Entwicklertools/Steuerelemente/Eigenschaften* legen Sie zum Schluss noch das Datumsformat fest, beispielsweise im Stil von Tag Monat Jahr (*d. MMMM yyyy*).

Abbildung 5.25 Das Datum lässt sich komfortabel per Datumsauswahl-Inhaltssteuerelement auswählen

Um nicht bei jedem Brief erneut den einleitenden Satz am Briefanfang sowie die Grußformel am Briefende eingeben zu müssen, können Sie auch diese Texte bereits vorbelegen. Ihre professionelle Briefvorlage ist somit fertig gestaltet und ab sofort einsatzbereit.

Seitenbreiten: Unterschiedliche erste und folgende Seiten

Für die Absenderdaten am rechten Rand war es notwendig, mit 5,5 cm einen breiten rechten Seitenrand festzulegen. Da die Randeinstellungen für das ganze Dokument gelten, verfügt auch Seite 2 ff. über den breiten Rand – obwohl ab Seite 2 ein schmalerer Rand ausreichen würde.

Unterschiedliche Ränder in einem Dokument unterstützt Word nur in Verbindung mit einem Abschnittswechsel (*Seitenlayout/Seite einrichten/Umbrüche*). Ein Abschnittswechsel hat aber den großen Nachteil, dass Sie ihn »verwalten« müssen: Sie müssen den Abschnittswechsel entweder am Ende der ersten Seite des Briefes einfügen, um dann im zweiten Abschnitt – der nun auf Seite 2 beginnt – die Seitenbreite zu ändern.

Oder Sie können den Abschnittswechsel auch bereits in die Dokumentvorlage einfügen und die Ränder für den zweiten Abschnitt anpassen. Dann müssen Sie aber sicherstellen, dass der Abschnittswechsel bei der Texteingabe nicht versehentlich auf die zweite Seite wandert. Sonst gelten die neuen Ränder erst ab der folgenden dritten Seite. Bei Textänderungen jedes Mal die Position des Abschnittswechsels zu prüfen, ist aber alles andere als benutzerfreundlich und praktikabel.

Da der breite rechte Rand nur auf der ersten Seite benötigt wird und Sie über unterschiedliche Fußzeilen für die erste und alle folgenden Seiten verfügen, nutzen Sie einfach den folgenden Trick:

1. Ändern Sie im Briefbogen den rechten Seitenrand von 5,5 Zentimeter auf 2,5 Zentimeter. Das hat im leeren Briefbogen zur Folge, dass die rechtsbündige Zeile mit dem Ort und dem Datum nach rechts rutscht und über den Absenderdaten steht. Würde sich bereits Text im Dokument befinden, würde er ebenfalls die Absenderdaten überlagern.

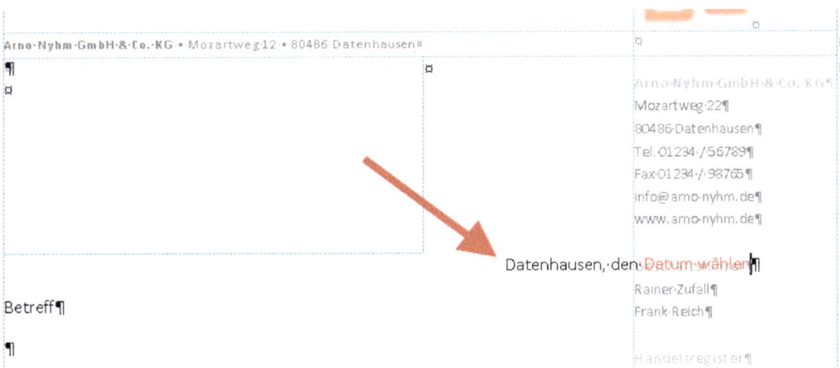

2. Damit der Text auf der ersten Seite davon abgehalten wird, in den Randbereich zu wandern, müssen Sie eine »Sperre« einbauen. Wechseln Sie deshalb in die Fußzeile der ersten Seite und fügen Sie über *Einfügen/Illustrationen/Formen innerhalb* der Fußzeile eine *Rechteckform* ein. Achten Sie darauf, dass der Anker, der bei markierter Form und eingeschalteter Anzeige der Formatierungssymbole (siehe Anhang A »Hintergrundwissen«, Abschnitt »Formatierungssymbole«) sichtbar ist, mit dem Absatz in der Fußzeile verankert ist!

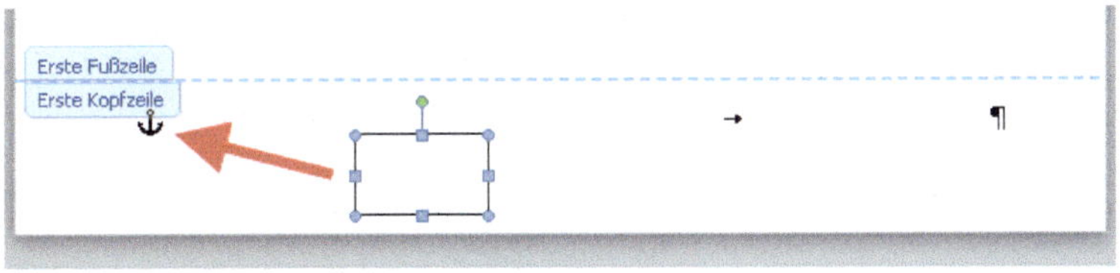

3. Öffnen Sie bei markierter Form über *Zeichentools/Format/Größe* mit einem Klick auf das »Startprogramm für ein Dialogfeld« ( ) das Dialogfeld *AutoForm formatieren*. Wechseln Sie hier zur Registerkarte *Farben und Linien* (1) und weisen Sie der Form bei *Füllung/Farbe* die Auswahl *Keine Farbe* (2) zu. Auch *Linie/Farbe* wird in *Keine Farbe* (3) geändert.

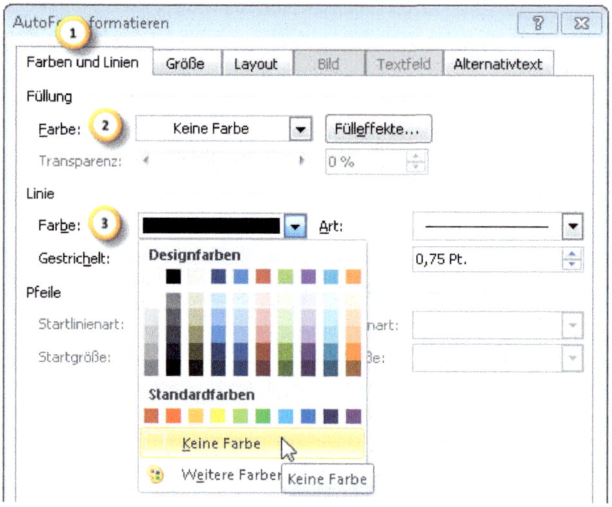

4. Weiter geht es auf der Registerkarte *Größe*: Hier legen Sie als *Höhe* `18 cm` und als *Breite* `0,1 cm` fest.
5. Auf der nächsten Registerkarte *Layout* (1) weisen Sie der Form bei der *Umbruchart* (2) die Auswahl *Quadrat* zu. Klicken Sie dann auf der Registerkarte auf die Schaltfläche *Weitere* (3).

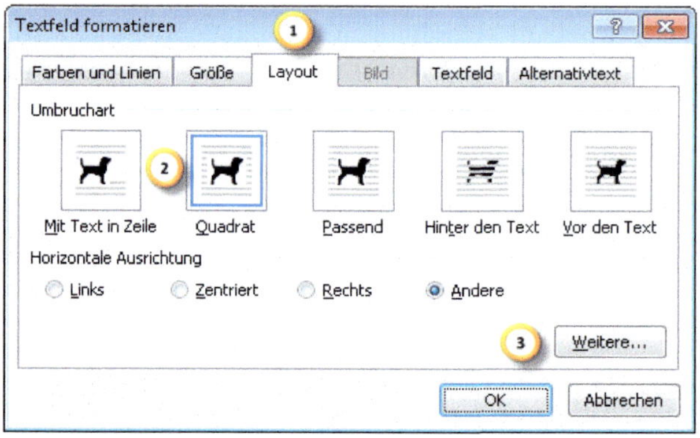

6. Es öffnet sich das Dialogfeld *Layout*, in dem Sie zur Registerkarte *Position* (1) wechseln. Tragen Sie bei *Horizontal/Absolute Position* den Wert `15,9 cm` (2) ein und wählen Sie bei *rechts von* die Option *Seite* (3). Bei *Vertikal/Absolute Position* setzen Sie den Wert auf `10 cm` (4) und wählen bei *unterhalb* ebenfalls die Option *Seite* (5). Schalten Sie das Kontrollkästchen *Verankern* (6) ein und das Kontrollkästchen *Layout in Tabellenzelle* (7) aus.

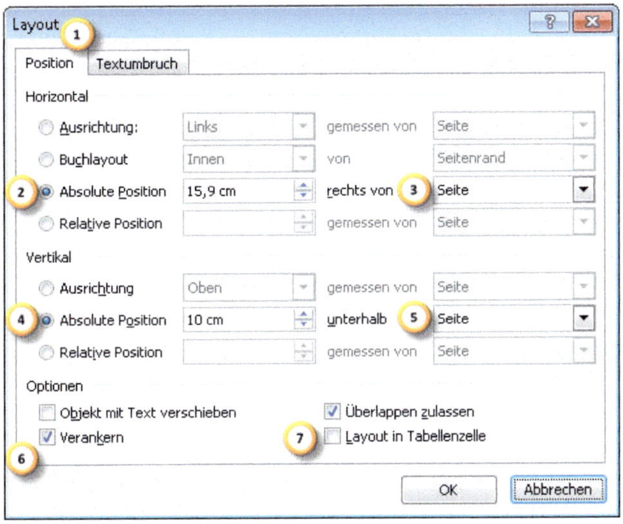

7. Wechseln Sie zum Schluss zur Registerkarte *Textumbruch* und legen Sie hier bei *Textfluss* die Option *Nur Links* fest.

Wenn Sie jetzt alle Dialogfelder schließen, befindet sich die »unsichtbare« Rechteckform links neben der zweiten Spalte der Kopfzeilentabelle. Sie sorgt dafür, dass der Text auf der ersten Seite dort umbrochen wird und der rechte Rand frei bleibt (siehe Abbildung 5.26).

Abbildung 5.26 Die transparente Rechteckform ohne Linien sorgt für den passenden rechten Rand auf der ersten Seite

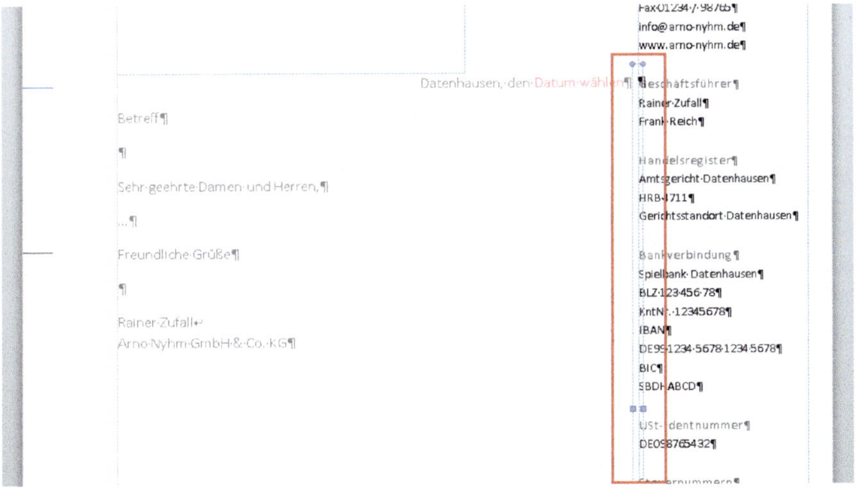

Möchten Sie die Beispielvorlagen sofort nutzen, finden Sie sie im Ordner *Kapitel05* unter dem Dateinamen *Brief_Absenderdaten_rechts.dotx* (gleicher rechter Seitenrand auf der ersten und den folgenden Seiten) und *Brief_Absenderdaten_rechts_Unterschiedlicher_Seitenrand_auf_Seite_2.dotx* (breiter Seitenrand auf der ersten Seite, schmaler Seitenrand auf den Folgeseiten).

Absenderdaten mal anders: Hochkant in der Fußzeile

Auf dem Briefbogen sollen im Briefkopf lediglich das Firmenlogo und die Zeile mit der Absenderwiederholung für das Fensterkuvert stehen. Die Absenderdaten mit Anschrift, Telefonnummer und E-Mail-Adresse usw. kommen klassisch in die Fußzeile. Damit der Briefbogen sich vom typischen Allerlei abhebt, sollen die Daten in der Fußzeile »hochkant« ausgerichtet werden, wie in Abbildung 5.27 dargestellt.

Abbildung 5.27 Die Absenderdaten hochkant in der Fußzeile – Word macht's möglich!

Der Briefkopf stellt Sie bei dieser Aufgabenstellung vor keine besonderen Anforderungen: Hier wird wie im Beispiel des vorherigen Abschnitts »Absenderdaten & Co.: Rechts außen platzieren« eine Tabelle eingefügt, die zur Positionierung der Elemente dient. Um den Text in der Fußzeile hochkant auszurichten, setzen Sie ebenfalls eine Tabelle ein. Denn in Tabellen können Sie den Text um +/-90 Grad drehen.

Seitenränder und Kopfzeile: Logo und Absenderwiederholung per Tabelle

Das Grundgerüst für den Briefbogen ist schnell angelegt, da Sie keine besonderen Einstellungen benötigen:

1. Legen Sie in einer neuen, leeren Dokumentvorlage zuerst die Seitenränder fest. Wählen Sie als oberen Rand `3 cm`, sodass auf Seite 2 ff. kein Platz für einen zu großen Rand verloren geht; auf der ersten Seite verschiebt der in der Kopfzeile belegte Platz automatisch den »Rand« in Richtung Seitenmitte. Der linke und rechte Rand

wird jeweils auf `2,5 cm` gesetzt. Beim unteren Rand wählen Sie `2 cm`, da die Fußzeile nur auf der ersten Seite größer wird und den benötigten Platz automatisch belegt.

2. Bei den Optionen für die Kopf-/Fußzeilen aktivieren Sie das Kontrollkästchen *Erste Seite anders* (1). Den Abstand der Kopf-/Fußzeile vom Seitenrand stellen Sie jeweils auf `0 cm` (2) – für die notwendigen Abstände der Kopf-/Fußzeileninhalte sorgen Sie über die Tabellenformatierung selbst.

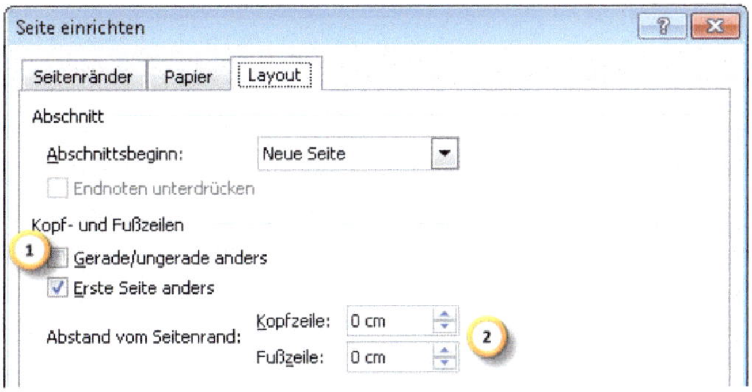

3. In der Kopfzeile der ersten Seite legen Sie eine einspaltige zweizeilige Tabelle an. Die Tabelle nimmt dabei die volle Seitenbreite ein. Blenden Sie wie in diesem Kapitel im Abschnitt »Kopfzeile auf Seite 1: Alles am richtigen Platz dank Tabellen« beschrieben den Tabellenrahmen aus, sorgen Sie dafür, dass die Spaltenbreite sich nicht automatisch anpasst, ändern Sie über die *Tabelleneigenschaften* die *Standardzellenbegrenzung* links und rechts jeweils auf den Wert `0,01 cm` sowie die Zellenhöhe für beide Zeilen von *Mindestens* in *Genau*.

4. Die Zeilenhöhe der ersten Zeile legen Sie auf `4,6 cm`, die Höhe der zweiten Zeile auf `0,6 cm` fest. Die Ausrichtung innerhalb der Tabelle wird in der ersten Zeile als *Unten rechts ausrichten* und in der zweiten Zeile als *Mitte links ausrichten* definiert.

5. Fügen Sie in der ersten Zelle über *Einfügen/Illustrationen/Grafik* das Firmen-/Vereinslogo ein. Der Grafik weisen Sie als *Zeilenumbruch* die Auswahl *Mit Text in Zeile* zu, sodass die Ausrichtung der Zelle zum Einsatz kommt und das Logo in der rechten unteren Ecke platziert wird.

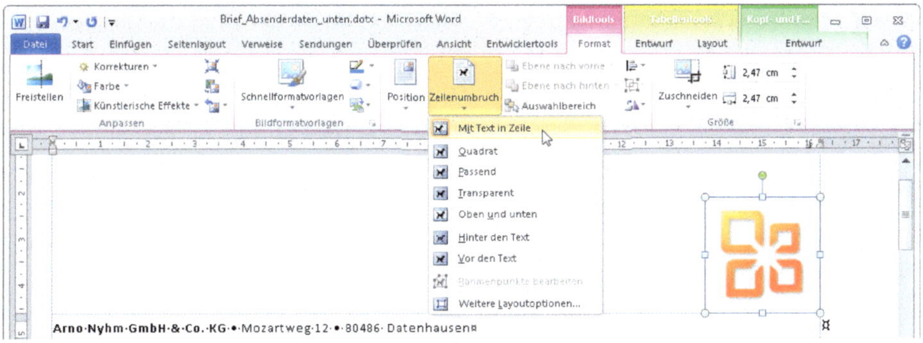

6. In der zweiten Tabellenzeile tragen Sie den Firmen-/Vereinsnamen, Straße, PLZ und Ort ein – die Daten, die später im Fensterkuvert im Fenster am oberen Rand als Absender zu lesen sein sollen. Achten Sie darauf, dass die Gesamtlänge des Textes 9 cm (= Breite des Fensters) nicht überschreitet.
7. Damit die Absatzmarke unterhalb der zweizeiligen Tabelle bei eingeschalteten Formatierungszeichen im Hintergrund nicht stört, markieren Sie sie und ändern die Schriftgröße in 1 Punkt.

Fußzeile für die zweite und folgende Seiten

Bevor es mit der Fußzeile weitergeht, legen Sie die Kopfzeile an, die ab der zweiten Seite zum Einsatz kommt:

1. Fügen Sie im Textbereich Ihrer Briefvorlage mit [Strg]+[↵] einen manuellen Seitenumbruch ein. Wechseln Sie auf der zweiten Seite in die Kopfzeile.
2. Fügen Sie hier eine einzeilige Tabelle ein und formatieren Sie sie wie die Tabelle der Kopfzeile auf der ersten Seite. Einzige Ausnahmen: Die Höhe der Tabellenzelle beträgt 2 cm, als Ausrichtung der Tabellenzelle wählen Sie *Unten links ausrichten*.
3. In der Kopfzeile soll kein Logo, sondern links der Firmen-/Vereinsname und rechts die aktuelle Seitenzahl stehen. Da Sie in der Mitte der Kopfzeile keinen Text benötigen, löschen Sie den dort standardmäßig vorhandenen Tabstopp, indem Sie im Zeilenlineal mit der linken Maustaste auf den Tabstopp klicken, die Maustaste gedrückt halten und den Mauszeiger in Richtung Seitenmitte ziehen. Wenn Sie die Maustaste loslassen, ist der zentrierte Tabstopp verschwunden.

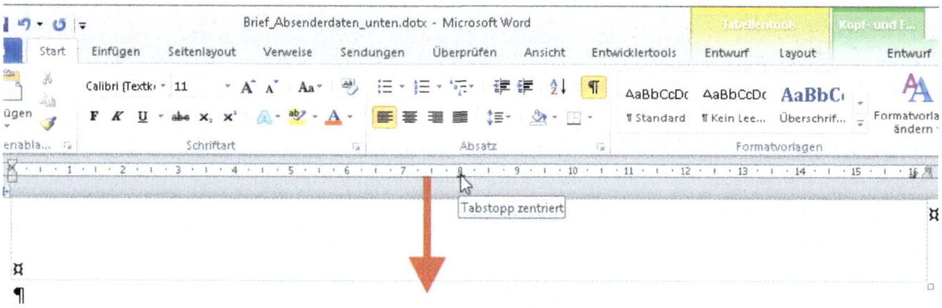

4. Tragen Sie jetzt links den Namen ein, drücken Sie die Tastenkombination [Strg]+[⇆], um an die rechte Tabstoppposition zu gelangen, und fügen Sie dort über *Einfügen/Kopf- und Fußzeile/Seitenzahl* (1), Befehl *Seitenzahlen* (2) die Seitenzahl vom Typ *Markierungsleiste 2* (3) ein.

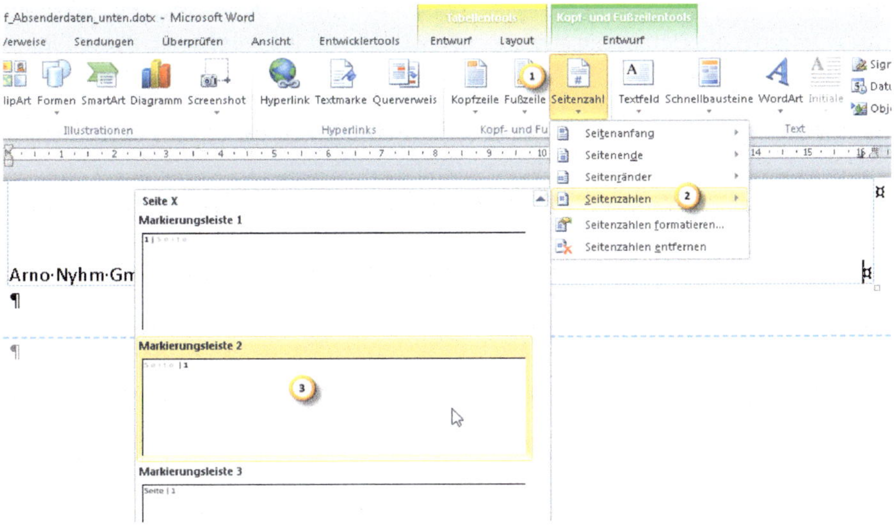

5. Damit der Firmen-/Vereinsname auf der linken Seite gleich formatiert ist wie der Text *Seite* bei der Seitenzahl, übernehmen Sie die Formatierung mithilfe des »Formatpinsels« (*Start/Zwischenablage/Format übertragen*).
6. Damit auch die Absatzmarke in der Kopfzeile für Seite 2 ff. bei eingeschalteten Formatierungszeichen im Hintergrund nicht stört, markieren Sie sie und ändern die Schriftgröße in 1 Punkt.

Somit ist auch die Kopfzeile für die zweite und folgende Seiten erfolgreich erstellt (siehe Abbildung 5.28).

Abbildung 5.28 Die Kopfzeile für Seite 2 ff. besteht aus dem Firmennamen und der Seitenzahl

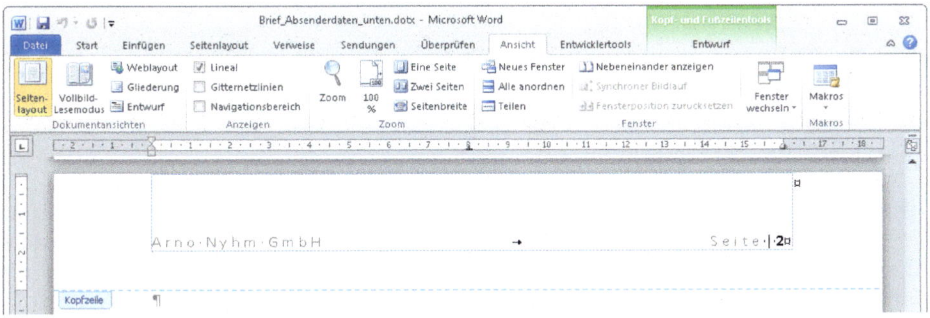

Fußzeile: Bitte um 90 Grad drehen

Um die zahlreichen Absenderdaten in der Fußzeile der ersten Seite ansprechend zu gestalten, werden sie um 90 Grad gedreht. Hierzu fügen Sie alle Daten in einer Tabelle ein, deren Textausrichtung Sie anschließend drehen:

1. Wechseln Sie in die Fußzeile der ersten Seite und fügen Sie hier eine einspaltige, zweizeilige Tabelle ein. Die Tabelle reicht vom linken bis zum rechten Seitenrand.
2. Formatieren Sie die Tabelle wie gehabt ohne Rahmenlinien, mit fester Spaltenbreite, genauer Zeilenhöhe und linken/rechten Standardzellenbegrenzungen von `0,01 cm`. Die Höhe der ersten Zeile legen Sie mit `0,6 cm` fest, die zweite Zeile auf `4,2 cm`. Die erste Zeile wird als Abstandshalter zwischen dem Text und der Fußzeile eingesetzt. Da der untere Seitenrand nur zwei Zentimeter beträgt, würde sonst der Fußzeilentext unmittelbar an den Brieftext stoßen.
3. Markieren Sie die der zweizeiligen Tabelle folgende Absatzmarke und formatieren Sie sie mit einer Schriftgröße von 8 Punkt.
4. Das Gestalten des um 90 Grad gedrehten Textes direkt in der Tabellenzelle der Fußzeile ist unkomfortabel. Einfacher geht es, wenn Sie den Text erst einmal im Hochformat gestalten und dann in die Fußzeile übernehmen. Legen Sie sich deshalb temporär in einem neuen Dokument eine Tabelle, bestehend aus einer Zeile und einer Spalte an, die exakt über die Maße der Fußzeilentabelle verfügt, jedoch im Hochformat ausgerichtet ist (Breite 4,2 cm, Höhe 16,25 cm).
5. Tragen Sie in der temporären Tabelle alle Daten ein, die Sie in die Fußzeile übernehmen möchten. Formatieren Sie die Daten und richten Sie sie entsprechend aus. Nutzen Sie hierzu Formatvorlagen, sodass Sie bei der Gestaltung und späteren Anpassungen nur die entsprechende Formatvorlage und nicht zahlreiche Textstellen anpassen müssen (siehe Anhang A »Hintergrundwissen«, Abschnitt »Formatvorlagen«).

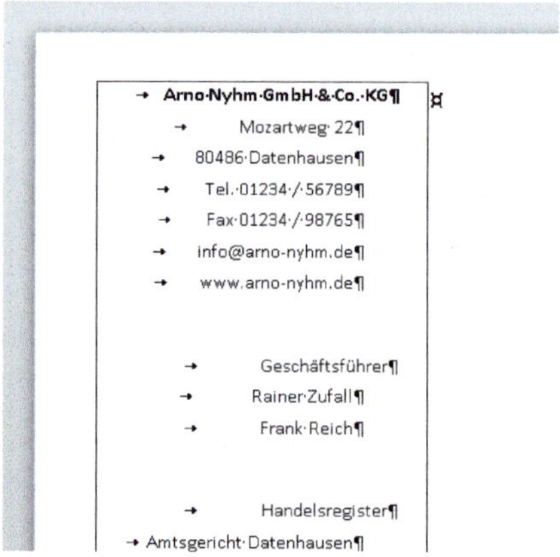

6. Haben Sie alle Daten erfasst und so ausgerichtet, dass die Tabelle gleichmäßig gefüllt ist (leere Bereiche am Ende der Tabelle erscheinen bei der später gedrehten Tabelle auf der rechten Seite als unschöner, weißer Fleck)? Dann markieren Sie den kompletten Zelleninhalt über *Tabellentools/Layout/Tabelle/Auswählen/Zelle auswählen* und kopieren ihn mit [Strg]+[C] in die Zwischenablage.
7. Wechseln Sie zu Ihrer Briefvorlage zurück und platzieren Sie den Cursor in der Fußzeilentabelle der ersten Seite in der zweiten Zeile. Wenn Sie jetzt mit [Strg]+[V] den Inhalt der Zwischenablage einfügen, müssen Sie den Text nur noch über *Tabel-*

lentools/Layout/Ausrichtung mit zwei Klicks auf *Textrichtung* so ausrichten, dass er um 90 Grad nach links gedreht dargestellt wird.

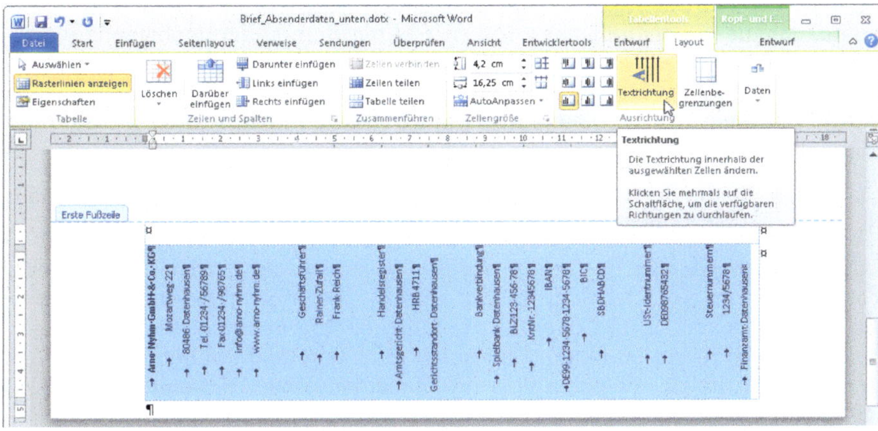

Somit sind sämtliche Kopf- und Fußzeilen der Briefvorlage fertig und Sie können sich dem Aufbau des Textbereiches in der Dokumentvorlage widmen.

Beachten Sie beim Arbeiten mit Tabellenzellen, deren Inhalt Sie »gedreht« haben, dass beim Arbeiten in der entsprechenden Zelle jetzt alle Steuerungskommandos ebenfalls um 90 Grad gedreht sind. Bei der Navigation im Text müssen Sie deshalb [←] und [→] durch [↑] und [↓] ersetzen. Speichern Sie deshalb am besten auch die temporäre Tabelle, in der Sie den Fußzeilentext anfänglich erstellt haben. So können Sie dort wie gewohnt arbeiten und formatieren und das Ergebnis dann per Zwischenablage in die Fußzeile kopieren.

Tabellenzelle: Position für Empfängeradresse & Co. vorgeben

Damit sich der Briefbogen komfortabel ausfüllen lässt, fügen Sie im Textbereich einen Platzhalter für die Empfängerdaten ein und sorgen für vorbereitete Anreden und Grußformeln.

1. Damit die Anschrift des Empfängers exakt in das Fenster eines Fensterkuverts passt, fügen Sie direkt am Seitenanfang der ersten Seite eine Tabelle aus zwei Zeilen und zwei Spalten ein. Der Tabelle weisen Sie die üblichen Formatierungen zu, schließlich dient sie nur als Platzhalter.
2. Die erste Spalte der Tabelle wird 9 cm breit (= Breite des Fensters), die zweite Spalte wird 7,25 cm breit. Die Höhe der ersten Zeile beträgt 4,3 cm, die Höhe der zweiten Zeile 0,6 cm.
3. Geben Sie in der ersten Zelle der ersten Zeile ein Leerzeichen ein und drücken Sie dann die Taste [↵]. Löschen Sie anschließend das Leerzeichen wieder. So haben Sie sichergestellt, dass später direkt mit der Texteingabe im Textfeld begonnen werden kann. Würden Sie die Taste [↵] ohne das vorangegangene Leerzeichen drücken, würde Word den Absatz oberhalb der Tabelle einfügen und die Tabelle

nach unten verschieben. Durch Ihren »Absatzplatzhalter« vermeiden Sie die Fehleingabe.

4. In der zweiten Zelle der zweiten Zeile fügen Sie, wie im Abschnitt »Tabellenzelle: Platzhalter für die Empfängeradresse« weiter vorn in diesem Kapitel beschrieben, ein Datumsauswahl-Inhaltssteuerelement ein und formatieren es entsprechend. Damit das Datum immer am rechten Rand steht, richten Sie den Zelleninhalt über *Tabellentools/Layout/Ausrichtung/Mitte rechts ausrichten* rechtsbündig aus.

5. Unterhalb der Tabelle folgen nun die Platzhalter für den Betreff, die Anrede sowie die Grußformel (siehe Abbildung 5.29).

Abbildung 5.29 Vorbereitete Platzhalter im Textbereich beschleunigen das Arbeiten mit der Briefvorlage

Ihre professionelle Briefvorlage mit unten stehenden, um 90 Grad gedrehten Absenderdaten ist somit fertig gestaltet und einsatzbereit.

Die fix und fertige Dokumentvorlage mit den unten stehenden, hochkant angeordneten Absenderdaten ist in der Datei *Brief_Absenderdaten_unten.dotx* im Ordner *Kapitel05* zu finden.

WWW

Grafische Elemente: Immer in Einzelteilen einfügen

Der Grafiker hat den Briefbogen mit aufwendigen Grafiken, eventuell mit Farbverläufen etc. gestaltet und Ihnen in Form einer Grafikdatei übergeben. In Word möchten Sie nun auf Basis der Grafikdatei eine Dokumentvorlage erstellen, die exakt dem vorgegebenen Briefbogen entspricht.

Wenn die Gestaltungsarbeit bereits erledigt ist und der Briefbogen als verwertbare Grafik in guter Qualität zur Verfügung steht, haben Sie – zumindest theoretisch – drei Möglichkeiten zur Auswahl:

- **Lösung 1:** Sie fügen die Grafik als Vollseitengrafik in der Kopfzeile des Briefbogens ein. Dann platzieren Sie im Vordergrund an den entsprechenden Stellen Platzhalter zum Ausfüllen des Briefbogens.

  Vorteil: Sehr schnell erledigt.

  Nachteil: Die Briefvorlage wird durch die Grafik oft ein oder mehrere Megabyte groß. Und somit auch jeder Brief, den Sie auf Grundlage der Dokumentvorlage erstellen (Platzverschwendung, große Datenvolumen beim Backup). Bei Änderungen am Briefbogen (beispielsweise der Kontodaten wie bei der Umstellung von der kurzen BLZ auf die geplante europaeinheitliche lange BLZ, der Geschäftsführer, der Handynummer etc.) muss die komplette Grafik ausgetauscht werden. Word reagiert bei Vollseitengrafiken manchmal extrem träge, Tasteneingaben werden nur im Sekundentakt angenommen. Sofern die Grafik nicht in hervorragender Qualität (und somit sehr groß) ist, erscheint der als Grafik hinterlegte Text beim Ausdruck unscharf und »ausgefranst«. Weiße Flächen im Hintergrund können je nach Druckertreiber beim Ausdruck als graue, hässliche Flecken erscheinen.

- **Lösung 2:** Sie teilen die Vollseitengrafik in die tatsächlich dort abgebildeten Grafiksegmente auf, sodass Sie mehrere Einzelgrafiken an den entsprechenden Stellen über die Kopfzeile auf der Seite platzieren.

  Vorteil: Geringer Aufwand, belegt weniger Speicherplatz als die Vollseitengrafik, da Word keine weißen Flächen im Hintergrund verwalten muss.

  Nachteil: Das exakte Platzieren der Einzelgrafiken erfordert etwas Aufwand. Änderungen sind wie bei der Vollseitengrafik nur durch den Austausch der jeweiligen Einzelgrafiken möglich. In puncto Qualität gilt das Gleiche wie bei der Vollseitengrafik.

- **Lösung 3:** Sie »schneiden« sich aus der Vollseitengrafik nur die grafischen Elemente heraus, alle Textinformationen bauen Sie in Word mithilfe von Textfeldern nach. Wann immer sich grafische Elemente in Word mithilfe der Formen (*Einfügen/Illustrationen/Formen*) nachstellen lassen, werden die Formen anstelle von Grafiken genutzt.

  Vorteil: Beste Qualität, kleine Dateigröße, wenig Änderungsaufwand, Word wird nicht träge.

Nachteil: Das Platzieren und Ersetzen der Texte erfordert entsprechendes Fachwissen und ist im Vergleich zur Vollseitengrafik aufwendiger.

Die folgende Übersicht zeigt die gravierenden Unterschiede bei der Dateigröße der im Beispiel genutzten Dokumentvorlagen – bei der nur eine sehr schlichte Hintergrundgrafik zum Einsatz kommt!

Lösung 1: *Brief_Hintergrund_falsch.dotx*, 181,3 Kilobyte

Lösung 2: *Brief_Hintergrund_besser.dotx*, 139,3 Kilobyte (23 Prozent kleiner)

Lösung 3: *Brief_Hintergrund_noch_besser.dotx*, 63,6 Kilobyte (64 Prozent kleiner)

Vollseitengrafik in der Kopfzeile: Große Dateien, langsames Word

Um eine Vollseitengrafik als Hintergrund für eine Dokumentvorlage zu nutzen, gehen Sie wie folgt vor:

1. Öffnen Sie mit Strg+N ein neues, leeres Dokument und speichern Sie es als Dokumentvorlage vom Typ .dotx ab (siehe Kapitel 7, Abschnitt »Achtung Dateiformat: docx/dotx kontra docm/dotm«).
2. Damit die Vollseitengrafik auf der ersten Seite und eine Kopfzeilengrafik auf Seite 2 ff. landet, schalten Sie in den Seitenlayouteinstellungen das Kontrollkästchen *Kopf- und Fußzeilen/Erste Seite anders* ein. Fügen Sie in der leeren Dokumentvorlage mit Strg+↵ einen manuellen Seitenumbruch ein, sodass Ihnen beide Kopfzeilen zur Bearbeitung zur Verfügung stehen.
3. Wechseln Sie in die Kopfzeile der ersten Seite und fügen Sie mit *Einfügen/Illustrationen/Grafik* die Vollseitengrafik ein.
4. Damit die Grafik hinter dem Text liegt, müssen Sie bei markiertem Bild unter *Bildtools/Format/Anordnen/Zeilenumbruch* die Option *Hinter den Text* auswählen.
5. Verschieben und vergrößern Sie die Vollseitengrafik so, dass sie die ganze Seite einnimmt. Um die Grafik optimal zu platzieren, schalten Sie die Darstellung über *Ansicht/Zoom* entweder auf *Seitenbreite* oder auf *Eine Seite*.
6. Wechseln Sie über *Kopf- und Fußzeilentools/Entwurf/Navigation/Nächste* in die Kopfzeile der zweiten Seite und fügen Sie hier die Grafik für Seite 2 ff. auf die gleiche Weise ein. Einzige Ausnahme: Den *Zeilenumbruch* für die Grafik legen Sie diesmal mit *Quadrat* fest. So »schiebt« die Kopfzeile ab Seite 2 den Text später automatisch in Richtung Seitenmitte und Sie brauchen keine Ränder zu ändern.
7. Verlassen Sie die Kopfzeile und legen Sie im Textbereich die Platzhalter für die Empfängeradresse, das Datum, den Betreff, die Anrede sowie die Grußformel fest.

Grafiksegmente: Zuschneiden und platzieren

Die Vollseitengrafik im Hintergrund hat unter anderem den Nachteil, dass die Dateigröße anschwillt, weil viele »weiße Flächen« in der Grafik enthalten sind. Mit dem folgenden Trick können Sie die große Grafik in kleine Segmente zurechtschneiden und so die überflüssigen Bereiche aussparen.

1. Fügen Sie wie zuvor beschrieben die Vollseitengrafik in den Hintergrund ein. Sobald Sie die Grafik platziert haben, markieren Sie sie und kopieren sie in die Windows-Zwischenablage.
2. Lassen Sie die eingefügte Grafik markiert und klicken Sie unter *Bildtools/Format/Größe* auf die Schaltfläche *Zuschneiden*. Ziehen Sie jetzt die Zuschneideziehpunkte um das erste Element der Vollseitengrafik (siehe Abbildung 5.30).

Abbildung 5.30 Eine Grafik zuschneiden bzw. Bereiche entfernen

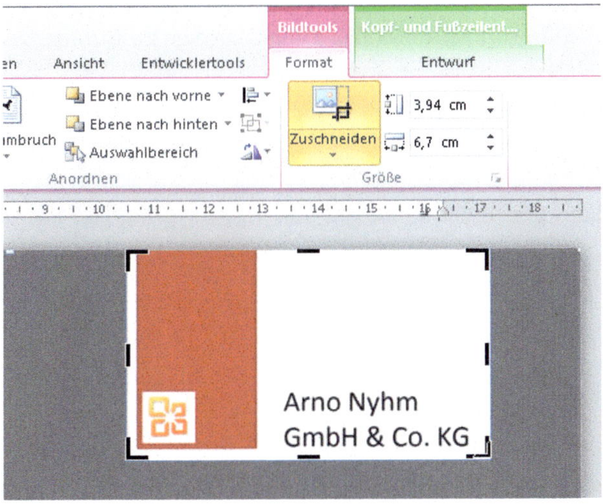

3. Wenn Sie erneut auf *Zuschneiden* klicken, bleibt von der Vollseitengrafik nur das gewählte Segment übrig – an exakt der Position, an der es benötigt wird.
4. Klicken Sie in einen leeren Bereich der Kopfzeile, sodass die Grafik nicht mehr markiert ist. Fügen Sie mit [Strg]+[V] die in Schritt 1 kopierte Vollseitengrafik ein. Die Grafik wird in der richtigen Größe, aber etwas versetzt eingefügt. Verschieben Sie sie deshalb so, dass sie wieder die ganze Seite einnimmt.
5. Wiederholen Sie jetzt die Schritte 2 und 3, um das nächste Element der Vollseitengrafik »herauszuschneiden«. Dann fügen Sie wie in Schritt 4 die Grafik erneut ein, schneiden sie wieder zu usw. Auf diese Weise erhalten Sie Schritt für Schritt einzelne, zurechtgeschnittene Grafiksegmente, die alle an der richtigen Stelle platziert sind. Die überflüssigen weißen Bereiche in der Grafik sind verschwunden.
6. Wiederholen Sie das Zuschneiden anschließend für die Kopfzeilengrafik der zweiten Seite.

7. Damit Word die überflüssigen Bereiche der zugeschnittenen Grafiksegmente löscht, klicken Sie unter *Bildtools/Format/Anpassen* (1) auf *Bilder komprimieren* (2). Im jetzt angezeigten Dialogfeld stellen Sie sicher, dass das Kontrollkästchen *Nur für dieses Bild übernehmen* (3) deaktiviert ist (siehe Abbildung 5.31). Wenn Sie mit *OK* (4) bestätigen und die Dokumentvorlage speichern, werden alle nicht benötigten Bereiche dauerhaft gelöscht und die Datei wird entsprechend kleiner.

Abbildung 5.31 Vorhandene Grafiken komprimieren bzw. zugeschnittene Bildbereiche endgültig löschen

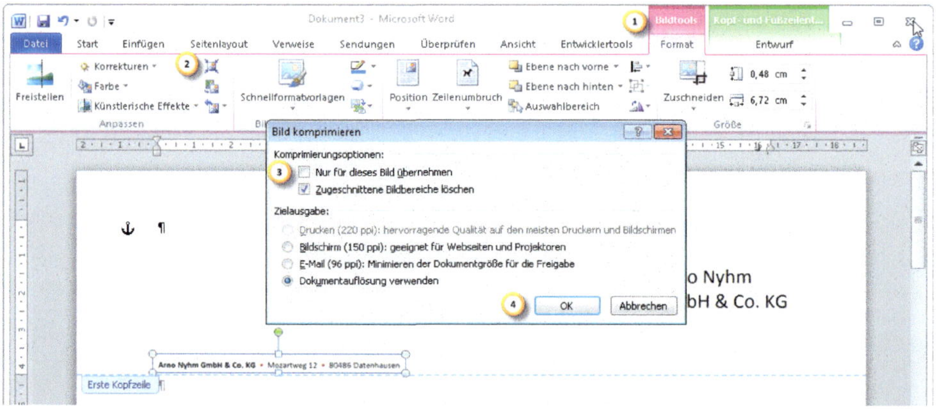

Textfelder und Formen: Perfekter Grafikersatz

Besteht ein Grafiksegment nur aus Text? Steht die in der Grafik gewählte Schriftart (oder eine ähnliche Schriftart) zur Verfügung? Dann können Sie die Dokumentvorlage weiter optimieren: Ziehen Sie über jedem Textgrafiksegment ein Textfeld auf, geben Sie dort den gleichen Text wie in der Grafik ein und formatieren Sie ihn entsprechend. Ist der Text im Textfeld weitgehend deckungsgleich mit dem Text aus der Grafik (1) (siehe Abbildung 5.32), löschen Sie die hinter dem Textfeld liegende Grafik. Die Grafik lässt sich leicht löschen, wenn Sie mit *Seitenlayout/Anordnen/Auswahlbereich* (2) den Bereich *Auswahl und Sichtbarkeit* einblenden, dort die gewünschte Grafik anklicken (3) (die im Auswahlbereich markierte Grafik wird im Dokument markiert) und mit [Entf] löschen.

Nutzen Sie die Technik auch für alle grafischen Elemente wie ein- oder mehrfarbige Rechtecke, Kreise etc., die Sie in Word problemlos nachbauen können. Denn eine mit Word erstellte Form belegt zum einen deutlich weniger Speicherplatz als die entsprechende Grafik. Zum anderen ist die Qualität der Form beim Ausdruck oft sichtbar besser als die einer Grafik.

Abbildung 5.32 Grafiksegmente, die nur Text enthalten, werden durch Textfelder ersetzt

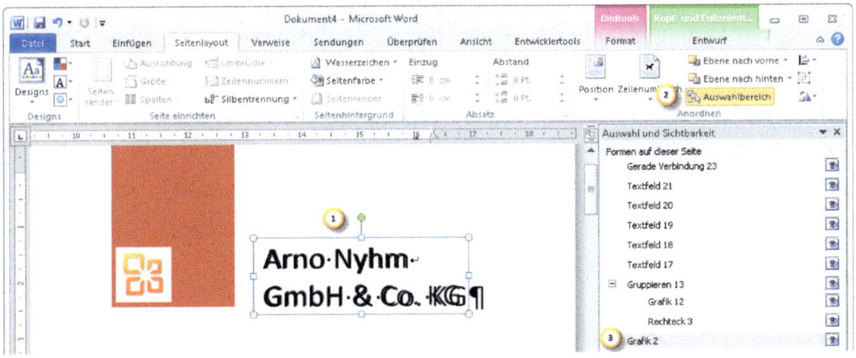

Sämtliche Beispielgrafiken und Dokumentvorlagen aus diesem Beispiel finden Sie im Ordner *Kapitel05*. Die Hintergrundgrafik für die erste Seite trägt den Dateinamen *Brief-Hintergrund-komplett.jpg*, die Grafik für die zweite Seite *Brief-Hintergrund-Kopf.jpg*. Das Negativbeispiel finden Sie unter dem Dateinamen *Brief_Hintergrund_falsch.dotx*, die bearbeitete Lösung unter dem Dateinamen *Brief_Hintergrund_besser.dotx* und die brauchbaren Lösungen unter *Brief_Hintergrund_noch_besser.dotx*.

6

Endlich verstehen sich Word und Excel: Fragebogen erfassen und auswerten

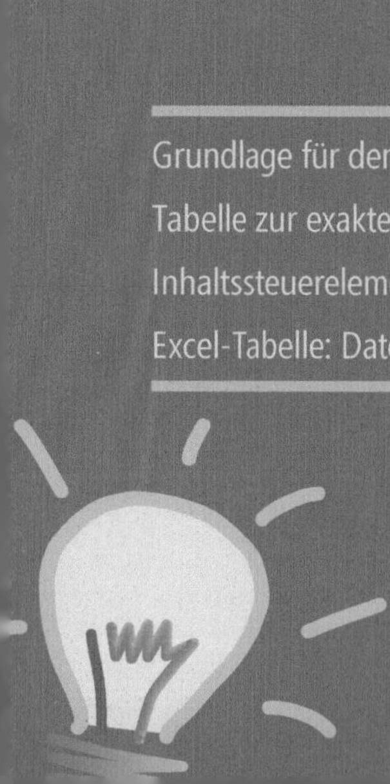

Der Aufforderung, »mal eben« den Fragebogen auszufüllen, kommt zwar jeder nach – aber meist nur mit Widerwillen. Zum einen sind viele Fragebogen schlicht so unübersichtlich gestaltet, dass es oft kaum möglich ist zu erraten, was an welcher Stelle einzufügen ist. Zum anderen werden häufig Informationen abgefragt, die erst einmal zu einer längeren Suche der anzugebenden Daten führen.

Abbildung 6.1 Die ansprechende Optik und die integrierte Auswertungsfunktion machen den Word-Fragebogen zur echten Arbeitserleichterung

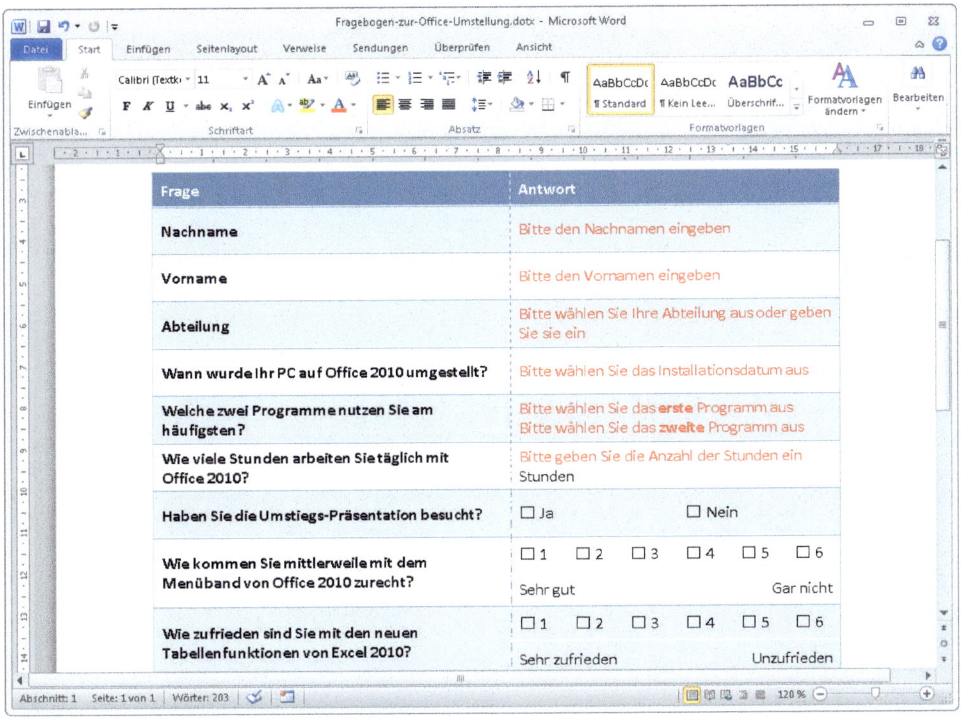

Leider kann man auf Fragebogen nicht verzichten. Denn immer wenn Sie von mehreren Personen eine Rückmeldung zu einem bestimmten Thema benötigen, ist der Fragebogen nach wie vor der effektivste, schnellste und komfortabelste Kommunikationsweg. Sie können die Fragen in Ruhe vorbereiten; der Empfänger kann die Fragen dann beantworten, wenn er Zeit dafür hat. Sie bekommen anschließend einfach den beantworteten Fragebogen zurück.

Im Gegensatz zum Telefonat, bei dem Sie für jeden Gesprächspartner Zeit aufbringen müssen und unter Umständen den Betreffenden mehrfach vergeblich zu erreichen versuchen, erspart der Fragebogen sowohl Ihnen als auch dem Ausfüller eine Menge Zeit.

Und wenn Sie den Fragebogen in Word gestalten, Inhaltssteuerelemente als Platzhalter zum Ausfüllen einsetzen, für eine ansprechende Optik und ausreichend Informationen zu den einzelnen Fragen sorgen und zu guter Letzt den Fragebogen am Bildschirm ausfüllen lassen, haben Sie gleich mehrfach gewonnen:

- Ihr Fragebogen wird vom Empfänger dank der klar vorgegebenen Benutzerführung gerne ausgefüllt.
- Die eindeutigen Platzhaltertexte vermeiden Fehleingaben.
- Sie können dank der vielfältigen Inhaltssteuerelemente Texte vorgeben und beliebige Eingabekontrollen in kleinen, überschaubaren VBA-Routinen hinterlegen.
- Sie sparen sich das manuelle Auswerten, da Sie die abgefragten Daten automatisch in Excel & Co. einlesen und dort beliebig auswerten können.

Für den Aufbau von Fragebogen stehen Ihnen in Word zwei unterschiedliche Methoden zur Auswahl: der Einsatz der »alten« Formularfelder und der Einsatz der »neuen« Inhaltssteuerelemente.

»Alt« deshalb, weil die Formularfelder (zu finden unter *Entwicklertools/Steuerelemente/Vorversionstools/Formulare aus Vorversionen*) bereits seit der Version »Word für Windows 6.0« im Jahre 1993 fast unverändert zur Verfügung stehen. Der Nachteil der »alten« Formularfelder ist, dass sie über wenig Gestaltungsmöglichkeiten und keine selektiven Schutzmechanismen verfügen. Beim Auslesen der Inhalte der Formularfelder müssen die Felder mit ihrem Textmarkennamen angesprochen werden.

Anders bei den »neuen« Inhaltssteuerelementen, die mit Word 2007 im Jahre 2007 eingeführt wurden. Jedes Inhaltssteuerelement lässt sich zum einen individuell vor dem versehentlichen Löschen schützen, zum anderen kann ein Inhaltssteuerelement direkt mit einem XML-Knoten einer in der Word-Datei gespeicherten XML-Datei verbunden werden (Word-Dateien sind letztlich nichts anderes als gezippte Dateistrukturen mit umfangreichen XML- und Verweisdateien). Das Auslesen der Daten aus den Inhaltssteuerelementen erfolgt somit mit standardisierten XML-Funktionen und lässt sich von jedem Programm mit entsprechenden XML-Funktionen bewerkstelligen; Word wird dann zur Auswertung gar nicht mehr benötigt.

Im Fragebogenbeispiel dieses Kapitels kommt deshalb die Lösung mit den XML-verknüpfbaren Inhaltssteuerelementen zum Einsatz. Zum Auslesen und Auswerten der Daten wird Excel eingesetzt – alternativ dazu lässt sich jedoch auch Access oder, wie bereits erwähnt, jedes andere Programm mit XML-Zugriffsfunktionen nutzen.

Grundlage für den Fragebogen: Die Dokumentvorlage

Wie bei jedem Formular gilt auch hier: Die Grundlage des Fragebogens ist eine Dokumentvorlage. Denn so »erbt« jedes neue Dokument, das über *Datei/Neu/Meine Vorlagen* auf Basis der Fragebogendokumentvorlage erstellt wird, nicht nur den Inhalt der Dokumentvorlage (= fertig gestaltetes Formular), sondern auch die weiter hinten in diesem Kapitel im Abschnitt »Inhaltssteuerelemente: Intelligente Formularplatzhalter« anzulegende XML-Struktur und die zu hinterlegenden XML-Verknüpfungen. Legen Sie deshalb zuerst eine neue, leere Dokumentvorlage an, in der Sie die Ränder sowie Kopf- und Fußzeilen definieren.

Starten Sie mit dem Anlegen der neuen Dokumentvorlage:

1. Mit der Tastenkombination [Strg]+[N] erhalten Sie ein neues, leeres Dokument.

2. Damit aus dem leeren Dokument eine Dokumentvorlage wird, speichern Sie das Dokument mit *Datei/Speichern unter* ab. Da Sie in der Fragebogendokumentvorlage im Abschnitt »Inhaltssteuerelemente: Intelligente Formularplatzhalter« weiter hinten in diesem Kapitel lediglich per Verknüpfungen XML-Daten in der Dokumentvorlage einfügen werden und kein VBA-Programmcode notwendig ist, wählen Sie im Dialogfeld bei *Dateityp* das Dateiformat *dotx* (siehe Kapitel 7, Abschnitt »Achtung Dateiformat: docx/dotx kontra docm/dotm«).

Planen Sie bei Ihrem Fragebogen den Einsatz der in Kapitel 7 in den Abschnitten »Benutzerdaten abrufen: INI-Datei, Registry oder Active Directory« und »Inhaltssteuerelemente: Automatisch ausfüllen und auf Ereignisse reagieren« beschriebenen Automatisierungsfunktionen? Um beispielsweise bereits beim Erzeugen eines neuen Fragebogens per *Datei/Neu* die Benutzerdaten vorzubelegen? Oder um bereits beim Ausfüllen Inhaltsprüfungen durchzuführen? Dann wählen Sie für die Fragebogendokumentvorlage als Dateityp *dotm*.

Selbstverständlich können Sie die Dokumentvorlage auch später im anderen Dateiformat speichern. Wenn Sie dies aber nach der Eingabe von VBA-Programmcode in der Alltagshektik vergessen und beim Speichern nicht genau auf alle Meldungen achten, verlieren Sie im Nu Ihren Programmcode. Deshalb sollten Sie besser von Anfang an im richtigen Format speichern.

3. Um die Dokumentvorlage sofort im richtigen Vorlagenordner abzulegen, wechseln Sie zu dem Ordner mit den Dokumentvorlagen. Bei Windows 7/Vista scrollen Sie hierzu im Dialogfeld *Speichern unter* im linken Bereich mit der Bildlaufleiste ganz nach oben. Dort ist unter *Microsoft Word* der Ordner *Templates* zu finden, den Sie anklicken. Beim Einsatz von Windows XP müssen Sie sich leider Ordner für Ordner in den Dokumentvorlagenordner klicken (siehe Anhang A »Hintergrundwissen«, Abschnitt »Dokumentvorlagenpfade«).

4. Vergeben Sie im Textfeld *Dateiname* einen eindeutigen Dateinamen, sodass Sie den Inhalt der Dokumentvorlage später immer sofort am Namen erkennen können. Tragen Sie hier beispielsweise `Fragebogen-zur-Office-Umstellung` ein. Bestätigen Sie mit *Speichern*.

Festlegen der Seitenränder

Die leere Fragebogendokumentvorlage ist angelegt, jetzt kümmern Sie sich zuerst um die Seitenränder.

1. Klicken Sie auf der Registerkarte *Seitenlayout* in der Gruppe *Seite einrichten* auf das »Startprogramm für ein Dialogfeld« ( ) zum Aufrufen des Dialogfeldes *Seite einrichten*.

2. Damit Sie ausreichend Platz für Ihren Formularinhalt haben, die ausgedruckten Fragebogen zu Archivierungszwecken aber dennoch »verlustfrei« abheften können, wählen Sie auf der Registerkarte *Seitenränder* für den oberen und den unteren Seitenrand `2 cm` sowie für den rechten und den linken Rand jeweils `2,5 cm`.

3. Im gleichen Dialogfeld auf der Registerkarte *Layout* schalten Sie das Kontrollkästchen *Erste Seite anders* ein, um auf der ersten Seite des Fragebogens eine andere (sprich keine) Kopfzeile einzufügen als auf Seite 2 und folgende.

4. Übernehmen Sie alle Einstellungen mit einem Klick auf *OK* und speichern Sie die Dokumentvorlage mit [Strg]+[S] ab.

Dokumentvorlage und Layoutvorgaben sind erfolgreich angelegt, weiter geht es mit Kopf- und Fußzeilen.

Kopf-/Fußzeilen bestimmen

Fügen Sie in der leeren Dokumentvorlage mit *Einfügen/Seiten/Seitenumbruch* oder über die Tastenkombination [Strg]+[↵] einen manuellen Seitenumbruch ein. So erhält Ihre Fragebogendokumentvorlage zwei Seiten und Sie können die Kopf- und Fußzeilen für die erste und die der Folgeseiten festlegen:

1. Wechseln Sie auf die zweite Seite. Doppelklicken Sie in den Kopfzeilenbereich (der Bereich zwischen dem oberen Blattrand und dem Seitenrand) der Dokumentvorlage. So gelangen Sie sofort in den Kopfzeilenbereich und ersparen sich den langen Weg über *Einfügen/Kopf- und Fußzeile/Kopfzeile/Kopfzeile bearbeiten.*
2. Fügen Sie hier den Kopfzeilentext ein, beispielsweise `Umfrage zur Office 2010-Umstellung`. Platzieren Sie den Text mit [Strg]+[R] rechtsbündig.
3. Um den Kopfzeilentext deutlich vom Fragebogeninhalt zu trennen, klicken Sie unter *Start/Absatz* auf den Dropdownpfeil der Schaltfläche *Rahmenlinie* und wählen im Menü die Option *Rahmenlinie unten.*

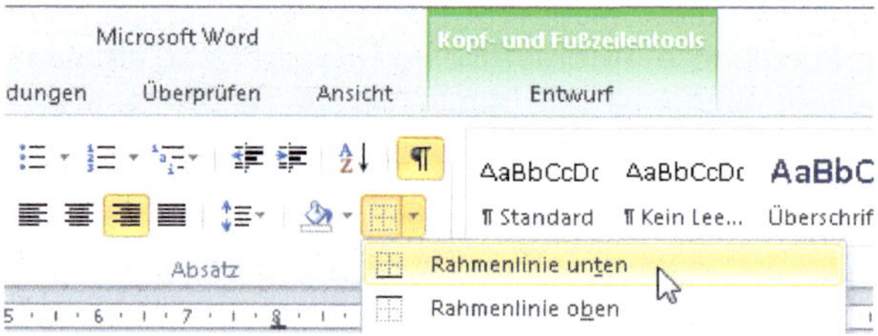

4. Wechseln Sie in die Fußzeile auf der ersten Seite, indem Sie in Ihrem Dokument etwas nach oben scrollen und in den Fußzeilenbereich klicken. Hier fügen Sie links beispielsweise den Namen Ihres Unternehmens und der Abteilung ein.

   Drücken Sie zweimal die Taste [⇆], um an die Position des rechtsbündigen Tabstopps am rechten Rand zu gelangen. Über *Kopf- und Fußzeilentools/Entwurf/ Kopf- und Fußzeile/Seitenzahl/Seitenzahlen/Markierungsleiste 3* fügen Sie an der aktuellen Cursorposition die Seitenzahl-Feldfunktion im Stil »Seite | ?« ein.

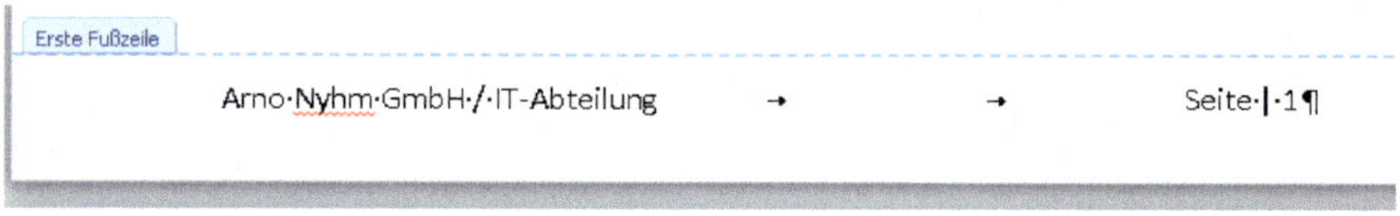

5. Die Fußzeile für die erste Seite ist fertig und muss auf die zweite Seite übertragen werden. Am einfachsten gelingt Ihnen dies mit [Strg]+[A], um die komplette Fußzeile zu markieren, und dann [Strg]+[C], um den Inhalt zu kopieren.

6. Zum Sprung in die Fußzeile der zweiten Seite genügt unter *Kopf- und Fußzeilentools/Entwurf/Navigation* ein Klick auf die Schaltfläche *Nächste*.

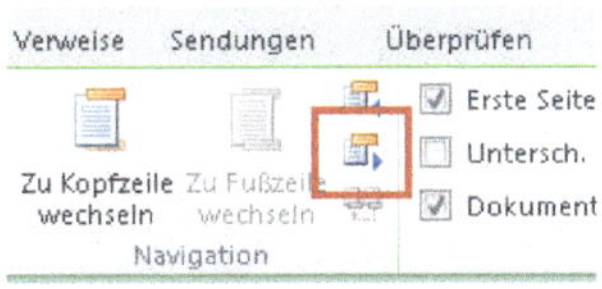

7. Fügen Sie mit Strg+V den zuvor kopierten Fußzeilentext in der Fußzeile der zweiten Seite ein. Löschen Sie die überflüssige Absatzmarke, die durch das Einfügen entstanden ist. Schließen Sie den Kopf- und Fußzeilenbereich über *Kopf- und Fußzeilentools/Entwurf/Schließen/Kopf- und Fußzeile schließen*.
8. Löschen Sie den Seitenumbruch auf der ersten Seite.

Sämtliche Vorarbeiten für die Fragebogendokumentvorlage haben Sie somit erfolgreich abgeschlossen.

Tabelle zur exakten Positionierung: Alles in Form

Ein ansprechendes Layout ist für Fragebogen besonders wichtig – setzen Sie alles daran, den Parcours durch den Fragebogen durch optische Gliederung so einfach und angenehm wie möglich zu machen. Nichts ist schlimmer, als die Fragen mehrfach zu verschachteln und im grauen Einerlei zu gestalten. Damit verprellen Sie alle noch so motivierten Ausfüller.

Besonders einfach gelingt das Ganze, wenn Sie für die Gestaltung des Fragebogens eine zweispaltige Tabelle einsetzen. In der linken Spalte platzieren Sie die Fragen, in der rechten Spalte sind die Inhaltssteuerelemente zur Eingabe bzw. Auswahl der Antworten oder bei den Kontrollkästchen zum Ankreuzen der entsprechenden Option zu finden.

Tabellen haben den großen Vorteil, dass Sie sie dank der Tabellenformatvorlagen recht einfach formatieren können. Außerdem lassen sich Tabellenzellen in der Breite und Höhe begrenzen, sodass sich der Umfang des einzugebenden Textes ganz einfach durch die umgebende Tabellenzelle einschränken lässt.

Auch wenn das nachträgliche Anpassen der Fragebogentabelle möglich ist, legen Sie sich *vor* dem Einfügen der Tabelle die abzufragenden Daten und deren Antworten zurecht. Notieren Sie sich auch, ob für die jeweilige Frage ein Eingabefeld (Typ *Nur-Text-Inhaltssteuerelement*), ein Auswahlfeld (Typ *Dropdownlisten-Inhaltssteuerelement*), ein Datum (Typ *Datumsauswahl-Inhaltssteuerelement*) oder ein/mehrere Kontrollkästchen (Typ *Kontrollkästchensteuerelement*) benötigt werden.

Insbesondere beim Einsatz der Kontrollkästchen sind in der rechten Antwortspalte der Tabelle etwas aufwendigere Zellenkonstruktionen notwendig, die für das perfekte Positionieren der Kontrollkästchen und der zugehörigen Beschreibungen sorgen. Solche Konstruktionen nachträglich anzupassen, kann mühsam sein; Sie sollten deshalb von Anfang an den benötigten Aufbau festlegen.

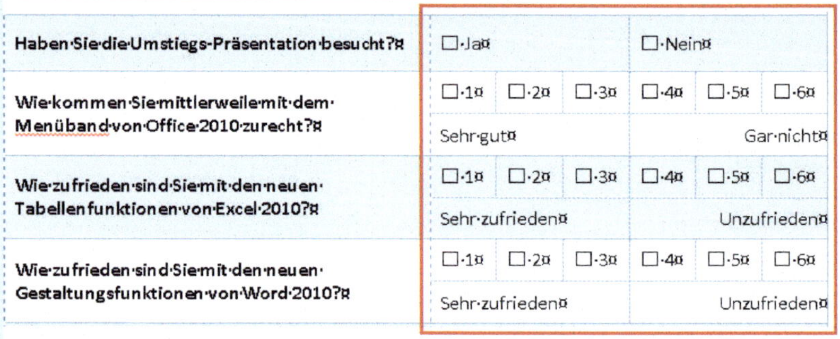

Haben·Sie·die·Umstiegs-Präsentation·besucht?¤	☐·Ja¤			☐·Nein¤		
Wie·kommen·Sie·mittlerweile·mit·dem·Menüband·von·Office·2010·zurecht?¤	☐·1¤	☐·2¤	☐·3¤	☐·4¤	☐·5¤	☐·6¤
	Sehr·gut¤			Gar·nicht¤		
Wie·zufrieden·sind·Sie·mit·den·neuen·Tabellenfunktionen·von·Excel·2010?¤	☐·1¤	☐·2¤	☐·3¤	☐·4¤	☐·5¤	☐·6¤
	Sehr·zufrieden¤			Unzufrieden¤		
Wie·zufrieden·sind·Sie·mit·den·neuen·Gestaltungsfunktionen·von·Word·2010?¤	☐·1¤	☐·2¤	☐·3¤	☐·4¤	☐·5¤	☐·6¤
	Sehr·zufrieden¤			Unzufrieden¤		

Tabelle mit benötigten Zeilen und Spalten einfügen

Ihre Fragebogentabelle ist zwei Spalten breit (die »Sonderspalten« für die Kontrollkästchen zählen für die Basistabelle nicht) und soll elf Fragen enthalten? Dann müssen Sie einschließlich Titelzeile eine »2 x 12 Tabelle« einfügen:

1. Öffnen Sie auf der Registerkarte *Einfügen* in der Gruppe *Tabellen* das Menü zur Schaltfläche *Tabelle*. Über das Tabellenraster am Anfang des Menüs lassen sich nur Tabellen mit maximal acht Zeilen einfügen. Wählen Sie deshalb den Befehl *Tabelle einfügen*.
2. Tragen Sie im Dialogfeld *Tabelle einfügen* bei *Spaltenzahl* 2 und bei *Zeilenzahl* 12 ein und bestätigen Sie mit *OK*.
3. Anschließend wählen Sie sofort *Tabellentools/Layout/Zellengröße/AutoAnpassen/Feste Spaltenbreite*, sodass sich die Breite der Spalten in der Tabelle bei der Eingabe von Text nicht automatisch verändert.
4. Damit Sie sich in der Tabelle besser zurechtfinden, tragen Sie jetzt in der ersten Zeile die Überschrift und in der ersten Spalte die Fragen ein.
5. Weiter geht es mit der Aufteilung der »Sonderzellen«, in denen Sie später die Kontrollkästchensteuerelemente einfügen: Soll eine Antwort auf eine Frage zwei Kontrollkästchen für »Ja« und »Nein« enthalten? Dann platzieren Sie den Cursor in der betreffenden Zelle.

6. Klicken Sie unter *Tabellentools/Layout/Zusammenführen* auf die Schaltfläche *Zellen teilen* und bestätigen Sie das angezeigte Dialogfeld mit *OK*. Die aktuelle Zelle wird jetzt exakt in der Mitte geteilt.

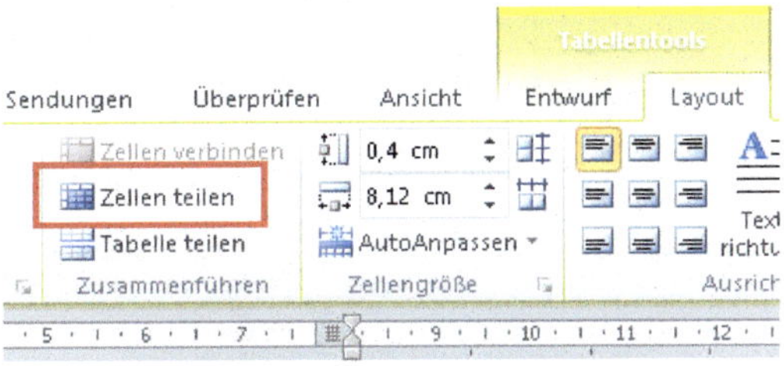

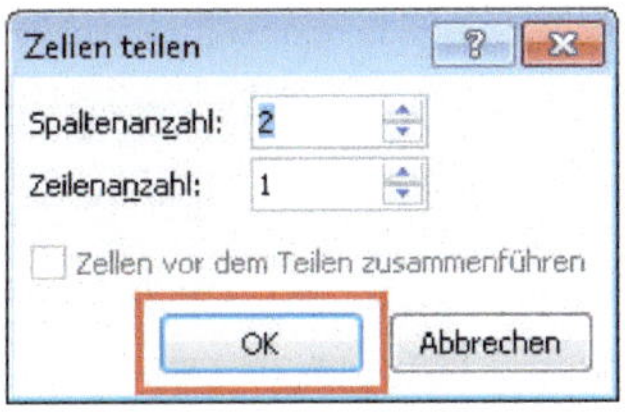

7. Etwas mehr Aufwand erfordern die Zellen, in denen Sie zwischen sechs verschiedenen Stufen (Kontrollkästchensteuerelemente) wählen können und bei denen die Bedeutung wie »Sehr zufrieden« oder »Unzufrieden« unterhalb der Kontrollkästchensteuerelemente stehen soll. Teilen Sie solche Zellen zuerst wie zuvor beschrieben, legen Sie im Dialogfeld *Zellen teilen* jedoch 2 Zeilen und 1 Spalte fest.

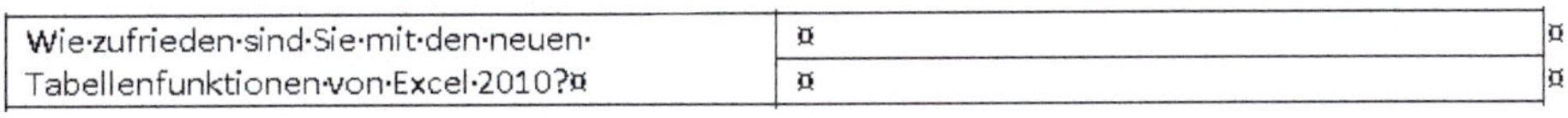

Wie·zufrieden·sind·Sie·mit·den·neuen·Tabellenfunktionen·von·Excel·2010?¤	¤	¤
	¤	¤

8. Teilen Sie nun die jeweils untere der beiden zu einer Frage gehörenden Zeile in zwei Spalten auf. Die obere Zeile wird hingegen in sechs Spalten geteilt.

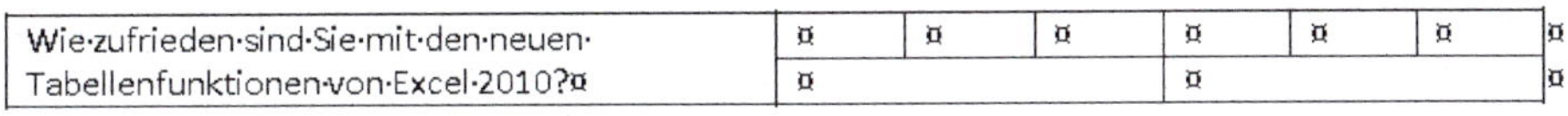

Wie·zufrieden·sind·Sie·mit·den·neuen·Tabellenfunktionen·von·Excel·2010?¤	¤	¤	¤	¤	¤	¤	¤
	¤			¤			¤

Wenn Sie sich beim Aufteilen einer Zelle in mehrere Zeilen/Spalten vertan haben, markieren Sie einfach alle »falsch« geteilten Zellen und führen Sie sie dann über *Tabellentools/Layout/Zusammenführen/Zellen verbinden* wieder zu einer Zelle zusammen.

Tabelle formatieren

Die Tabelle verfügt nun über alle Zellen, die Sie jetzt ansprechend gestalten. Damit Word Ihnen möglichst viel Arbeit beim Layouten abnimmt, beginnen Sie mit der Anpassung der Zeilenhöhe, gefolgt von der Auswahl der Tabellenformatvorlage. Da die Tabellenformatvorlage nicht mit der individuellen Tabellenstruktur der geteilten Antwortzellen zurechtkommt, ist anschließend etwas Handarbeit angesagt. Nutzen Sie die Tabellenformatvorlage dennoch, denn sie nimmt Ihnen schon einen großen Teil der Formatierungsarbeit ab.

1. Beginnen Sie mit der Zeilenhöhe für alle die Zeilen, die in der Antwortspalte nicht in mehrere Zeilen aufgeteilt sind. Markieren Sie die Zeilen und weisen Sie ihnen über *Tabellentools/Layout/Zellengröße/Tabellenzeilenhöhe* den Wert `1,1 cm` zu. Bei den mehrzeiligen Antwortzellen markieren Sie beide Zeilen und weisen beiden die Höhe `0,8 cm` zu.

2. Klappen Sie über *Tabellentools/Entwurf/Tabellenformatvorlagen* mit einem Klick auf den Dropdownpfeil in der rechten unteren Ecke des Tabellenformatvorlagenkatalogs den Katalog auf. Wählen Sie eine Tabellenformatvorlage aus. Damit beim Ausfüllen des Fragebogens niemand in der Zeile verrutscht, wählen Sie eine Formatvorlage mit wechselndem Hintergrund, beispielsweise *Mittlere Schattierung 1 – Akzent 1*.

3. Die Tabellenformatvorlage hat sofort zahlreiche Formatierungen angepasst. Dennoch ist etwas Hand anzulegen. Markieren Sie die ganze Tabelle und legen Sie über *Tabellentools/Layout/Ausrichtung/Mitte links ausrichten* die vertikal zentrierte Ausrichtung der Zelleninhalte fest.

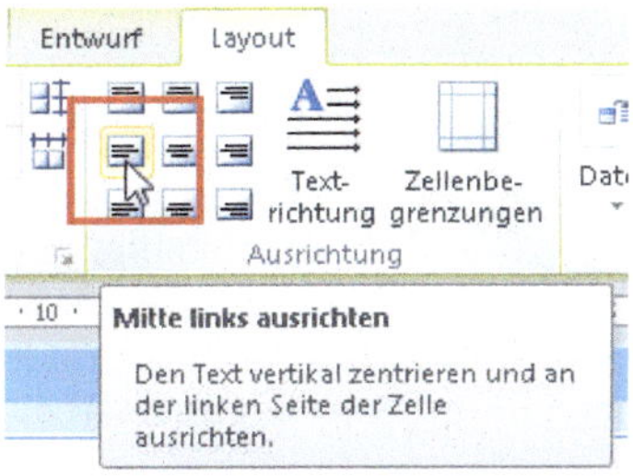

4. Jetzt müssen Sie die Zellenhintergründe der Zellen nachformatieren, bei denen für eine Frage mehrere Antwortzeilen zum Einsatz kommen. Denn diese Besonderheit kann die Tabellenformatvorlage nicht erkennen. Markieren Sie die betreffenden Zellen und legen Sie über *Tabellentools/Entwurf/Tabellenformatvorlagen/Schattierung* die gewünschte Farbe fest: *Keine Farbe* bzw. gewählte Hintergrundfarbe der Tabellenformatvorlage.

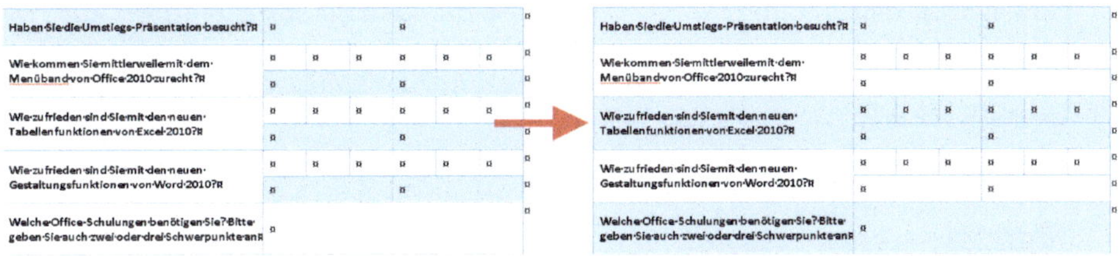

Inhaltssteuerelemente: Intelligente Formularplatzhalter

Zur Eingabe der Formulardaten benötigen Sie in der Formulartabelle intelligente Formularplatzhalter. Außerdem müssen Sie für eine übersichtliche Benutzerführung sorgen, indem Sie die Platzhalter sowohl farblich hervorheben als auch mit eindeutigen Hinweistexten ergänzen. Um später die eingegebenen Daten unkompliziert und fehlerfrei auszulesen, müssen die Formularplatzhalter mit einer in der Fragebogendokumentvorlage anzulegenden XML-Datenquelle verbunden werden. Und zu guter Letzt müssen Sie den Fragebogen natürlich vor versehentlichen Änderungen wie dem Löschen der Fragen oder Formularplatzhalter schützen.

Nutzen Sie als Formularplatzhalter die Inhaltssteuerelemente, die Sie auf der Registerkarte *Entwicklertools* in der Gruppe *Steuerelemente* finden. Falls die Registerkarte *Entwicklertools* im Menüband nicht angezeigt wird, schalten Sie sie ein, wie in Anhang A »Hintergrundwissen«, Abschnitt »Entwicklertools-Registerkarte« beschrieben.

Bei Inhaltssteuerelementen können Sie sowohl den Platzhaltertext als auch dessen Farbe sowie die Eigenschaften des Inhaltssteuerelements in weiten Bereichen anpassen. Und zu guter Letzt lassen sich mithilfe des *Word 2007 Content Control Toolkit* die Daten der Inhaltssteuerelemente mit einer XML-Datenquelle verbinden.

Inhaltssteuerelemente einfügen und Eigenschaften festlegen

Fügen Sie zuerst alle Inhaltssteuerelemente in der Fragebogentabelle ein. Greifen Sie hierzu auf Ihre Notizen zurück, die Sie sich bei der Planung der Fragebogentabelle in diesem Kapitel am Anfang des Abschnitts »Tabelle zur exakten Positionierung: Alles in Form« angelegt haben:

1. Platzieren Sie den Cursor in der ersten Zelle der Fragebogentabelle (rechte Spalte). Klicken Sie dann unter *Entwicklertools/Steuerelemente* auf das gewünschte Inhaltssteuerelement. Lassen Sie sich vom »falschen« Platzhaltertext, der sich eventuell auch über mehrere Zeilen erstreckt, nicht irritieren.

2. Wiederholen Sie den ersten Schritt für alle Inhaltssteuerelemente des gesamten Fragebogens, bis alle Zellen auf der rechten Seite des Fragebogens jeweils mit einem Inhaltssteuerelement ausgefüllt sind.

3. Damit der Platzhaltertext besser sichtbar ist, weisen Sie ihm, wie in Anhang A »Hintergrundwissen«, Abschnitt »Platzhaltertext-Formatvorlage« beschrieben, eine andere Farbe zu, beispielsweise ein leuchtendes Rot.

4. Sämtliche Inhaltssteuerelemente enthalten nach dem Einfügen noch den Standardplatzhaltertext wie *Klicken Sie hier, um Text einzugeben.* Um den Platzhaltertext in eine »sprechende Eingabeaufforderung« umzuwandeln, schalten Sie über *Entwicklertools/Steuerelemente* den *Entwurfsmodus* ein. Rechts und links des Platzhaltertextes erscheinen jetzt die *Tags* des Inhaltssteuerelements, sodass Sie den Platzhaltertext dazwischen ändern können.

Achten Sie beim Ersetzen des Platzhaltertextes immer darauf, dass Sie bei der Eingabe des neuen Platzhaltertextes zuerst noch etwas »alten« Platzhaltertext stehen lassen und den neuen Text mitten in den »alten« Text eintragen. Erst danach wird der alte Text gelöscht. Wenn Sie sofort den alten Platzhaltertext löschen, geht eventuell die Zuweisung der Formatvorlage *Platzhaltertext* beim neuen Platzhaltertext verloren. Er erscheint dann nicht mehr in dem leuchtenden Rot und Sie müssen das Inhaltssteuerelement löschen und neu anlegen.

Weiter geht es mit den Eigenschaften der Inhaltssteuerelemente:

- Weisen Sie jedem Inhaltssteuerelement, wie in Abbildung 6.2 zu sehen, über *Entwicklertools/Steuerelemente/Eigenschaften* über das Textfeld *Tag* eine eindeutige *Tag*-Bezeichnung zu. Dies ist insbesondere auch bei den Kontrollkästchensteuerelementen wichtig, da sich diese sonst bei der folgenden Verknüpfung mit einem XML-Knoten nicht eindeutig identifizieren lassen.
- Beginnen Sie jedes *Tag* mit dem Präfix *tag*, beispielsweise *tagNachname* oder *tagErstesProgramm*. Ein eindeutiges, einheitliches Präfix hat beim Zugriff auf die Inhaltssteuerelemente per VBA den Vorteil, dass der Programmcode »lesbarer« wird und Sie sofort erkennen können, woher die Daten stammen.

Abbildung 6.2 Jedes Inhaltssteuerelement benötigt zur Identifikation ein eindeutiges Tag

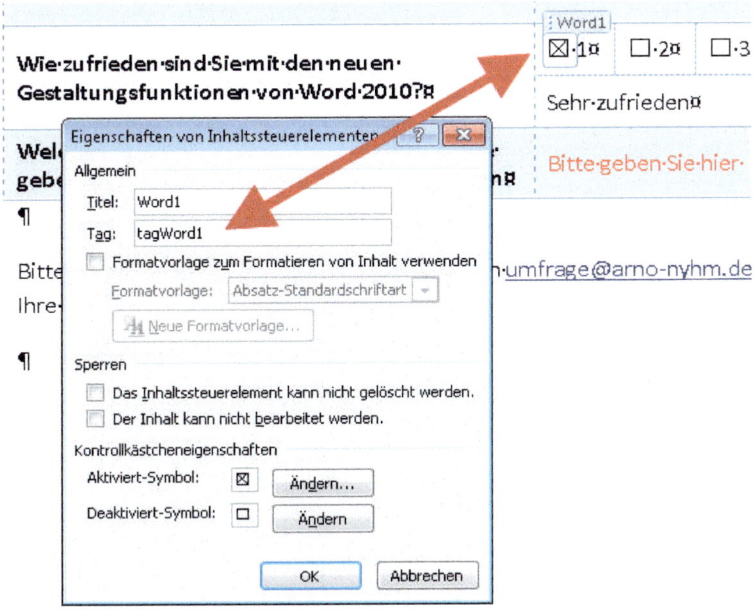

- Nutzen Sie in Ihrem Formular Dropdownlistenfeld-Inhaltssteuerelemente mit festen Vorgaben? Dann legen Sie die Vorgaben ebenfalls über die Eigenschaften fest; zuständig sind hier die Schaltflächen in der Gruppe *Dropdownlisten-Eigenschaften*.

Abbildung 6.3 Die Vorgaben in Dropdownlistenfeld-Inhaltssteuerelementen sind in den Eigenschaften hinterlegt

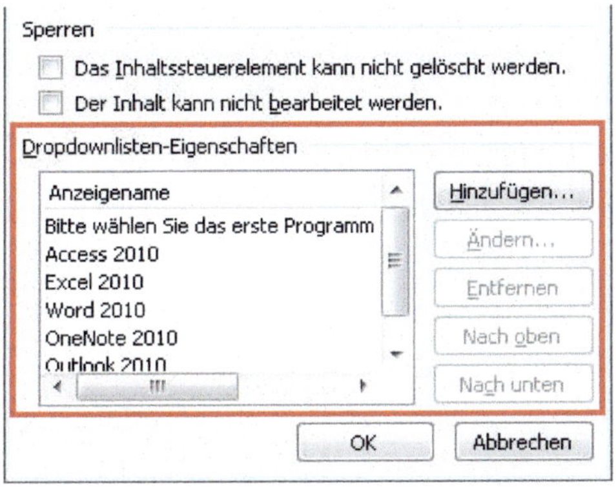

- Auch allen Kontrollkästchensteuerelementen zur Abfrage von »Schulnoten« – beispielsweise »1« bis »6« – müssen Sie jeweils ein eindeutiges *Tag* zuweisen; am einfachsten ist es, wenn Sie für alle Kontrollkästchensteuerelemente einer Gruppe immer den gleichen Namen mit einem laufenden Index einsetzen, beispielsweise *tagMenüband1* bis *tagMenüband6*.

- Das Kontrollkästchen *Das Inhaltssteuerelement kann nicht gelöscht werden* müssen Sie in den Eigenschaften nicht aktivieren; der Schutz wird später über die Gruppierungsfunktion für alle Inhaltssteuerelemente zusammen geregelt.

Inhaltssteuerelemente mit XML-Knoten verbinden

Die Fragebogentabelle ist vollständig, alle Inhaltssteuerelemente sind angelegt und deren Eigenschaften sind definiert? Dann geht es mit der Verbindung der Inhaltssteuerelemente mit einer von Ihnen zuvor anzulegenden XML-Datenquelle weiter. Die XML-Datenquelle wird innerhalb der Fragebogendokumentvorlage angelegt und ist somit fester Bestandteil der Dokumentvorlage. Zum Anlegen der Datenquelle und dem Verknüpfen der Inhaltssteuerelemente kommt das *Word 2007 Content Control Toolkit* zum Einsatz.

> Wo Sie das *Content Control Toolkit* finden und wie Sie es installieren und einsetzen, ist in Kapitel 7 im Abschnitt »Tipparbeit vermeiden: Inhaltssteuerelemente miteinander verknüpfen« detailliert beschrieben.

Beginnen Sie mit dem Anlegen der XML-Datenquelle:

1. Schließen Sie die Word-Dokumentvorlage, starten Sie das *Word 2007 Content Control Toolkit* und öffnen Sie im Toolkit über *File/Open* die Word-Dokumentvorlage.
2. Sobald die Datei geladen ist, führt das *Word 2007 Content Control Toolkit* auf der linken Seite eine Liste mit allen in der Datei vorhandenen Inhaltssteuerelementen auf. Zur Identifizierung des gewünschten Inhaltssteuerelements dient der Eintrag in der Spalte *Tag*, der mit dem Namen in den Inhaltssteuerelement-Eigenschaften übereinstimmt.

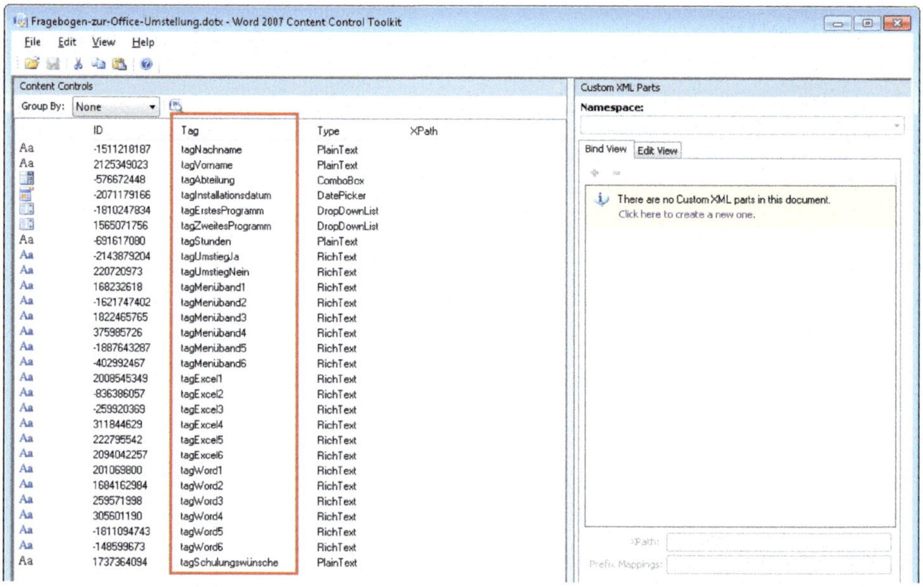

3. Legen Sie mit einem Klick auf den Befehl *Create a new Custom XML Part* in der unteren rechten Ecke des *Word 2007 Content Control Toolkit*-Programmfensters eine XML-Datenquelle an. Die XML-Datenquelle in Form einer XML-Datei wird automatisch in der ZIP-Struktur der Word-Datei gespeichert. Auf der rechten Seite im Dropdown-Listenfeld *Namespace* erscheint der Eintrag *(No Namespace)(1)* und auf der Registerkarte *Bind View* wird ein Ordnersymbol mit dem Eintrag *root* angezeigt.

4. Wechseln Sie auf der rechten Seite zur Registerkarte *Edit View*. Im großen Textfeld zeigt das Tool die beiden XML-Tags *<root>* und *</root>* an. Legen Sie die XML-Struktur Ihrer XML-Datenquelle an, wobei Sie für jedes Inhaltssteuerelement einen eigenen Knoten definieren.

5. Welche Inhaltssteuerelemente in Ihrem Fragebogen enthalten sind und welche XML-Knoten Sie somit benötigen, können Sie auf der linken Seite im *Content Control Toolkit* nachschlagen. Wählen Sie für die XML-Knoten die gleichen Namen wie bei den *Tags* für die Inhaltssteuerelemente – diesmal jedoch ohne das Präfix *tag*. Der Einsatz von Umlauten ist aufgrund der internen XML-Codierung (UTF-16 = Unicode) möglich.

   Da die XML-Knoten in der Dokumentvorlage anfangs leer sind und erst später über die Inhaltssteuerelemente gefüllt werden, können Sie sich bei der Eingabe Arbeit sparen. Nutzen Sie die verkürzte Schreibweise: Anstelle von *<Nachname></Nachname>* tragen Sie nur *<Nachname />* ein. Jeder Knoten wird zur besseren Übersicht in eine neue Zeile eingetragen.

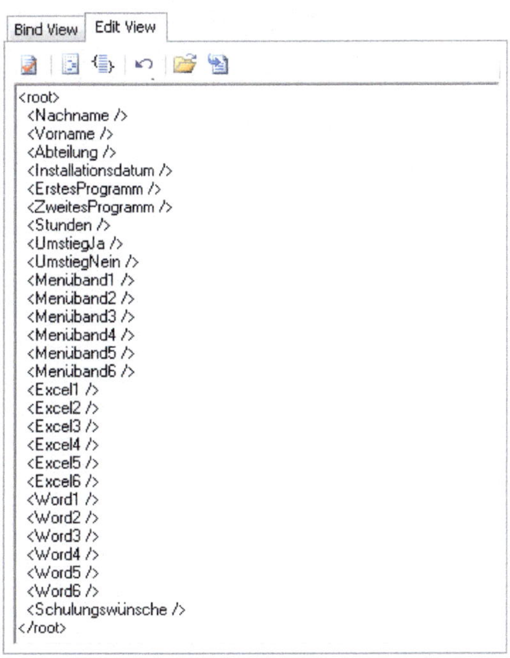

6. Wechseln Sie zur Registerkarte *Bind View* zurück. In der XML-Struktur wird jedes XML-Tag als eigener Knoten angezeigt. Zum Verbinden der XML-Knoten mit den

Inhaltssteuerelementen klicken Sie in der XML-Struktur den gewünschten Knoten an, sodass er markiert ist. Lassen Sie dann die Maustaste los. Klicken Sie den Knoten erneut an und ziehen Sie ihn mit gedrückter linker Maustaste in die Zeile mit dem gewünschten Inhaltssteuerelement. Wenn Sie nun die Maustaste loslassen, wird in der Spalte *XPath* der Pfad zu den Daten aufgeführt, beispielsweise */root[1]/Nachname[1]* oder */root[1]/ErstesProgramm[1]*.

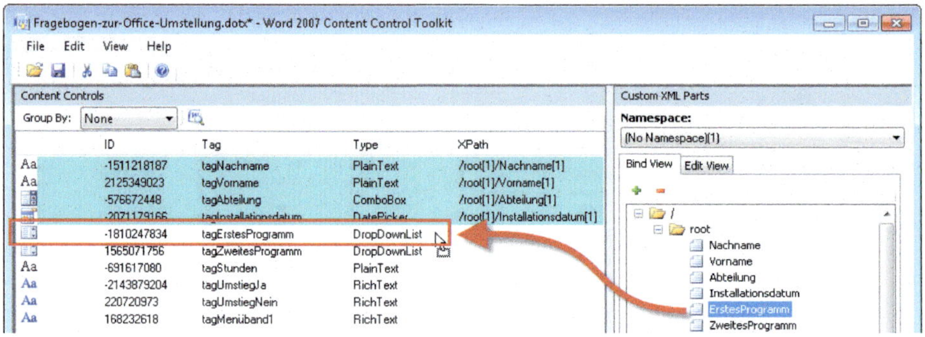

7. Wenn Sie bei der Zuweisung des XML-Knotens zum Inhaltssteuerelement versehentlich ein falsches Inhaltssteuerelement erwischt haben, ziehen Sie einfach den richtigen Knoten auf das betreffende Inhaltssteuerelement. Zum Löschen der Verknüpfung (=XPath-Zuweisung) doppelklicken Sie auf das entsprechende Inhaltssteuerelement. Im daraufhin angezeigten Dialogfeld löschen Sie den Eintrag im Textfeld *XPath*.
8. Sind alle Inhaltssteuerelemente mit einem Knoten verbunden? Dann speichern Sie mit Strg+S die Änderungen in der Dokumentvorlage und schließen das *Word 2007 Content Control Toolkit*.

Da die Dokumentvorlage als Grundlage für alle Fragebogen dient, dürfen Sie in der Dokumentvorlage selbst keine Inhaltssteuerelemente ausfüllen. Sonst werden die Daten sofort in der soeben angelegten XML-Struktur abgelegt und an alle neuen Dokumente auf Basis der Dokumentvorlage vererbt.

Eingaben sind deshalb nur in eigenständigen Dokumenten auf Basis der Fragebogendokumentvorlage erlaubt. Denn die so erzeugten Word-Dokumente verfügen über exakt die gleiche XML-Struktur wie die Dokumentvorlage, von der sie abstammen.

Dokument vor versehentlichen Änderungen schützen

Zum Schluss fehlt in der Fragebogendokumentvorlage nur noch der Schutz vor versehentlichen Änderungen. Da Sie in Ihrem Fragebogen nur moderne Inhaltssteuerelemente im Einsatz haben, können Sie auf den alten Formularschutz verzichten und vollständig auf die neuen Schutzmechanismen setzen:

1. Öffnen Sie die Fragebogendokumentvorlage und markieren Sie mit Strg+A den kompletten Fragebogen – einschließlich Titel, Formulartabelle mit den Fragen und

zugehörigen Inhaltssteuerelementen sowie dem eventuell abschließenden Text unterhalb der Formulartabelle.

2. Wechseln Sie zur Registerkarte *Entwicklertools* und klicken Sie in der Gruppe *Steuerelemente* auf den Befehl *Gruppieren*. Im aufgeklappten Menü wählen Sie *Gruppieren*.

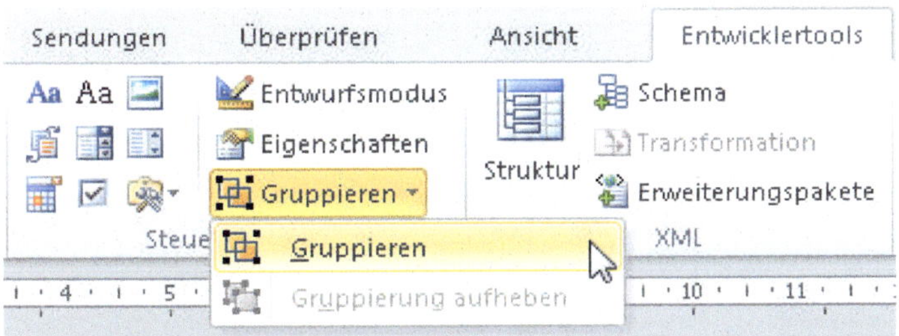

3. Daraufhin wird das komplette Formular in einer Gruppe zusammengefasst. Damit auch die Gruppe nicht versehentlich gelöscht wird, klicken Sie an einer beliebigen Stelle Ihres Fragebogens in den Text (nicht in ein Inhaltssteuerelement!), sodass die Markierung des kompletten Dokuments aufgehoben wird. Klicken Sie dann in der Gruppe *Steuerelemente* auf den Befehl *Eigenschaften*. Im daraufhin angezeigten Dialogfeld aktivieren Sie das Kontrollkästchen *Das Inhaltssteuerelement kann nicht gelöscht werden* und bestätigen mit *OK*.

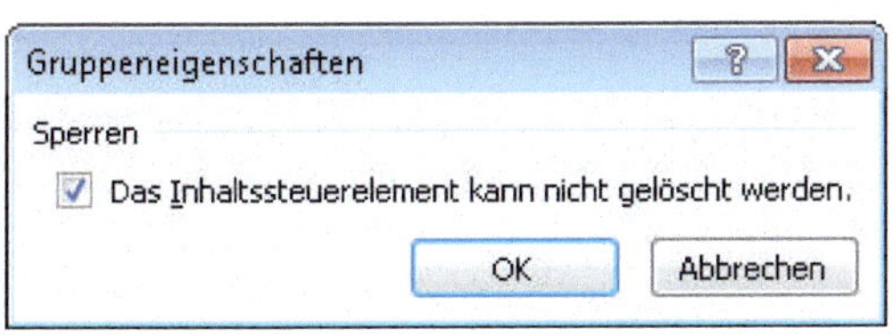

4. Ab sofort lassen sich nur noch die Inhaltssteuerelemente bearbeiten, der restliche Text ist komplett gesperrt. Speichern Sie die fertige Dokumentvorlage ab.

Um den Schutz aufzuheben, müssen Sie die Schutzfunktionen in der umgekehrten Reihenfolge aufrufen: Zuerst über *Eigenschaften* das Kontrollkästchen *Das Inhaltssteuerelement kann nicht gelöscht werden* deaktivieren (dabei muss der Cursor irgendwo im Text platziert sein und nicht in einem Inhaltssteuerelement!) und dann über *Gruppieren* mit *Gruppierung aufheben* die Gruppe löschen.

Falls Sie nur eine kleine Änderung an Ihrer Fragebogendokumentvorlage vornehmen möchten, können Sie über *Entwicklertools/Steuerelemente/Entwurfsmodus* auch den Entwurfsmodus zur Durchführung der Änderung einschalten. Denn bei aktivem Entwurfsmodus ist der Schutz ebenfalls inaktiv. Vergessen Sie deshalb nicht, nach erfolgten Änderungen den Entwurfsmodus wieder auszuschalten.

Excel-Tabelle: Daten aus den Fragebogen auslesen

Sobald Sie die auf Basis der Fragebogendokumentvorlage erstellten Fragebogen ausgefüllt zurückbekommen haben, müssen Sie die Ergebnisse sichten. Dabei sind sowohl die manuell in den Fragebogen eingetragenen Daten als auch die per Dropdownlisten-Inhaltssteuerelement ausgewählten Daten zu erfassen. Bei Fragen mit Kontrollkästchensteuerelementen müssen Sie außerdem je nach Frage den Status aus den möglichen Antworten 1 bis 6 ermitteln. Erst wenn alle Daten erfasst und aufbereitet sind, können Sie mit der eigentlichen Auswertung beginnen.

Dank der mit der XML-Datenquelle verknüpften Inhaltssteuerelemente werden die Daten beim Ausfüllen eines Fragebogens in der von Ihnen gewählten Form innerhalb der Word-Fragebogen-Antwortdatei abgelegt. Auf die Daten können Sie sehr einfach beispielsweise aus Excel heraus mit wenigen VBA-Kommandos zugreifen, die Daten auslesen und auf einem Tabellenblatt zur Auswertung einfügen.

Bei einer Word 2007/2010-Datei handelt es sich um eine ZIP-Datei, in der die Informationen zum Text, zu den Formatierungen oder zu den Dokumenteigenschaften in XML-Dateien in einer exakt festgelegten Struktur abgelegt sind. Wenn Sie beispielsweise eine Word-DOCX-Datei mit der Dateinamenerweiterung .ZIP erweitern und die daraufhin von Windows angezeigte Warnmeldung bestätigen, können Sie anschließend auf die umbenannte Word-Datei doppelklicken.

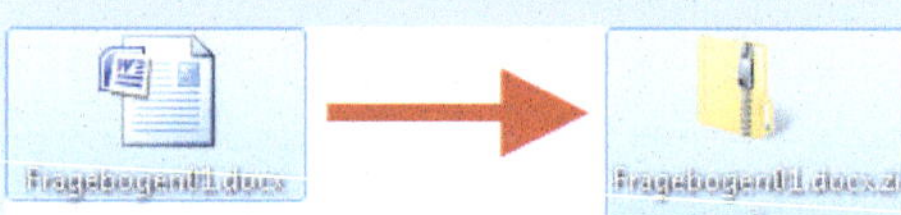

Der Inhalt der Word-Datei wird daraufhin in einem Explorer-Fenster angezeigt. Im Root-Verzeichnis der Word-Datei befindet sich der Ordner *CustomXML* (1). Nachdem Sie mit einem Doppelklick in den Ordner gewechselt haben, finden Sie dort die Datei *item1.xml* (2). Hier sind alle Daten in exakt der Form abgelegt, wie Sie es weiter vorn in diesem Kapitel im Abschnitt »Inhaltssteuerelemente mit XML-Knoten verbinden« beim Anlegen der XML-Struktur festgelegt haben.

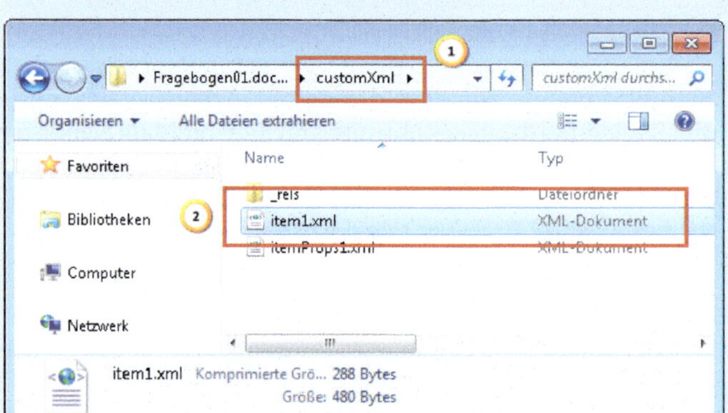

Wenn Sie die ausgefüllte Fragebogendatei im *Word 2007 Content Control Toolkit* öffnen, bekommen Sie deshalb auch auf der Registerkarte *Edit View* exakt die gleichen Daten angezeigt, als wenn Sie die Datei *item1.xml* aus der ZIP-Datei extrahieren und beispielsweise mit dem Windows-Editor öffnen.

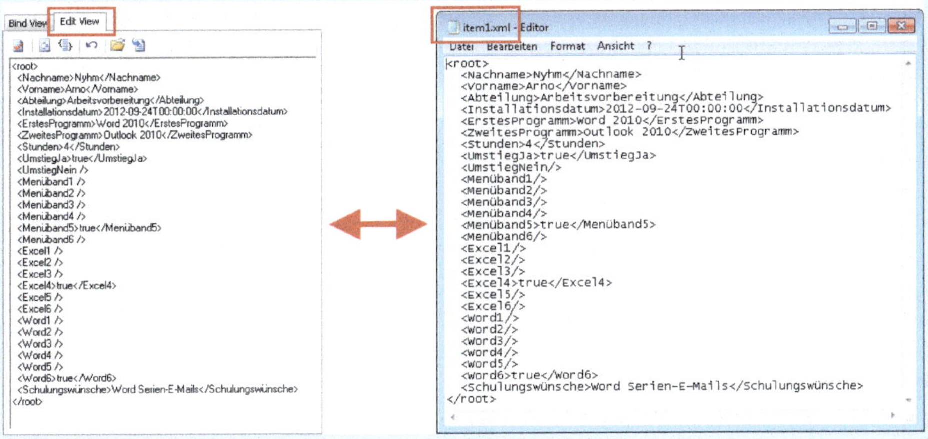

Excel-Tabelle anlegen und formatieren

Legen Sie zuerst eine Excel-Arbeitsmappe an, in der Sie eine Tabelle für die auszulesenden Daten vorbereiten:

1. Nachdem Sie Excel geöffnet haben, speichern Sie zuerst die leere Arbeitsmappe beispielsweise unter dem Dateinamen *Excel-Fragebogen-Auswertung.xlsm* ab. Da Sie in der Excel-Arbeitsmappe, wie im folgenden Abschnitt »VBA-Routine zum Auslesen erstellen« beschrieben, VBA-Programmcode hinzufügen, müssen Sie als Dateiformat zwingend *xlsm* wählen.

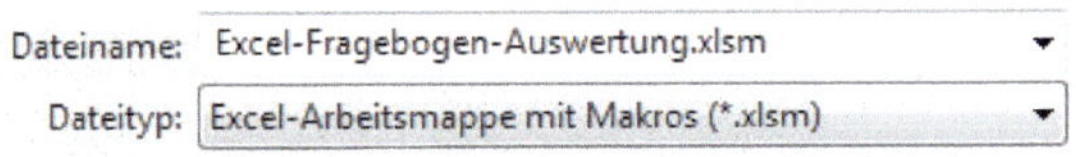

2. Ersetzen Sie jetzt den Standardnamen *Tabelle1* des ersten Arbeitsblattes durch *Ergebnisse*, indem Sie die Registerkartenbezeichnung mit der rechten Maustaste anklicken und im Kontextmenü den Befehl *Umbenennen* wählen. Die zwei weiteren, standardmäßig vorhandenen Arbeitsblätter *Tabelle2* und *Tabelle3* können Sie über das Kontextmenü mit dem Befehl *Löschen* aus der Arbeitsmappe entfernen.
3. Weiter geht es in Zelle *A1* mit der Eingabe des Titels, beispielsweise `Auswertung zur Fragebogenaktion "Office 2010-Umstellung"`. Formatieren Sie den Titel über *Start/Formatvorlagen/Zellenformatvorlagen* mit der Formatvorlage *Überschrift* (siehe Abbildung nächste Seite).
4. Die Daten aus den Word-Fragebogen werden zeilenweise auf dem Arbeitsblatt eingefügt, jede Zeile enthält später die Daten eines Fragebogens. Tragen Sie deshalb

in den Zellen der dritten Zeile die Überschriften ein: Für jedes Inhaltssteuerelement im Word-Fragebogen wird eine Spalte benötigt. Einzige Ausnahme: Bei Kontrollkästchensteuerelementen für Ja/Nein-Entscheidungen oder zur Abfrage von »Schulnoten« wird nur eine Spalte benötigt.

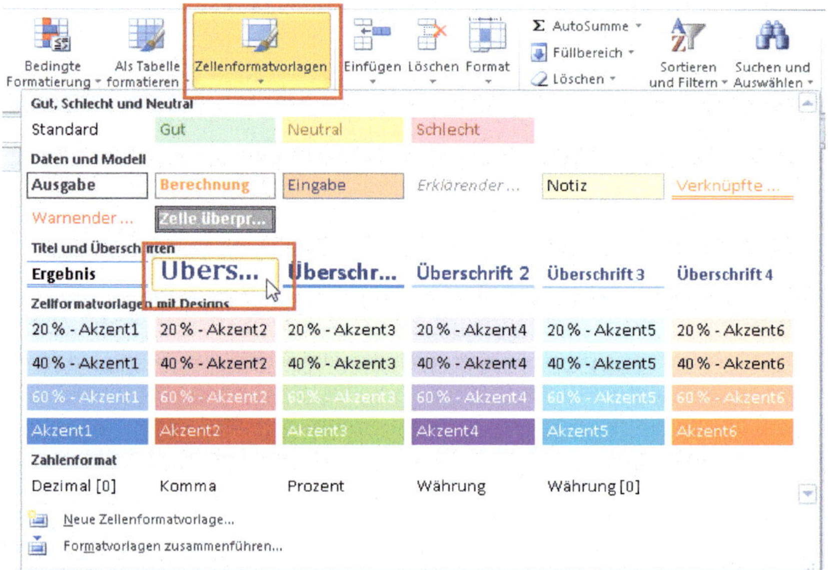

5. Nachdem Sie die Spaltenbreite für die Datenfelder angepasst haben, markieren Sie die Zellen mit den Überschriften in Zeile 3 sowie die darunterliegenden Zellen der Zeile 4. Öffnen Sie jetzt über *Start/Formatvorlagen/Als Tabelle formatieren* den Tabellenformatvorlagen-Katalog und wählen Sie beispielsweise die Formatvorlage *Tabellenformat – Mittel 2*.

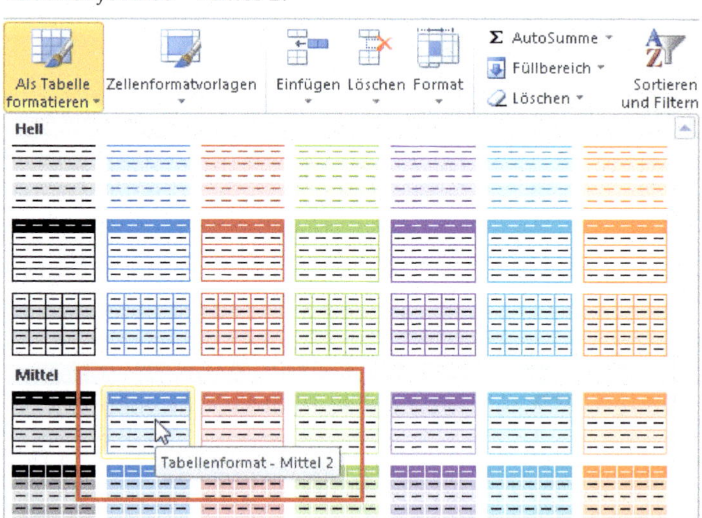

6. Excel zeigt zur Kontrolle den markierten Bereich nochmals in einem eigenen Dialogfeld an. Schalten Sie hier das Kontrollkästchen *Tabelle hat Überschriften* ein und bestätigen Sie mit *OK*. Jetzt können Sie noch zusätzlich manuelle Formatierungen wie das vertikale und horizontale Zentrieren der Überschriften hinzufügen.

Die Excel-Arbeitsmappe mit dem Arbeitsblatt *Ergebnisse* ist vorbereitet, die Datenerfassung wird später in Zelle A4 beginnen.

VBA-Routine zum Auslesen erstellen

Für die Routinen zum Auslesen der ausgefüllten Word-Fragebogen kommt etwas VBA-Programmcode zum Einsatz, der in einzelne Prozeduren und Funktionen aufgeteilt ist. Das hat den Vorteil, dass die einzelnen Routinen sich als Bausteine individuell in den unterschiedlichsten Lösungen einsetzen lassen.

Legen Sie jetzt zuerst in der Excel-Arbeitsmappe ein VBA-Modul an. Öffnen Sie bei geladener Excel-Arbeitsmappe über die Tastenkombination `Alt`+`F11` den VBA-Editor. Sollte im VBA-Editor auf der rechten Seite der Projekt-Explorer nicht angezeigt werden, blenden Sie ihn über *Ansicht/Projekt-Explorer* ein. Auch das Eigenschaftenfenster muss angezeigt werden (befindet sich standardmäßig links unterhalb des Projekt-Explorers), blenden Sie es bei Bedarf mit `F4` ein.

Klicken Sie im Projekt-Explorer den Eintrag *VBAProject(<Dateiname der Arbeitsmappe>)* mit der rechten Maustaste an und wählen Sie im Kontextmenü den Befehl *Einfügen/Modul*. Im Projekt-Explorer erscheint nun ein neuer Zweig *Module*, darunter hat der VBA-Editor das Modul *Modul1* angelegt. Ändern Sie durch Anklicken von *Modul1* und der Eingabe des Namens `basEinleseRoutinen` im Eigenschaftenfenster (siehe Abbildung 6.4) den Modulnamen in einen sprechenden Namen.

Abbildung 6.4 Passen Sie in den Eigenschaften den Namen des Moduls an

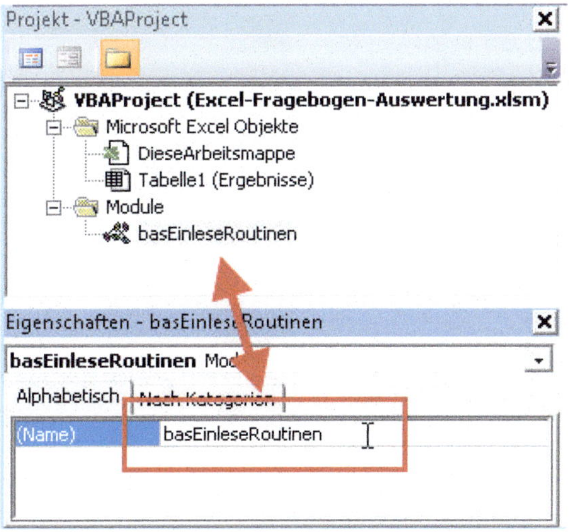

Variablen und Konstanten deklarieren

Im rechten Bereich des VBA-Editors zeigt Excel den Programmcodebereich des Moduls *basEinleseRoutinen* an. Hier beginnen Sie zuerst mit dem Anlegen der Variablen und Konstanten. Der »Haupt«-XML-Knoten in der XML-Struktur, unter dem alle Daten abgelegt sind, lautet im Beispiel `root`. Entsprechend ist über das folgende Kommando der Knotenname als Konstante (Präfix »c«) definiert:

```
Const cXMLRootKnoten As String = "root"
```

Damit Sie sämtliche aus der XML-Struktur auszulesende Daten optimal im VBA-Programmcode bearbeiten können, legen Sie sich für die komplette Struktur einen benutzerdefinierten Datentyp mit der entsprechenden Variablendefinition für jeden Knoten an. Möglich macht es die `Type`-Anweisung:

```
Public Type tXMLKnoten
    strNachname As String
    strVorname As String
    strAbteilung As String
    dtmInstallationsdatum As Date
    strErstesProgramm As String
    strZweitesProgramm As String
    dblStunden As Double
    booUmstiegJa As Boolean
    booUmstiegNein As Boolean
    booMenüband1 As Boolean
    booMenüband2 As Boolean
    booMenüband3 As Boolean
    booMenüband4 As Boolean
    booMenüband5 As Boolean
    booMenüband6 As Boolean
    booExcel1 As Boolean
    booExcel2 As Boolean
    booExcel3 As Boolean
    booExcel4 As Boolean
    booExcel5 As Boolean
    booExcel6 As Boolean
    booWord1 As Boolean
    booWord2 As Boolean
    booWord3 As Boolean
    booWord4 As Boolean
    booWord5 As Boolean
    booWord6 As Boolean
    strSchulungswünsche As String
End Type
```

Für den späteren Einsatz der Struktur benötigen Sie noch eine Variablendefinition auf Basis der Struktur, die Sie mit der folgenden Deklaration erreichen (das Präfix »g« zeigt an, dass es sich um eine globale Variable handelt):

```
Public gFormularDaten As tXMLKnoten
```

Zu guter Letzt fehlen noch drei Variablen für die »Notenvergabe« bei der Bedienung des Menübands, der Tabellenfunktionen von Excel und der Gestaltungsfunktionen von Word. Die Noten werden später auf Basis der gewählten Kontrollkästchen bei den Fragen mit den sechs verschiedenen Antwortmöglichkeiten gesetzt (ebenfalls mit Präfix »g«).

```
Public gintNoteMenüband As Integer
Public gintNoteExcel As Integer
Public gintNoteWord As Integer
```

Routine zum Ermitteln der Word-Fragebogen und dem Auslesen der XML-Strukturen

Der Deklarationsteil ist erfolgreich abgeschlossen, weiter geht es mit der Routine zum Auslesen der XML-Strukturen. Am Anfang der Routine werden die entsprechenden Variablen und Objekte für den Zugriff auf das Word-Objekt definiert:

```
Sub pDatenAusFormularenUebernehmen()
                    Dim wrdWordApplication As Word.Application
                    Dim docDocument As Word.Document
                    Dim cxmlCustomXML As Office.CustomXMLPart
                    Dim nxmlXMLNode As Office.CustomXMLNode
                    Dim ofdDateiDialog As Office.FileDialog
                    Dim intDateiZähler As Integer
```

Damit Excel auf das Word-Objekt zugreifen kann, müssen Sie im VBA-Editor über *Extras/Verweise* im Dialogfeld *Verweise – VBAProject* den Eintrag *Microsoft Word 14.0 Object Library* aktivieren.

Abbildung 6.5 Für den Zugriff auf Word müssen Sie den Verweis auf die Word-Objektbibliothek setzen

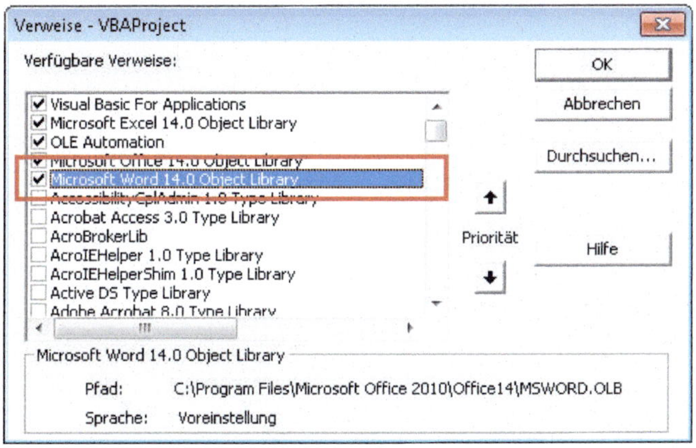

Weiter geht es mithilfe des Kommandos `CreateObject` mit dem Anlegen einer Word-Instanz:

```
Set wrdWordApplication = CreateObject("Word.Application")
```

Dann wird das Objekt für das *Datei öffnen*-Dialogfeld angelegt und schließlich mit der With-Anweisung sowie dem Setzen des Dateityps (.Filters) und dem Dialogfeldtitel (.Title) konfiguriert. Mit .Show wird das Dialogfeld schließlich angezeigt.

Jetzt lassen sich in dem Dialogfeld eine oder mehrere Word-Dateien auswählen, die anschließend am Stück verarbeitet werden. War die Anzahl der gewählten Dateien größer null, beginnt in einer Schleife das eigentliche Verarbeiten der Dateien:

```
Set ofdDateiDialog = Application.FileDialog(msoFileDialogFilePicker)
With ofdDateiDialog
    .Filters.Add "Microsoft Word-Dokument", "*.docx"
    .Title = "Bitte wählen Sie die Word-Fragebogen aus:"
    .Show
    If .SelectedItems.Count > 0 Then
        For intDateiZähler = 1 To .SelectedItems.Count

            ...

        Next intDateiZähler
    End If
End With
```

Innerhalb der Schleife wird zuerst das jeweilige Word-Dokument geöffnet:

```
Set docDocument = wrdWordApplication.Documents.Open(.SelectedItems(intDateiZähler))
```

Anschließend prüft die Routine alle benutzerdefinierten XML-Datenquellen. Wird eine passende Datenquelle gefunden, merkt sich die For-Each-Schleife die gefundene Datenquelle in der Variablen nxmlXMLNode und beendet die Schleife.

```
For Each cxmlCustomXML In docDocument.CustomXMLParts
    If cxmlCustomXML.BuiltIn = False Then
      Set nxmlXMLNode = cxmlCustomXML.SelectSingleNode(cXMLRootKnoten)
      If Not nxmlXMLNode Is Nothing Then
        Exit For
      End If
    End If
Next cxmlCustomXML
```

Die folgenden Kommandos werden nur durchlaufen, wenn eine passende Datenquelle in der Word-Datei gefunden wurde. Dieser Mechanismus stellt sicher, dass auch nur Word-Dokumente »verarbeitet« werden, die die gewünschten Formulardaten enthalten. Zum Auslesen der Daten aus der Word-Datei dient die Routine pDatenAusDenXMLKnotenAuslesen, der als Parameter ein Verweis auf die XML-Datenquelle übergeben wird. Die Routine pNotenAuswerten wertet anschließend die Kontrollkästchen bei den Notenabfragen aus und die Routine pAusgeleseneDatenInExcelEinfügen fügt zu guter Letzt die Daten auf dem Excel-Arbeitsblatt an der richtigen Stelle ein:

```
If Not cxmlCustomXML Is Nothing Then
    pDatenAusDenXMLKnotenAuslesen cxmlvCustomXML:=cxmlCustomXML
    pNotenAuswerten
    pAusgeleseneDatenInExcelEinfügen
```

```
End If
docDocument.Close
Set nxmlXMLNode = Nothing
Set cxmlCustomXML = Nothing
Set docDocument = Nothing
```

Wurden alle gewählten Dateien in der Schleife abgearbeitet, ist zum Schluss noch etwas Aufräumen angesagt: Die anfangs erzeugte Word-Instanz muss zusammen mit anderen Objekten wieder freigegeben werden:

```
    wrdWordApplication.Quit
    Set wrdWordApplication = Nothing
    Set ofdDateiDialog = Nothing
End Sub
```

Daten aus den XML-Knoten auslesen

Zum Auslesen, Auswerten und Übergeben der Daten in Excel benötigen Sie fünf weitere, kurze Routinen. Die erste Routine sorgt für das Auslesen der Daten aus der gefundenen XML-Datenquelle. Hier werden Schritt für Schritt die Daten aus allen XML-Knoten ermittelt und in der im Deklarationsteil definierten Struktur zwischengespeichert. Der Zugriff auf den XML-Knoten ist sehr einfach, da auf die Methode `SelectSingleNode` des übergebenen XML-Objekts `cxmlvCustomXML` zugegriffen wird. Der Methode muss als Parameter der Pfad zum gewünschten Knoten mitgegeben werden, im Beispiel ist dies `cXMLRootKnoten` (= *root*) sowie der Name des jeweiligen Knotens. Da Sie den Inhalt des Knotens auslesen möchten, greifen Sie auf die Eigenschaft `.Text` zu.

```
Sub pDatenAusDenXMLKnotenAuslesen(ByVal cxmlvCustomXML As Office.CustomXMLPart)
    On Error Resume Next
    gFormularDaten.strNachname =
    cxmlvCustomXML.SelectSingleNode(cXMLRootKnoten & "/Nachname").Text

    ...

    On Error GoTo 0
End Sub
```

Besonders wichtig beim Auslesen der Daten ist das Ausschalten der VBA-Fehlerbehandlung. Ist ein Knoten leer, erzeugt die Abfrage einen Fehler. Da String-Variablen aber standardmäßig leer und Boolean-Variablen auf »Falsch« gesetzt sind, enthalten die Variablen somit auch im Fehlerfall – wenn sie nicht gesetzt werden – die richtigen Werte.

Datumskonvertierung bei Datum/Uhrzeit-Feldern

Während Zeichenketten aus den XML-Knoten direkt in den String-Variablen abgelegt werden, muss beispielsweise bei Datumsangaben eine Konvertierung stattfinden. Datums- und Uhrzeitangaben sind in den XML-Knoten immer im Format *YYYY-MM-DDThh:mm:ss* gespeichert. Datum und Uhrzeit werden durch ein großes »T« getrennt.

Um das Datum in VBA in einer Variablen vom Typ *Date* abzulegen, muss demnach zum einen das »T« entfernt und zum anderen aus der Zeichenkette ein Datum werden. Zuständig hierfür ist die Funktion `fInDatumUmwandeln`, der als Parameter das Datum im XML-Format übergeben wird und die als Ergebnis das Datum im VBA-Format zurückliefert. Im Praxisbeispiel wird so mit

```
gFormularDaten.dtmInstallationsdatum = fInDatumUmwandeln(strvDatum:=cxmlvCustomXML.
SelectSingleNode(cXMLRootKnoten & "/Installationsdatum").Text)
```

der Inhalt des XML-Knotens `root/Installationsdatum` ausgelesen und an die Funktion `fInDatumUmwandeln` übergeben; das umgewandelte Datum wird in der Strukturvariablen `dtmInstallationsdatum` abgelegt.

Die Funktion `fInDatumUmwandeln` kommt mit wenigen Kommandos aus, da sie in dem übergebenen String `strvDatum` das »T« durch »nichts« ersetzt und das so umgewandelte Ergebnis mit `CDate` in ein Datum konvertiert:

```
Function fInDatumUmwandeln(ByVal strvDatum As String) As Date
    If Trim(strvDatum) <> "" Then
       fInDatumUmwandeln = CDate(Replace(Expression:=strvDatum, _
                                 Find:="T", _
                                 Replace:=" "))
    Else
        fInDatumUmwandeln = ""
    End If
End Function
```

Kontrollkästchen zur Notenvergabe auswerten

Die zweite Routine, die neben der Routine `pDatenAusDenXMLKnotenAuslesen` innerhalb der großen Ausleseschleife aufgerufen wird, kümmert sich um die Auswertung der Kontrollkästchen. Sie ruft für jede (der aus sechs Kontrollkästchen bestehenden) Benotung die Funktion `fNotenAuswerten` auf. Dabei werden der Funktion die Inhalte der sechs Kontrollkästchen in Form der Parameter `boovNote1` bis `boovNote6` übergeben, das Ergebnis gibt die Funktion in Form eines Integer-Wertes zwischen 1 und 6 zurück.

```
Sub pNotenAuswerten()
    gintNoteMenüband = fNotenAuswerten(boovNote1:=gFormularDaten.booMenüband1, _
                                       boovNote2:=gFormularDaten.booMenüband2, _
                                       boovNote3:=gFormularDaten.booMenüband3, _
                                       boovNote4:=gFormularDaten.booMenüband4, _
                                       boovNote5:=gFormularDaten.booMenüband5, _
                                       boovNote6:=gFormularDaten.booMenüband6)
    ...
End Sub
```

In der Funktion `fNotenAuswerten` wird über einfache `If-Then-ElseIf`-Abfragen der Status der Kontrollkästchen geprüft. Da Word keine Optionsfelder kennt, bei denen immer nur ein Optionsfeld aktiv sein kann, ist es möglich, dass im Fragebogen mehrere Kontrollkästchen angekreuzt wurden. Deshalb wird bedingt durch die Reihenfolge in der

Abfrage immer die beste Note übernommen. War kein Kontrollkästchen angekreuzt, übergibt die Funktion den Wert »0«.

```
Function fNotenAuswerten(ByVal boovNote1, boovNote2, _
                               boovNote3, boovNote4, _
                               boovNote5, boovNote6 As Boolean) As Integer
    If boovNote1 Then
        fNotenAuswerten = 1
    ElseIf boovNote2 Then
        fNotenAuswerten = 2
    ElseIf boovNote3 Then
        fNotenAuswerten = 3
    ElseIf boovNote4 Then
        fNotenAuswerten = 4
    ElseIf boovNote5 Then
        fNotenAuswerten = 5
    ElseIf boovNote6 Then
        fNotenAuswerten = 6
    Else
        fNotenAuswerten = 0
    End If
End Function
```

Daten im Excel-Arbeitsblatt einfügen

Zu guter Letzt müssen Sie die ausgelesenen und ausgewerteten Daten jedes Word-Fragebogens in eine eigene Zeile auf dem weiter vorn in diesem Kapitel im Abschnitt »Excel-Tabelle anlegen und formatieren« vorbereiteten Excel-Arbeitsblatt eintragen. Zuständig für diese Aufgabe ist die Routine `pAusgeleseneDatenInExcelEinfügen`, die hierzu auf die Daten der Struktur `gFormularDaten` sowie die drei globalen Notenvariablen `gintNoteMenüband`, `gintNoteExcel` und `gintNoteWord` zugreift.

Damit zum Einfügen der Daten das richtige Arbeitsblatt aktiv ist, wird es gleich in der ersten Zeile der Routine gewählt. Dann wird die erste Datenzelle A4 markiert und deren Inhalt ausgelesen:

- Befinden sich in der Zelle Daten, ist bereits ein Datensatz vorhanden. In diesem Fall wird die Zelle oberhalb markiert und mit `Selection.End(xlDown).Select` das Ende der Tabelle gesucht (entspricht in Excel dem Drücken der Tastenkombination Strg+↓). Daraufhin befindet sich die Zellmarkierung auf der letzten gefüllten Zeile der aktuellen Spalte.
- Befinden sich in der Zelle keine Daten, wird der Cursor eine Zeile nach oben verschoben. Daraufhin befindet sich die Zellmarkierung auf der Überschrift der aktuellen Spalte.

Ist die Zellmarkierung zum Start der Datenübernahme platziert, werden die Daten aus der Struktur Zelle für Zelle in das Arbeitsblatt eingetragen.

```
Sub pAusgeleseneDatenInExcelEinfügen()
    Sheets("Ergebnisse").Select
```

```
Range("A4").Select
If Trim(ActiveCell.Value) <> "" Then
    Range("A3").Select
    Selection.End(xlDown).Select
Else
    Range("A3").Select
End If
ActiveCell.Offset(1, 0).Select
ActiveCell.Value = gFormularDaten.strNachname
ActiveCell.Offset(0, 1).Select
ActiveCell.Value = gFormularDaten.strVorname
ActiveCell.Offset(0, 1).Select
ActiveCell.Value = gFormularDaten.strAbteilung
...
```

Eine letzte Besonderheit gibt es bei der Ja/Nein-Frage »Haben Sie die Umstiegs-Präsentation besucht?«: Hier wird über eine `IF-Then-Else`-Abfrage der Status geprüft und davon abhängig der Text »Ja«, »Nein« bzw. bei nicht angeklicktem Kontrollkästchen ein Fragezeichen eingefügt. Da auch hier systembedingt nicht auszuschließen ist, dass versehentlich beide Kontrollkästchen angeklickt wurden, hat die Antwort »Ja« aufgrund der Reihenfolge in der `IF-Then-Else`-Abfrage Vorrang.

```
If gFormularDaten.booUmstiegJa Then
     ActiveCell.Value = "Ja"
ElseIf gFormularDaten.booUmstiegNein Then
    ActiveCell.Value = "Nein"
Else
    ActiveCell.Value = "?"
End If
```

Symbol zum Start der VBA-Routine in der Symbolleiste für den Schnellzugriff hinzufügen

Der VBA-Programmcode ist vollständig und Sie können den VBA-Editor schließen und zu Ihrem Arbeitsblatt zurückkehren. Was fehlt, ist die komfortable Möglichkeit, die Start-VBA-Routine `pDatenAusFormularenUebernehmen` aufzurufen. Jedes Mal die Tastenkombination [Alt]+[F8] zu drücken oder *Ansicht/Makros/Makros/Makros anzeigen* aufzurufen, ist in der Praxis zu umständlich.

Fügen Sie deshalb in der Symbolleiste für den Schnellzugriff eine Schaltfläche zum Starten der VBA-Routine hinzu, sodass Sie künftig das Einlesen der Daten mit einem Mausklick ausführen lassen können:

1. Klicken Sie in der Symbolleiste für den Schnellzugriff rechts auf den Dropdownpfeil. Es klappt ein Menü auf, in dem Sie den zweitletzten Eintrag *Weitere Befehle* wählen.

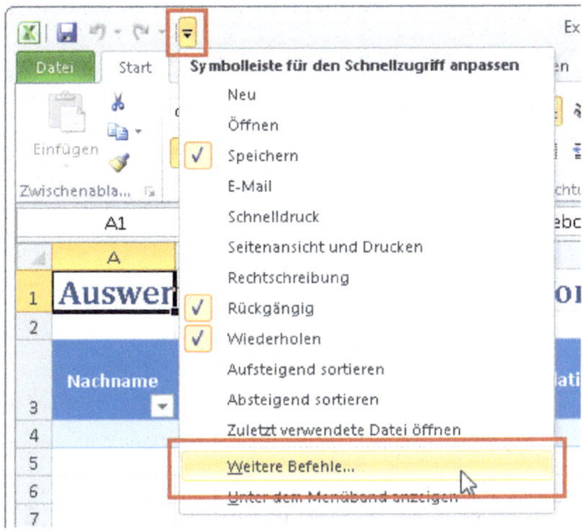

2. Es öffnet sich das Dialogfeld *Excel-Optionen*, in dem Sie sich im Bereich zur Anpassung der Symbolleiste für den Schnellzugriff befinden. Wählen Sie im rechten Bereich bei *Befehle auswählen* den Eintrag *Makros*. Daraufhin zeigt Excel in dem darunterliegenden Listenfeld alle »Makros« (= VBA-Routinen) in der aktuellen Arbeitsmappe an.

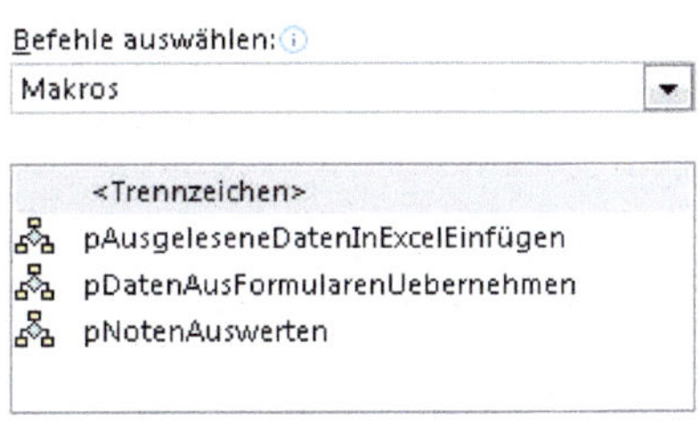

3. Damit das Symbol in der Symbolleiste für den Schnellzugriff nur dann erscheint, wenn die aktuelle Arbeitsmappe geladen ist, wechseln Sie im Dropdown-Listenfeld *Symbolleiste für den Schnellzugriff anpassen* von *Für alle Dokumente (Standard)* auf *Für '<Name Ihrer Excel-Arbeitsmappe>.xlsm'*.

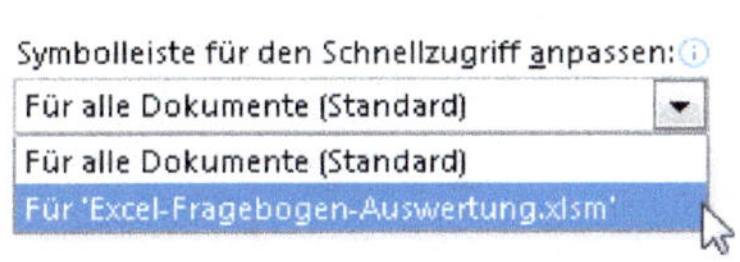

4. Im nächsten Schritt markieren Sie in der Liste mit allen Makros den Eintrag *pDatenAusFormularenUebernehmen* und klicken auf die Schaltfläche *Hinzufügen*, die sich zwischen den beiden großen Listenfeldern befindet.
5. Lassen Sie den Eintrag im Ziellistenfeld markiert und weisen Sie ihm über die Schaltfläche *Ändern* (befindet sich unterhalb des rechten Listenfeldes) ein Symbol und einen sprechenden Namen zu.

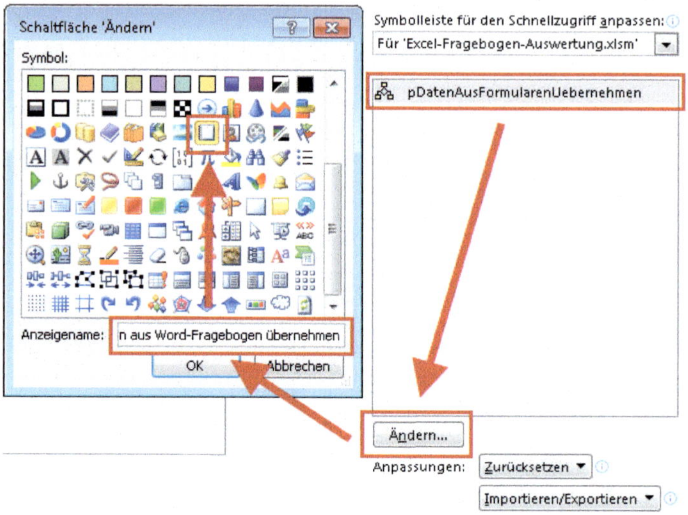

6. Wenn Sie die Einstellungen mit *OK* übernehmen, steht ab sofort die neue Schaltfläche in der Symbolleiste für den Schnellzugriff dauerhaft zur Verfügung.

Daten einlesen und aufbereiten

Das Einlesen und Aufbereiten der Word-Fragebogen ist dank der Vorarbeiten künftig im Nu erledigt. Ein Klick auf die Schaltfläche in der Symbolleiste für den Schnellzugriff genügt zum Aufruf des Fragebogen-öffnen-Dialogfeldes (siehe Abbildung 6.6). In dem Dialogfeld lassen sich ein oder mehrere Fragebogendateien auswählen.

Abbildung 6.6 Im Dialogfeld zur Auswahl der Fragebogen ist auch eine Mehrfachselektion möglich

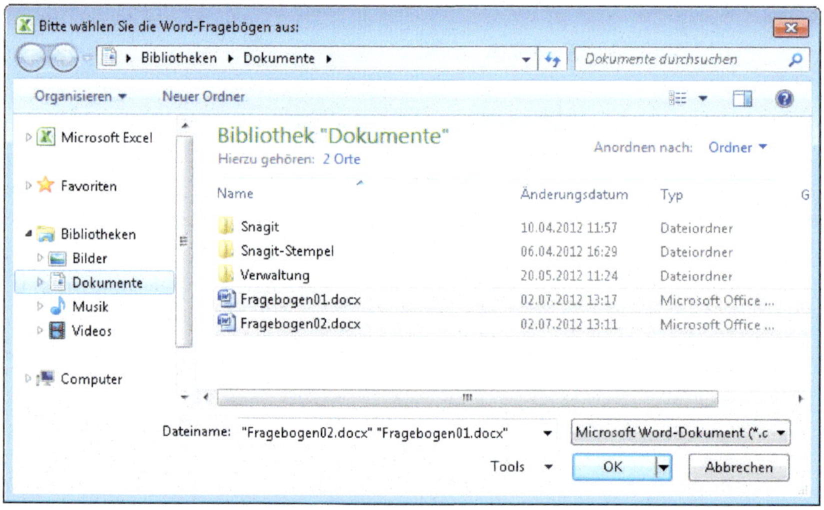

Nach dem Bestätigen mit *OK* ermittelt Excel die Daten aus den Fragebogen und trägt sie der Reihe nach auf dem Arbeitsblatt ein. Sind dort bereits Einträge vorhanden, werden die neuen Daten ans Ende angehängt.

Abbildung 6.7 Die ausgelesenen Daten werden Zeile für Zeile auf dem Arbeitsblatt eingefügt

Wenn Sie eine Office-Datei mit VBA-Programmcode öffnen – gleichgültig, ob es sich dabei um ein Word-Dokument oder eine Excel-Arbeitsmappe handelt, zeigt Ihnen das jeweilige Office-Programm unter Umständen, wie in Abbildung 6.8 zu sehen, einen gelben Hinweis mit einer Aufforderung zum Aktivieren der Makros an. Erst wenn Sie beim Erscheinen dieses Hinweises auf die Schaltfläche *Inhalt aktivieren* klicken, stehen Ihnen die Makros zur Verfügung.

Abbildung 6.8 Die Meldung erscheint beim Öffnen von Office-Dateien mit VBA-Programmcode von »unsicheren Speicherorten«

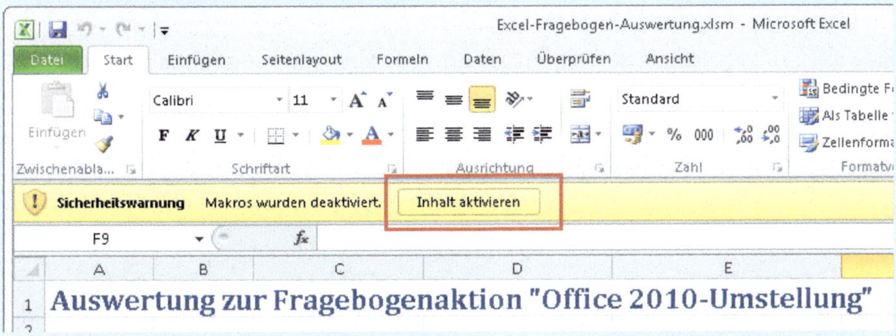

Ursache für das Verhalten sind die erhöhten Sicherheitseinstellungen in Office 2010, die bei Dateien von nicht vertrauenswürdigen Speicherorten für eine solche Meldung sorgen. Informationen zu den vertrauenswürdigen Speicherorten finden Sie im Anhang A »Hintergrundwissen«, Abschnitt »Vertrauenswürdige Speicherorte«.

Da Sie den Bereich, in dem die Daten aus den Word-Fragebogen eingefügt werden, als Tabelle formatiert haben (siehe den Abschnitt »Excel-Tabelle anlegen und formatieren« weiter vorn in diesem Kapitel), wird der Tabellenbereich automatisch mit jedem neuen Datensatz erweitert und die Daten sind immer perfekt formatiert. Das Formatieren als Tabelle hat aber noch weitere Vorteile: In den Überschriftenzellen befinden sich kleine Dropdown-Schaltflächen, über die Sie in jeder Spalte der Tabelle komfortabel suchen, sortieren und filtern können (siehe Abbildung 6.9).

Abbildung 6.9 Durch das Formatieren als Tabelle lassen sich die Daten ohne Zusatzaufwand sortieren, durchsuchen und filtern

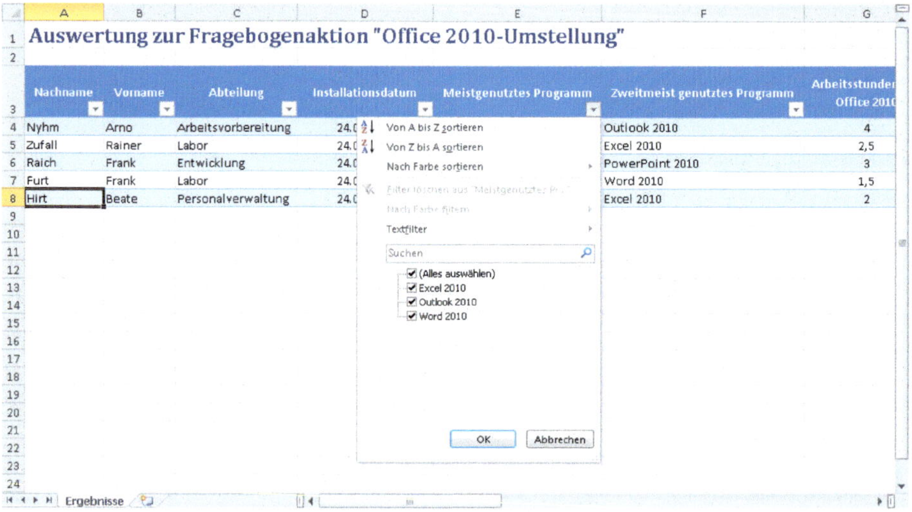

Befindet sich die Zellmarkierung innerhalb der Tabelle, zeigt Excel die kontextbezogene Registerkarte *Tabellentools/Entwurf* an. In der Gruppe *Optionen für Tabellenformat* können Sie mit einem Klick auf das Kontrollkästchen *Ergebniszeile* am Ende der Tabelle die Ergebniszeile anzeigen. Wenn Sie in eine Ergebniszelle klicken, erscheint rechts neben der Zelle eine Dropdown-Schaltfläche (siehe Abbildung 6.10). Hier bietet Ihnen Excel Berechnungen wie Summe, Mittelwert, Anzahl usw. an, sodass Sie mit wenigen Mausklicks die Daten sofort auswerten können.

Beachten Sie, dass Sie die Anzeige *Ergebniszeile* vor der Übernahme neuer Daten aus Ihren Word-Fragebogen unbedingt ausschalten müssen. Nach erfolgreichem Einlesen können Sie die Ergebniszeile wieder einschalten; sämtliche dort hinterlegten Berechnungen bleiben beim Ein- und Ausschalten erhalten und werden somit auch sofort nach dem erneuten Einschalten der Ergebniszeile aktualisiert.

Abbildung 6.10 In der Ergebniszeile bietet Excel zahlreiche Berechnungen an

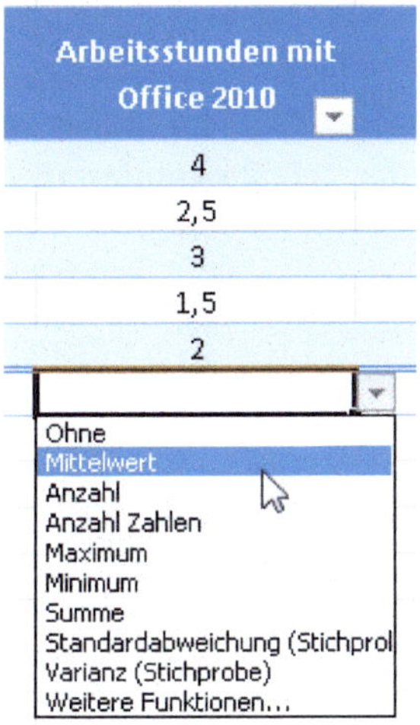

Der fertige Word-Fragebogen ist in der Datei *Fragebogen-zur-Office-Umstellung.dotx* im Ordner *Kapitel06* zu finden. Zwei ausgefüllte Fragebogen zum Testen finden Sie unter den Dateinamen *Fragebogen01.docx* und *Fragebogen02.docx*. Die Excel-Arbeitsmappe mit der vorbereiteten Tabelle für die Fragebogendaten sowie dem VBA-Programmcode trägt den Dateinamen *Excel-Fragebogen-Auswertung.xlsm*.

7

Technikwissen für Profis: Vorlagen erstellen, verteilen und automatisieren

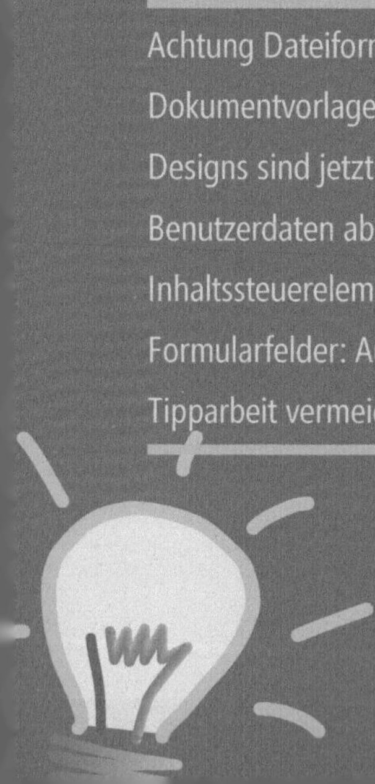

So ansprechend ein gut gestaltetes Formular oder eine perfekt layoutete Dokumentvorlage auch sind – zur echten Arbeitserleichterung und somit zum Zeitsparer wird das Ganze erst mit ein paar nützlichen Automatisierungen. Beispielsweise ein Formular, das beim Öffnen gleich das heutige Datum im Datumsauswahl-Inhaltssteuerelement einstellt oder die einmal hinterlegten Benutzerdaten an den richtigen Stellen im Formular einträgt. All das sind Aufgaben, bei denen die Benutzer sich wiederholende Daten nicht jedes Mal erneut eingeben müssen.

Wenn dann noch die Formulare und Dokumentvorlagen in den richtigen Ordnern abgelegt sind und Sie mithilfe der vertrauten Word-eigenen Funktionen neue Dokumente erzeugen, steht dem einfachen, unkomplizierten Einsatz der Formulare und Dokumentvorlagen nichts mehr im Wege.

Achtung Dateiformat: docx/dotx kontra docm/dotm

Mit oder ohne Makros? Das ist eine ganz wichtige Frage in Word 2010, denn das Programm unterscheidet beim Speichern zwischen Dateien ohne Makros (*docx/dotx*) und mit Makros (*docm/dotm*). Immer wenn Sie Ihre Lösung mit etwas VBA-Programmcode automatisieren – um nichts anderes handelt es sich bei Makros – und der Programmcode in der Formular- oder Dokumentvorlagendatei gespeichert wird, kommt die *m*-Variante des Dateiformats zum Einsatz.

Damit aus Ihrer Word-Datei auch tatsächlich eine Dokumentvorlage wird – gleichgültig, ob es sich um ein Formular oder eine Briefdokumentvorlage handelt –, müssen Sie beim Speichern sicherstellen, dass Sie auch hier das richtige Dateiformat *dotx/dotm* (anstelle von *docx/docm*) nutzen.

Leider zeigt Windows von Haus aus die Dateinamenerweiterung nicht an, sodass Sie in sämtlichen Dateidialogfeldern nur am leicht veränderten Dateisymbol erkennen können, ob es sich um ein Dokument oder eine Dokumentvorlage handelt (siehe Abbildung 7.1). Schalten Sie deshalb im Windows-Explorer die Anzeige der Dateinamenerweiterung ein (Befehl *Organisieren/Ordner- und Suchoptionen/Ansicht/Erweiterte Einstellungen*, Kontrollkästchen *Erweiterung bei bekannten Dateitypen ausblenden* deaktivieren).

Abbildung 7.1 Ohne Anzeige der Dateinamenerweiterung sind die unterschiedlichen Dateitypen nur für geübte Augen am geänderten Symbol zu erkennen

Beachten Sie bei der Auswahl des Dateityps die drei folgenden Punkte:

- Dokumente und Dokumentvorlagen unterscheiden sich nicht nur durch die vier Buchstaben der Dateinamenerweiterung, es gibt auch maßgebliche Unterschiede innerhalb der Dateistruktur. Damit eine Word-Datei zur Dokumentvorlage wird, müssen Sie sie deshalb zwingend als Vorlage im Format *dotx* bzw. *dotm* speichern. Das nachträgliche manuelle Umbenennen der Datei führt beim Versuch, die Datei anschließend in Word zu öffnen, zu einer Fehlermeldung.

  Fatalerweise erscheinen unterschiedliche Fehlermeldungen, wenn Sie ein Dokument in eine Dokumentvorlage (siehe Abbildung 7.2) oder eine Dokumentvorlage in ein Dokument (siehe Abbildung 7.3) umbenennen.

Abbildung 7.2 Das Öffnen eines »umbenannten« Dokuments quittiert Word mit einer Fehlermeldung

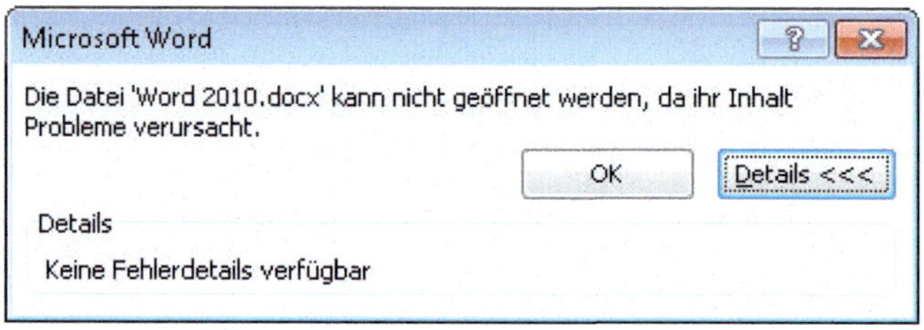

Abbildung 7.3 Auch die Änderung der Dateinamenerweiterung von einer Dokumentvorlage in ein Dokument sorgt für eine Fehlermeldung

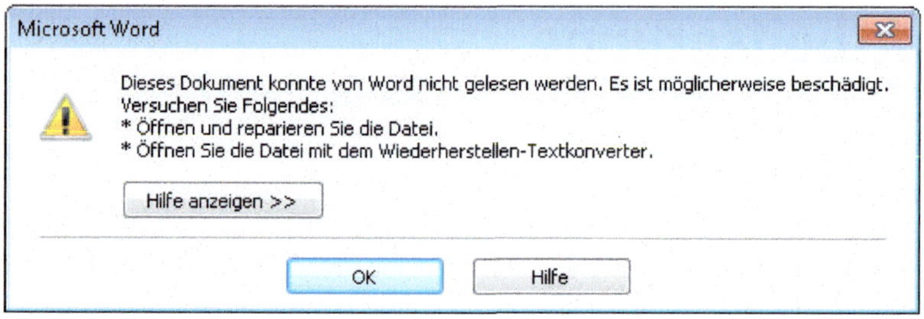

- Solange in der Word-Dokumentvorlage noch kein VBA-Programmcode enthalten ist, können Sie die Datei im Format *dotx* speichern. Sobald Sie jedoch das erste Mal entweder ein Makro aufgezeichnet haben oder beispielsweise mit Alt+F11 den VBA-Editor geöffnet und Programmcode eingegeben haben, erhalten Sie beim Versuch, die Dokumentvorlage im Format *dotx* zu speichern, eine entsprechende Meldung.

  Wenn Sie bei der Meldung in Abbildung 7.4 mit *Ja* antworten, geht der komplette in der Dokumentvorlage enthaltene Programmcode verloren! Antworten Sie mit *Nein*, lässt sich die Dokumentvorlage im Format *dotm* speichern. Anschließend löschen Sie sofort die alte *dotx*-Datei, sodass Sie später nicht versehentlich an der falschen Datei weiterarbeiten.

Abbildung 7.4 VBA-Programmcode (»Makros«) lässt sich nur in Dateien vom Typ »m« speichern

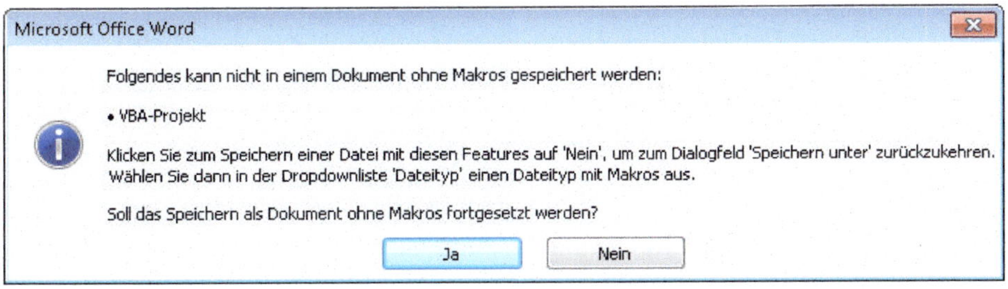

- Das Format *dotm* bei Dokumentvorlagen bezieht sich ausschließlich auf den VBA-Programmcode. Es ist durchaus möglich, in einer *dotx*-Dokumentvorlage im CustomUI-Part XML-Code für die Anpassung des Menübands oder der Backstage-Ansicht zu hinterlegen. Im XML-Code können Sie dann beispielsweise auf VBA-Routinen zugreifen, die in einem globalen Add-In im Format *dotm* abgelegt sind. Auf diese Weise wird dem verschärften Sicherheitskonzept von Office 2010 Genüge getan, indem Sie nur programmcodefreie Dokumentvorlagen einsetzen, ohne jedoch auf den Komfort der Automatisierungen verzichten zu müssen.

Dokumentvorlagen verteilen: Benutzer kontra Arbeitsgruppe

Solange nur Sie mit Ihren eigenen Dokumentvorlagen arbeiten, ist deren Einsatz unkompliziert: Ein Doppelklick auf die Dokumentvorlage im Windows-Explorer genügt, und schon öffnet Word eine neue Datei auf Basis der Dokumentvorlage. Dabei spielt es keine Rolle, wo die Dokumentvorlage abgelegt ist. Sie müssen lediglich beachten, dass jedes Word-Dokument sich den Pfad zu »seiner« Dokumentvorlage merkt und die Dokumentvorlage genau an dieser Stelle später wieder sucht.

Welche Dokumentvorlage mit dem aktuellen Dokument verbunden ist, finden Sie über *Entwicklertools/Vorlagen/Dokumentvorlage* heraus. Im Dialogfeld *Dokumentvorlagen und Add-Ins* ist auf der Registerkarte *Vorlagen* im Textfeld *Dokumentvorlage* die verbundene Vorlage zu finden.

Abbildung 7.5 Zu jedem Dokument merkt sich Word den Namen und Pfad der zugehörigen Dokumentvorlage

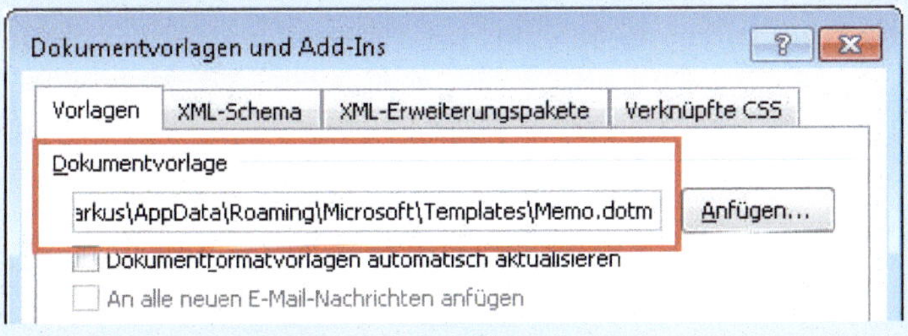

Wird hier *Normal* angezeigt, basiert das Dokument auf der *Normal.dotm*. In allen anderen Fällen werden der komplette Pfad und der Dateiname angezeigt – je nach Speicherort und Konfiguration im Stil von *Laufwerk:\Ordner\Name* oder im UNC-Stil *\\Server\Share\Name*. Word öffnet mit dem Dokument auch immer die Dokumentvorlage. Das Fehlen der Dokumentvorlage hat deshalb zur Folge, dass Word je nach Netzwerkumgebung und Pfadangabe manchmal lange Timeouts abwartet, die im Extremfall einige Minuten dauern können. Erst dann wird das Dokument »ohne« Dokumentvorlage geöffnet. Deshalb sollte die Dokumentvorlage immer vorhanden sein bzw. bei Dokumenten, deren Dokumentvorlage nicht mehr existiert, Pfad und Dateiname entfernt werden, sodass das Dokument sich mit der *Normal.dotm* verbindet.

Soll im Team oder im ganzen Unternehmen mit der Dokumentvorlage gearbeitet werden, empfiehlt es sich, den Zugriff auf die Dokumentvorlage zu vereinfachen. Denn befindet sich die Dokumentvorlage in einem der Office-Vorlagenordner, können Sie über die Backstage-Ansicht mit *Datei/Neu/Meine Vorlagen* das Dialogfeld *Neu* öffnen. Hier führt Word alle Dokumentvorlagen auf, die im persönlichen Vorlagenordner und im Arbeitsgruppenordner abgelegt sind. Dabei gelten folgende Regeln:

- Der »persönliche« Vorlagenordner befindet sich standardmäßig hier:

  C:\Benutzer\<Anmeldename>\AppData\Roaming\Microsoft\Templates

  Der Platzhalter *<Anmeldename>* steht für den Benutzernamen, unter dem Sie am PC angemeldet sind. Beachten Sie, dass der Ordner *Benutzer* je nach gewähltem Dateimanager auch als *Users* angezeigt wird.
- Alle Dokumentvorlagen, die sich im zuvor genannten Ordner befinden, werden im Dialogfeld *Neu* auf der Registerkarte *Persönliche Vorlagen* aufgeführt. Wenn Sie im Vorlagenordner einen Unterordner anlegen und darin Ihre Dokumentvorlage speichern, wird der Name des Unterordners im Dialogfeld *Neu* als zusätzliche Registerkarte angezeigt (siehe Abbildung 7.6). Auf diese Weise können Sie Ihre Dokumentvorlagen flexibel gruppieren.

Abbildung 7.6 Jeder Unterordner mit Dokumentvorlagen erscheint im Dialogfeld *Neu* als eigene Registerkarte

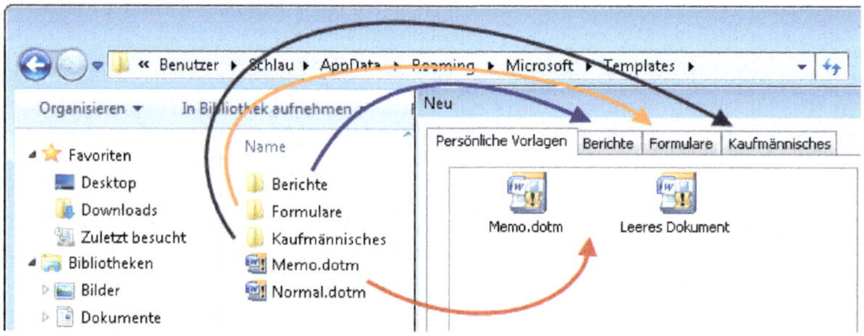

- Für gemeinsam zu nutzende Dokumentvorlagen können Sie in Word zusätzlich zum persönlichen Vorlagenordner einen Arbeitsgruppenordner festlegen. Den Ordner wählen Sie im Dialogfeld *Word-Optionen* unter *Erweitert/Allgemein/Dateispeicherorte* bei *Arbeitsgruppenvorlagen* aus (siehe Abbildung 7.7). Den hier definierten Pfad merkt sich Word in der Registry in der Zeichenfolge *SharedTemplates* im folgenden Zweig (der im Netzwerk auch per Gruppenrichtlinien bzw. bei der Office-Installation per Office-Anpassungstool OCT gesetzt werden kann):

\\HKEY_CURRENT_USER\Software\Microsoft\Office\14.0\Common\General

Abbildung 7.7 Den Pfad für die Arbeitsgruppenvorlagen legen Sie im Dialogfeld *Word-Optionen* fest

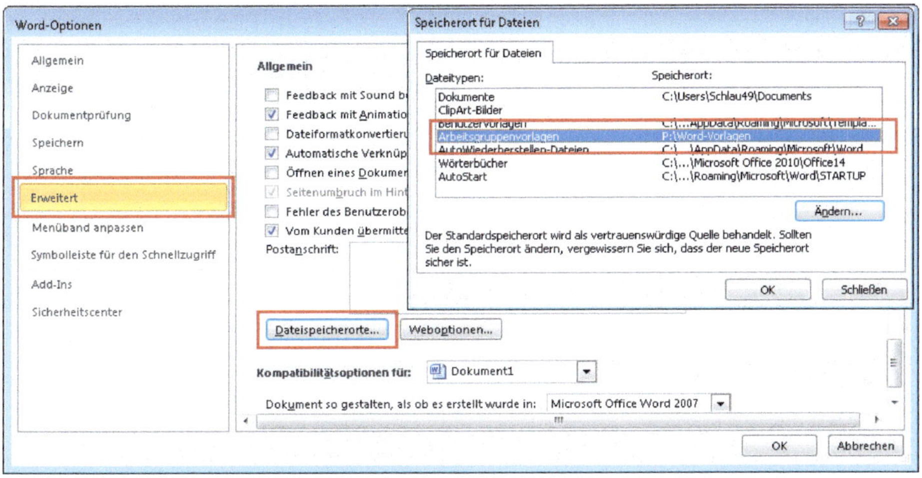

- Dokumentvorlagen im Arbeitsgruppenordner werden zusammen mit den persönlichen Dokumentvorlagen im Dialogfeld *Neu* angezeigt – es ist nicht zu erkennen, aus welcher Quelle die Dokumentvorlagen stammen. Der Unterordnertrick zum Erzeugen zusätzlicher Registerkarten lässt sich auch im Arbeitsgruppenordner einsetzen.
- Ist der Name einer Dokumentvorlage im persönlichen Vorlagenordner und im Arbeitsgruppenordner identisch, zeigt Word nur die Dokumentvorlage aus dem persönlichen Vorlagenordner an. Die Arbeitsgruppenvorlage ist »unsichtbar«. Deshalb sollten Sie gemeinsame Dokumentvorlagen zur eindeutigen Unterscheidung immer durch ein Präfix ergänzen, beispielsweise die ersten Buchstaben des Firmennamens.
- Achten Sie darauf, dass der Ordner mit den Arbeitsgruppenvorlagen für alle Benutzer schreibgeschützt ist. Da Word beim Öffnen einer Datei immer auch die zugehörige Dokumentvorlage öffnet, müssen Sie durch den Schreibschutz sicherstellen, dass niemand die Dokumentvorlage versehentlich für den Zugriff anderer sperrt.
- Sowohl im persönlichen Vorlagenordner als auch im Arbeitsgruppen-Vorlagenordner können Sie mit Verknüpfungen (Links) arbeiten. Eine Linkdatei wird von Word so behandelt, als wäre die Datei tatsächlich im Vorlagenordner mit der Linkdatei vorhanden.

Den Aufruf des Dialogfeldes *Neu* können Sie sich in die Symbolleiste für den Schnellzugriff legen: Klicken Sie in der Symbolleiste für den Schnellzugriff ganz rechts auf den Dropdownpfeil und wählen Sie im aufgeklappten Menü *Weitere Befehle*. In dem daraufhin angezeigten Dialogfeld *Word-Optionen* wählen Sie im Dropdown-Listenfeld *Befehle auswählen* den Eintrag *Alle Befehle*. Markieren Sie in dem darunter befindlichen Listenfeld den Eintrag *Neues Dokument oder neue Vorlage* und klicken Sie auf die Schaltfläche *Hinzufügen*. Mit *OK* übernehmen Sie Ihre Auswahl. Ab sofort steht Ihnen die neue Schaltfläche in der Symbolleiste für den Schnellzugriff dauerhaft zur Verfügung.

Designs sind jetzt auch wichtig: Zuweisen und verteilen

Dank der mit Office 2007 eingeführten Designs haben insbesondere die Farbirritationen in den Office-Vorgängerversionen ein Ende: Endlich stehen über alle Office-Programme hinweg einheitliche Farben in exakt definierten Abstufungen zur Verfügung. Hinzu kommt die Definition jeweils einer Schriftart für Überschriften und für Fließtext sowie als dritter Designbestandteil die Definition der Effekte für Formen, SmartArts und andere grafische Elemente. Beliebiger Inhalt lässt sich jetzt problemlos zwischen Word und PowerPoint oder Excel hin und her kopieren – beim Einsatz des gleichen Designs erscheint im Zielprogramm alles unverändert.

Sofern Sie »mal eben« ein Formular oder eine Dokumentvorlage erstellen, ist der Einsatz eines Designs nicht zwingend notwendig, denn ohne explizite Designzuweisung bekommen alle neuen Dokumente das Office-Standarddesign *Larissa* zugewiesen. Sobald Sie jedoch für ein ganzes Team oder ein Unternehmen Formulare und Dokumentvorlagen gestalten, sollten alle Vorlagen unbedingt auf einem zuvor definierten arbeitsgruppen- oder gegebenenfalls firmeneinheitlichen Design basieren. Nur dann ist der reibungslose Datenaustausch zwischen den auf diesen Vorlagen basierenden Dokumenten bzw. mit anderen Office-Programmen, die das gleiche Design nutzen, reibungslos möglich.

Designs wählen Sie in Word auf der Registerkarte *Seitenlayout*, Gruppe *Designs* im Menü zur Schaltfläche *Designs* aus. Mit Ausnahme des in Word respektive Office fest integrierten Designs *Larissa* besteht jedes Design aus vier Dateien: der Designdatei (**.thmx*), den Dateien mit Informationen zu den Designschriftarten (**.xml*), zu den Designfarben (**.xml*) und den Designeffekten (**.eftx*).

Die gute Nachricht: Wenn Sie Ihrem Formular oder Ihrer Dokumentvorlage beim Erstellen ein Design zuweisen, benötigen Sie anschließend die Designdateien nicht mehr. Das Design kommt nur bei der einmaligen »Initialisierung« zum Einsatz, bei der alle Designinformationen in die Word-Datei übergeben und dort gespeichert werden.

Dennoch sollten die arbeitsgruppen- oder firmeneinheitlichen Designdateien auf jedem PC vorhanden sein. Nur dann lassen sich Dateien aus fremden Quellen oder Dateien, die aus einer älteren Word-Version in das Word 2010-Format konvertiert werden, nachträglich mit dem Design verbinden.

Designdateien können an drei verschiedenen Speicherplätzen abgelegt werden:

- *Programm-Designdateien:* Die mit Word/Office gelieferten Designs befinden sich im Programmordner unter *C:\Programme\Microsoft Office\Document Themes 14*. Beachten Sie, dass der Programmordner beim Einsatz von Office 32-Bit-Version unter Windows 64-Bit-Version *C:\Program Files (x86)* lautet.
- *Benutzer-Designdateien:* Wenn Sie eigene Designs erstellen, legt Word/Office die Designdateien standardmäßig in Ihrem Profilordner an: *C:\Benutzer\<Anmeldename>\AppData\Roaming\Microsoft\Templates\Document Themes*. Der Platzhalter *<Anmeldename>* steht für den Benutzernamen, unter

dem Sie am PC angemeldet sind. Beachten Sie, dass der Ordner *Benutzer* je nach gewähltem Dateimanager auch als *Users* angezeigt wird.

- *Arbeitsgruppen-Designdateien:* Wenn Sie in Word einen Ordner für Arbeitsgruppenvorlagen definiert haben, können sich auch in diesem Ordner Designs befinden: *<Laufwerk und Pfad der Arbeitsgruppenordner>\Document Themes*.

Allen drei Speicherorten gemein ist, dass sich die Designdateien (**.thmx*) immer im angegebenen Stammordner befinden. Die Dateien mit den Designschriften (**.xml*) sind im Unterordner *\Theme Fonts* gespeichert, Dateien mit Designfarben (**.xml*) im Unterordner *\Theme Colors* und die Designeffekte (**.eftx*) befinden sich im Unterordner *\Theme Effects*.

Abbildung 7.8 Die vier Designdateien sind in unterschiedlichen Ordnern gespeichert

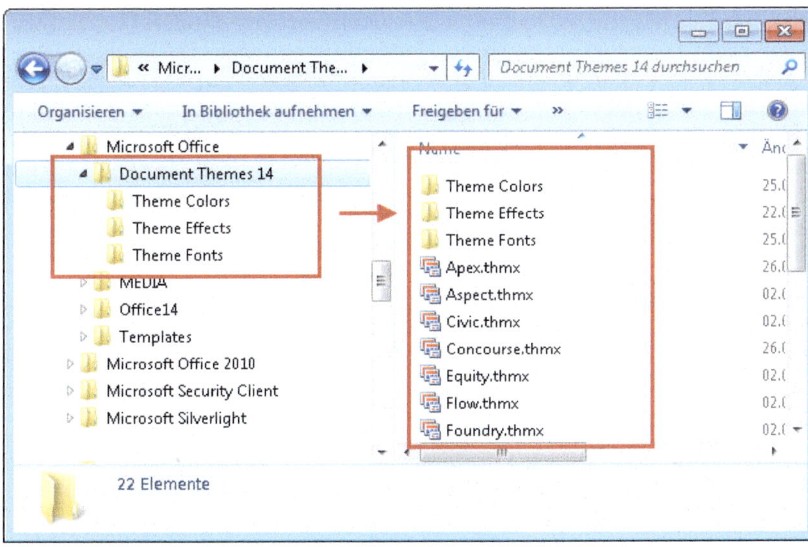

Auch wenn die Informationen aus Designdateien für Schriften, Farben und Effekte bereits in der »Haupt«-Designdatei vereint sind, sollten Sie die einzelnen Dateien dennoch allen Benutzern zur Verfügung stellen. Nur dann können Sie bei Bedarf auf einzelne Designteile zugreifen, um beispielsweise einem »alten« Dokument nur die Farben zuzuweisen und die Schriftart unverändert zu lassen, weil sonst der Überarbeitungsaufwand zu groß wird.

Soll per VBA einer Word-Datei ein neues Design zugewiesen werden, ist folgender Programmcode notwendig:

Listing 7.1 VBA-Routine zur Zuweisung eines Designs

```
Sub pDesignZuweisen(ByVal strvDesignName As String)
                        Dim strDesignPfad As String
                        Dim intZähler As Integer
                        Dim intAnzPathSeparator As Integer
    If Application.Version <> "14.0" Then
        MsgBox Prompt:="Die Routine arbeitet nur in Word 2010", _
               Buttons:=vbInformation, _
               Title:="Achtung"
        Exit Sub
    End If
    strDesignPfad = Application.Path
    For intZähler = 1 To Len(strDesignPfad)
        If Mid(strDesignPfad, intZähler, 1) = "\" Then _
        intAnzPathSeparator = intZähler
    Next intZähler
    strDesignPfad = Mid(strDesignPfad, 1, intAnzPathSeparator - 1) & _
                 "\Document Themes 14\" & strvDesignName
    ActiveDocument.ApplyDocumentTheme (strDesignPfad)
End Sub
```

Die Routine rufen Sie mit `pDesignZuweisen strvDesignName:=<Design-Name>` auf, wobei Sie *<Design-Name>* durch den Namen des gewünschten Designs, beispielsweise "`Austin.thmx`" ersetzen. In der Routine wird zuerst sichergestellt, dass Word 2010 zum Einsatz kommt. Dann wird der Pfad zur Designdatei im *Programme*-Ordner ermittelt und zum Schluss das Design zugewiesen. Sollte sich die Designdatei im Profilordner oder im Arbeitsgruppenordner befinden, müssen Sie die Ermittlung des Designpfades entsprechend anpassen. Hier kann auch eine Fallback-Lösung sinnvoll sein, die nacheinander prüft, in welchem Pfad sich die gewünschte Designdatei befindet, und dann die Zuweisung vornimmt.

Den Beispielprogrammcode finden Sie in der Datei *VBA_Design-zuweisen.docm* im Ordner *Kapitel07*.

Benutzerdaten abrufen: INI-Datei, Registry oder Active Directory

Sind Dokumentvorlagen und Formulare maximal komfortabel und unterstützen unsere »Bequemlichkeit«, werden sie freudig an- und als Arbeitserleichterung wahrgenommen. Warum nicht dafür sorgen, dass beim Öffnen einer (Brief-)Dokumentvorlage bereits die persönlichen Daten eingetragen werden? Dies spart viel Tipparbeit und reduziert so ganz nebenbei mögliche Fehlerquellen.

Bevor die persönlichen Daten (wie in diesem Kapitel im Abschnitt »Inhaltssteuerelemente: Automatisch ausfüllen und auf Ereignisse reagieren« und im Abschnitt »Formularfelder: Automatisch ausfüllen und auf Ereignisse reagieren« beschrieben) in der

Dokumentvorlage oder im Formular eingefügt werden können, müssen sie erst einmal erfasst und für den regelmäßigen Einsatz gespeichert werden. Hier stehen Ihnen drei bewährte, nachfolgend beschriebene Lösungen zur Verfügung.

Daten in INI-Datei speichern

Zugegeben, so richtig »modern« sind INI-Dateien nicht mehr. Dennoch eignen sie sich für das Zwischenspeichern von Benutzerdaten hervorragend: VBA verfügt über Kommandos, mit denen Sie die Daten einer INI-Datei ohne Umwege schreiben und auslesen können. Außerdem handelt es sich bei einer INI-Datei um eine reine Textdatei im ANSI-Format (UTF-8), sodass sich die INI-Datei bei Bedarf mit jedem Editor öffnen, prüfen und modifizieren lässt.

Auch die Nachteile von INI-Dateien dürfen nicht verschwiegen werden: Aufgrund der Beschränkung auf das ANSI-Format ist der Einsatz von fremdsprachlichen Sonderzeichen problematisch. Einträge in einer INI-Datei können standardmäßig keine Zeilenumbrüche enthalten; falls Umbrüche mit gespeichert werden sollen, müssen sie zuvor per VBA in Steuerkommandos umgewandelt und beim Auslesen wieder zurückverwandelt werden. Und zu guter Letzt muss eine INI-Datei »verwaltet« werden: Sie liegt im Dateisystem (typischerweise im Benutzerprofil) und muss beim PC-Umzug oder bei servergesteuerten Benutzerprofilen (»Roaming Profiles«) mit übernommen werden.

Bevor Sie Benutzerdaten in die INI-Datei schreiben können, müssen Sie die zu speichernden Daten erst vom Benutzer abfragen. Hierzu dient eine einfache VBA-Form, die die Benutzer einmalig beim ersten Einsatz der neuen Dokumentvorlagen und Formulare ausfüllen. Der Aufruf der Form kann über einen Befehl im Menüband erfolgen, beispielsweise am Ende der Registerkarte *Einfügen*.

Abbildung 7.9 Zur »Verwaltung« der Benutzerdaten kann ein Dialogfeld dienen, das per eigenem Befehl im Menüband aufgerufen wird

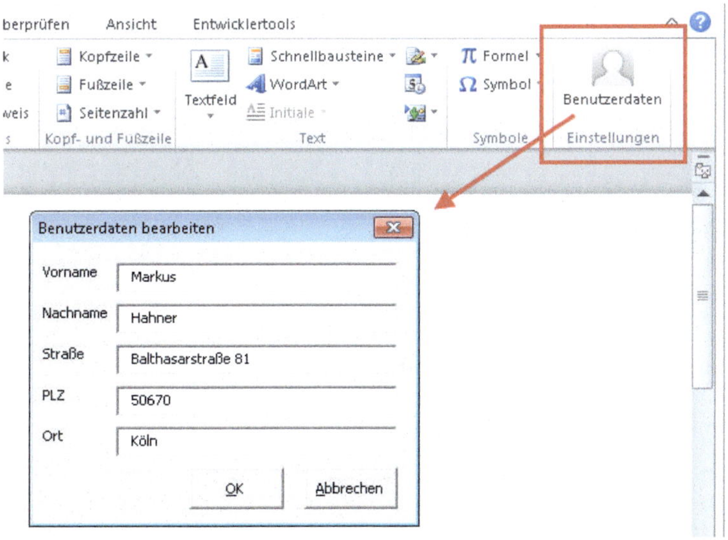

Wenn die Benutzerdaten beim Klick auf *OK* beispielsweise in globalen Variablen abgelegt werden, lassen sie sich anschließend mit der folgenden Routine in einer INI-Datei speichern:

Listing 7.2 Routine zum Speichern der Benutzerdaten in einer INI-Datei

```
Sub pBenutzerdatenInINIDateiSchreiben()
                    Dim strIniPfad As String
                    Dim strSection As String
    strIniPfad = Application.NormalTemplate.Path & "\Benutzerdaten.ini"
    strSection = "Benutzer"
    System.PrivateProfileString(FileName:=strIniPfad, _
                                Section:=strSection, Key:="Vorname") = gstrVorname
    System.PrivateProfileString(FileName:=strIniPfad, _
                                Section:=strSection, Key:="Nachname") = gstrNachname
    System.PrivateProfileString(FileName:=strIniPfad, _
                                Section:=strSection, Key:="Straße") = gstrStraße
    System.PrivateProfileString(FileName:=strIniPfad, _
                                Section:=strSection, Key:="PLZ") = gstrPLZ
    System.PrivateProfileString(FileName:=strIniPfad, _
                                Section:=strSection, Key:="Ort") = gstrOrt
End Sub
```

Der Name der INI-Datei wird am Anfang der Routine definiert und setzt sich im Beispiel aus dem Pfad der *Normal.dotm* (= `Application.NormalTemplate.Path` – dieser Pfad ist immer vorhanden und eignet sich zum Speichern der INI-Datei, da er sich standardmäßig im persönlichen Profil befindet und somit eindeutig ist) sowie dem Dateinamen *Benutzerdaten.ini* zusammen. Ist die INI-Datei nicht vorhanden, wird sie automatisch beim ersten Speichern angelegt. Als *Section* kommt für alle Einträge der Text *Benutzer* zum Einsatz, dabei handelt es sich um den Eintrag in der INI-Datei, der am Anfang eines Parameterblocks in eckige Klammern gesetzt ist.

Abbildung 7.10 Sämtliche Einträge in der INI-Datei sind in der Section `[Benutzer]` zusammengefasst

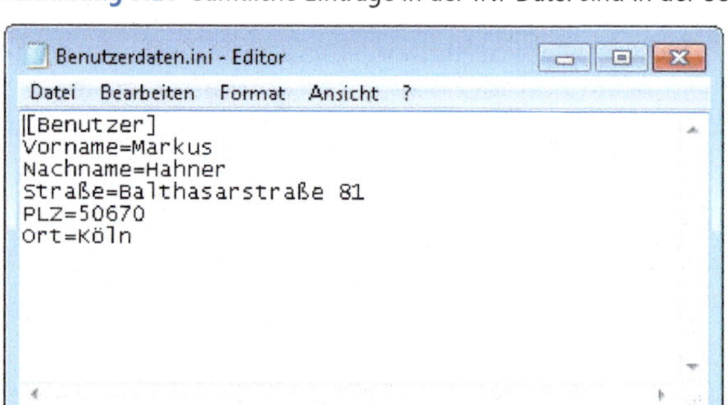

Das Auslesen der Daten ist ähnlich einfach wie das Schreiben: Jeder Wert wird durch Angabe des *INI-Dateinamens*, der *Section* und des *Keys* einzeln ausgelesen und der jeweiligen Variablen übergeben:

Listing 7.3 Die Daten einer INI-Datei lassen sich mit wenig Aufwand auslesen

```
Sub pBenutzerdatenAusINIDateiLesen()
                    Dim strIniPfad As String
                    Dim strSection As String
    strIniPfad = Application.NormalTemplate.Path & "\Benutzerdaten.ini"
    strSection = "Benutzer"
    gstrVorname = Trim(System.PrivateProfileString _
                 (FileName:=strIniPfad, Section:=strSection, Key:="Vorname"))
    gstrNachname = Trim(System.PrivateProfileString _
                  (FileName:=strIniPfad, Section:=strSection, Key:="Nachname"))
    gstrStraße = Trim(System.PrivateProfileString _
                (FileName:=strIniPfad, Section:=strSection, Key:="Straße"))
    gstrPLZ = Trim(System.PrivateProfileString _
             (FileName:=strIniPfad, Section:=strSection, Key:="PLZ"))
    gstrOrt = Trim(System.PrivateProfileString _
             (FileName:=strIniPfad, Section:=strSection, Key:="Ort"))
End Sub
```

WWW

Alle hier aufgeführten Routinen zum Auslesen der INI-Datei finden Sie in der Datei *VBA_INI-Datei-speichern-und-auslesen.docm*. Die Datei ist zusammen mit der Test-INI-Datei *Benutzerdaten.ini* im Ordner *Kapitel07* zu finden.

Registry als Speicherort nutzen

Möchten Sie vermeiden, für die Benutzerdaten eine eigene INI-Datei anzulegen? Dann steht Ihnen ein spezieller Bereich in der Windows-Registrierungsdatenbank – kurz Registry – zur Verfügung, in der Sie benutzerbezogen beliebige Daten hinterlegen können. Bei dem Bereich handelt es sich um den Zweig *\\HKEY_CURRENT_USER\Software\VB and VBA Program Settings*, den Sie direkt per VBA ansprechen können.

Da die Daten im »Current User« gespeichert werden, bleiben sie auch bei servergesteuerten Benutzerprofilen (»Roaming Profiles«) beim Wechsel des PCs erhalten. Nachteil: Muss das Benutzerprofil aufgrund eines Systemabsturzes zurückgesetzt werden, gehen auch die Daten verloren.

Wie beim Speichern der Benutzerdaten in einer INI-Datei benötigen Sie auch beim Speichern der Daten in der Registry eine Möglichkeit, die zu speichernden Daten zu bearbeiten. Hierzu können die gleiche Form und der gleiche Befehl wie in Abbildung 7.9 zum Einsatz kommen.

Zum Speichern der Daten in der Registry können Sie auf das Kommando `SaveSetting` zurückgreifen, dem über die Variable `strAnwendung` und `strSection` der genaue Pfad unterhalb des Schlüssels *VB and VBA Program Settings* mitgeteilt wird. Es folgen der Name des Schlüssels (immer vom Typ *Zeichenfolge*) sowie der eigentliche Wert.

Listing 7.4 Die in der Form eingegebenen Benutzerdaten lassen sich in der Registry für den späteren Einsatz zwischenspeichern

```
Sub pBenutzerdatenInRegistrySchreiben()
                    Dim strAnwendung As String
                    Dim strSection As String
    strAnwendung = "Word"
    strSection = "Benutzer"
    SaveSetting AppName:=strAnwendung, Section:=strSection, _
                Key:="Vorname", Setting:=gstrVorname
    SaveSetting AppName:=strAnwendung, Section:=strSection, _
                Key:="Nachname", Setting:=gstrNachname
    SaveSetting AppName:=strAnwendung, Section:=strSection, _
                Key:="Straße", Setting:=gstrStraße
    SaveSetting AppName:=strAnwendung, Section:=strSection, _
                Key:="PLZ", Setting:=gstrPLZ
    SaveSetting AppName:=strAnwendung, Section:=strSection, _
                Key:="Ort", Setting:=gstrOrt
End Sub
```

Abbildung 7.11 Ein Blick in die Registry zeigt den Aufbau der gespeicherten Benutzerdaten

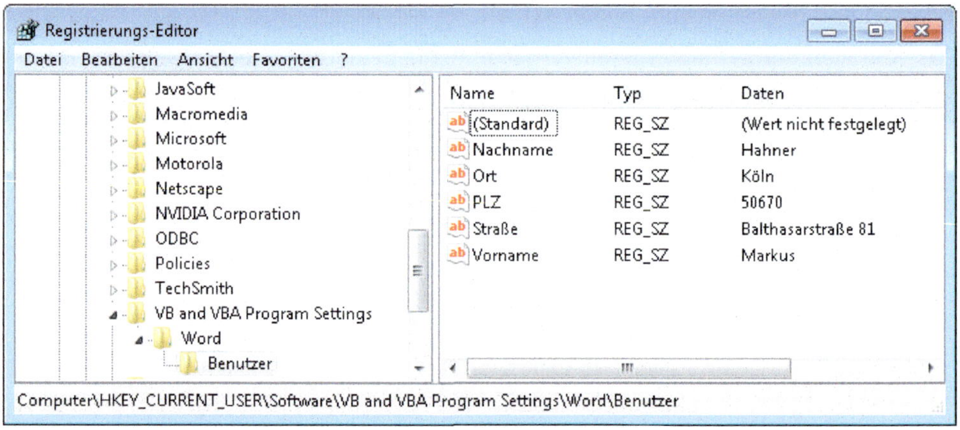

Das Auslesen erfolgt ähnlich einfach wie das Speichern, nutzen Sie hierzu das Kommando `GetSetting`. Auch hier folgen mit `strAnwendung` und `strSection` zuerst die genaue Pfadangabe und dann der Name des Schlüssels. Die letzte Variable bleibt leer – hier können Sie einen Default-Wert angeben, der zurückgegeben wird, falls der Schlüssel noch nicht vorhanden sein sollte.

Listing 7.5 Mit dieser Routine lassen sich Benutzerdaten aus der Registry auslesen

```
Sub pBenutzerdatenAusRegistryLesen()
                    Dim strAnwendung As String
                    Dim strSection As String
    strAnwendung = "Word"
    strSection = "Benutzer"
```

```
    gstrVorname = GetSetting(strAnwendung, strSection, "Vorname", "")
    gstrNachname = GetSetting(strAnwendung, strSection, "Nachname", "")
    gstrStraße = GetSetting(strAnwendung, strSection, "Straße", "")
    gstrPLZ = GetSetting(strAnwendung, strSection, "PLZ", "")
    gstrOrt = GetSetting(strAnwendung, strSection, "Ort", "")
End Sub
```

WWW Sämtliche Routinen zum Speichern und Auslesen der Benutzerdaten aus der Registry sind in der Datei *VBA_Registry-speichern-und-auslesen.docm* im Ordner *Kapitel07* zu finden.

Active Directory auslesen

Sowohl beim Speichern der Benutzerdaten in INI-Dateien als auch in der Registry müssen Sie Ihre Benutzerdaten einmalig eintragen. Ist der PC in eine Domäne eingebunden, können Sie sich diesen Aufwand sparen. Denn dann ist Ihrem Anmeldekonto ein Profil zugewiesen, in dem der Administrator sämtliche Benutzerdaten wie Vor- und Nachname, Anschrift, Rufnummern und vieles mehr hinterlegen kann. Wenn Sie diese Informationen aus VBA heraus »anzapfen«, sparen Sie sich das mehrfache Erfassen und die Daten sind immer aktuell.

Das Abfragen der aktuellen Benutzerdaten aus dem Active Directory – kurz AD – ist recht einfach. Hierzu werden lediglich ein `ADSystemInfo`-Objekt sowie ein `User`-Objekt benötigt. Sofern die Objektzuweisung *keinen* Fehler erzeugt (= der PC ist in einem AD eingebunden), können Sie die Daten aus dem AD in lokale Variablen übergeben und dann beliebig weiterbearbeiten. Tritt ein Fehler auf, ist der PC nicht in einem AD eingebunden und Sie müssen die Benutzerdaten entsprechend anders ermitteln.

Listing 7.6 Die Daten des aktuellen AD-Benutzers lassen sich in Word abfragen und nutzen

```
Sub pBenutzerdatenAusADLesen()
                Dim oadSystemInfo As Object
                Dim oadUser As Object
    On Error Resume Next
    Set oadSystemInfo = CreateObject("ADSystemInfo")
    Set oadUser = GetObject("LDAP://" & oadSystemInfo.UserName)
    If Err = 0 Then
        gstrVorname = oadUser.givenName
        gstrNachname = oadUser.sn
        gstrStraße = oadUser.streetAddress
        gstrPLZ = oadUser.postalCode
        gstrOrt = oadUser.l
    Else
        gstrVorname = "- Kein AD vorhanden -"
        gstrNachname = ""
        gstrStraße = ""
        gstrPLZ = ""
        gstrOrt = ""
```

```
    End If
    On Error GoTo 0
    Set oadUser = Nothing
    Set oadSystemInfo = Nothing
End Sub
```

Nicht immer ist der am PC angemeldete Benutzer auch derjenige, dessen Daten in den Dokumentvorlagen oder Formularen eingesetzt werden sollen. In diesem Fall können Sie in einem Dialogfeld alle im AD hinterlegten Benutzer anzeigen und den Benutzer selbst auswählen lassen (siehe Abbildung 7.12). Dieser Vorgang ist zugegebenermaßen deutlich aufwendiger und erfordert spezielle »AD-Datenbankabfragen«.

Listing 7.7 Die Abfrage aller Benutzer im AD ist deutlich aufwendiger

```
Sub pAlleBenutzerAusDemADauslesen()
                        Dim objRootDSE As Object
                        Dim strDNSDomain As String
                        Dim adoCommand, adoConnection, adoRecordset As Object
    On Error Resume Next
    Set objRootDSE = GetObject("LDAP://RootDSE")
    If Err = 0 Then
        strDNSDomain = objRootDSE.Get("defaultNamingContext")
        Set adoCommand = CreateObject("ADODB.Command")
        Set adoConnection = CreateObject("ADODB.Connection")
        adoConnection.Provider = "ADsDSOObject"
        adoConnection.Open "Active Directory Provider"
        adoCommand.ActiveConnection = adoConnection
        adoCommand.CommandText = "<LDAP://" & strDNSDomain & ">;" & _
                                 "(&(objectCategory=person)(objectClass=user));" & _
                                 "sn,givenName,streetAddress,postalCode,l;subtree"
        Set adoRecordset = adoCommand.Execute
        Do Until adoRecordset.EOF
            If Not IsNull((adoRecordset.Fields("sn").Value)) Then
                frmAlleBenutzerAusADauslesen.lstBenutzer.AddItem _
                    adoRecordset.Fields("sn").Value & ", " & _
                    adoRecordset.Fields("givenName").Value & ", " & _
                    adoRecordset.Fields("streetAddress").Value & ", " & _
                    adoRecordset.Fields("postalCode").Value & ", " & _
                    adoRecordset.Fields("l").Value
            End If
            adoRecordset.MoveNext
        Loop
    Else
        frmAlleBenutzerAusADauslesen.lstBenutzer.AddItem "- Kein AD vorhanden - "
    End If
    On Error GoTo 0
End Sub
```

In der in Listing 7.7 gezeigten Routine wird zuerst der Root-Eintrag des AD ermittelt, um anschließend von dort aus alle `User`-Objekte auszulesen und im Listenfeld `lstBenutzer`

der Form `frmAlleBenutzerAusADauslesen` anzuzeigen. Die Daten lassen sich selbstverständlich auch in einem Array oder einer Struktur ablegen, um sie so weiterzubearbeiten.

Abbildung 7.12 Im Listenfeld der Beispielanwendung werden alle Benutzer aus dem AD aufgeführt

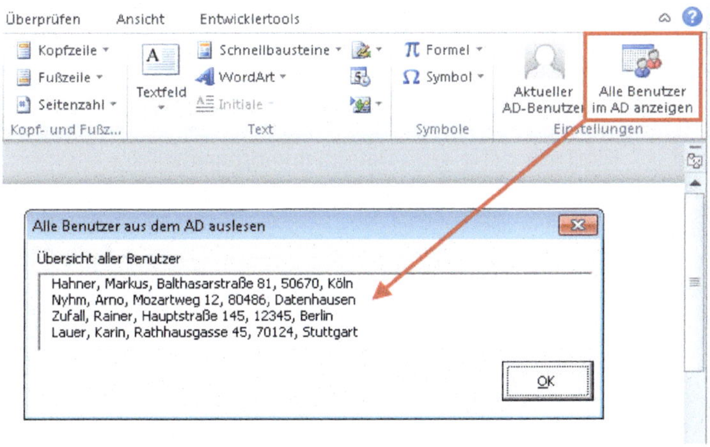

Besonders zu beachten ist der Search-String, der in der Zeile `adoCommand.CommandText` der Datenbankabfrage übergeben wird. Die dortige LDAP-Anweisung definiert, welche Datenfelder aus dem AD ausgelesen werden. Im Beispiel sind dies `sn` (= Nachname), `givenName` (= Vorname), `streetAddress` (= Straße), `postalCode` (= PLZ) und `l` (= kleines L, Ort). Die Datenfelder, die Sie anschließend mit dem Kommando `adoRecordset.Fields("<Datenfeldname>").Value` abrufen, sind durch ein Komma getrennt aufgeführt. Die Reihenfolge ist dabei nicht von Bedeutung. Die Schreibweise der Feldbezeichnungen müssen Sie akribisch einhalten, bereits ein einfacher Buchstabendreher sorgt für Endlosschleifen, die Sie nur mit der Tastenkombination `Strg`+`Pause/Untbr.` abbrechen können.

Eine Übersicht aller im AD verfügbaren Datenfelder des `User`-Objekts erhalten Sie auf der sehr umfangreichen deutschsprachigen Internetseite *http://www.selfadsi.de* mit einem Klick auf den Link *Attribute für Active Directory User*. Auf der Internetseite finden Sie auch zahlreiche VB-Script-Beispiele, die sich leicht in VBA-Routinen umwandeln lassen.

Die hier beschriebenen Lösungen zum Auslesen des Active Directory finden Sie in der Datei *VBA_Active-Directory-auslesen.docm* im Ordner *Kapitel07*.

Inhaltssteuerelemente: Automatisch ausfüllen und auf Ereignisse reagieren

Benutzerdaten zu speichern und auszulesen ist beim Einsatz von intelligenten Dokumentvorlagen und Formularen wichtig, aber letztlich nur die halbe Miete. Schließlich müssen die Daten auch noch automatisch an der richtigen Stelle im Dokument platziert werden. Als »Platzhalter« für die Daten eignen sich Inhaltssteuerelemente, die per VBA mit den Daten gefüllt werden und so eine ausgezeichnete Benutzerführung ermöglichen.

Ein weiterer Vorteil der Inhaltssteuerelemente ist, dass Sie Änderungen am Inhalt eines Inhaltssteuerelements über dessen Eigenschaften verbieten können (siehe Abbildung 7.13). Wenn Sie beispielsweise nach der Übergabe der Daten an ein Inhaltssteuerelement per VBA den Schutz setzen, sind die Daten vor versehentlichen Modifikationen jeglicher Art geschützt. Beachten Sie, dass sich der Schutz wie bei allen Word-Formularschutzmechanismen bei entsprechenden Kenntnissen mit wenig Aufwand aufheben lässt. Er verhindert versehentliche Modifikationen – nicht mehr und nicht weniger.

Abbildung 7.13 Den Inhalt von Inhaltssteuerelementen können Sie über die Eigenschaften vor versehentlichen Änderungen schützen

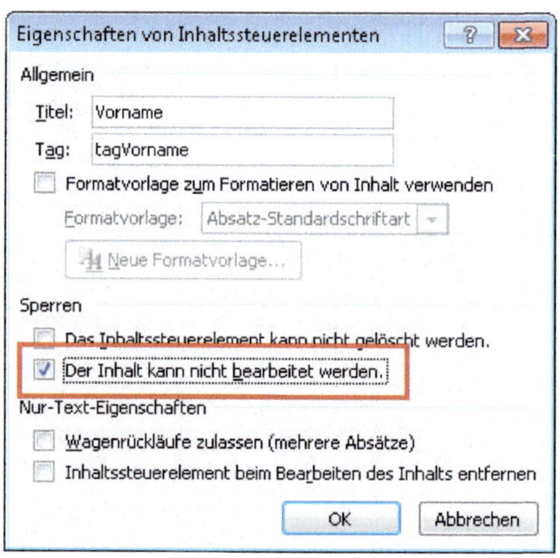

Inhaltssteuerelement per VBA füllen

Damit Sie ein Inhaltssteuerelement per VBA ansprechen können, müssen Sie in den Eigenschaften des Inhaltssteuerelements (*Entwicklertools/Steuerelemente/Eigenschaften*) im Textfeld *Tag* einen Namen hinterlegen. Die Bezeichnung *Tag* ist der XML-Syntax entlehnt, dort dienen Tags als Beginn- und End-Auszeichner beliebiger Elemente – siehe *http://de.wikipedia.org/wiki/Extensible_Markup_Language*). In der

Praxis bewährt hat sich als Name das Präfix *tag* gefolgt von der Angabe des Inhalts, beispielsweise *tagVorname* oder *tagBriefdatum*.

Das Inhaltssteuerelemente-Tag darf mehrfach genutzt werden, da Word dem Inhaltssteuerelement intern eine eindeutige ID zuweist und so die Inhaltssteuerelemente unterscheiden kann. Gleiche Namen sind immer dann sinnvoll, wenn Sie beispielsweise in einer Dokumentvorlage das gleiche Datum an mehreren Stellen einfügen müssen. In diesem Fall erhalten alle Inhaltssteuerelemente das Tag *tagDatum*, sodass Sie beim Ausfüllen per VBA nicht mehrere Fälle unterscheiden müssen.

Sie haben in Ihrer Dokumentvorlage oder in einem Formular Inhaltssteuerelemente für die Benutzerdaten Vorname, Nachname, Straße, PLZ, Ort sowie für das Datum eingefügt? Allen Inhaltssteuerelementen ist ein eindeutiges *Tag* (= Name) zugewiesen? Die Benutzerdaten wurden mit den weiter vorn in diesem Kapitel im Abschnitt »Benutzerdaten abrufen: INI-Datei, Registry oder Active Directory« beschriebenen Routinen bereits ausgelesen und befinden sich in den zugehörigen globalen Variablen? Dann ist die Übergabe an die Inhaltssteuerelemente mit wenigen Kommandos erledigt.

Listing 7.8 Die Routine übergibt die Benutzerdaten an alle Inhaltssteuerelemente und setzt das Datum

```
Sub pInhaltssteuerelementeAusfüllen()
                        Dim cctField As ContentControl
                        Dim rngCCT As Range
    For Each cctField In ActiveDocument.ContentControls
        Select Case cctField.Tag
        Case "tagDatum"
            Set rngCCT = cctField.Range
            rngCCT.Text = Now()
        Case "tagVorname"
            Set rngCCT = cctField.Range
            rngCCT.Text = gstrVorname
        Case "tagNachname"
            Set rngCCT = cctField.Range
            rngCCT.Text = gstrNachname
        Case "tagStraße"
            Set rngCCT = cctField.Range
            rngCCT.Text = gstrStraße
        Case "tagPLZ"
            Set rngCCT = cctField.Range
            rngCCT.Text = gstrPLZ
        Case "tagOrt"
            Set rngCCT = cctField.Range
            rngCCT.Text = gstrOrt
        End Select
    Next
    Set rngCCT = Nothing
End Sub
```

Für den Zugriff auf die Inhaltssteuerelemente wird eine entsprechende Objektvariable benötigt, die mit `Dim cctField As ContentControl` definiert wird. Dann werden in einer `For-Each`-Schleife alle Inhaltssteuerelemente des aktuellen Dokuments abgefragt. Über die

Select-Case-Kommandos wird das *Tag* (= Name) des jeweiligen Inhaltssteuerelements abgefragt, um bei Übereinstimmung die entsprechenden Daten zu übergeben. Für die Datenübergabe ist der *Range* zu definieren, bevor diesem dann der Inhalt der jeweiligen globalen Variablen zugewiesen wird. Beim Datum kommt keine globale Variable, sondern das aktuelle Systemdatum Now() zum Einsatz, das im Datumsauswahl-Inhaltssteuerelement hinterlegte Datumsformat sorgt für die korrekte Datumsanzeige.

Abbildung 7.14 Die Dokumentvorlage vor und nach dem automatischen Ausfüllen der Inhaltssteuerelemente

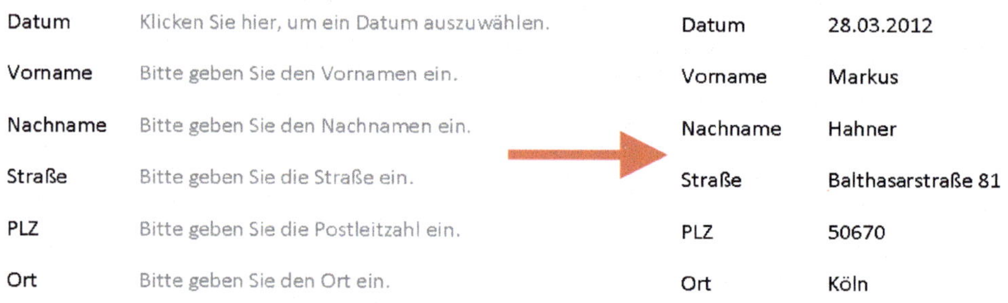

Da in der Routine *alle* Inhaltssteuerelemente des gesamten Dokuments auf die Übereinstimmung beim *Tag* geprüft werden, kann ein *Tag* auch wie zuvor beschrieben problemlos mehrfach zum Einsatz kommen. Kommen zu einem späteren Zeitpunkt weitere Inhaltssteuerelemente hinzu, muss lediglich eine zusätzliche Case-Anweisung ergänzt werden.

Damit die Benutzerdaten direkt beim Erzeugen einer neuen Datei auf Basis der Dokumentvorlage an die Inhaltssteuerelemente übergeben werden, muss die Ausfüllroutine automatisch ohne Benutzerinteraktion gestartet werden. Möglich macht es die Document_New-Routine, die – sofern vorhanden – Word beim *Datei-Neu*-Prozess einer Dokumentvorlage automatisch ausführt.

Die Document_New-Routine legen Sie an, indem Sie im Projekt-Explorer des VBA-Editors (kann bei Bedarf über *Ansicht/Projekt-Explorer* eingeblendet werden) den *ThisDocument*-Zweig mit einem Doppelklick auswählen. Rechts im Code-Bereich wählen Sie am oberen Rand im linken Dropdown-Listenfeld den Eintrag *Document* und im rechten Dropdown-Listenfeld den Eintrag *New*. Daraufhin erzeugt Word die Document_New-Routine, die Sie mit Ihren Kommandos zum Auslesen der Benutzerdaten und zum Füllen der Inhaltssteuerelemente ergänzen.

Ab sofort genügt ein Doppelklick auf die Dokumentvorlage bzw. der Aufruf von *Datei/Neu/Meine Vorlagen* und Auswahl der Dokumentvorlage, um ein neues Dokument auf Grundlage der Dokumentvorlage zu erstellen, die Document_New-Routine zu starten und die Inhaltssteuerelemente zu füllen.

Abbildung 7.15 Die `Document_New`-Routine wird beim Erzeugen eines neuen Dokuments ausgeführt

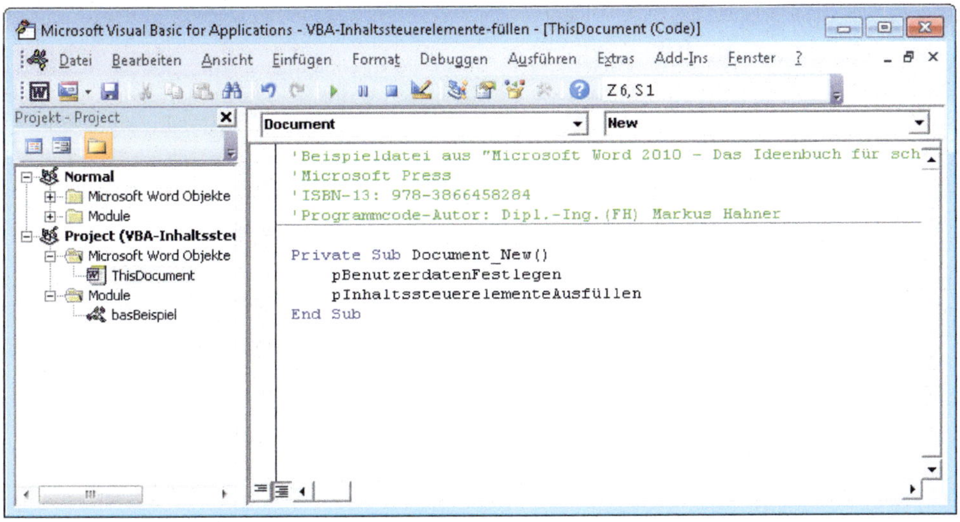

Beispielroutinen zum automatischen Ausfüllen von Inhaltssteuerelementen sind in der Datei *VBA_Inhaltssteuerelemente-füllen.dotm* im Ordner *Kapitel07* zu finden.

Eigenschaften von Inhaltssteuerelementen ändern

Sie möchten beim Festlegen des Datums auch gleich das Datumsformat anpassen, sodass es je nach Windows-Systemeinstellungen im Format »22. Juli 2013« bzw. »July 22, 2013« erscheint? Außerdem soll das Inhaltssteuerelement mit dem Datum gleich noch gegen Änderungen geschützt werden? All das ist in wenigen Schritten möglich, Sie müssen lediglich die `Case`-Anweisung für das Datum in der Routine `pInhaltssteuerelementeAusfüllen` aus Listing 7.8 etwas erweitern:

- *Schutz aufheben/festlegen:* Um den Änderungsschutz aufzuheben bzw. zu setzen (entspricht dem Kontrollkästchen *Der Inhalt kann nicht bearbeitet werden* in den Eigenschaften des jeweiligen Inhaltssteuerelements – siehe Abbildung 7.13) muss die Eigenschaft *LockContents* des Inhaltssteuerelement-Objekts auf Falsch = Ungeschützt (`cctField.LockContents = False`) bzw. Wahr = Geschützt (`cctField.LockContents = True`) gesetzt werden.

- *Datumsformat:* Für das Datumsformat sind zwei Eigenschaften zuständig: Mit `cctField.DateDisplayLocale` legen Sie die Spracheinstellungen fest. Die Sprachen selbst stehen als Konstanten zur Verfügung; mit `wdGerman` und `wdEnglishUS` wird im Beispiel zwischen *Deutsch (Deutschland)* und *Englisch (USA)* gewechselt.

  Die zweite Eigenschaft `cctField.DateDisplayFormat` legt den Aufbau des Datums fest. Im Beispiel kommt für das deutsche Format `"d. MMMM yyyy"` (= 7. Februar 2013) und `"MMMM d, yyyy"` (= February 7, 2013) für das englische Format zum Einsatz.

Um herauszufinden, welche Sprache in der Systemsteuerung unter Windows eingestellt ist, nutzen Sie die Eigenschaft CountryRegion des System-Objekts. Auch hier können Sie auf die Sprachkonstanten zurückgreifen. Wichtig: Nach Änderungen an den Windows-Spracheinstellungen muss Word neu gestartet werden, damit die neue Sprache von Word erkannt wird. Beachten Sie auch, dass die Eigenschaften des Datumsformats gesetzt werden müssen, bevor Sie das Datum übergeben.

Mit den beiden Erweiterungen hat die Case-Anweisung des Datums jetzt folgenden Aufbau:

Listing 7.9 Die modifizierte Case-Anweisung berücksichtigt die eingestellte Sprache und schützt das Inhaltssteuerelement vor Änderungen

```
Case "tagDatum"
    Set rngCCT = cctField.Range
    cctField.LockContents = False
    If System.CountryRegion = wdGermany Then
        cctField.DateDisplayFormat = "d. MMMM yyyy"
        cctField.DateDisplayLocale = wdGerman
    Else
        cctField.DateDisplayFormat = "MMMM d, yyyy"
        cctField.DateDisplayLocale = wdEnglishUS
    End If
    rngCCT.Text = Now()
    cctField.LockContents = True
```

Möchten Sie in Ihrer Dokumentvorlage oder Ihrem Formular Dropdownlisten- (Auswahl aus bestehender Liste) oder Kombinationsfeld-Inhaltssteuerelemente (zusätzlich zur Auswahl kann auch eigener Text eingegeben werden) nutzen, um dem Benutzer beispielsweise die Auswahl zwischen verschiedenen Niederlassungen zu ermöglichen? Was tun, wenn die Niederlassungen sich ändern und beim Erstellen der Dokumentvorlage bzw. des Formulars noch gar nicht alle bekannt sind?

Die Lösung ist einfach: Übergeben Sie die Auswahlmöglichkeiten in den Dropdownlisten- und Kombinationsfeld-Inhaltssteuerelementen einfach per VBA – just zu dem Zeitpunkt, zu dem Sie auch das Datum setzen und die anderen Inhaltssteuerelemente ausfüllen.

Um einen Eintrag hinzuzufügen, müssen Sie die Eigenschaft DropdownListEntries in Verbindung mit der Add-Methode nutzen. Mit cctField.DropdownListEntries.Add "Berlin" wird beispielsweise der Text »Berlin« dem Listenfeld hinzugefügt. Damit beim erneuten Aufruf der Routine zum Füllen der Listenfelder die Daten nicht erneut hinzugefügt werden, nutzen Sie vor dem Hinzufügen mit Add noch die Clear-Eigenschaften. Und zu guter Letzt legen Sie über die Item-Eigenschaft in Verbindung mit der Select-Methode fest, welcher Eintrag des Listenfeldes ausgewählt sein soll. Die komplette Case-Anweisung ist demnach wie folgt aufgebaut und kann so in die in Listing 7.8 beschriebene Routine pInhaltssteuerelementeAusfüllen integriert werden:

Listing 7.10 Case-Anweisung für Dropdownlisten- und Kombinationsfeld-Inhaltssteuerelemente

```
Case "tagNiederlassung"
    cctField.DropdownListEntries.Clear
    cctField.DropdownListEntries.Add "Berlin"
    cctField.DropdownListEntries.Add "Hamburg"
    cctField.DropdownListEntries.Add "Köln"
    cctField.DropdownListEntries.Add "München"
    cctField.DropdownListEntries.Item(3).Select
```

WWW

Die Beispielroutinen mit den zusätzlichen Anpassungen der Inhaltssteuerelemente sind in der Datei *VBA_Inhaltssteuerelemente-füllen_und_Datum_und_Co_anpassen.dotm* im Ordner *Kapitel07* zu finden.

Auf Inhaltssteuerelement-Ereignisse reagieren

Inhaltssteuerelemente lassen sich nicht nur beim Öffnen einer Dokumentvorlage oder eines Formulars ausfüllen, Inhaltssteuerelemente können auf Wunsch auch auf Ereignisse reagieren. Als Ereignisse kennt Word beispielsweise das Aktivieren des Inhaltssteuerelements (Ereignis `ContentControlOnEnter`) oder auch das Verlassen des Inhaltssteuerelements (Ereignis `ContentControlOnExit`). Ein solches Ereignis können Sie per VBA »anzapfen«, um beim Eintreten des Ereignisses eine gewünschte Funktion zu starten.

Sie möchten dem Benutzer erlauben, den Inhalt eines Inhaltssteuerelements flexibler zu wählen? Beispielsweise über eine Auswahlliste in einem Dialogfeld, deren Inhalt aus einer Datenbank oder einer anderen Quelle geladen wird? Das Dialogfeld soll automatisch beim Anklicken des entsprechenden Inhaltssteuerelements erscheinen, sodass die Daten auch erst dann abgefragt werden, wenn der Benutzer sie benötigt?

Abbildung 7.16 Das Dialogfeld wird per Ereignissteuerung beim Klick in das entsprechende Inhaltssteuerelement angezeigt

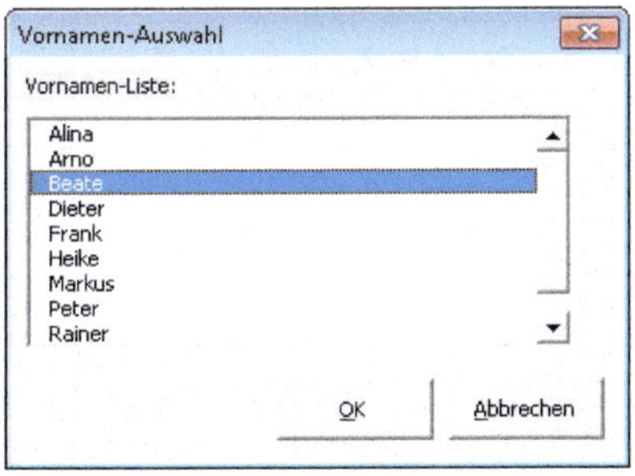

Was kompliziert klingt, ist mit wenigen Kommandos umgesetzt. Legen Sie zuerst eine Form an, die die gewünschten Daten zur Auswahl anzeigt. Der gewählte Eintrag wird beim Bestätigen der Form in einer globalen Variablen abgelegt, sodass Ihnen das Ergebnis in anderen Routinen zur Verfügung steht. Im folgenden Beispiel werden die zur Auswahl stehenden Vornamen der Einfachheit halber per `AddItem`-Methode in das Vornamen-Listenfeld eingetragen. Ein Klick auf die Schaltfläche *OK* schließt das Dialogfeld und speichert den gewählten Eintrag in der globalen Variablen `gstrVorname`.

Listing 7.11 Die drei Routinen sind in der Beispielform hinterlegt

```
Private Sub cmdAbbrechen_Click()
    Unload Me
End Sub

Private Sub cmdOK_Click()
    gstrVorname = lstVornamen.Text
    Unload Me
End Sub

Private Sub UserForm_Initialize()
    lstVornamen.AddItem "Alina"
    lstVornamen.AddItem "Arno"
    lstVornamen.AddItem "Beate"
    lstVornamen.AddItem "Dieter"
    lstVornamen.AddItem "Frank"
    lstVornamen.AddItem "Heike"
    lstVornamen.AddItem "Markus"
    lstVornamen.AddItem "Peter"
    lstVornamen.AddItem "Rainer"
    lstVornamen.AddItem "Sebastian"
End Sub
```

Nachdem die Form zur Auswahl des Inhaltssteuerelement-Inhalts steht, geht es mit der Routine zum Abfragen des Ereignisses (Klick in das Inhaltssteuerelement) weiter. Die Ereignisroutine legen Sie wie die `Document_New`-Routine (siehe Abbildung 7.15) im *ThisDocument*-Zweig des VBA-Projekts an. Wählen Sie hierzu rechts im Code-Bereich am oberen Rand im linken Dropdown-Listenfeld den Eintrag *Document* und im rechten Dropdown-Listenfeld den Eintrag *ContentControlOnEnter*. Daraufhin erzeugt Word die `Document_ContentControlOnEnter`-Routine, die ab sofort bei jedem Klick in ein Inhaltssteuerelement im aktuellen Dokument ausgeführt wird. Insofern müssen Sie in der Routine prüfen, welches Inhaltssteuerelement das Ereignis erzeugt hat, um dann entsprechend darauf zu reagieren.

Um herauszufinden, welches Inhaltssteuerelement das Ereignis erzeugt hat, nutzen Sie die `ContentControl`-Variable, die ein Objekt auf das gewählte Inhaltssteuerelement darstellt. So lässt sich anschließend mit `Select Case ContentControl.Tag` komfortabel das *Tag* (= »Name«) des Inhaltssteuerelements abfragen:

Listing 7.12 Die `Case`-Anweisung prüft, welches Inhaltssteuerelement das Ereignis erzeugt hat

```
Select Case ContentControl.Tag
    Case "tagVorname"
        pVornamenAuswahl cctvInhaltssteuerelement:=ContentControl
    Case "tagNachname"
        ...
    Case "tagStraße"
        ...
End Select
```

Zum Schluss fehlt nur noch die Routine `pVornamenAuswahl cctvInhaltssteuerelement:=ContentControl`, die in der `Case`-Anweisung der Ereignisroutine dann aufgerufen wird, wenn das *Tag* des Inhaltssteuerelements *tagVorname* lautet. Der Routine wird als Parameter das Inhaltssteuerelement-Objekt übergeben, sodass man in der Routine beliebig auf das Objekt zugreifen kann. Diese Vorgehensweise hat den Vorteil, dass keine globalen Variablen benötigt werden und der Programmcode innerhalb der `Case`-Anweisung übersichtlich bleibt.

Die Routine `pVornamenAuswahl` beginnt mit dem Aufruf der Form, die dafür sorgt, dass der gewünschte Vorname in der Variablen `gstrVorname` abgelegt wird. Zum Ändern des Inhalts des Inhaltssteuerelements wird das `Range`-Objekt mit `Set rngCCT = …` gesetzt, bevor das Objekt den gewählten Namen zugewiesen bekommt und dann mit `Nothing` gelöscht wird.

Listing 7.13 Die Anzeige der Form und die Übergabe des gewählten Namens wird in `pVornamenAuswahl` geregelt

```
Sub pVornamenAuswahl(ByVal cctvInhaltssteuerelement As ContentControl)
    frmVornamen.Show
    Set rngCCT = cctvInhaltssteuerelement.Range
    rngCCT.Text = gstrVorname
    Set rngCCT = Nothing
End Sub
```

Wurde die Form mit *Abbrechen* geschlossen, ist beim erstmaligen Aufruf die Variable `gstrVorname` weiterhin leer. Die Übergabe einer leeren Variablen an den `Range` hat zur Folge, dass »nichts« übergeben und der Platzhaltertext des Inhaltssteuerelements nicht verändert wird. Ist der Inhalt der Variablen bereits durch einen vorhergehenden Aufruf der Form einschließlich Auswahl eines Vornamens gefüllt, sorgt der Klick auf *Abbrechen* dafür, dass kein neuer Vorname gesetzt wird und der bereits vorhandene Name einfach erneut geschrieben wird.

WWW

Eine Beispieldatei mit der hier gezeigten Event-Routine finden Sie unter dem Dateinamen *VBA_Inhaltssteuerelemente-Ereignisse.dotm* im Ordner *Kapitel07*.

Formularfelder: Automatisch ausfüllen und auf Ereignisse reagieren

Formularfelder – gut versteckt auf der Registerkarte *Entwicklertools*, Gruppe *Steuerelemente*, Befehl *Vorversionstools* in der Gruppe *Formulare aus Vorversionen* – lassen sich hervorragend zur Automatisierung von Dokumentvorlagen und Formularen nutzen. So können Sie Formularfelder per VBA direkt nach dem Laden des Dokuments mit Benutzerdaten (siehe den Abschnitt »Benutzerdaten abrufen: INI-Datei, Registry oder Active Directory« weiter vorn in diesem Kapitel) füllen, um Tipparbeit und mögliche Fehler bei der Eingabe zu reduzieren. Sind die Formularfelder, die wie eine Art

Platzhalter fungieren, nicht gezielt in den Formularfeldeigenschaften vor Änderungen geschützt (»deaktiviert«), kann der Benutzer die Daten anschließend beliebig anpassen. Die Formularfeldeigenschaften rufen Sie im nicht geschützten Dokument mit einem Doppelklick auf das entsprechende Formularfeld auf (siehe Abbildung 7.17). Ein großer Vorteil von Formularfeldern ist, dass Sie bei aktivem Dokumentschutz mit gewählter Option *Ausfüllen von Formularen* mithilfe der Taste [⇆] von Feld zu Feld springen können – bei Inhaltssteuerelementen ist das nicht durchgängig möglich.

Abbildung 7.17 Nur bei aktiviertem Kontrollkästchen sind bei aktivem Dokumentschutz Änderungen am entsprechenden Formularfeld möglich

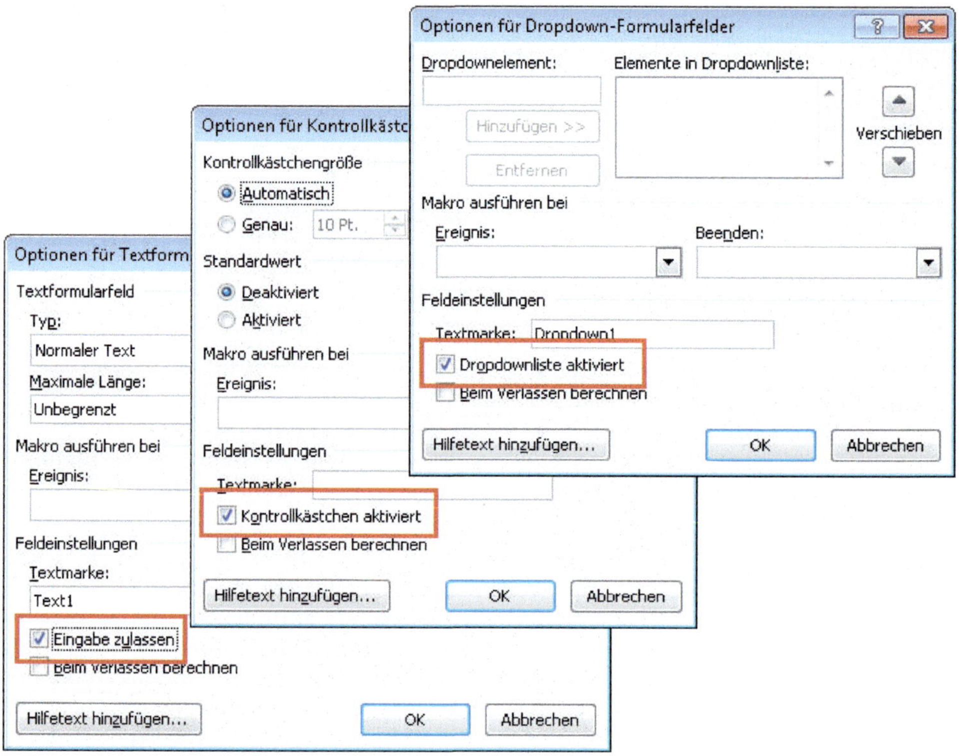

Formularfelder per VBA füllen

Um ein Formularfeld eindeutig zu identifizieren, müssen Sie in den Formularfeldeigenschaften bei den *Feldeinstellungen* im Textfeld *Textmarke* einen eindeutigen Textmarkennamen hinterlegen. Der Name darf nicht mehrfach genutzt werden; falls Sie einen Namen nutzen, der bereits vergeben war, wird er kommentarlos im bisher genutzten Formularfeld gelöscht – dort ist dann kein Name mehr hinterlegt!

Vergeben Sie bei den Textmarkennamen immer »sprechende« Namen, die einen eindeutigen Bezug auf den Inhalt des Formularfeldes erlauben. Um bei der VBA-Program-

mierung den Überblick zu bewahren, setzen Sie allen Textmarkennamen das Präfix tm voran, beispielsweise tmNachname oder tmOrt.

Ihre Dokumentvorlage oder Ihr Formular mit Formularfeldern ist fertig, es gibt beispielsweise Textformularfelder für die Benutzerdaten Vorname, Nachname, Straße, PLZ, Ort sowie ein Textfeld für das Datum? Allen Formularfeldern haben Sie einen eindeutigen Textmarkennamen zugeordnet? Die Benutzerdaten wurden mit den weiter vorn in diesem Kapitel im Abschnitt »Benutzerdaten abrufen: INI-Datei, Registry oder Active Directory« beschriebenen Methoden bereits ausgelesen und befinden sich in den zugehörigen globalen Variablen? Dann steht der Übergabe der Daten an die Formularfelder nichts mehr im Wege!

Listing 7.14 Die Routine übergibt die Daten aus den globalen Benutzerdatenvariablen an die Formularfelder

```
Sub pFormularfelderAusfüllen()
    On Error Resume Next
    ActiveDocument.FormFields("tmDatum").Result = Now()
    ActiveDocument.FormFields("tmVorname").Result = gstrVorname
    ActiveDocument.FormFields("tmNachname").Result = gstrNachname
    ActiveDocument.FormFields("tmStraße").Result = gstrStraße
    ActiveDocument.FormFields("tmPLZ").Result = gstrPLZ
    ActiveDocument.FormFields("tmOrt").Result = gstrOrt
    On Error GoTo 0
End Sub
```

Angesprochen wird ein Formularfeld über ActiveDocument.FormFields gefolgt vom Textmarkennamen und der Result-Eigenschaft. Das Ganze funktioniert übrigens auch umgekehrt, mit gstrOrt = ActiveDocument.FormFields("tmOrt") lässt sich der Inhalt des Formularfeldes auslesen. Ist das Formularfeld leer – Word zeigt nur die fünf Platzhalterkreise an –, erhalten Sie beim Auslesen einen leeren String mit der Länge 0 zurück.

Ist das angesprochene Formularfeld nicht vorhanden – sprich die in Klammern gesetzte Textmarke existiert nicht –, erzeugt VBA beim Versuch, Daten zu schreiben oder zu lesen, den Fehler 5841 »Das angeforderte Element ist nicht in der Sammlung vorhanden.«. Damit Sie nicht bei jedem Formularfeld zuerst prüfen müssen, ob es auch tatsächlich vorhanden ist, schalten Sie für das Füllen einfach die Fehlerbehandlung mit On Error Resume Next aus und anschließend mit On Error GoTo 0 wieder ein. Zugegeben, das ist nicht die ganz feine englische Art, aber sehr kompakt und wirkungsvoll. Denn so können Sie beispielsweise zum Füllen der Formularfelder immer die gleiche Routine nutzen – unabhängig davon, welche Formularfelder im aktuellen Formular (Brief, Fax, Memo etc.) vorhanden sind.

Damit die Routine zum Füllen der Formularfelder automatisch beim Anlegen eines neuen Dokuments auf Basis der Dokumentvorlage mit dem VBA-Programmcode ausgeführt wird, müssen Sie, wie im Abschnitt »Inhaltssteuerelement per VBA füllen« gezeigt, eine Document_New-Routine anlegen. In diese Routine fügen Sie dann den Aufruf der Formularfelder-Füllroutine ein:

Listing 7.15 Das automatische Ausfüllen der Formularfelder wird über die `Document_New`-Routine gestartet

```
Private Sub Document_New()
    pBenutzerdatenFestlegen
    pFormularfelderAusfüllen
End Sub
```

Für das Füllen der Formularfelder per VBA muss der Dokumentschutz nicht aktiv sein. Erst wenn der Benutzer mit ↹ von Formularfeld zu Formularfeld springen können soll und wenn Änderungen an den Formularfeldern möglich sein sollen, ist das Einschalten des Dokumentschutzes zwingend notwendig.

Den Dokumentschutz schalten Sie über die Registerkarte *Entwicklertools* oder die Registerkarte *Überprüfen*, Gruppe *Schützen*, Befehl *Bearbeitung einschr.* ein. Im daraufhin angezeigten Aufgabenbereich aktivieren Sie bei *2. Bearbeitungseinschränkungen* das Kontrollkästchen *Nur diese Bearbeitung im Dokument zulassen* und wählen im Dropdown-Listenfeld die Auswahl *Ausfüllen von Formularen*. Jetzt müssen Sie nur noch mit einem Klick auf die Schaltfläche *Ja, Schutz jetzt anwenden* und eventueller Eingabe eines Kennworts den Schutz aktivieren. Eine VBA-Lösung zum Ein-/Ausschalten des Dokumentschutzes finden Sie in Listing 7.16.

Wenn Sie beim Arbeiten mit Formularfeldern sicherstellen möchten, dass das Dokument auch tatsächlich im »Formularmodus« arbeitet und nur die Eingabe in den Formularfeldern möglich ist, können Sie den Schutz mit den folgenden beiden Routinen ein- und ausschalten.

In der Routine zum Setzen des Formularschutzes müssen Sie ein besonderes Augenmerk auf den Parameter `NoReset` werfen. Wird er auf `false` gesetzt, werden beim Einschalten des Dokumentschutzes alle in den Formularfeldern vom Benutzer eingetragenen Inhalte auf die in den jeweiligen Formularfeldeigenschaften definierten Vorgaben zurückgesetzt und gehen somit verloren. Setzen Sie den Parameter auf `true`, bleiben die vorhandenen Inhalte erhalten.

Listing 7.16 Mit diesen Routinen schalten Sie den Formularschutz ein bzw. aus

```
Sub pFormularschutzSetzen()
    ActiveDocument.Protect Password:="Word", _
                           NoReset:=False, _
                           Type:=wdAllowOnlyFormFields
End Sub

Sub pFormularschutzAufheben()
    ActiveDocument.Unprotect Password:="Word"
End Sub
```

Das Kennwort im Programmcode ist immer im Klartext hinterlegt. Bei Bedarf muss deshalb der Zugriff auf den VBA-Code im VBA-Editor über *Extra/Eigenschaften von <Project-Name>* geschützt werden. Hierzu müssen Sie auf der Registerkarte *Schutz* sowohl das Kontrollkästchen *Projekt für die Anzeige sperren* einschalten als auch bei *Kennwort* und *Kennwort bestätigen* ein Kennwort eintragen.

Abbildung 7.18 Zum Schutz des Kennworts im Programmcode wird das VBA-Projekt geschützt

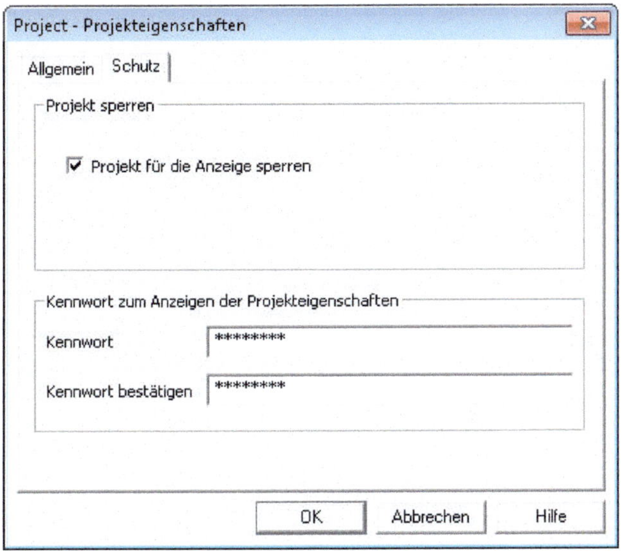

Wenn Sie das so geschützte Projekt zu einem späteren Zeitpunkt im VBA-Editor öffnen und im Projekt-Explorer anklicken, fordert Sie der VBA-Editor zur Eingabe des Kennworts (unter Berücksichtigung der Groß-/Kleinschreibung) auf. Ohne Kennwort hat niemand mehr Einsicht in Ihren Programmcode!

Abbildung 7.19 Für den Zugriff auf ein geschütztes Projekt muss erst das Kennwort eingegeben werden

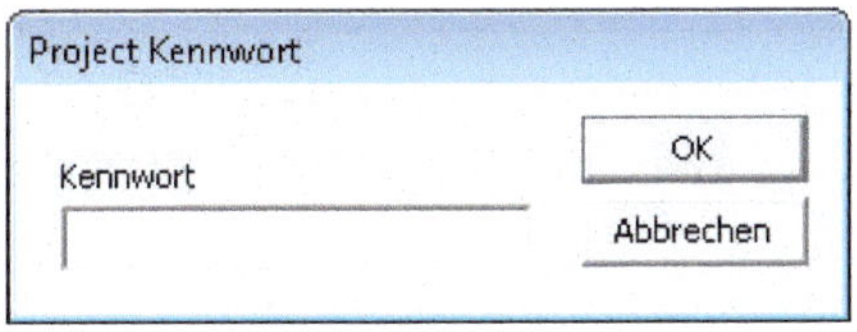

WWW

Die Beispielroutinen zum Ausfüllen und zum Schutz von Formularfeldern finden Sie in der Datei *VBA_Formularfelder-füllen.dotm* im Ordner *Kapitel07*.

Eigenschaften von Formularfeldern ändern

Formularfelder lassen sich nicht nur mit Inhalt füllen, Sie können auch deren Eigenschaften per VBA beliebig anpassen. Angenommen, Sie möchten bei der Übergabe des Datums in das Textformularfeld auch gleich das Datumsformat festlegen, sodass es je nach Windows-Systemeinstellungen im Format »22. Juli 2013« bzw. »July 22, 2013« erscheint. Hierzu passen Sie das Einfügen des Datums in der bisherigen Routine wie folgt an:

Listing 7.17 Das Datumsformat passt sich den Windows-Ländereinstellungen an

```
If System.CountryRegion = wdGermany Then
    ActiveDocument.FormFields("tmDatum").TextInput.EditType _
                   Type:=wdDateText, _
                   Format:="d. MMMM yyyy"
Else
    ActiveDocument.FormFields("tmDatum").TextInput.EditType _
                   Type:=wdDateText, _
                   Format:="MMMM d, yyyy"
End If
ActiveDocument.FormFields("tmDatum").Result = Now()
```

Zuständig für das richtige Datumsformat ist bei der `EditType`-Methode der Parameter `Format`, der je nach Windows-Ländereinstellung zwischen dem »deutschen« Format im Stil von »29. Mai 2013« und dem »englischen« Format im Stil von »May 29, 2013« unterscheidet.

Setzen Sie in Ihrer Dokumentvorlage oder in Ihrem Formular Kombinationsfeld-Formularfelder (= Dropdown-Listenfelder) ein, deren Auswahl Sie dynamisch per VBA anpassen möchten? Um dem Benutzer beispielsweise die Auswahl zwischen verschiedenen Niederlassungen zu ermöglichen? Übergeben Sie in diesem Fall mit den folgenden VBA-Kommandos die zur Auswahl stehenden Einträge an das Kombinationsfeld-Formularfeld:

Listing 7.18 Die Einträge im Kombinationsfeld-Formularfeld lassen sich per VBA festlegen

```
    ActiveDocument.FormFields("tmNiederlassung") _
                  .DropDown.ListEntries.Clear
    ActiveDocument.FormFields("tmNiederlassung") _
                   .DropDown.ListEntries.Add Name:="Berlin"
    ActiveDocument.FormFields("tmNiederlassung") _
                  .DropDown.ListEntries.Add Name:="Hamburg"
    ActiveDocument.FormFields("tmNiederlassung") _
                  .DropDown.ListEntries.Add Name:="Köln"
    ActiveDocument.FormFields("tmNiederlassung") _
                  .DropDown.ListEntries.Add Name:="München"
    ActiveDocument.FormFields("tmNiederlassung") _
                  .Result = "Köln"
```

Neue Einträge werden im Kombinationsfeld-Formularfeld mithilfe der Methode `.DropDown.ListEntries.Add` unter Angabe des Namens, beispielsweise `Name:="Köln"` hinzugefügt. Die Reihenfolge im Dropdown-Listenfeld entspricht später exakt der Reihenfolge des Hinzufügens. Damit beim erneuten Aufruf der Routine die Einträge nicht doppelt erscheinen, wird das Dropdown-Listenfeld anfangs mit `.Clear` zurückgesetzt.

Um den voreingestellten Eintrag festzulegen, dient wie bei normalen Textfeld-Formularfeldern die Methode `.Result`. Wichtig dabei ist, dass der per `.Result` übergebene Wert auch tatsächlich in der Auswahl des Dropdown-Listenfeldes vorhanden ist; andernfalls erzeugen Sie einen Fehler.

Beispielroutinen zur Anpassung der Formularfeldeigenschaften finden Sie in der Datei *VBA_Formularfelder-Eigenschaften-ändern.dotm* im Ordner *Kapitel07*.

WWW

Auf Ereignisse von Formularfeldern reagieren

Nach der Eingabe einer Artikelnummer in einem Textformularfeld sollen automatisch die Bezeichnung und der Preis ermittelt und in anderen Textfeldern angezeigt werden? In diesem Fall müssen Sie auf die Formularfeld-Ereignisse zurückgreifen, die Sie in den Eigenschaften jedes Formularfeldes hinterlegen können.

Abbildung 7.20 Das im Artikelnummer-Formularfeld hinterlegte Ereignis füllt automatisch die Formularfelder für die Bezeichnung und den Preis

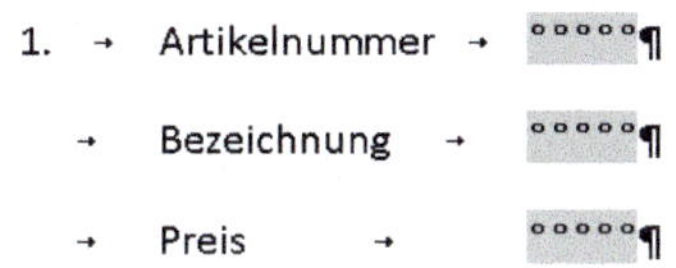

Word bietet bei Formularfeldern zwei Ereignisse zur Auswahl:

- *Makro ausführen bei Ereignis:* Die hier hinterlegte Routine wird ausgeführt, wenn Sie in ein Formularfeld springen.
- *Makro ausführen bei Beenden:* Beim Verlassen eines Formularfeldes wird die hier definierte Routine ausgeführt.

Die Ereignisse weisen Sie in den Eigenschaften der Formularfelder zu, das Eigenschaftendialogfeld rufen Sie mit einem Doppelklick auf das entsprechende im Dokument eingefügte Formularfeld auf. Die auszuführenden VBA-Routinen stehen Ihnen im Dropdown-Listenfeld *Ereignis* und *Beenden* zur Auswahl.

Im Dropdown-Listenfeld zeigt Word nur VBA-Routinen zur Auswahl an, die *nicht* als `Private` deklariert sind. Alle Routinen, die mit `Sub` ohne *Zusatz* beginnen, sind automatisch `Public` und stehen somit zur Verfügung. Wenn Sie die Anweisung `Option Private Module` nutzen, werden die Routinen in dem so deklarierten Modul ebenfalls nicht angeboten.

Abbildung 7.21 Bei Formularfeldern lassen sich zwei Ereignissen VBA-Routinen (»Makros«) zuweisen

Damit im Beispiel nach der Eingabe einer Artikelnummer automatisch die Bezeichnung und der Preis angezeigt werden, sind der Einfachheit halber insgesamt vier Artikel statisch als Konstanten hinterlegt. Für jedes der drei Artikelnummer-Textformularfelder ist bei *Beenden* eine eigene VBA-Routine hinterlegt, die den Inhalt des Textformularfeldes per `Select Case`-Anweisung prüft. Stimmt der Inhalt mit einer `Case`-Anweisung überein, werden die zugehörigen Textformularfelder gefüllt.

Listing 7.19 Die Ereignisroutine reagiert auf die Eingabe im Textformularfeld *tmArtikelnummer1*

```
Const cstrArtikelnummer1 As String = "0815"
Const cstrBezeichnung1 As String = "PC / Komplettsystem"
Const cstrPreis1 As String = "699"

Sub pFormularfeldArtikelnummer1()
    Select Case ActiveDocument.FormFields("tmArtikelnummer1").Result
        Case "0815"
            ActiveDocument.FormFields("tmBezeichnung1").Result = cstrBezeichnung1
            ActiveDocument.FormFields("tmPreis1").Result = cstrPreis1
        Case "4711"
            ActiveDocument.FormFields("tmBezeichnung1").Result = cstrBezeichnung2
            ActiveDocument.FormFields("tmPreis1").Result = cstrPreis2
        Case "1234"
            ActiveDocument.FormFields("tmBezeichnung1").Result = cstrBezeichnung3
            ActiveDocument.FormFields("tmPreis1").Result = cstrPreis3
        Case "5678"
            ActiveDocument.FormFields("tmBezeichnung1").Result = cstrBezeichnung4
            ActiveDocument.FormFields("tmPreis1").Result = cstrPreis4
        Case Else
            ActiveDocument.FormFields("tmBezeichnung1").Result = ""
            ActiveDocument.FormFields("tmPreis1").Result = ""
    End Select
End Sub
```

Beispielroutinen für den Einsatz der Formularfeld-Ereignisse finden Sie in der Datei *VBA_Formularfelder-Ereignisse.dotm* im Ordner *Kapitel07*.

WWW

Tipparbeit vermeiden: Inhaltssteuerelemente miteinander verknüpfen

Nichts ist lästiger, als Daten mehrfach eingeben zu müssen. Warum kann der auf der ersten Seite eingegebene Betreff nicht automatisch in die Kopfzeile der folgenden Seite übernommen werden? Warum muss das Datum mehrfach ausgewählt werden? Doppel-

eingaben kosten nicht nur Zeit, sie bergen auch die Gefahr, dass bei Änderungen nicht alle Stellen im Dokument geändert werden. Mit dem Erfolg, dass auf der ersten Seite ein anderer Betreff zu lesen ist als auf den folgenden Seiten.

Wenn Sie in Ihren Dokumentvorlagen und Formularen Inhaltssteuerelemente zur Eingabe nutzen, lässt sich der Inhalt der Inhaltssteuerelemente auf Wunsch automatisch »synchronisieren«. Sobald Sie ein Inhaltssteuerelement ausgefüllt und verlassen haben, wird der Inhalt in die mit diesem Inhaltssteuerelement verknüpften Inhaltssteuerelemente übernommen. Dabei ist es gleichgültig, welches der miteinander verbundenen Inhaltssteuerelemente Sie bearbeiten – die Eingabe wird immer sofort von allen anderen übernommen.

Zum Synchronisieren von Inhaltssteuerelementen müssen alle miteinander verbundenen Inhaltssteuerelemente auf die gleiche Datenbasis zugreifen. Hierzu legen Sie in der Dokumentvorlage oder im Formular einen XML-Datenspeicher an (er befindet sich in der ZIP-Struktur der Word-Datei im Root-Ordner und trägt den Namen *CustomXML*), erzeugen dort eine XML-Datei und weisen per XPath-Anweisung jedem Inhaltssteuerelement zu, aus welchem XML-Knoten es seine Daten laden soll bzw. in welchem XML-Knoten die Daten zu speichern sind.

Was sich kompliziert und abschreckend anhört, ist zum Glück recht einfach. Denn Microsoft stellt mit dem (englischsprachigen) *Word 2007 Content Control Toolkit* ein Hilfsprogramm zur Verfügung, das Sie auch für Word 2010 einsetzen können, das Ihnen die zuvor beschriebenen Aufgaben weitgehend abnimmt und Sie mit ein paar Mausklicks zum Ziel führt. Die ganze Technik im Hintergrund können Sie links liegen lassen.

Das *Word 2007 Content Control Toolkit* finden Sie auf der Internetseite *http://dbe.codeplex.com/*. Nachdem Sie die rund 800 Kilobyte große Datei *Setup.msi* heruntergeladen und installiert haben (zur Installation benötigen Sie auf dem entsprechenden PC Administratorrechte), steht Ihnen sowohl auf dem Desktop als auch im Startmenü das Programmsymbol des *Word 2007 Content Control Toolkit* zur Verfügung.

Zum Verknüpfen von Inhaltssteuerelementen gehen Sie nun wie folgt vor:

1. Fügen Sie in Ihrer Dokumentvorlage oder Ihrem Formular die Inhaltssteuerelemente ein, die Sie miteinander verknüpfen möchten. Achten Sie darauf, dass die zu verknüpfenden Inhaltssteuerelemente immer vom gleichen Typ sind.
2. Damit Sie die eingefügten Inhaltssteuerelemente im *Word 2007 Content Control Toolkit* eindeutig identifizieren können, ist die Vergabe eines eindeutigen *Tags* unerlässlich. Das *Tag* legen Sie im Eigenschaftendialogfeld des Inhaltssteuerelements fest; dieses Dialogfeld rufen Sie bei markiertem Inhaltssteuerelement über *Entwicklertools/Steuerelemente/Eigenschaften* auf.
3. Sind alle Inhaltssteuerelemente eingefügt – diese können im Fließtext, in Tabellen, in Kopf- oder Fußzeilen oder in Textfeldern platziert sein –, speichern Sie die Datei im Format *dotx/docx* ab und schließen sie dann. Für die Verknüpfung ist kein VBA-Programmcode notwendig, weshalb Sie auf das *m*-Format verzichten können (siehe den Abschnitt »Achtung Dateiformat: docx/dotx kontra docm/dotm« am Anfang dieses Kapitels).

Abbildung 7.22 Für die Verknüpfung von Inhaltssteuerelementen im Word 2007 Content Control Toolkit ist ein eindeutiges Tag zwingend notwendig

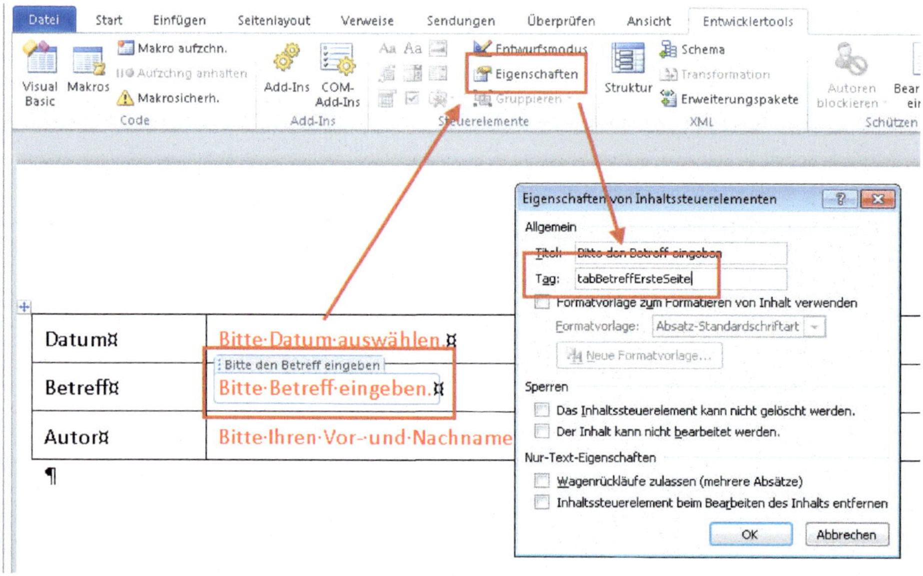

4. Starten Sie das *Word 2007 Content Control Toolkit* und öffnen Sie im Toolkit über *File/Open* die zuvor gespeicherte Word-Datei. Sobald die Datei geladen ist, führt das *Word 2007 Content Control Toolkit* auf der linken Seite eine Liste mit allen in der Datei vorhandenen Inhaltssteuerelementen auf. Zur Identifizierung des gewünschten Inhaltssteuerelements dient der Eintrag in der Spalte *Tag*, der mit dem Namen aus den Inhaltssteuerelement-Eigenschaften übereinstimmt.

Abbildung 7.23 Die Inhaltssteuerelemente lassen sich nur über ihr Tag auseinanderhalten

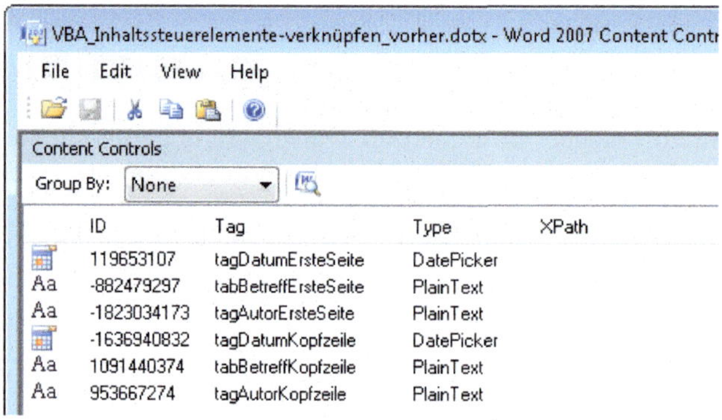

5. Im nächsten Schritt legen Sie mit einem Klick auf den Befehl *Create a new Custom XML Part* in der unteren rechten Ecke des *Word 2007 Content Control Toolkit*-Fensters eine XML-Datei an. Die XML-Datei wird automatisch in der ZIP-Struktur der Word-Datei gespeichert. Sobald Sie auf den Befehl geklickt haben, erscheint auf der rechten Seite im Dropdown-Listenfeld *Namespace* der Eintrag *(No Namespace)*

(1) und auf der Registerkarte *Bind View* wird ein Ordnersymbol mit dem Eintrag *root* sichtbar.

Abbildung 7.24 Nach dem Anlegen der XML-Datei zeigt das Dropdown-Listenfeld *Namespace* den Eintrag *(No Namespace)*(1)

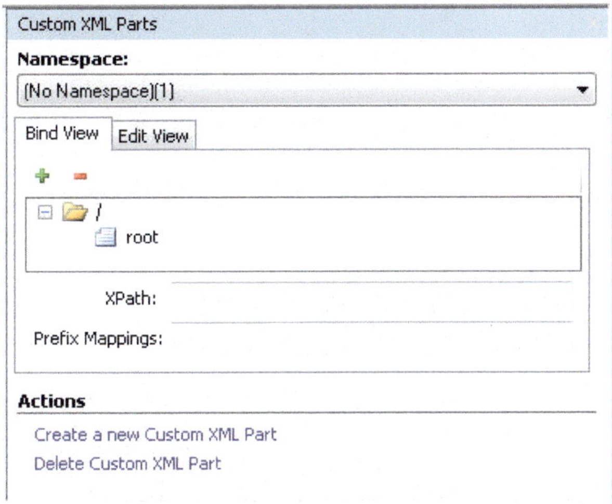

6. Wechseln Sie auf der rechten Seite zur Registerkarte *Edit View*. Hier werden in dem großen Textfeld die beiden XML-Tags *<root>* und *</root>* angezeigt. Legen Sie hier in der XML-Struktur mit einem eigenen XML-Tag einen Datenbereich an, der im nächsten Schritt den zu verknüpfenden Inhaltssteuerelementen zugewiesen wird. Sie benötigen für jede Gruppe zusammengehörender Inhaltssteuerelemente ein eigenes XML-Tag. Wenn Sie beispielsweise zwei Datumsauswahl-Inhaltssteuerelemente verknüpfen möchten, benötigen Sie hierzu ein XML-Tag. Soll in fünf Nur-Text-Inhaltssteuerelementen das Gleiche stehen, benötigen Sie hierzu ein weiteres XML-Tag.

   Für das Beispiel werden die XML-Tags *<Datum />*, *<Betreff />* und *<Autor />* benötigt. Die verkürzte Schreibweise von *<Datum />* statt *<Datum></Datum>* ist möglich, weil Sie keine Daten vorbelegen. Soll beispielsweise bereits beim Öffnen der Word-Datei im *Autor*-Inhaltssteuerelement der Name »Arno Nyhm« erscheinen, müssen Sie hier *<Autor>Arno Nyhm</Autor>* eintragen.

Abbildung 7.25 Erweitern Sie die XML-Struktur um die XML-Tags für Ihre Inhaltssteuerelemente

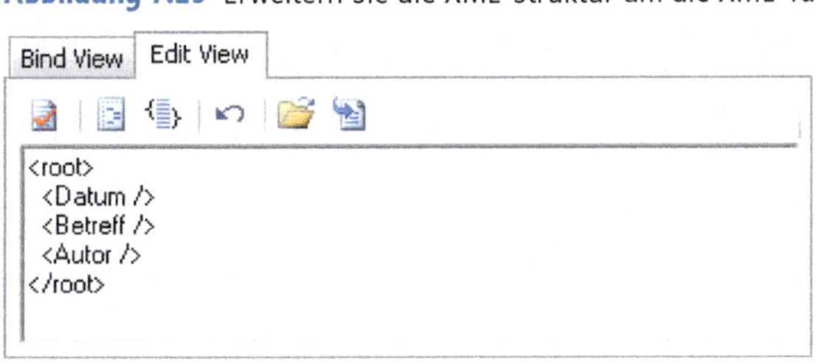

7. Wechseln Sie zur Registerkarte *Bind View* zurück. In der XML-Struktur wird jedes XML-Tag als eigener Knoten angezeigt. Jetzt müssen Sie die XML-Knoten mit den Inhaltssteuerelementen verbinden. Klicken Sie hierzu in der XML-Struktur den gewünschten Knoten an, sodass er markiert ist (Maustaste anschließend loslassen!). Dann klicken Sie den Knoten erneut an und ziehen ihn mit gedrückter linker Maustaste in die Zeile mit dem gewünschten Inhaltssteuerelement. Wenn Sie nun die Maustaste loslassen, wird in der Spalte *XPath* der Pfad zu den Daten aufgeführt, beispielsweise */root[1]/Datum[1]*.

Abbildung 7.26 Die Knoten werden mit gedrückter linker Maustaste auf das gewünschte Inhaltssteuerelement gezogen

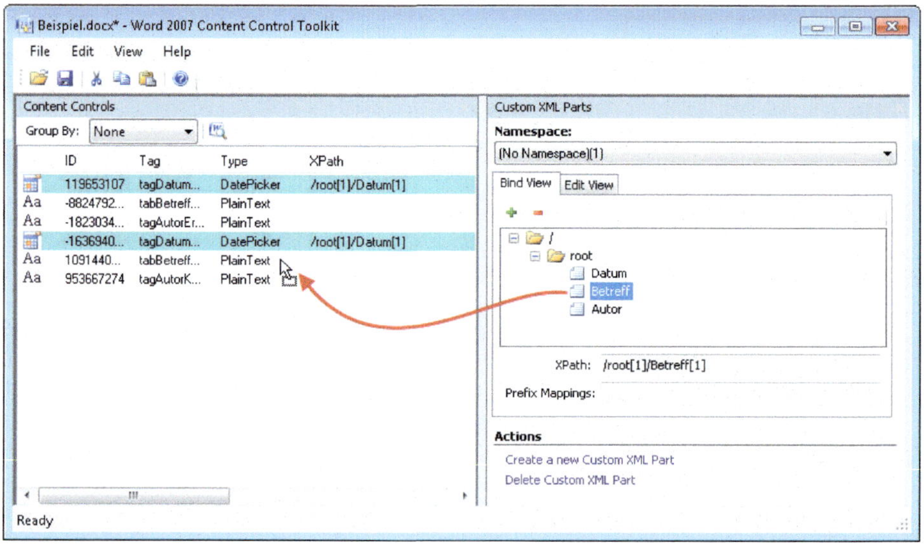

8. Wenn Sie die Zuweisung zu einem XML-Knoten ändern möchten, ziehen Sie einfach den neuen Knoten auf das Inhaltssteuerelement. Möchten Sie die Zuweisung zu einem XML-Knoten komplett aufheben? Dann doppelklicken Sie auf der linken Seite auf das betreffende Inhaltssteuerelement. Im daraufhin angezeigten Dialogfeld löschen Sie den Eintrag im Textfeld *XPath* und übernehmen die Änderungen mit *OK*. Die *XPath*-Spalte des modifizierten Inhaltssteuerelements ist dann wieder leer.

9. Sind alle Inhaltssteuerelemente mit einem Knoten verbunden, speichern Sie die Änderungen in der Word-Datei ab und schließen das *Word 2007 Content Control Toolkit*. Wenn Sie ab sofort die Word-Datei öffnen – gleichgültig, ob es sich um eine Dokumentvorlage oder ein Dokument handelt –, sind die Inhaltssteuerelemente verknüpft. Sobald Sie ein verknüpftes Inhaltssteuerelement füllen und dieses verlassen, wird der Inhalt in alle verknüpften Inhaltssteuerelemente übernommen.

Abbildung 7.27 Die Zuweisung zum XML-Knoten löschen Sie durch das Entfernen des XPath-Eintrags

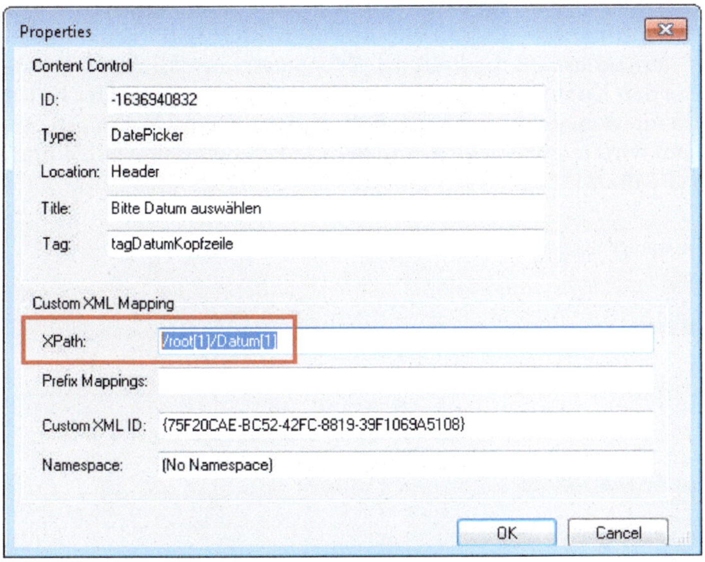

Achten Sie darauf, dass Sie nur einmal auf den Befehl *Create a new Custom XML Part* klicken. Sonst legen Sie mehrere XML-Dateien an und Word hat unter Umständen Probleme bei der späteren Zuweisung der Dateninhalte. Dies erkennen Sie in aller Regel daran, dass nach dem Öffnen der Word-Datei mit den verknüpften Inhaltssteuerelementen die Inhaltssteuerelemente bereits mit zwei Leerzeichen gefüllt sind.

Falls mehrere XML-Dateien vorhanden sind, bekommen Sie im Dropdown-Listenfeld *Namespace* auch mehrere Einträge angezeigt. Wählen Sie in diesem Fall die nicht mit *(1)* markierten Namespaces der Reihe nach aus und löschen Sie die Namespaces jeweils mit einem Klick auf *Delete Custom XML Part* in der unteren rechten Ecke.

Beispieldateien ohne und mit verknüpften Inhaltssteuerelementen sind im Ordner *Kapitel07* unter den Dateinamen *VBA_Inhaltssteuerelemente-verknüpfen_vorher.dotx* und *VBA_Inhaltssteuerelemente-verknüpfen_nachher.dotx* zu finden.

A

Hintergrundwissen

Absatz

Einen neuen Absatz erhalten Sie durch Drücken der [↵]-Taste. Sofern die Anzeige der Formatierungssymbole eingeschaltet ist (Tastenkombination [Strg]+[⇧]+[*] bzw. Schaltfläche *Alle anzeigen* (¶) auf der Registerkarte *Start*, Gruppe *Absatz*), erscheint am Ende des Absatzes dann die Absatzmarke (¶).

Standardmäßig fügt Word einem neuen Absatz, nicht zu verwechseln mit neuer Zeile ([⇧]+[↵]), einen Absatzabstand hinzu. Der Abstand vor oder nach einem Absatz lässt sich – ebenso wie der Zeilenabstand innerhalb eines Absatzes – über *Start/Absatz/Startprogramm für ein Dialogfeld* ( )*/Einzüge und Abstände* anpassen, wie weiter hinten in Abbildung A.19 im Abschnitt »Zeilenwechsel« dargestellt.

Abschnittsumbrüche (Abschnittswechsel)

Sie benötigen in einem Dokument sowohl die Seitenausrichtung im Hoch- als auch im Querformat? In Ihrem Dokument kommen unterschiedliche Seitenränder zum Einsatz? Sie benötigen für jedes Kapitel unterschiedliche Kopf- und Fußzeilen? Beim Spaltensatz sollen auf der letzten Seite die Spaltenlängen von Word automatisch ausgeglichen werden? Für all diese Aufgaben benötigen Sie Abschnittsumbrüche (wird in Word manchmal auch als »Abschnittswechsel« bezeichnet). Innerhalb eines Abschnitts können Sie fast alle Einstellungen unter *Seitenlayout/Seite einrichten* individuell für den aktuellen Abschnitt festlegen.

Einen Abschnittsumbruch fügen Sie an der aktuellen Position des Cursors über *Seitenlayout/Seite einrichten/Umbrüche* ein. Folgende Abschnittsumbrüche stehen zur Auswahl.

- *Nächste Seite:* Dieser Abschnittsumbruch sorgt dafür, dass der Text, der dem Abschnittsumbruch folgt, auf einer neuen Seite beginnt. Er kommt vor allem bei Dokumenten zum Einsatz, die einseitig gedruckt werden, beispielsweise um zwischen Hoch- und Querformat zu wechseln oder die Seitennummerierung wieder mit »1« beginnen zu lassen.
- *Fortlaufend:* Dieser Abschnittsumbruch beinhaltet keinen Seitenumbruch und kommt beispielsweise zum Einsatz, wenn auf derselben Seite zwischen ein- und mehrspaltigem Text gewechselt werden soll. Wenn Sie am Ende eines mehrspaltigen Textes einen fortlaufenden Abschnittsumbruch einfügen, werden die Spalteninhalte automatisch gleichmäßig auf alle Spalten verteilt.
- *Gerade Seite:* Dieser Abschnittsumbruch sorgt dafür, dass der darauf folgende Text auf der nächsten Seite mit einer geraden Seitenzahl beginnt. Er kommt bei gespiegeltem Seitenlayout zum Einsatz, wenn der folgende Text immer auf der linken Seite (= gerade Seite) beginnen soll.
- *Ungerade Seite:* Dieser Abschnittsumbruch sorgt dafür, dass der darauf folgende Text auf der nächsten Seite mit einer ungeraden Seitenzahl beginnt. Der Abschnittsumbruch kommt bei gespiegeltem Seitenlayout zum Einsatz, wenn der folgende Text immer auf der rechten Seite (= ungerade Seite) beginnen soll.

Falls Sie mit Abschnittsumbrüchen arbeiten, ist es hilfreich, in der Statusleiste die aktuelle Abschnittsnummer ablesen zu können. Klicken Sie hierzu mit der rechten Maustaste auf die Statusleiste und wählen Sie im Kontextmenü den Befehl *Abschnitt*. Ab sofort wird in der Statusleiste am linken Rand zusätzlich zur Seitenzahl die aktuelle Abschnittsnummer angezeigt (siehe Abbildung A.1).

Abbildung A.1 Die Abschnittsnummer als zusätzliche Information in der Statusleiste anzeigen

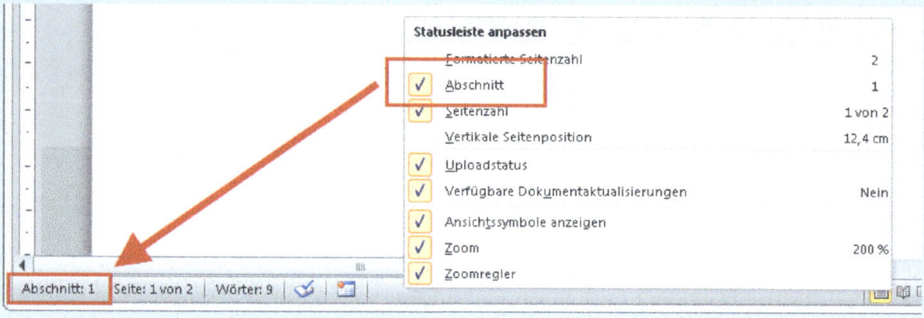

Bausteinpfade

Sämtliche von Ihnen angelegten Bausteine (AutoTexte, Deckblätter, Formeln, Fußzeilen, Inhaltsverzeichnisse, Kopfzeilen, Literaturverzeichnis, Schnellbausteine, Seitenzahlen, Tabellen, Textfelder und Wasserzeichen) speichert Word 2010 standardmäßig in der Datei *Building Blocks.dotx*. Diese Datei ist je nach Windows-Version in einem anderen Pfad in Ihrem Profil abgelegt:

- Windows 7/Vista: *C:\Users\<Anwendername>\AppData\Roaming\Microsoft\Document Building Blocks\<Gebietsschema-ID>\14*
- Windows XP: *C:\Dokumente und Einstellungen\<Anwendername>\Anwendungsdaten\Microsoft\Document Building Blocks\<Gebietsschema-ID>\14*

Der Platzhalter *<Anmeldename>* steht für den Benutzernamen, unter dem Sie am PC angemeldet sind. Beachten Sie, dass der Ordner *Benutzer* je nach gewähltem Dateimanager auch als *Users* angezeigt wird.

Neben Ihren persönlichen Bausteinen hat Word 2010 auch eine Sammlung unterschiedlichster Bausteine im Gepäck. Diese Bausteine sind in der Datei *Built-In Building Blocks.dotx* abgelegt. Die *Built-In Building Blocks.dotx* wird beim ersten Zugriff auf die Bausteine aus dem Ordner *C:\Programme\Microsoft Office\Document Parts \<Gebietsschema-ID>\14* in den persönlichen Bausteinordner kopiert.

Der Ordner *Programme* wird je nach Windows- und Word-Version – ähnlich dem Benutzerordner – auch wie folgt angezeigt:

- Windows 7/Vista, 32 Bit mit Word 2010, 32 Bit: *Programme* bzw. *Program Files*
- Windows 7/Vista, 64 Bit mit Word 2010, 32 Bit: *Programme (x86)* bzw. *Program Files (x86)*
- Windows 7/Vista, 64 Bit mit Word 2010, 64 Bit: *Programme* bzw. *Program Files*

Die *Gebietsschema-ID* (LCID) legt die Sprache (= Bearbeitungssprache in Word) in Form einer Zahl fest. Die Zahl wird in Office/Windows meist in dezimaler Schreibweise genutzt, kommt jedoch auch in Hexadezimalschreibweise zum Einsatz.

Sprache	LCID (dezimal)	LCID (hexadezimal)
Deutsch (Deutschland)	1031	0407
Deutsch (Schweiz)	2055	0807
Deutsch (Österreich)	3079	0c07
Französisch (Frankreich)	1036	040c
Französisch (Schweiz)	4108	100c
Englisch (USA)	1033	0409

Building Blocks (Bausteine)

Bei den »Building Blocks« handelt es sich um die Bausteine, die Ihnen in zahlreichen Katalogen wie *Schnellbausteine*, *Deckblätter*, *Kopfzeilen* oder *Wasserzeichen* zur Verfügung stehen. Gespeichert werden die Bausteine standardmäßig in der Datei *Building Blocks.dotx*, die sich in Ihrem persönlichen Profilordner befindet (siehe Abschnitt »Bausteinpfade«).

Eigene Bausteine können Sie durch Markieren des als Baustein zu hinterlegenden Objekts (Text, Tabelle, Formel etc.) und anschließendes Drücken der Tastenkombination [Alt]+[F3] anlegen. Oder Sie wählen am Ende des jeweils aufgeklappten Katalogs den Befehl *Auswahl im <Katalogname>katalog speichern* (siehe Abbildung A.2).

Abbildung A.2 Einen Schnellbaustein einem bestimmten Katalog zuordnen

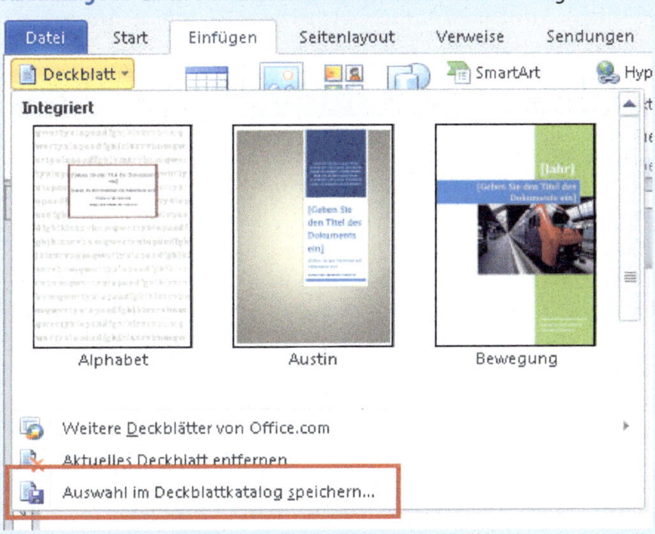

In beiden Fällen öffnet sich das Dialogfeld *Neuen Baustein erstellen*, in dem Sie dem neuen Baustein Daten wie *Name*, *Katalog*, *Kategorie*, *Beschreibung* etc. zuweisen.

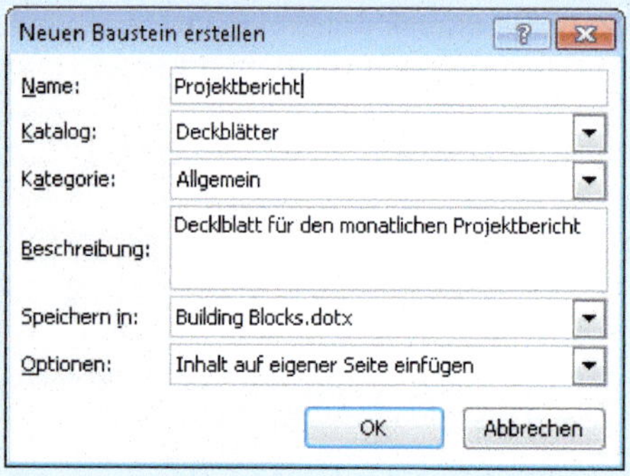

Öffnen Sie das Dialogfeld *Neuen Baustein erstellen* mit der Tastenkombination Alt+F3, wird als *Katalog* immer *AutoText* und bei *Speichern in* die globale Dokumentvorlage *Normal.dotm* bzw., falls eine andere Dokumentvorlage geöffnet ist, die aktuelle Dokumentvorlage vorgegeben. Rufen Sie das Dialogfeld hingegen über den Befehl auf, ist bereits der entsprechende Katalog ausgewählt und als Speicherort wird *Building Blocks.dotx* vorgeschlagen.

Zur Verwaltung von Bausteinen dient der *Organizer für Bausteine* (siehe Abbildung A.3), den Sie über *Einfügen/Text/Schnellbausteine/Organizer für Bausteine* aufrufen. Hier können Sie für jeden Baustein nachträglich alle Eigenschaften ändern.

Abbildung A.3 Im *Organizer für Bausteine* lassen sich Speicherort und andere Eigenschaften der Bausteine ändern

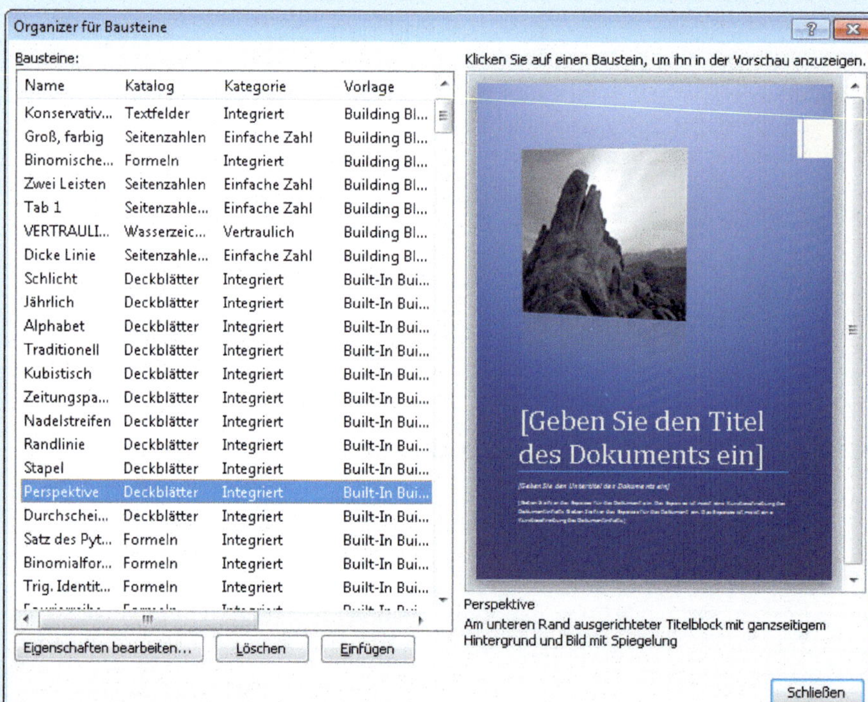

Um den Inhalt eines Bausteins zu ändern, müssen Sie den Baustein in Ihr Dokument einfügen, die Änderungen vornehmen und den Baustein unter dem gleichen Namen anschließend erneut anlegen. Wenn Sie die Meldung zum Überschreiben des bereits vorhandenen Bausteins mit *Ja* bestätigen, wird der alte Baustein mit den neuen Daten überschrieben.

Damit Sie zum einen die Übersicht behalten und zum anderen Ihre Bausteine nur dort zur Verfügung stehen, wo sie benötigt werden, speichern Sie die Bausteine in der dem Dokument zugrunde liegenden Dokumentvorlage ab. Um einen Baustein in einer bestimmten Dokumentvorlage speichern zu können, muss diese aktuell verwendet werden, damit ihr Name im Dialogfeld *Neuen Baustein erstellen* unter *Speichern in* auch aufgelistet wird. Bausteine können Sie sowohl in Dokumentvorlagen vom Typ *.dotx* als auch vom Typ *.dotm* ablegen.

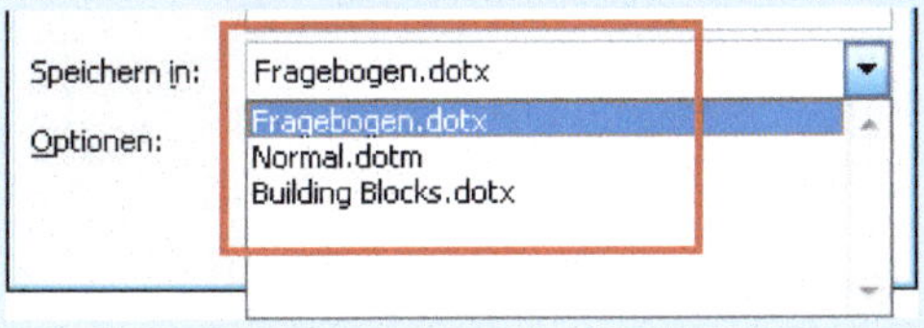

Um Ressourcen zu schonen, lädt Word die Bausteindateien erst beim ersten Zugriff auf einen beliebigen Baustein, weshalb es in diesem Fall zu einer kurzen Verzögerung beim Arbeiten kommen kann. Wenn Sie per VBA auf einen Baustein zugreifen, müssen Sie über den Befehl `Templates.LoadBuildingBlocks` sicherstellen, dass die Bausteine geladen sind. Sind die Bausteine bereits geladen, wird ein erneuter Aufruf des Kommandos von Word ignoriert.

Beachten Sie, dass die Bausteine, die in der Datei *Building Blocks.dotx* abgelegt sind, erst beim Beenden von Word gespeichert werden. Das Speichern oder Schließen aller Dokumente genügt nicht! Beim Anlegen von Bausteinen lohnt es sich deshalb, Word zwischendurch immer wieder zu schließen und das Speichern zu bestätigen.

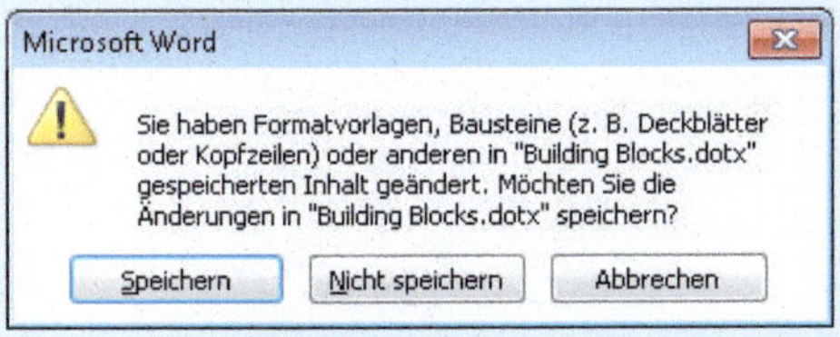

Built-In Building Blocks (integrierte Bausteine)

Im Lieferumfang von Word sind in der Datei *Built-In Building Blocks.dotx* unzählige vorgefertigte Beispielbausteine enthalten (siehe Abschnitt »Bausteinpfade«). Wenn Sie beispielsweise über *Einfügen/Seiten/Deckblatt* den Deckblattkatalog öffnen, bekommen Sie 19 vorgefertigte Deckblätter zur Auswahl. Möchten Sie die Datei *Built-In Building Blocks.dotx* auf die tatsächlich benötigten Bausteine reduzieren, müssen Sie sie öffnen und über *Einfügen/Text/Schnellbausteine/Organizer für Bausteine* alle überflüssigen Bausteine löschen.

Beachten Sie, dass es sich bei der im persönlichen Profil befindlichen Datei *Built-In Building Blocks.dotx* um eine Kopie der Referenzdatei *Built-In Building Blocks.dotx* handelt, die beim allerersten Zugriff auf die Bausteine aus dem Programmordner kopiert wird. Bei einer angepassten Installation muss deshalb auch die Referenzdatei modifiziert werden.

Content Control Toolkit

Immer wenn Inhaltssteuerelemente (siehe Abschnitt »Inhaltssteuerelemente«) miteinander verknüpft werden sollen, kommt das *Content Control Toolkit* zum Einsatz. Mithilfe des kostenlosen Zusatzprogramms legen Sie menügesteuert in der Word-Datei einen *CustomXML*-Ordner sowie eine XML-Datei an, die Sie anschließend mit den entsprechenden Inhaltssteuerelementen verknüpfen. Sobald eines der verknüpften Inhaltssteuerelemente mit Daten gefüllt und verlassen wird, legt Word die Daten im *CustomXML*-Ordner ab. Alle verknüpften Inhaltssteuerelemente übernehmen daraufhin sofort die Daten und die Inhalte der Inhaltssteuerelemente sind synchron.

Wo Sie das *Content Control Toolkit* finden, installieren und einsetzen, ist in Kapitel 7 im Abschnitt »Tipparbeit vermeiden: Inhaltssteuerelemente miteinander verknüpfen« detailliert beschrieben.

Designs und Designpfade

Mit »Designs« stehen über alle Office-Programme hinweg einheitliche Farben in exakt definierten Abstufungen zur Verfügung. Hinzu kommt die Definition je einer Schriftart für Überschriften und für Fließtext sowie als dritter Designbestandteil die Definition der Effekte für Formen, SmartArts und andere grafische Elemente.

Beliebiger Inhalt lässt sich so problemlos zwischen Word und PowerPoint oder Excel hin und her kopieren – beim Einsatz des gleichen Designs erscheinen Text, Tabellen, Diagramme oder SmartArts im Zielprogramm exakt so wie im Quellprogramm.

Ausführliche Informationen zum Einsatz von Designs finden Sie in Kapitel 7 im Abschnitt »Designs sind jetzt auch wichtig: Zuweisen und verteilen«. Dort sind auch die Programmpfade dokumentiert, in denen Sie die Designdateien ablegen müssen.

Dokumentvorlage

Eine Dokumentvorlage – oft auch nur als »Vorlage« bezeichnet – dient als »Kopiervorlage« für neue Dokumente. Die Dokumentvorlage übergibt dabei sowohl alle Formatierungsinformationen als auch alle Inhalte an das neue Dokument. Außerdem ist das neue Dokument weiterhin auf Grundlage des im Dokument hinterlegten Pfades zur Dokumentvorlage mit dieser »verknüpft« (siehe Kapitel 7, Abschnitt »Dokumentvorlagen verteilen: Benutzer kontra Arbeitsgruppe«) und kann so auf die komplette Funktionalität der Dokumentvorlage zurückgreifen.

Immer wenn Sie in Word ein neues Dokument anlegen, ist gleichzeitig eine Dokumentvorlage im Einsatz. Direkt nach dem Word-Start basiert das leere Dokument auf der globalen Dokumentvorlage *Normal.dotm*; drücken Sie die Tastenkombination [Strg]+[N], wird ebenfalls ein neues Dokument auf Basis der Vorlage *Normal.dotm*

angelegt. Sollen jedoch die Dokumentvorlagen und Formulare aus diesem Buch zum Einsatz kommen, rufen Sie sie über *Datei/Neu/Meine Vorlagen* und anschließender Auswahl der gewünschten Dokumentvorlage auf.

Warum dieser Umweg und nicht einfach ein altes Dokument laden und unter neuem Namen speichern? Weil beim »Altes-Dokument-Verfahren« …

- die Gefahr groß ist, dass Sie das alte Dokument versehentlich überschreiben,
- nicht mehrere Benutzer im Team auf das gleiche Dokument gleichzeitig zugreifen können,
- Sie nie ganz sicher sein können, ob Sie auch tatsächlich die letzte, aktuellste Version nutzen,
- oft noch alte Textpassagen versehentlich bestehen bleiben.

All diese Probleme umgehen Sie, wenn Sie mit Dokumentvorlagen arbeiten und für wichtige Aufgaben eine passende Dokumentvorlage erstellen, die Sie bei der Arbeit optimal unterstützt. In welchem Ordner sich die Dokumentvorlagen befinden müssen, ist im Abschnitt »Dokumentvorlagenpfade« dokumentiert.

Dokumentvorlagenpfade

Dokumentvorlagen mit der Dateinamenerweiterung *.dotx/.dotm* können prinzipiell an beliebigen Speicherorten abgelegt werden. Ein Doppelklick im Windows-Explorer auf eine Dokumentvorlage erzeugt sofort eine neue Datei auf der Grundlage dieser Dokumentvorlage.

Erfolgt der Zugriff auf die Dokumentvorlagenverwaltung über den Word-eigenen Dialog unter *Datei/Neu/Meine Vorlagen* (siehe Kapitel 7, Abschnitt »Dokumentvorlagen verteilen: Benutzer kontra Arbeitsgruppe«), müssen die Dokumentvorlagen in den in Word hinterlegten Pfaden gespeichert (oder verknüpft) sein.

- Der persönliche Dokumentvorlagenordner befindet sich unter Windows 7/Vista standardmäßig hier:

  C:\Benutzer\<Anmeldename>\AppData\Roaming\Microsoft\Templates

  Unter Windows XP ist der Ordner hier zu finden:

  C:\Dokumente und Einstellungen\<Anmeldename>\Anwendungsdaten\Microsoft\Templates

- Der Ordner lässt sich in den Word-Optionen (*Datei/Optionen*) unter *Erweitert/Allgemein/Dateispeicherorte* über den bei *Benutzervorlagen* hinterlegten Pfad ändern (siehe Abbildung A.4).
- Zusätzlich zum persönlichen Dokumentvorlagenordner kann über den zuvor genannten Weg beim Eintrag *Arbeitsgruppenvorlagen* ein weiterer Ordner angegeben werden, der beispielsweise auf einen im Netzwerk befindlichen Ordner verweist, in dem sich die Teamdokumentvorlagen befinden.

Abbildung A.4 Die Speicherorte für Benutzer- oder Arbeitsgruppenvorlagen ändern

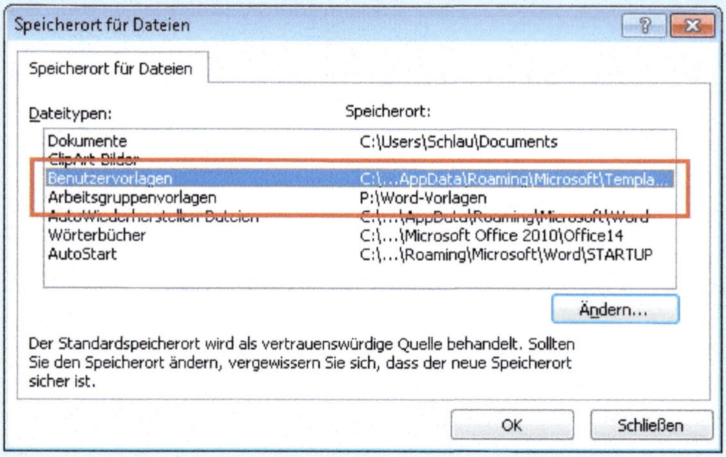

Befinden sich in den Dokumentvorlagen Makros, sind die Dokumentvorlagen im Format *.dotm* gespeichert? Dann muss sich der Ordner mit den Dokumentvorlagen an einem *vertrauenswürdigen Speicherort* befinden. Sonst erhalten Sie beim Anlegen bzw. beim Öffnen eines Dokuments auf Basis der Dokumentvorlage jedes Mal unterhalb des Menübands den gelben Balken mit dem Hinweis, dass Sie die Ausführung der Makros (VBA-Routinen) erst mit einem Klick auf *Inhalt aktivieren* freigeben müssen.

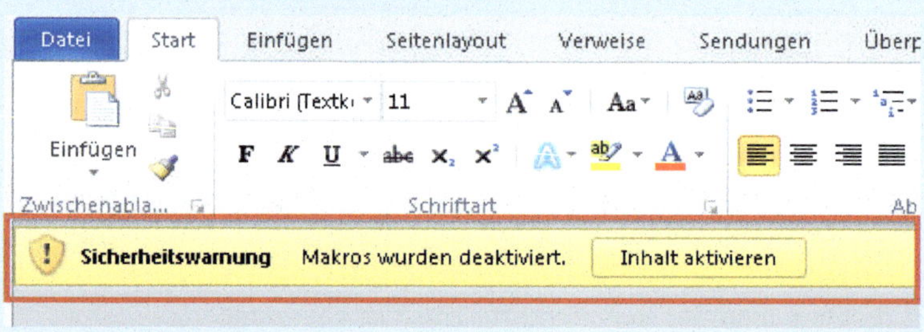

Die *vertrauenswürdigen Speicherorte* legen Sie mit *Datei/Optionen* unter *Sicherheitscenter/Einstellungen für das Sicherheitscenter/Vertrauenswürdige Speicherorte* fest. Aus allen in der Liste aufgeführten Ordnern können Sie ohne Sicherheitswarnung Word-Dokumente und -Dokumentvorlagen mit Makros (*.docm/.dotm*) öffnen und ausführen.

Entwicklertools-Registerkarte

Auf der Registerkarte *Entwicklertools* sind all die Befehle zusammengefasst, die für das Erstellen von Dokumentvorlagen (Gruppe *Vorlagen*), Formularen (Gruppe *Steuerelemente*), Makros/VBA-Routinen (Gruppe *Code*) und zum Dokumentschutz (Gruppe *Schützen*) notwendig sind.

Einige der Befehle sind in eingeschränkter Form zusätzlich auch an anderen Stellen platziert (*Makros*: Registerkarte *Ansicht*, Gruppe *Makros*; *Bearbeitung einschr.*: Regis-

terkarte *Überprüfen*, Gruppe *Schützen*; *COM-Add-Ins*: Dialogfeld *Word-Optionen/Add-Ins*); die meisten Befehle sind jedoch ausschließlich hier zu finden.

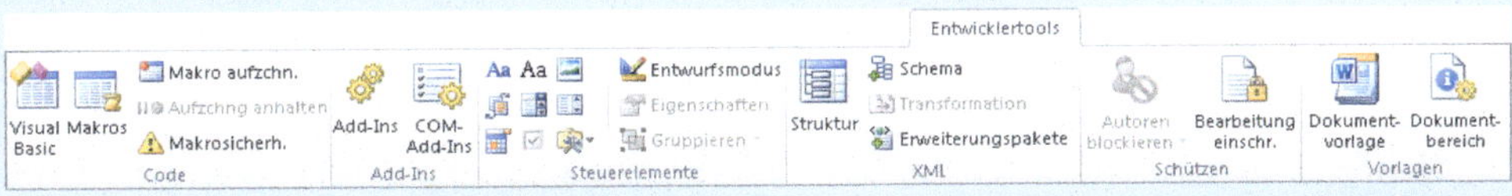

Die Registerkarte wird standardmäßig nicht angezeigt, kann jedoch über *Datei/Optionen* eingeblendet werden: Klicken Sie im Dialogfeld *Word-Optionen* (siehe Abbildung A.5) links auf *Menüband anpassen* (1) und aktivieren Sie rechts im Listenfeld unter *Hauptregisterkarten* das Kontrollkästchen vor dem Eintrag *Entwicklertools* (2).

Abbildung A.5 Die Registerkarte *Entwicklertools* einblenden

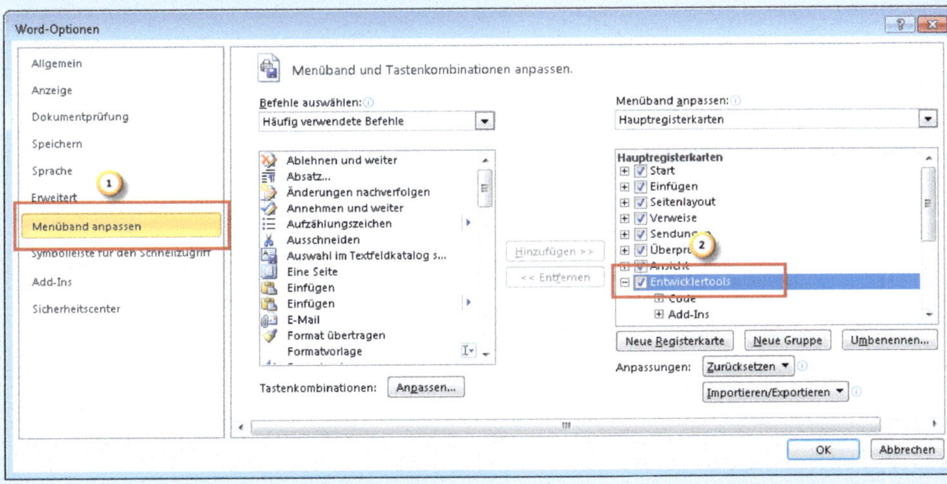

Wenn Sie dann das Dialogfeld mit *OK* bestätigen, wird die Registerkarte *Entwicklertools* im Menüband rechts neben der Registerkarte *Ansicht* angezeigt.

Feldfunktion

Als *Felder* oder *Feldfunktionen* werden in Word spezielle »Platzhalter« bezeichnet, die Sie sowohl im Haupttext als auch in Kopf- und Fußzeilen einfügen können. Typische Beispiele sind das *PAGE*-Feld, das automatisch die aktuelle Seitenzahl ermittelt und anzeigt, oder das *TOC*-Feld (TOC für »Table Of Contents«), das beispielsweise auf Basis der mit den *Überschrift*-Formatvorlagen formatierten Absätze ein automatisches Inhaltsverzeichnis erstellt.

Insgesamt stehen in Word fast 100 Feldfunktionen zur Verfügung. Manche Befehle, wie die bereits erwähnten Seitenzahlen und Verzeichnisse, aber auch Verweise oder Beschriftungen lassen sich über entsprechende Befehle und Kataloge im Menüband einfügen. Eine Übersicht aller Feldfunktionen steht Ihnen über *Einfügen/Text/Schnellbausteine/Feld* zur Verfügung (siehe Abbildung A.6).

Abbildung A.6 Für die meisten Feldfunktionen stehen zusätzliche Feldschalter und -eigenschaften zur Auswahl

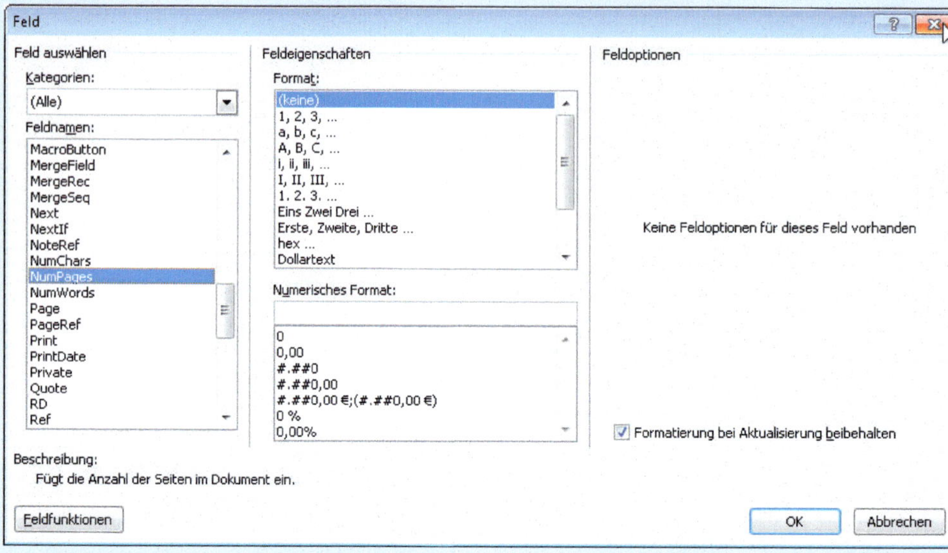

Feldfunktionen haben zwei verschiedene Ansichten: zum einen die Ergebnisansicht, die das Ergebnis in Form einer Seitenzahl, eines Inhaltsverzeichnisses oder eines Querverweises anzeigt. Zum anderen die Feldfunktionsansicht, in der der Feldname sowie eventuell vorhandene Parameter in geschweiften Klammern zu sehen sind. Über die Tastenkombination [Alt]+[F9] können Sie zwischen den beiden Ansichten hin- und herschalten.

Ein Feld lässt sich schnell per [Entf]-Taste oder [Rück]-Taste (Rücktaste) markieren, wenn sich die Einfügemarke direkt vor bzw. hinter dem Feld befindet. Ist ein Feld markiert, wird es standardmäßig grau hinterlegt. Feldfunktionen lassen sich wie normaler Text auch formatieren, kopieren oder löschen.

Formatierungssymbole

Wenn Sie in Word die Anzeige der Formatierungssymbole einschalten (Tastenkombination [Strg]+[⇧]+[*] bzw. Schaltfläche *Alle anzeigen* (¶) auf der Registerkarte *Start*, Gruppe *Absatz*), werden bislang »unsichtbare« Zeichen wie Leerzeichen, Tabstopps oder manuelle Seitenwechsel mithilfe spezieller Symbole am Bildschirm angezeigt. Das hat den Vorteil, dass Sie beim Gestalten Ihres Textes immer den Überblick behalten.

In der folgenden Tabelle sind alle Formatierungssymbole aufgeführt, die bei aktiver Anzeige der Formatierungssymbole erscheinen. Möchten Sie die Anzeige wieder ausschalten, drücken Sie erneut die Tastenkombination [Strg]+[⇧]+[*] bzw. klicken auf die Schaltfläche *Alle anzeigen* (¶) auf der Registerkarte *Start* in der Gruppe *Absatz*.

Symbol	Bedeutung	Beispiel
→	Der Pfeil erscheint, wenn die [Tab]-Taste gedrückt wird. Mithilfe von Tabstopppositionen lässt sich Text millimetergenau platzieren.	Umsatz → Betrag
·	Der kleine Punkt erscheint beim Drücken der [Leertaste] zwischen zwei Wörtern und entspricht einem Leerzeichen.	für·schlaue·Vorlagen
¶	Die Absatzmarke erscheint am Ende eines Absatzes (mit mehreren Sätzen) beim Drücken der [↵]-Taste.	Ideenbuch¶
↵	Der manuelle Zeilenumbruch ([⇧]+[↵]) kommt zum Einsatz, wenn innerhalb eines Absatzes ein Zeilenwechsel benötigt wird.	Word 2010↵
¬	Soll ein Wort von Hand getrennt werden, lässt sich an der betreffenden Position mit [Strg]+[-] ein bedingter Trennstrich einfügen.	Ide¬en¬buch
¤	Die Zellenendmarke zeigt innerhalb einer Tabellenzelle das Ende des Zelleninhalts an.	Ideenbuch¤
abcde	Text, der beim Drucken nicht erscheinen soll, wird als ausgeblendeter Text formatiert; Word kennzeichnet ihn durch eine gepunktete Linie.	Ideenbuch
⚓	Frei platzierte Grafiken oder Textfelder sind mit einem Absatz verankert, das Ankersymbol erscheint bei markiertem Objekt am Anfang des Absatzes.	⚓ Ideenbuch
■	Wird ein Absatz mit dem vorherigen zusammengehalten, erscheint am Anfang des Absatzes ein quadratisches Kästchen.	■Ideenbuch
…………	Ein manueller Seitenwechsel oder Spaltenwechsel wird durch die eng/weit gepunktete Linie gekennzeichnet.	……Seitenumbruch…… ……Spaltenumbruch……
::::::::::	Die verschiedenen Abschnittsumbrüche (Abschnittswechsel) werden durch eine gepunktete Doppellinie gekennzeichnet.	……Abschnittswechsel (Nächste Seite)…… ……Abschnittswechsel (Fortlaufend)…… ……Abschnittswechsel (Gerade Seite)…… ……Abschnittswechsel (Ungerade Seite)……
°	Der geschützte Leerschritt [Strg]+[⇧]+[Leertaste] sorgt dafür, dass zwei Wörter am Zeilenende nicht getrennt werden.	Das°Ideenbuch
□	Der »bedingte Nullbreite-Wechsel« sorgt dafür, dass bei Bedarf an dieser Stelle am Zeilenende getrennt wird, ohne ein Leerzeichen oder einen Trennstrich einzufügen. Sie finden ihn unter *Einfügen/Symbole/Symbol/ Weitere Symbole/Sonderzeichen*.	http://□www.microsoft.de
■	Der »Null-breiter Nicht-Wechsel« verhindert, dass an dieser Stelle am Zeilenende getrennt wird. Sie finden ihn unter *Einfügen/Symbole/Symbol/Weitere Symbole/ Sonderzeichen*.	http://■www.microsoft.de

Formatvorlagen

Eine Formatvorlage ist nichts anderes als die Kombination mehrerer Formatierungsbefehle – gespeichert unter einem Namen, über den Sie die Formatvorlage anwenden, ändern oder auch löschen können. Formatvorlagen dienen somit sowohl zur schnellen, konsistenten Formatierung Ihres Dokuments als auch für automatische Inhaltsverzeichnisse, lebende Kolumnentitel oder Querverweise.

Jedes Dokument enthält von Haus aus bereits über 260 vordefinierte Formatvorlagen. Diese lassen sich nicht löschen, wohl aber Ihren eigenen Vorstellungen entsprechend anpassen (siehe Abbildung A.7). Einige dieser Formatvorlagen werden bei bestimmten Aktionen automatisch angewendet, sodass kein Weg an ihnen vorbeiführt.

Abbildung A.7 Integrierte sowie selbst erstellte Formatvorlagen lassen sich jederzeit modifizieren

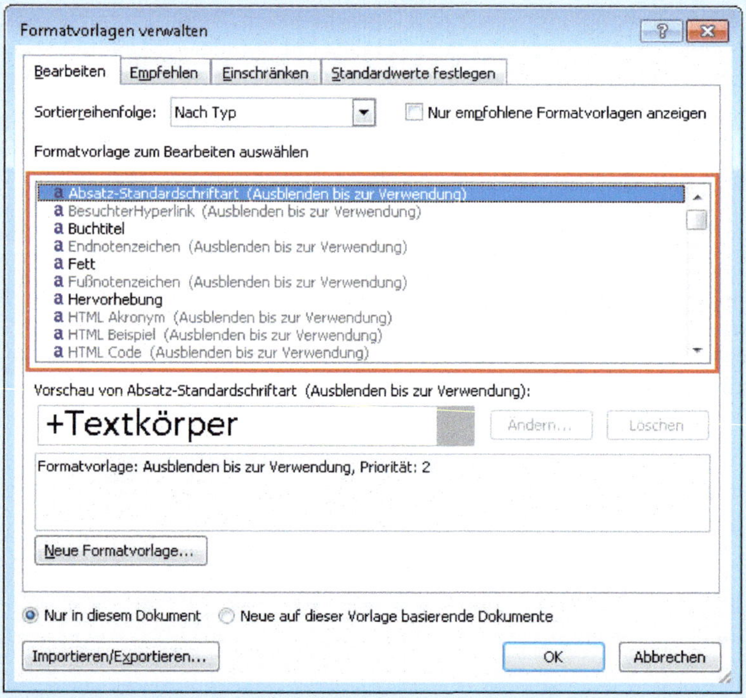

Häufig benötigte Formatvorlagen stehen bereits im Schnellformatvorlagen-Katalog zur Verfügung (siehe Abschnitt »Schnellformatvorlagen«), den Sie im Menüband unter *Start/Formatvorlagen* finden. Wenn Sie in der Gruppe *Formatvorlagen* auf das »Startprogramm für ein Dialogfeld« ( ) klicken, wird der Aufgabenbereich *Formatvorlagen* eingeblendet (siehe Abschnitt »Formatvorlagen-Aufgabenbereich«), über den weitere Formatvorlagen sowie Optionen zu deren Bearbeitung zur Verfügung stehen.

Jede integrierte Formatvorlage ist einem ganz bestimmten Formatvorlagentyp (*Zeichen*, *Absatz*, *Verknüpft*, *Tabelle*, *Liste*) zugeordnet, der grundsätzlich nicht geändert werden kann. Auch beim Erstellen eigener Formatvorlagen müssen Sie sich für einen der fünf Typen entscheiden, die Word zur Verfügung stellt. Möchten Sie dennoch ein-

mal eine Formatvorlage einem anderen Typ zuweisen, bleibt Ihnen nur, die Formatvorlage zu löschen und neu zu erstellen.

Im Schnellformatvorlagen-Katalog sowie im Aufgabenbereich *Formatvorlagen* werden nur Formatvorlagen vom Typ

- *Zeichen* (Symbol a)
- *Absatz* (Symbol ¶)
- *Verknüpft* (Symbol ¶a)

angezeigt, gekennzeichnet jeweils mit dem hier aufgeführten Symbol. Tabellen- und Listenformatvorlagen dagegen erscheinen hier nicht, sie sind im Menüband unter *Tabellentools* bzw. *Liste mit mehreren Ebenen* zu finden. Und das verbirgt sich hinter den jeweiligen Formatvorlagentypen:

- *Zeichen:* Dieser *Formatvorlagentyp* speichert ausschließlich Zeichenformate wie Schriftart, Schriftgrad, Schriftschnitt, Zeichenabstand und Sprache. Ausnahme: Das Format *Texthervorhebungsfarbe* kann nicht in einer Formatvorlage hinterlegt werden.

  Bevor Sie eine Zeichenformatvorlage zuweisen, müssen Sie die zu formatierenden Inhalte markieren. Andernfalls gilt die Formatierung nur an der Stelle, an der sich der Cursor befindet, bzw. für den dort neu einzugebenden Text.

  Integrierte Zeichenformatvorlagen sind beispielsweise *Endnotenzeichen*, *Fett*, *Fußnotenzeichen*, *Hyperlink* und *Seitenzahl*.

- *Absatz:* Absatzformatvorlagen beinhalten sowohl Absatzformatierungen - wie beispielsweise Ausrichtung, Zeilenabstand und Paginierungsoptionen - als auch Zeichenformatierungen. Dabei wird die Zeichenformatierung immer auf den gesamten Absatz angewendet. Dieser muss also vorher nicht explizit markiert werden; es genügt, den Cursor im Absatz zu platzieren.

  Zu den integrierten Absatzformatvorlagen gehören unter anderem *Abbildungsverzeichnis*, *Beschriftung*, *Index 1* bis *Index 9* und *Verzeichnis 1* bis *Verzeichnis 9*.

- *Verknüpft (Absatz und Zeichen):* Hierbei handelt es sich um Absatzformatvorlagen, die aber je nach Textauswahl auch als reine Zeichenformatvorlagen fungieren können.
  - Ist ein Absatz vollständig markiert oder blinkt lediglich der Cursor darin, werden sowohl Zeichen- als auch Absatzformate der Formatvorlage auf den gesamten Absatz angewendet.
  - Ist ein Teilbereich eines Absatzes markiert (und sei es nur ein einzelnes Zeichen), werden die Absatzformate der Formatvorlage ignoriert. Ausschließlich ihre Zeichenformate werden auf den Teilbereich angewendet.

Wenn Sie die Option *Verknüpfte Formatvorlagen deaktivieren* am Ende des Aufgabenbereichs *Formatvorlagen* einschalten, verhalten sich verknüpfte Formatvorlagen wie Absatzformatvorlagen.

- *Tabelle:* In einer Tabellenformatvorlage lassen sich wichtige tabellenspezifische Eigenschaften wie Ausrichtung, Zellbegrenzungen, Rahmenlinien, separate Formatierung für Überschriftenzeile, Ergebniszeile etc. hinterlegen. Allerdings können nicht alle Tabelleneigenschaften in einer Formatvorlage gespeichert werden; bei-

spielsweise sind Tabellenbreite, Spaltenbreite, Zeilenhöhe und Textumbruch ausgenommen. Daher kann es sinnvoll sein, bereits fertig formatierte Tabellen als Baustein vom Typ *Schnelltabelle* zu speichern (siehe Abschnitt »Building Blocks«).

Tabellenformatvorlagen werden nur dann auf der kontextbezogenen Registerkarte *Tabellentools/Entwurf* eingeblendet, wenn sich der Cursor innerhalb einer Tabelle befindet. Die beiden wichtigsten der über 140 integrierten Tabellenformatvorlagen sind *Tabellenraster* (wird standardmäßig neuen Tabellen zugewiesen) und *Normale Tabelle*. Nicht alle Tabellenformatvorlagen werden jedoch im Menüband unter *Tabellentools/Entwurf* eingeblendet.

- *Liste:* Listenformatvorlagen sind unentbehrlich für eine stabile Nummerierung, insbesondere wenn es um die Gliederungsnummerierung geht. Im Gegensatz zu den anderen Formatvorlagentypen müssen (und sollten) Sie sie im Dokument nicht direkt anwenden. Vielmehr sollten Sie deren Nummerierungsart sowie Zahlen- und Textposition über Absatzformatvorlagen zur Verfügung stellen, die entsprechend mit den maximal neun Listenebenen (nicht identisch mit Gliederungsebenen) zu verknüpfen sind. Listenformatvorlagen stehen im Menüband über *Start/Absatz/ Liste mit mehreren Ebenen* zur Verfügung.

Formatvorlagen-Aufgabenbereich

Im *Formatvorlagen*-Aufgabenbereich zeigt Word alle (nicht ausgeblendeten) Formatvorlagen des aktuellen Dokuments an. Den Aufgabenbereich öffnen Sie über *Start/ Formatvorlagen* und einem Klick auf das »Startprogramm für ein Dialogfeld« ( ).

Abbildung A.8 Der Aufgabenbereich *Formatvorlagen*

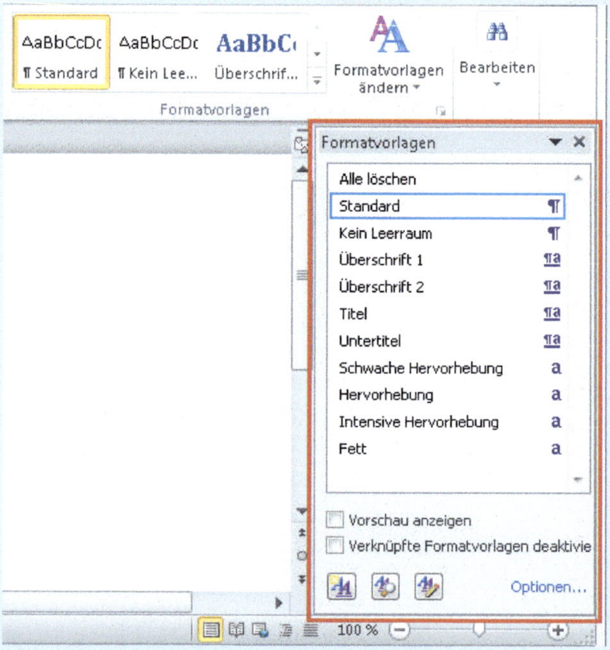

Er wird nun als eigenständiges Fenster angezeigt (siehe Abbildung A.8). Damit der *Formatvorlagen*-Aufgabenbereich nicht Ihren Text überlagert, doppelklicken Sie auf die Titelleiste des Aufgabenbereichs. Daraufhin »dockt« er auf der rechten Seite an, und die Anzeigegröße des Dokuments wird entsprechend angepasst.

Im *Formatvorlagen*-Aufgabenbereich werden alle Formatvorlagen des aktuellen Dokuments aufgelistet, die nicht über die Formatvorlagenverwaltung (dritte Schaltfläche am unteren Rand des Aufgabenbereichs) ausgeblendet wurden.

Wenn Sie mit dem Mauszeiger über die Formatvorlagennamen fahren, zeigt Word in einer umfangreichen QuickInfo die in der Formatvorlage hinterlegten Formatierungen an. Die Livevorschau steht im *Formatvorlagen*-Aufgabenbereich im Gegensatz zu den Schnellformatvorlagen auf der Registerkarte *Start* nicht zur Verfügung. Für eine bessere Kontrolle der Formatvorlagen können Sie jedoch das Kontrollkästchen *Vorschau anzeigen* am unteren Rand des *Formatvorlagen*-Aufgabenbereichs einschalten. Dann werden die Formatvorlagen im Aufgabenbereich mit allen Formatierungen angezeigt (siehe Abbildung A.9).

Abbildung A.9 Der Formatvorlagenbereich links ohne, rechts mit Vorschau auf die Formatierung

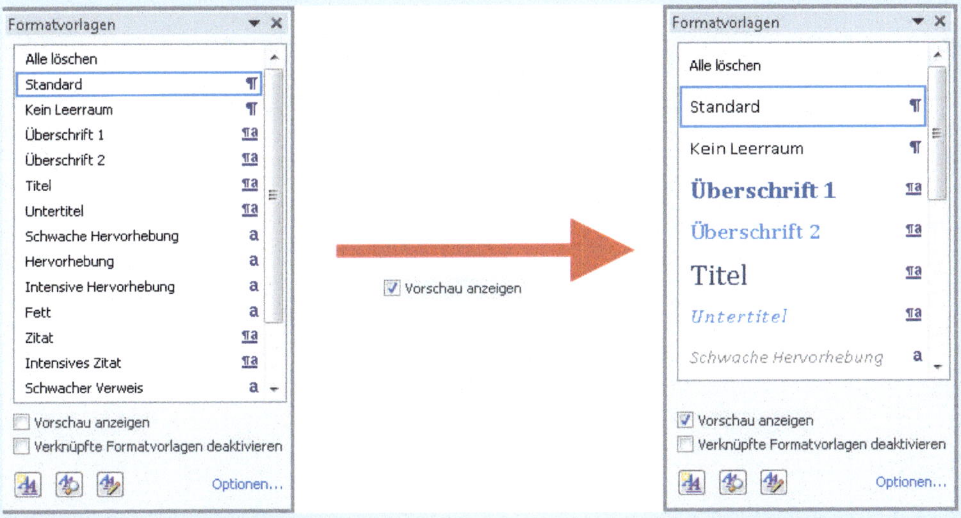

Formularfelder

Formularfelder – auch als »Formularsteuerelemente« bezeichnet – dienen als Platzhalter zur Eingabe von Text (*Textfeld*), zur Auswahl einer Option (*Kontrollkästchen*) oder zur Auswahl von vorgegebenen Einträgen (*Kombinationsfeld*). Die Formularfelder stehen Ihnen über *Entwicklertools/Steuerelemente/Vorversionstools* zur Verfügung (siehe Abbildung A.10).

Abbildung A.10 Die Formularfelder aus den *Vorversionstools*

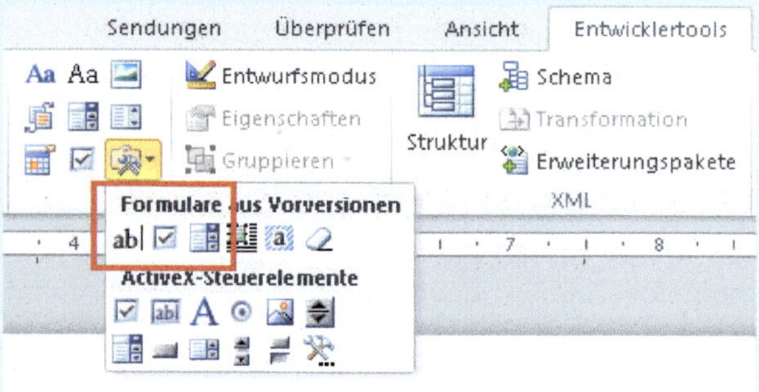

Nach dem Einfügen eines Formularfeldes lassen sich die Eigenschaften des Formularfeldes per Doppelklick auf das Formularfeld anpassen. Um die Formularfelder zu »aktivieren«, sodass sie sich ausfüllen lassen, müssen Sie das Dokument schützen (»Bearbeitung einschränken«), wie in Abbildung A.11 dargestellt.

1. Klicken Sie auf der Registerkarte *Entwicklertools* (1), Gruppe *Schützen* auf *Bearbeitung einschr.* (2).
2. Im jetzt angezeigten Aufgabenbereich *Formatierung und Bearbeitung* aktivieren Sie bei *2. Bearbeitungseinschränkungen* (3) das Kontrollkästchen *Nur diese Bearbeitungen im Dokument zulassen.*

Abbildung A.11 Die Bearbeitung eines Dokuments auf das Ausfüllen von Formularen beschränken

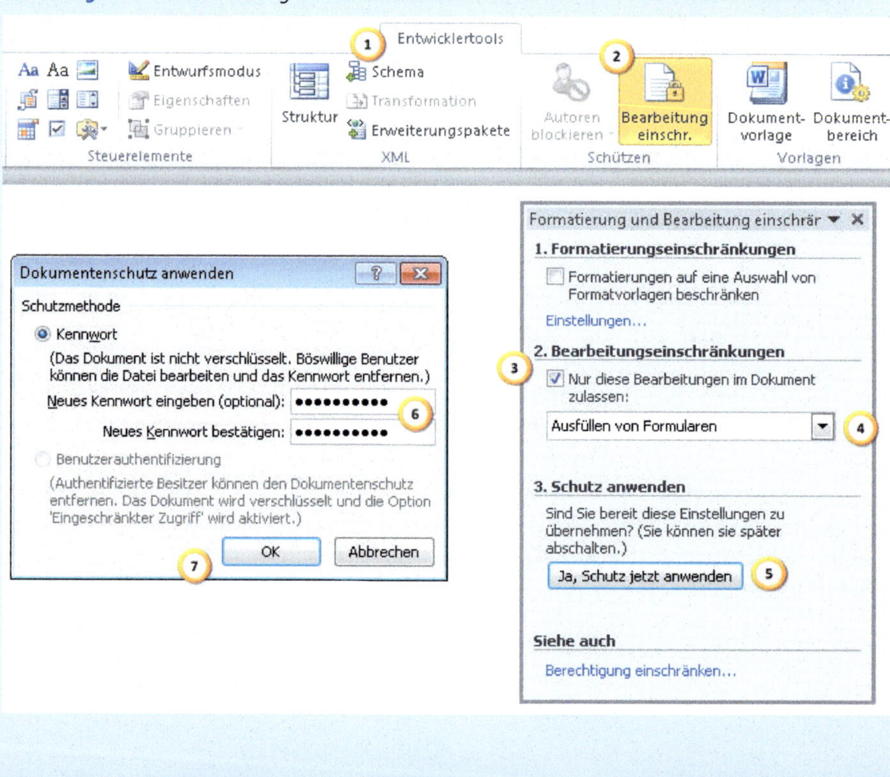

3. Wählen Sie im Dropdown-Listenfeld die Auswahl *Ausfüllen von Formularen* (4).
4. Zum Schluss klicken Sie auf die Schaltfläche *Ja, Schutz jetzt anwenden* (5) und geben bei Bedarf zweimal ein Kennwort ein (6) (die Textfelder zur Eingabe des Kennworts können auch leer bleiben). Mit *OK* (7) aktivieren Sie den Schutz.
5. Zum Aufheben des Schutzes klicken Sie im Aufgabenbereich auf die Schaltfläche *Schutz aufheben* und geben anschließend das Kennwort ein.

In geschützten Formularen können Sie nur die Formularfelder ansprechen, der restliche Text ist komplett vor Änderungen geschützt. Benötigen Sie in einem Formular einen Bereich zur Eingabe von umfangreicherem Text – beispielsweise in einem Fragebogen zur Beschreibung eines bestimmten Sachverhalts –, ist der Einsatz eines Textfeldes keine geeignete Lösung. Denn in Textfeldern können Sie keinerlei Formatierungen wie Fettschrift, Aufzählungen etc. nutzen. Bei einem geschützten Formular sind fast alle Funktionen auf der Registerkarte *Start* inaktiv.

Um frei gestaltbare Textbereiche zu erhalten, fügen Sie in Ihrem Formular mehrere Abschnitte ein (siehe Abschnitt »Abschnittsumbrüche (Abschnittswechsel)«). Dann können Sie beim Schützen des Dokuments, wie in Abbildung A.12 dargestellt, über einen Klick auf *Abschnitte auswählen* (1) ein Dialogfeld öffnen, in dem sich für jeden Abschnitt der Schutz gezielt ein-/ausschalten lässt (2).

Abbildung A.12 Formularschutz nur auf bestimmte Dokumentabschnitte anwenden

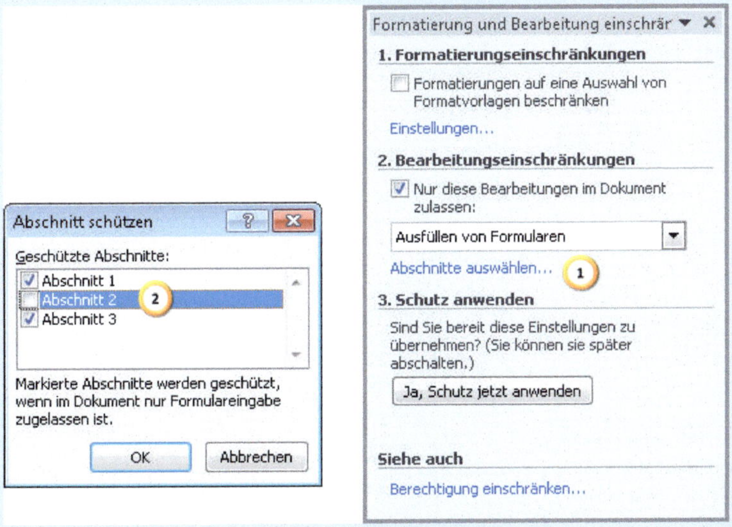

Wie Sie die Eigenschaften von Formularfeldern anpassen, Formularfelder mit VBA-Routinen ansprechen und auslesen oder wie Sie auf Formularfeldereignisse reagieren, ist in Kapitel 7 im Abschnitt »Formularfelder: Automatisch ausfüllen und auf Ereignisse reagieren« beschrieben.

Inhaltssteuerelemente

Inhaltssteuerelemente dienen als intelligente »Formularfelder«, mit denen Sie in Ihren Dokumentvorlagen beliebige Formularfunktionen integrieren können. Gleichgültig, ob Sie an genau definierten Positionen in Ihrem Dokument ein- oder mehrzeiligen Text erfassen möchten, ob ganze Textpassagen in ein Textfeld eingegeben werden sollen, ob Sie in einem Dropdown-Listenfeld verschiedene Einträge zur Auswahl stellen, ob Sie das komfortable Einfügen eines Bildes erlauben möchten oder ob Sie mitten im Text fix und fertige Formeln, Schnellbausteine oder Schnelltabellen anbieten möchten: Inhaltssteuerelemente ermöglichen all das und noch vieles mehr.

Ein Vorteil von Inhaltssteuerelementen ist, dass Sie für deren Einsatz das Dokument nicht mehr schützen müssen. Das Inhaltssteuerelement wird einfach an der gewünschten Stelle platziert und kann sofort für die Eingabe oder Auswahl von Daten verwendet werden. Folgende Inhaltssteuerelemente stehen Ihnen auf der Registerkarte *Entwicklertools* (siehe auch Abschnitt »Entwicklertools-Registerkarte«) in der Gruppe *Steuerelemente* zur Verfügung:

Symbol	Bezeichnung
	Rich-Text-Inhaltssteuerelement
	Nur-Text-Inhaltssteuerelement
	Bildinhaltssteuerelement
	Bausteinkatalog-Inhaltssteuerelement
	Kombinationsfeld-Inhaltssteuerelement
	Dropdownlisten-Inhaltssteuerelement
	Datumsauswahl-Inhaltssteuerelement
	Kontrollkästchensteuerelement

Wie Sie die Eigenschaften von Inhaltssteuerelementen anpassen, Inhaltssteuerelemente mit VBA-Routinen ansprechen und auslesen, wie Sie auf Inhaltssteuerelemente-Ereignisse reagieren oder wie Sie Inhaltssteuerelemente miteinander verknüpfen, ist in Kapitel 7 in den Abschnitten »Inhaltssteuerelemente: Automatisch ausfüllen und auf Ereignisse reagieren« und »Tipparbeit vermeiden: Inhaltssteuerelemente miteinander verknüpfen« beschrieben.

Makro

Auch in Word 2010 ist der Begriff »Makro« noch allgegenwärtig. Bei der veralteten Bezeichnung »Makro« handelt es sich letztlich um nichts anderes als eine VBA-Routine, die beispielsweise über die Schaltfläche *Makros* auf der Registerkarte *Ansicht* (sowie auf der Registerkarte *Entwicklertools*) ausgeführt wird. Beim »Aufzeichnen« eines Makros werden alle Befehlsaufrufe und Tastatureingaben in VBA-Kommandos umgewandelt und in der bei der Makroaufzeichnung anfangs angegebenen VBA-Routine gespeichert.

Zur Bearbeitung von Makros dient der VBA-Editor, den Sie entweder über die Tastenkombination Alt+F11 oder über *Entwicklertools/Code/Visual Basic* aufrufen.

Makrosicherheit

Da jedes Makro (VBA-Routine) auch Schadcode enthalten kann, verfügt Word über eine Schutzfunktion, die die Ausführung von Makros aus »unsicheren Quellen« unterbindet. Als »unsichere Quellen« werden dabei alle Ordner definiert, die im Word-Sicherheitscenter nicht an den *vertrauenswürdigen Speicherorten* abgelegt sind und die nicht als *vertrauenswürdige Dokumente* definiert wurden (siehe auch Abschnitt »Vertrauenswürdige Speicherorte«).

Die Makrosicherheit können Sie über *Datei/Optionen/Sicherheitscenter/ Einstellungen für das Sicherheitscenter/Einstellungen für Makros* anpassen. Hier stehen vier verschiedene Sicherheitsstufen zur Auswahl: Mit der höchsten Sicherheitsstufe *Alle Makros ohne Benachrichtigung deaktivieren* wird die Ausführung jeglicher Makros deaktiviert, mit der niedrigsten Stufe *Alle Makros aktivieren* die Ausführung aller Makros zugelassen. Die Standardeinstellung *Alle Makros mit Benachrichtigung deaktivieren* hat zur Folge, dass Sie beim Öffnen einer Datei mit Makros aus einem nicht vertrauenswürdigen Speicherort über die Sicherheitsmeldung selbst entscheiden können, ob Sie das Makro ausführen möchten.

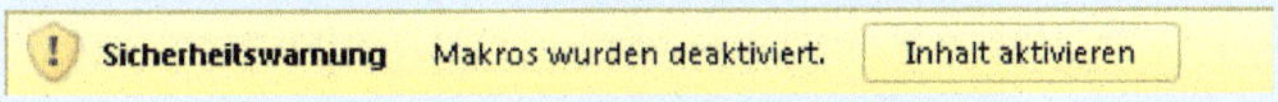

Die Sicherheitsmeldung bei Dokumenten mit Makros, die *nicht* an vertrauenswürdigen Speicherorten abgelegt sind, können Sie für alle Makros unterbinden, indem Sie beim Makroschutz unter *Datei/Optionen/ Sicherheitscenter/ Einstellungen für das Sicherheitscenter/Einstellungen für Makros* die Option *Alle Makros aktivieren (nicht empfohlen, weil potenziell gefährlicher Code ausgeführt werden kann)* auswählen. Zu empfehlen ist der Schritt jedoch nicht, da Sie jegliche Kontrolle über unerwünschte Makros verlieren.

Platzhaltertext-Formatvorlage

Wenn Sie ein Inhaltssteuerelement einfügen, gibt Word einen eigenen Platzhaltertext wie »Klicken Sie hier, um Text einzugeben«, »Wählen Sie ein Element aus« oder »Klicken Sie hier, um ein Datum einzugeben« vor. Der Platzhaltertext ist immer in grauer Schriftfarbe (RGB-Wert 128;128;128) formatiert – unabhängig davon, ob Sie ein Design einsetzen oder Ihren umgebenden Text in einer anderen Schriftfarbe formatiert haben.

Damit Ihre Inhaltssteuerelemente sich deutlicher vom restlichen Text abheben und so der Benutzer sofort erkennen kann, an welcher Stelle Eingaben notwendig sind, können Sie die Farbe des Platzhaltertextes anpassen. Der Platzhaltertext ist mit der gleichnamigen Formatvorlage *Platzhaltertext* formatiert, Sie müssen nur die Schriftfarbe dieser Formatvorlage ändern.

1. Klicken Sie dazu am unteren Rand des Aufgabenbereichs *Formatvorlagen* (*Start/ Formatvorlagen/Startprogramm für ein Dialogfeld* ( )) auf die Schaltfläche *Formatvorlagen verwalten*.
2. Im jetzt angezeigten Dialogfeld (siehe Abbildung A.13) wechseln Sie zur Registerkarte *Bearbeiten* (1). Wählen Sie bei *Sortierreihenfolge* die Auswahl *Alphabetisch* (2).
3. Markieren Sie in dem großen Listenfeld den Eintrag *Platzhaltertext (Immer ausgeblendet)* (3). Klicken Sie auf die Schaltfläche *Ändern* (4).

Abbildung A.13 Die Formatvorlage *Platzhaltertext* über das Dialogfeld *Formatvorlagen verwalten* ändern

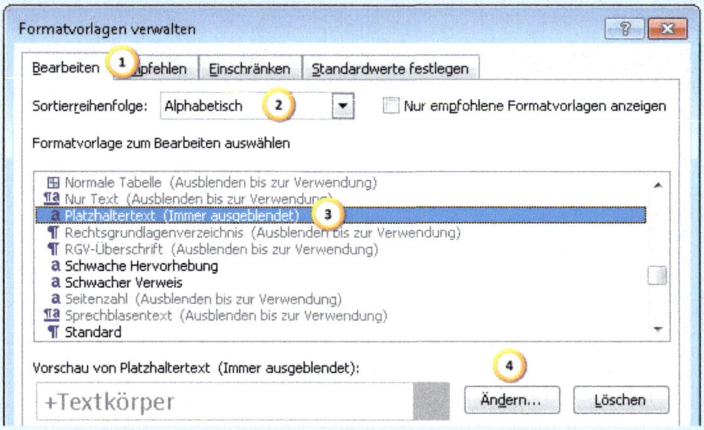

4. Es öffnet sich das Dialogfeld *Formatvorlage ändern*, in dem Sie über das Dropdown-Listenfeld *Schriftfarbe* die gewünschte Farbe festlegen.

Abbildung A.14 Der Formatvorlage *Platzhaltertext* eine andere Schriftfarbe zuweisen

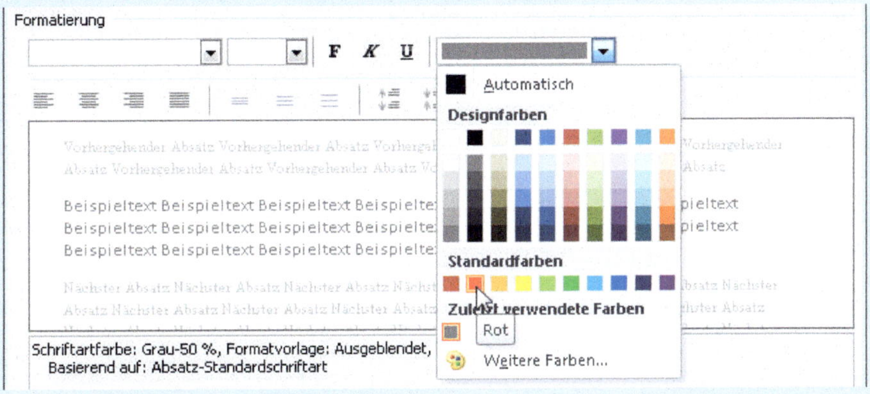

5. Schließen Sie alle Dialogfelder mit *OK* und blenden Sie den *Formatvorlagen*-Aufgabenbereich wieder aus. Falls sich im aktuellen Formular oder der aktuellen Dokumentvorlage bereits weitere Inhaltssteuerelemente befinden, wird deren Platzhaltertext sofort in der gewählten Farbe angezeigt.

Schnellformatvorlagen

Für den schnellen Zugriff auf Formatvorlagen (siehe Abschnitt »Formatvorlagen«) lassen sich Formatvorlagen vom Typ *Zeichen*, *Absatz* und *Verknüpft* auf der Registerkarte *Start* in der Gruppe *Formatvorlagen* als sogenannte *Schnellformatvorlagen* aufnehmen. Dabei handelt es sich also um die »Favoriten« Ihrer Formatvorlagen, die direkt ohne das Einschalten des *Formatvorlagen*-Aufgabenbereichs (siehe den Abschnitt »Formatvorlagen-Aufgabenbereich«) zur Auswahl stehen.

Schnellformatvorlagen lassen sich leicht verwalten und haben bei der Zuweisung noch weitere Vorteile:

- Im Menüband werden je nach Bildschirmgröße unterschiedlich viele Schnellformatvorlagen angezeigt. Um einen Katalog mit sämtlichen Schnellformatvorlagen zu erhalten, klicken Sie auf den Dropdownpfeil in der rechten unteren Ecke der *Schnellformatvorlagen*-Übersicht.
- Soll eine Schnellformatvorlage aus dem Katalog entfernt werden, klicken Sie die gewünschte Vorlage mit der rechten Maustaste an und wählen im Kontextmenü den Befehl *Aus Schnellformatvorlagen-Katalog entfernen*.
- Möchten Sie in den Schnellformatvorlagen-Katalog eine Formatvorlage aus dem *Formatvorlagen*-Aufgabenbereich aufnehmen, klicken Sie diese Vorlage im Aufgabenbereich mit der rechten Maustaste an und wählen im Kontextmenü den Befehl *Zu Schnellformatvorlagen-Katalog hinzufügen*.

Abbildung A.15 Die Reihenfolge festlegen, in der Formatvorlagen angezeigt werden

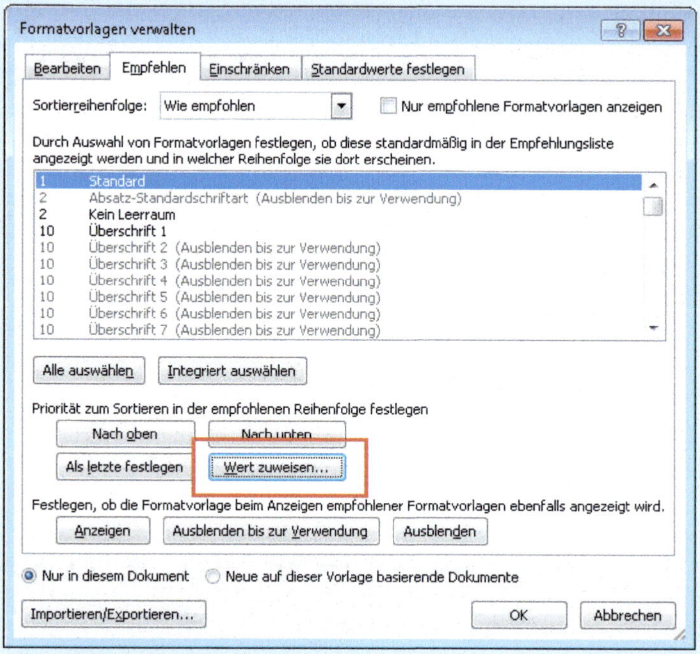

- Um die Reihenfolge der im Schnellformatvorlagen-Katalog angezeigten Formatvorlagen zu ändern, klicken Sie im *Formatvorlagen*-Aufgabenbereich auf die Schaltfläche *Formatvorlagen verwalten*. In dem daraufhin angezeigten Dialogfeld können Sie auf der Registerkarte *Empfehlen* mit einem Klick auf *Wert zuweisen* jeder der in dem großen Listenfeld ausgewählten Formatvorlage einen eindeutigen Wert zuordnen. Je kleiner der Wert, desto weiter links bzw. oben wird die Formatvorlage einsortiert; je größer der Wert, desto weiter rechts bzw. unten landet die Formatvorlage im Schnellformatvorlagen-Katalog.
- Wenn Sie den Mauszeiger auf einer der Schnellformatvorlagen im Schnellformatvorlagen-Katalog platzieren, wird der Text, in dem sich der Cursor befindet, dank Livevorschau sofort im Format der Schnellformatvorlage angezeigt. Sobald Sie den Mauszeiger verschieben, erscheint der Text wieder in der ursprünglichen Gestalt. Nur wenn Sie die Schnellformatvorlage anklicken, wird sie dem Text direkt zugewiesen.

Silbentrennung

Hilfsmittel für ein ausgewogenes Schriftbild ist die Silbentrennung: Sie sorgt dafür, dass beim Einsatz von Blocksatz zwischen den einzelnen Wörtern keine großen Lücken entstehen oder dass beim Flattersatz (linksbündige Ausrichtung des Textes) der rechte Rand einigermaßen ausgeglichen wird. Die Silbentrennung kann automatisch oder von Hand erfolgen. Sie wirkt sich immer auf das ganze Dokument aus. Aus ästhetischen Gründen sollten Sie übrigens dafür sorgen, dass nicht in mehr als drei aufeinanderfolgenden Zeilen Trennstriche erscheinen.

- *Automatische Silbentrennung:* Soll die Silbentrennung automatisch von Word übernommen werden, schalten Sie sie über *Seitenlayout/Seite einrichten/Silbentrennung* auf *Automatisch*. Anschließend trennt Word am Zeilenende selbstständig.
- *Manuelle Silbentrennung:* Möchten Sie Trennstriche manuell festlegen, platzieren Sie den Cursor zwischen den zu trennenden Buchstaben und drücken dann `Strg`+`-`. Sofern das Wort nicht am rechten Seitenrand steht, geschieht scheinbar nichts. Wenn Sie die Anzeige der Formatierungszeichen eingeschaltet haben (beispielsweise per `Strg`+`*`), wird als Hinweis auf den bedingten Trennstrich zwischen den Buchstaben ein abgewinkelter Trennstrich angezeigt: »¬« (siehe den Abschnitt »Formatierungssymbole«).

  Sobald das Wort in den Randbereich wandert und der Trennstrich benötigt wird, verwandelt sich der abgewinkelte Trennstrich in einen normalen Trennstrich. In einem Wort lassen sich mehrere bedingte Trennstriche einfügen.

Die Silbentrennung passt sich, ebenso wie die Rechtschreib- und Grammatikprüfung, der gewählten Sprache an. In der Praxis hat sich die automatische Silbentrennung bewährt, wenngleich sie nicht immer fehlerfrei arbeitet und manchmal falsch oder unschön trennt. Sie lässt sich jedoch nicht anpassen.

Falls Word ein Wort partout anders trennen will, markieren Sie das Wort und rufen *Überprüfen/Sprache/Sprache/Sprache für die Korrekturhilfen festlegen* auf (oder klicken Sie in der Statusleiste auf die Schaltfläche *Sprache*). Aktivieren Sie in dem Dialogfeld das Kontrollkästchen *Rechtschreibung und Grammatik nicht prüfen* (siehe Abbildung A.16). Jetzt wird das Wort nicht mehr automatisch getrennt und Sie können an der richtigen Stelle einen bedingten Trennstrich einfügen.

Abbildung A.16 Die automatische Silbentrennung eines Wortes verhindern

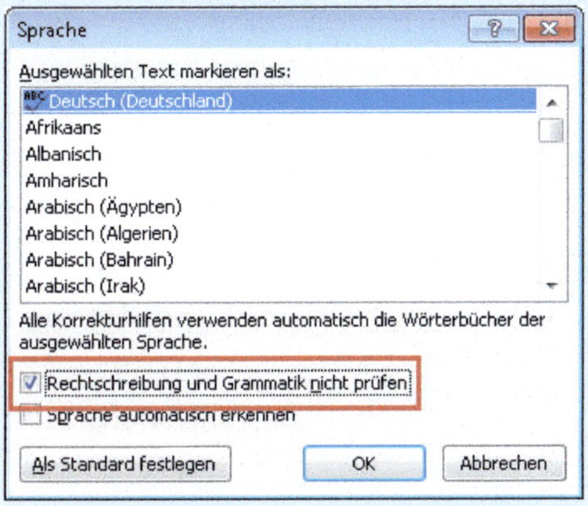

Formatieren Sie in Dokumentvorlagen und Formularen die E-Mail- und Internetadressen immer so, dass für sie keine Rechtschreibung- und Grammatikprüfung stattfindet. Sonst kann es passieren, dass die E-Mail- oder Internetadresse durch einen Bindestrich getrennt wird und der Empfänger des Schreibens nicht weiß, ob der Bindestrich zur Adresse gehört oder nicht!

Sollen ganze Absätze wie etwa Überschriften von der Silbentrennung ausgenommen werden, wählen Sie für diese das Absatzformat *Keine Silbentrennung* über *Start/Absatz/Startprogramm für ein Dialogfeld* ( )*/Zeilen- und Seitenumbruch* (siehe Abbildung A.17).

Abbildung A.17 Die automatische Silbentrennung eines ganzen Absatzes verhindern

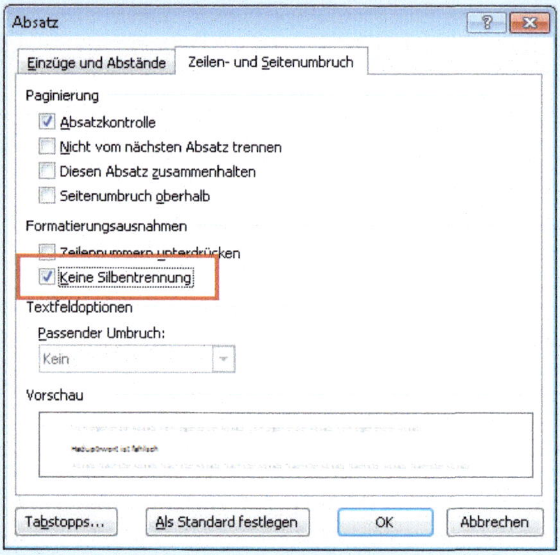

Tag

Bei einem Tag (wird als »Täg« gesprochen) handelt es sich um die eindeutige (Start- und End-)Kennung eines Knotens in einer XML-Datei. Soll in einer XML-Datei beispielsweise der Nachname abgelegt werden, kann das Start-Tag *<Nachname>* und das End-Tag *</Nachname>* lauten. Zwischen Start- und End-Tag befinden sich dann die Daten, beispielsweise *<Nachname>Müller</Nachname>*.

Bei den Eigenschaften von Inhaltssteuerelementen kann ebenfalls ein Tag hinterlegt werden. Auch hier handelt es sich um eine eindeutige Bezeichnung des Inhaltssteuerelements, die beispielweise zur Identifizierung des Inhaltssteuerelements per VBA-Routine dient (siehe Kapitel 7, Abschnitt »Inhaltssteuerelemente: Automatisch ausfüllen und auf Ereignisse reagieren«).

Vertrauenswürdige Speicherorte

Bei »vertrauenswürdigen Speicherorten« handelt es sich um Ordner, die von Ihnen oder vom Administrator als sicher definiert und deshalb im Word-eigenen Sicherheitscenter hinterlegt sind. Ein »sicherer« Speicherort sollte unter ständiger Überwachung durch entsprechende Schutzprogramme wie Viren- oder Adware-Scanner stehen. Des Weiteren sollte auf sichere Ordner nur eine genau definierte Benutzer-

gruppe Zugriff haben (kann beispielsweise im Netzwerk über die Gruppenrichtlinien (»GPOs«) festgelegt werden).

Vertrauenswürdige Speicherorte sind unter anderem im Zusammenspiel von Dokumentvorlagen und Formularen beim Einsatz von Makros wichtig: Wenn Sie ein Dokument vom Typ *.docm* von einem vertrauenswürdigen Speicherort öffnen, können Sie den im Dokument enthaltenen VBA-Programmcode sofort ohne weitere Sicherheitsmeldung ausführen. Befindet sich die *.docm*-Datei in einem unsicheren Speicherort, müssen Sie das Ausführen der Makros zuvor explizit zulassen. Das Gleiche gilt für Dokumentvorlagen mit Makros – auch hier lassen sich vorhandene Dokumente bzw. neue Dokumente auf der Grundlage einer *.dotm*-Dokumentvorlage nur dann ohne Sicherheitsmeldung ausführen, wenn sich die Dokumentvorlage an einem vertrauenswürdigen Speicherort befindet.

Abbildung A.18 Über das *Sicherheitscenter* vertrauenswürdige Speicherorte und Dokumente bestimmen

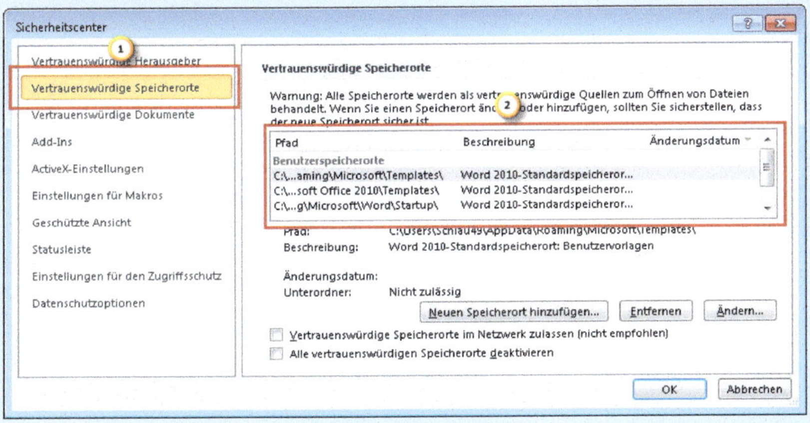

Um vertrauenswürdige Speicherorte zu verwalten, wechseln Sie mit *Datei/Optionen* zum Dialogfeld *Word-Optionen*, klicken links auf *Sicherheitscenter* und dann rechts auf *Einstellungen für das Sicherheitscenter*. Im jetzt angezeigten Dialogfeld (siehe Abbildung A.18) wählen Sie links *Vertrauenswürdige Speicherorte* (1). Auf der rechten Seite werden im Listenfeld (2) alle Ordner aufgeführt, die als vertrauenswürdig eingestuft wurden. Hier sind standardmäßig der persönliche Dokumentvorlagenordner (in Ihrem Benutzerprofil), der programmeigene Vorlagenordner sowie der Word-Startup-Ordner (in Ihrem Benutzerprofil) aufgeführt. Über die Schaltfläche *Neuen Speicherort hinzufügen* lassen sich weitere Ordner in die Liste eintragen.

Zeilenwechsel

Einen Zeilenwechsel fügen Sie über die Tastenkombination [⇧]+[↵] ein. Sofern Sie die Anzeige der Formatierungssymbole eingeschaltet haben (Tastenkombination [Strg]+[⇧]+[*] bzw. Schaltflächen *Alle anzeigen* (¶) auf der Registerkarte *Start*, Gruppe *Absatz*), erscheint am Ende der Zeile dann das Zeichen ↵.

Drücken Sie hingegen nur die [↵]-Taste, springt die Einfügemarke zwar ebenfalls in die nächste Zeile; Word fügt jetzt aber einen Absatzwechsel ein, zu erkennen an der Absatzmarke: ¶.

Beim Zeilenwechsel kommt der im Dialogfeld *Absatz* (siehe Abbildung A.19) hinterlegte Zeilenabstand (1) zum Einsatz (*Start/Absatz/Startprogramm für ein Dialogfeld* ( )), beim Absatzwechsel zusätzlich zum Zeilenabstand der hinterlegte *Vor-/Nach-*Abstand (2).

Abbildung A.19 Absatz- und Zeilenabstände festlegen

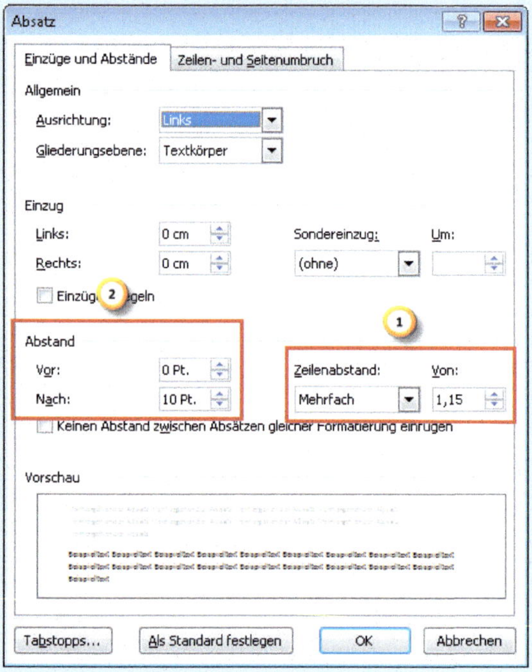

Stichwortverzeichnis

Symbole

A

B

C

D

E

F

G

I

K

M

N

O

P

R

S

T

U

V

X

Z

Markus Hahner, Elisabeth Wilke-Thissen

Microsoft Word 2010 – Das Ideenbuch für schlaue Vorlagen und Formulare